楚尘
文化
Chu Chen

北京楚尘文化传媒有限公司 出品

一棵菜

我眼中的北京人艺

方子春　宋苗　著

中信出版集团·北京

图书在版编目（CIP）数据

一棵菜：我眼中的北京人艺 / 方子春，宋苗著. --
北京：中信出版社，2018.4（2018.5 重印）
ISBN 978-7-5086-8473-4

Ⅰ.①一… Ⅱ.①方…②宋… Ⅲ.①北京人艺－艺术家－生平事迹 Ⅳ.①K825.78

中国版本图书馆 CIP 数据核字(2017)第 312101 号

一棵菜——我眼中的北京人艺

著　者：方子春　宋　苗
出版发行：中信出版集团股份有限公司
　　　　　（北京市朝阳区惠新东街甲 4 号富盛大厦 2 座　邮编　100029）
承　印　者：北京华联印刷有限公司

开　本：880mm×1240mm　1/32	印　张：16	字　数：395 千字
版　次：2018 年 4 月第 1 版	印　次：2018 年 5 月第 2 次印刷	
书　号：ISBN 978-7-5086-8473-4	广告经营许可证：京朝工商广字第 8087 号	
定　价：88.00 元		

图书策划：楚尘文化

版权所有·侵权必究
如有印刷、装订问题，本公司负责调换。
服务热线：400-600-8099
投稿邮箱：author@citicpub.com

一棵菜——我眼中的北京人艺

目录

01 序

03 自序

001 焦菊隐 我的第一位恩师

013 欧阳山尊 来不及说出的再见

019 夏淳和梁菁 我在大导演面前『耍大刀』

029 梅阡 我敬爱和敬畏的导师

037 田冲 五月不败的鲜花

047 方琯德 忌日前的呼唤

067 朱琳 话剧皇后

077 胡宗温 一代名伶

093 蓝天野 我石天琢

111 狄辛 执着一生

123 苏民 儒雅今生

133　郑榕　八十岁以后才会演戏

147　朱旭　快活人生

161　董行佶和陈国荣　人生如戏，戏如人生

169　金雅琴和牛星丽　金嘎嘎与不说话

181　黄宗洛　只有小演员，没有小角色

191　顾威　性情中人

207　吴桂苓　台下又一出

219　吕中　从小角色走出来的大演员

231　严燕生　『金字塔』中的一员

239　李光复　杂家老戏骨

259　宋垠　灯光大师

269　王文冲　舞美大师

277　冯钦　音效大师

283　丁里　道具大师

一棵菜——我眼中的北京人艺 BEIJING People's Art Theatre

291 陈宪武 他的孩子们和他传奇的一生

301 刘尔文 为人低调的副院长

307 杨青 首都剧场的守护人

315 杜广沛 老戏单

321 张大爷 人艺大院的「镇宅之宝」

331 濮存昕 我终生的挚友

345 杨立新 自强不息

363 梁冠华 承上启下

377 钱波 有心人

385 何冰 勇攀高峰

403 吴刚 与星空对话的人

417 冯远征 演员的品格

435 刘章春 从演员到馆长

452 首都剧场——我心中永远的圣殿

460	附录一 抽刀断水水更流——忆菊隐（节选） 秦瑾
476	附录二 口才奇好方琯德 张定华口述 辛夷楣文
482	附录三 母亲吕恩若干事 胡其鸣
493	后记

一棵菜——我眼中的北京人艺 BEIJING People's Art Theatre

序

子春与我曾是邻居。1983年，我们两家都是刚结婚不久，有了小孩，空政话剧团分给我们一栋旧瓦房，说是当年曹汝霖七姨太太家的祠堂。房子在这个深宅大院东侧的一个角落里，倒是安静。

子春与我是同窗，史家胡同小学的同学。子春无论在当年的班集体还是现在的老同学聚会，都是活跃分子。我们班前几年为母校出了一本回忆录，她是忙里忙外的发起人和组织者。

子春与我更是北京人艺子弟。她父亲是老革命，抗日时期的县干部，因热爱艺术，演戏、当导演干了一辈子，要不然早就是大领导了。

史家胡同56号是北京人艺的宿舍大院儿，子春从小在那生活。北京人艺那些著名的大艺术家看着她长大，她看着他们慢慢变老。子春性格开朗，老人们都喜欢她，当她萌生为他们出书的想法时，大家仍像她小时候一样欢迎她，向她讲述北京人艺的台前幕后，讲述自己的人艺人生。

现在，我们敬仰爱戴的这些老艺术家多已不在了，而子春把对他们的采访以及自己多年的回忆、感慨一并成册，奉于读者面前。

以此为贺。

濮存昕

2017 年 4 月 4 日

自序

我不是北京人民艺术剧院的演员,但北京人艺的史家胡同56号院(新门牌20号)是我从小生长的地方。

如果说,插队时的县宣传队锻炼了我,空军政治部话剧团培养了我,中国儿童艺术剧院给了我施展才华的机会,那么位于北京东城史家胡同的北京人民艺术剧院宿舍,就是我的艺术摇篮。

我们这代人几乎与共和国一同成长,现已过了甲子之年,回眸一望,无比感慨。似乎这几十年什么都赶上了,"三反五反"、"大跃进"、"三年自然灾害"、"文化大革命",改革开放。上学时无书读,结婚时号召晚婚,到了生育年龄只让生一胎,想努力工作时,下岗的又有我们。

这一切给了我们这代人与命运抗争的能力。而我的能力就来自我的摇篮。我的摇篮由众多名家大腕轻轻托起,我在摇篮里摇啊,摇啊,快乐地成长。他们对我视同己出,呵护有加,我可以随意推开邻居家的门,看书吃饭,可以大声说话,毫无顾忌,口无遮拦地说出自己想说的话。当我夹着辅导资料东家读诗词,西家学朗诵时,没有一位前辈说要收我一分钱！如今我小有成绩，感恩之情犹如使命，一天紧似一天。

从 2008 年开始，我怀着这颗感恩之心开始动手书写那些看我成长的叔叔阿姨，也写写我同辈中的佼佼者。我想通过这一篇篇真实的小故事告诉人们，那些似乎很神秘的艺术家台前幕后的事情。说说他们与我家的交往，写写他们感人有趣的故事。我怕水平太浅，写不了太深的情和义，我怕纸张太薄，装不完太多的故事和道理。但我依然要通过这支拙笔告诉人们，醋打哪儿酸，盐打哪儿咸，如今我这一招一式是跟谁学的，一贯努力工作的态度是谁教的。

"清白做人，认真演戏"是我一生的座右铭。这刻骨铭心的教诲是从我的父母和众多的叔叔阿姨的言传身教中得来的。我要把这些写下来告诉世人，让人们看看我的父辈，他们也曾风华正茂，他们也曾艰辛困苦，他们是如何塑造舞台上形态各异的人物，他们又如何过着普通人的生活。

我要说的话太多太多……

常说戏比天大，舞台是全剧院上百人的工作中心，也是演员心里永远的圣殿。大幕拉开，演员粉墨登场，在五光十色的灯光下，在千变万化的布景中演绎着他人的人生。而在灯光外，侧幕旁，又有多少人为这神圣的舞台而忙。当大幕徐徐落下，曲终人散，灯光关闭，舞台不再有为它而忙碌的人们，它又是那么的空寂。

有多少人曾经站在舞台上，又有多少人梦想过这里，然而，在时间的长河中，谁能永不离开？时光如梭，人来人往，你唱罢来我登场，我下台你又上。我时常在演出前站在这褪去五光十色，宁静又黑暗的舞台上，看看空无一人的观众席，看看被边幕半遮的两侧，偶尔会有一个早到的工作人员从那里闪过，很少有人会注意到站在失去魔力的舞台上的我。我继续站在那里望着，望着黑漆漆的观众席中那一排排的空椅子，望着无光的灯光楼，望着二楼的观众席，望着侧幕的上场口和台前空无一人的乐池……演出前，我在许多剧场的舞台上站过，看了一辈子剧场、舞台，却还是看不够。后台传来油彩特有的香味，那是混合了多少代演员的油彩和汗水才能形成的味道，这种熟悉的味道只有后台才有，它使我兴奋和专注。我站在这充满魅力的地方闭上双眸冥想着，我仿佛看到舞台突然亮了，观众席的灯光通明，我惊讶地发现，满眼全是人！全是为戏而辛勤工作的人，有导演、演员，有舞美、灯光，有服化道的师傅们，有前后台的工作人员，有剧院的行政干部和食堂的大厨……所有的人都关注着舞台这个中心，生怕演出中有一点点瑕疵纰漏。

　　我被此时的情景感动了，不觉想到为什么人们会为一场演出放下生活中的各种事情，包括生死、个人恩怨与病痛？因为有一种精神在支撑着他们，这就是焦菊隐先生1952年在北京人民艺术剧院成立时从中国戏曲界借鉴并提出的"一棵菜精神"。这种精神不光在北京人艺，在全国的艺术院团都发挥着作用。剧院好似一棵菜，菜根、菜心、菜叶、菜帮紧紧团结在一起，不分主次，共同为了艺术而奋斗。对，我们的书就叫《一棵菜：我眼中的北京人艺》，当楚尘先生提出这个书名时，我们不谋而合。希望在艺术的天地里永远发扬一棵菜精神，让一出出好戏在所有的舞台上开花！

方子春
2017年10月8日

一棵菜 —— 我眼中的北京人艺

BEIJING People's Art Theatre

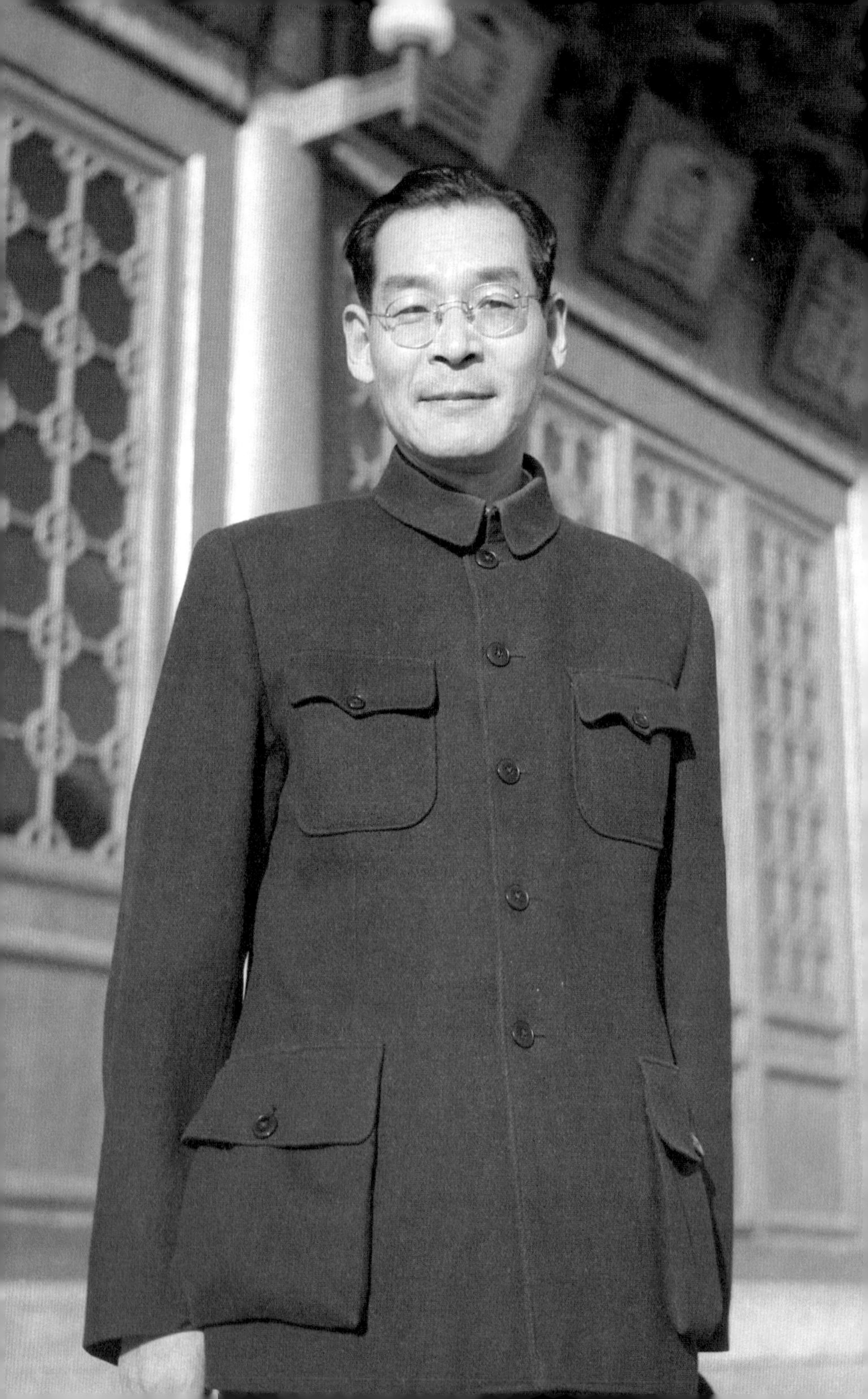

一棵菜——我眼中的北京人艺 BEIJING People's Art Theatre

焦菊隐
（1905—1975）

我的第一位恩师

先生看着我的眼睛，不紧不慢、一字一句严肃地说："可不能这么想，你千万要有信心，记住，机会是均等的。只有你负机会，没有机会负你。你想想，如果有一天让你演一个角色，你却说不好台词儿、抬不起腿，眼看着别人演了，你能说没给你机会吗？那是你自己放过去的。不要说自己不是命运的宠儿，机会是给有准备的人的。你还年轻啊，一定要学习！"

坐落在北京市东城区史家胡同56号院（现史家胡同20号院）内的北京人民艺术剧院（简称"人艺"）宿舍，早年间很美丽。大门原本开在干面胡同，为20号。这座三进的大四合院有着很大的后花园，后花园连着有回廊耳房的院墙外便是史家胡同。四合院归属北京人民艺术剧院后，剧院把这里建成了宿舍，大门改在了史家胡同，为56号，在干面胡同留有一个小后门。

人艺大院的前院主要有排练厅——一座爬满爬山虎的四层红砖楼，几间带有回廊的房子住着林连昆叔叔家。紧靠他家的门口有好大一棵百年桑树，穿过桑树在排练厅后墙边有一个自行车棚，这里曾是儿时躲猫猫的好地方。进院门正对面是一株大核桃树，树下是两间平房——曾住过蓝天野叔叔和狄辛阿姨，也住过吕恩阿姨一家。平房旁边是穿过排演厅进入另一小后院的通道。顺着楼后高高的杨树就看见一排有壁炉的花廊平房，这里曾住过朱旭叔叔，也住过赵恕大大和林娜阿姨。往里走，原来的后花园被改建成了一个大操场，三年自然灾害时种过玉米,地震时盖过防震棚。操场边上是几株大槐树,顺槐树往里走是一个长方院,靠着这个院子的是方正的海棠院,过了海棠院,有两个种着丁香树和枣树的院子,最后是一个永远关闭的、有些破旧的天蓝色四折开的木头院门。

某年某月的某一天,爸爸牵着我的手,穿过层层院落来到这扇门前。父亲敲过门不一会儿,随着清脆的应答声,有一个身材苗条、长相清秀的年轻女子开了半扇门,胖爸爸侧身而进,跟在身后的是还穿着自家做的灯芯绒布鞋的我。这是我第一次踏进焦菊隐先生的家,我那年好像只有十岁。

我这人从小比较乖巧(不是自夸,嘻嘻),大人都比较喜欢我。焦先生的太太年纪很轻,见到我十分喜欢,虽然戴着深度近视眼镜的焦先生不苟言笑,此时却替他太太与我父亲商量,希望他不在家时,我能常去他家陪陪曾是舞蹈演员的太太。父亲虽然当面婉言谢绝,可从那以后我还是时不时地被叫到小院去。

焦先生的第三任太太潘女士很活泼,比我大姐长不了几岁。也许是太寂寞了,只要焦先生不在家,她就会对着半大丫头的我手舞足蹈,有说不完的话。焦先生一进门她马上就安静下来,说话声音都小了,因为先生从不大声说话也不爱大笑。所以回忆起那个小院,除了浓浓的夜来香味,一切都是静静的。我怎么也不会想到这个曾经让我有点惧怕的、一脸严肃甚至有些沉闷的焦菊隐先生,后来会成为对我一生有着重大影响的人。

"文化大革命"时,焦先生和我父亲一样被批斗。父亲从表演艺术家变成了"叛徒",是"三名三高"的"黑线人物"。焦菊隐先生更甚之,他是批斗批判的重中之重,被不停地批斗、抄家,这派抄完那派抄,他被搬出了小院关押,焦先生也改称"焦老头"了。我也随大家叫他焦老头。当然,没人听到时会偷偷叫声焦大大。"文化大革命"后很长一段时间,焦先生早都平反了,住在56号院的人们还习惯称他焦老头……

"文化大革命"中的某天,我从二楼自家的窗户里,看到楼下对面那间六平方米的小黑屋里搬来了焦大大。他虽沧桑了许多,但我还是一眼认出了他。焦大大依旧戴着深度眼镜,深蓝衣裤穿得规规整整,一脸严肃,依然沉默不语。他走路有些迟缓,但头不低腰不弯。他被安排打扫公厕,干活儿时从不抬眼,活儿干得不紧不慢,干完后将拖把、扫帚依次靠墙摆放整齐。在那段日子里,他几乎整天都不出一点儿声音,连脚步声都没有,好像要把自己藏起来,并从众人的眼里消失。他好孤独,永远目不斜视地从他负责打扫的公厕走到数米之外自己那终日不见阳光的小黑屋,最多顺着平房与楼房中间不宽的走道去趟数米外的传达室。

那时我十七八岁,正是天不怕地不怕,对人对事充满好奇的年纪。每当在楼前遇到焦先生我都想打个招呼,可他就是不看我,好像很怕和我说话,故意躲着我。我呢,他越不理我,我就越叫他。终于有一天,他看到左右没人,小声说:"别和我说话,我现在是'黑帮'了。"我满不在乎地说:"没事儿,我爸也是'黑帮',我一插队的,没什么大不了的。"他微微笑笑,抬头看看楼上的窗子,又前后看看,小声说:"我身体不好,走不动,看你每天给你爸买油饼我挺馋的,能给我带俩吗?"从此以后,我每日买菜时便多了一项任务,帮焦先生带俩油饼。

就这样我开始渐渐走近了那个外人感到神秘的小黑屋。日子久了,焦先生警惕放松了些,有时会让我坐在屋里那唯一的木椅上小聊几句。他很想听我说说外边的见闻,虽然他还时不时地指指窗外,示意我小点儿声,可我分明从他有些浮肿的脸上,从那厚厚的镜片后边,看到难得的愉悦的眼神。因为我几乎是焦先生小黑屋里唯一的客人。

父亲非常关心焦先生,但因身份问题他们从来不说话,更不会去看他,父亲有时会好奇地问我,先生一人时在干吗?他那么多东西小屋放得下吗？他的脚还肿不肿？还吩咐我到胡同东口帮焦先生买双大一点的布鞋，并转告他身体不好，干活儿悠着点儿，别说是他说的……总之，都是些婆婆妈妈的事儿。

那时我已开始了表演方面的学习，只要从插队的白洋淀回到北京的家，我就几乎闲不下来。每天早起去买菜，打扫家里的卫生，9点练声，10点练功，11点烧饭，下午2点写大字或看书，3点半练习朗诵或视唱练耳，晚上去不同的老师家回课。

焦先生就住在我家楼下，我练习时发出的声音他都听得到。有一天他终于忍不住了，喊我进屋来，很客气地对我的朗诵提出了批评："子春啊，我能不能给你的朗诵提点建议？只是建议啊，你朗诵的时候干吗使那么大力气？""我读的是《红色娘子军》的解说词，不用力就不革命了。"我理直气壮地答道。

焦先生坐在床沿边，把椅子尽量往里挪了挪，让我站在屋子中央那巴掌大的空地儿上，面对着他。"我告诉你，当然只是建议，我认为用的力气大不一定就革命。你看，《红色娘子军》里的吴琼花也有愤怒与哀愁，也有对党的爱，对敌人的恨。所以，朗读一个作品，不管什么内容都要吃透它，用最切实的语气去表达，非得大喊大叫才叫革命吗？我看未必。不信回家问问你爸爸我说得对不对，在外边可别说哟。"最后一句是他时常说的，每当要证明他说得对时，都要让我回去问爸爸，并嘱咐我别对外人说。然后，他要求我再小声带表演给他朗诵了一遍，又给我讲解了半天，害得我做饭都晚了。

晚饭后我把这事告诉了父亲，胖爸爸一听笑了："焦老头指不定忍多久了，好啊，他忍不住就让他给你上上课吧。"对呀，我听说当年他排《蔡文姬》的时候，对朱琳阿姨的一个出场就排练了一上午。我要是能让先生辅导，考文工团说不定能顺利点儿。

第二天，我趁送油饼的机会提出请他辅导的要求，他没有马上答应，说要考虑考虑。

次日，他让我坐在椅子上，首先让我说说自己的情况和想法，又考虑了一下说："我可以给你上课，但不是表演课，那方面有你爸和董行佶去教。我呢，还是从文化知识入手，一个话剧演员没有扎实的文化基础怎么行？所以我们从《史记》开始好吗？"就这样，本来只想让焦先生教教朗诵技巧，却转而开始了文化课的学习。

"文化大革命"开始时我刚十三岁，高小毕业，对于古文没读过多少，也提不起兴致来。焦先生讲课特认真，例如在解释《触龙说赵太后》的"说"字为何读"shuì"时，他一遍遍站起，走到高高的书堆旁，打着手电从书堆里找出各种版本的字典，不厌其烦地告诉我，这是哪年出版的字典，里面是怎么解释的……

还有一个"兮"字，明明标准音是读"xī"，焦先生却一定要求我读"ē"，还拉长音，气慢吁出，说是吟诗要有吟诗的规矩。

焦先生所住的小屋很黑，白天要开灯，他眼睛又很不好，看书时脸几乎要贴在书上。我们的课程总是进行得很慢，我想让他赶快讲更多的知识，对哪个版本的字典是如何解释的根本不感兴趣，故常常发小孩子脾气："行啦，我知道了，咱往下学吧。"先生却说："别急，要吃透弄懂。"

焦先生是个一丝不苟的老师，正点开课，正点下课，不管我是不是听烦了，他都照讲不误。有一天却是个意外，先生打开课本却没有开讲，因为我哭了。

我平日里是个不太爱哭的人，尤其在那个特殊的年代，父母教会了我坚强，不能让别人看笑话。所以我成天高高兴兴，练歌练舞，在人们眼里我永远是快乐的春姑娘，但其实我的内心是苦涩的。我十三岁"文化大革命"开始，不满十六岁下乡插队，我们一行十几个队友年年都有人离开那地方。只要有谁的家长被平反了，就会有队友高兴地回城，最后只剩下我一个人了。我孤独地住在屋子里，每天一睁眼看到的就是房顶的木梁和檩子，那上面的虫眼儿和树疤我至今不忘。

而后,不管风吹雨打,道路多泥泞也要在下地干活之前站在村口的大堤上等着邮递员。哪天邮递员骑着破车来到村口没见到我,他就知道我一定病了。

我把回城的希望全寄托在考文艺团体上。每次回京,只要发现有单位招生,不管是地方还是部队,我都会精心地打扮一番奔赴考场。然而,却总是在复试后被拿下。有人直接告诉我政审不合格,有人找各种理由委婉回绝我。我就是不甘心,一边学习,一边继续考团,一时间我成了艺考名人,甚至成了许多家长鼓励孩子的榜样:"瞧人家子春,多用功!"

其实,我快被一次次的失败击垮了。当一个个在考场熟悉起来的人都穿上了军装,高兴之余对我投来怜悯的眼神时,当西藏、甘肃这样几乎没人想去的地方也不录取我时,我的内心一片茫然,还有什么奔头?我感受到的是命运之神对我一次次关上幸运之门后的无情和失落……

那天上课前我又接到了一个没被录取的消息,心情跌到了冰点,哪还有心思上课。焦先生关切地问我:"怎么了?能告诉我吗?"我的泪水一下子夺眶而出,泣不成声:"我不想学了,没意义,活着真没劲……"我把一肚子的委屈一股脑儿全倒了出来,甚至提到了村屋里的房梁,说不定哪天就有了吊死在上边的想法。我说我每天学啊、练啊,连胡同里的一帮臭小子也聚在窗外的胡同里一起"咿——呀——"地学我练声,起哄。记得巴金先生在他一本书的扉页上写道:十七岁这个妙龄妙不可言。我也正在这个年龄,可我的"妙不可言"又在哪里?我穿着母亲的练功裤在五斗柜上压腿,在过道上反复地踢腿,一趟又一趟的,结果呢?谁要我?我真的比别人差吗?我何时才能成命运的宠儿……这些问题无时无刻不在我心里翻腾,我睡不好也吃不好,常常发呆。

焦先生认真地听着我的哭诉,一直没有打断我,他的头微微地低着，我透过泪水在昏暗的光线下看不清先生的眼睛，除了我忍着的抽泣声和门外时不时传来路人的脚步声外，屋里寂静无声。过了许久才听到先生发自胸膛的一声叹息。"小子春，你知道吗？你是一个好苗子，你一定能成为一个好演员。我是没权，有权我一定要你。"先生带着少有的笑容肯定地说。我抬起挂着泪的脸庞毫不客气地回了一句："算了，您没权才这样说，有权就不这么说了。"

先生看着我的眼睛，不紧不慢、一字一句严肃地说："可不能这么想，你千万要有信心，记住，机会是均等的。只有你负机会，没有机会负你。你想想，如果有一天让你演一个角色，你却说不好台词儿、抬不起腿，眼看着别人演了，你能说没给你机会吗？那是你自己放过去的。不要说自己不是命运的宠儿，机会是给有准备的人的。你还年轻啊，一定要学习！我也告诉你一个小秘密吧，我眼睛得了视网膜脱落，可我现在还在自学德语，为什么呢？不进则退，人活着就要学，艺多不压身嘛……"我在焦先生的劝解下渐渐平静了下来，深呼吸几

焦菊隐和他的孩子们（拍摄时间不详）

下，吐尽了怨气，也将这几句教导铭记在心，受用终生。

焦先生重又打开书本，我们继续上课，这一课讲的是《陋室铭》。

从此我与先生的关系更近了，除了学习文化知识，还时不时聊些别的。比如我知道他结过三次婚，就调皮地问他，世界上哪里的女人最好看？他说冰岛的女人。有时他兴致不错，会告诉我希腊人的鼻子最直，日本女人最贤惠，会说起许多我不知道又感兴趣的事。有时我也会问起他的孩子来，他会充满爱意地讲起他们的故事。

焦先生与秦瑾阿姨生有两女，世宏和世安。世宏会时不时地来这里看望先生，送些衣物。这个时候也通常是焦先生最高兴的时候。焦先生老来得子，宝贝儿子世宁（焦先生第三任妻子所生）便是先生的心尖尖。先生的儿女们也许对那时的我印象不深，但我分明能从先生平日眉开眼笑的讲述里看到生活中鲜活的他们。

尽管我每次去上课都是小心翼翼的，从楼门两步跨进小黑屋，门都不敢叩，生怕别人听到。可时间长了，哪能不被发现。一天，我们正在上课，门"哐"的一下被推开了，门口站着红卫兵老太太。大妈嘴上说是来借东西，可分明是来查看我们的。虽然先生在她走后继续讲课，脸色却阴沉沉的。

一日，又到了上课时间，我照例跑去小黑屋。先生没有打开书本，也没让我坐，用几乎听不清的声音一字一句地说："你今后不要来上课了，有人举报，造谣我想'复辟'，他们找我谈话了，恐怕也会找你爸麻烦。"我愣愣地看着先生，脑子有点反应不过来。先生又说了一遍我才慢慢地转身走了两步。"子春，"先生轻声叫住我，"记住，你是一个好演员，要学习哟！别灰心，千万别！有难题问你爸……"我站在那里没有回头，没有哭，更没有愤慨，只是木然地走出了小黑屋。对于我来说通往工作、学习之路的又一扇门被无奈地关上了。

后来听父亲说剧院也找他谈话了，爸回答："孩子的事我不太清楚，回去我一定教育她。"其实爸爸根本没和我说。再后来，我终于进入了县宣传队，回家的次数便少了。一次我从家信中得知焦先生病倒了，很严重。我母亲帮着秦瑾阿姨和宏宏一直忙前忙后。母亲说，她对焦先生一直心存感激，在那么困难的情况下，先生不光教导我，还因此受牵连，现在焦先生家有了困难，她是一定要帮的。这是母亲对先生的一份敬意，也是一份报答。

《茶馆》剧照（摄于1979年），焦菊隐为中国话剧舞台留下的大作

1975年2月，先生过世了。在很长时间里，先生住过的那间小黑屋没有一丝生息，墨绿色的漆门紧闭着，再也没人打开。而每当我路过小黑屋时都会下意识望上一眼，有时木然走过，有时心里会一阵酸楚……不管怎样，在小屋的日子我从未忘记，那里有和蔼可亲的焦大大，有我接受文化知识和艺术启蒙时的泪水与笑声。

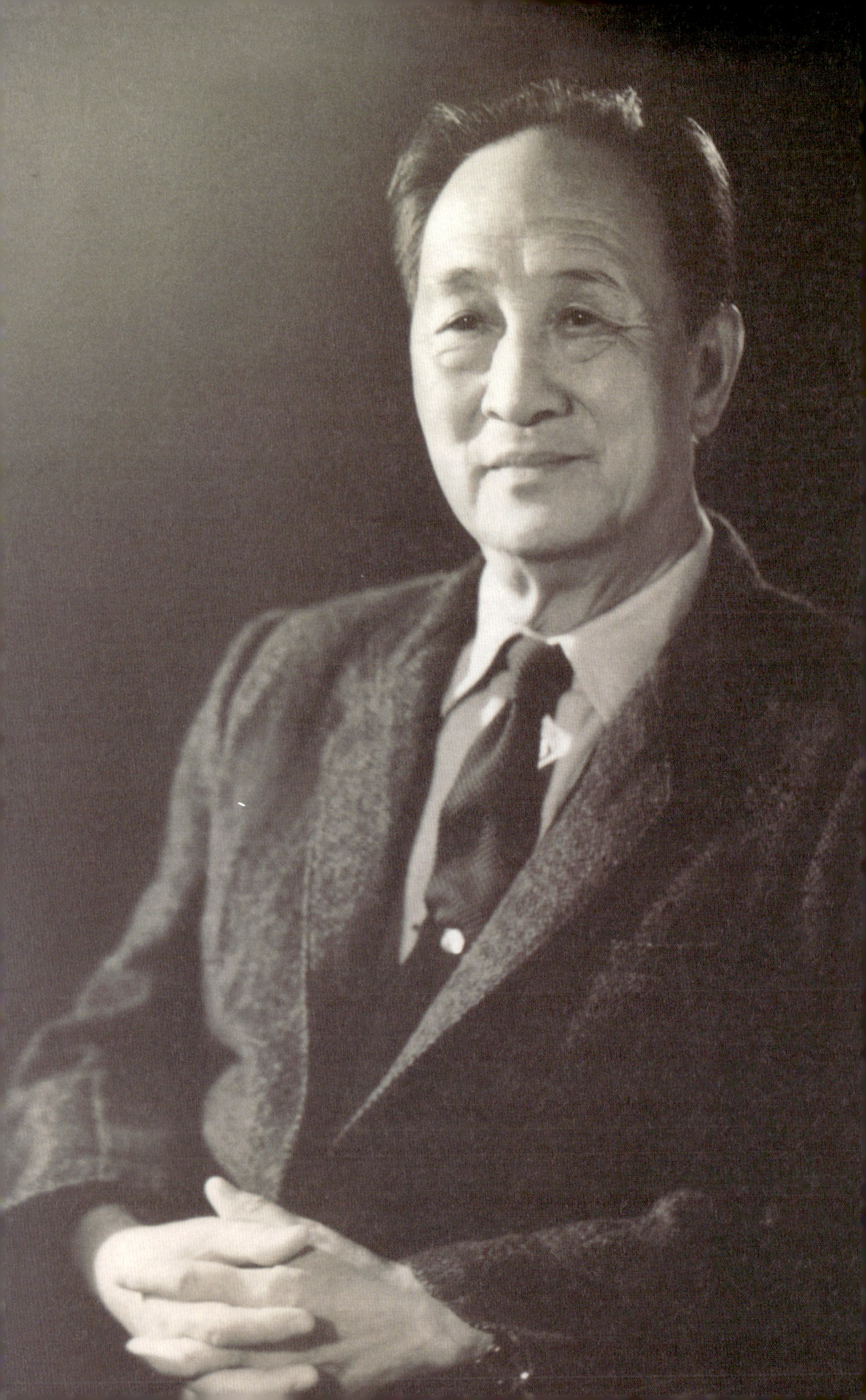

一棵菜——我眼中的北京人艺 BEIJING People's Art Theatre

欧阳山尊
（1914—2009）

来不及说出的再见

电话挂了，那些天，脑海里时不时浮现许多过去的事情。想起最多的是"文化大革命"中，天气好时，山尊伯伯会走出光线很暗的小屋，搬个小板凳坐在不宽的院子里，戴上老花镜给全家补衣服，穿针引线之时还不忘和忙里忙外的阿姨搭话："媛媛……"阿姨会马上应声："尊尊……"有穿透力的声音透过窗户传遍二单元的四个楼层，听得大人微笑，孩子模仿。

我父亲方琯德与山尊伯伯是很要好的同事和朋友。在山尊伯伯导演的剧目里基本都有父亲的身影。他们一同排戏，一同下基层，同样喜欢贝雷帽、格子西装，同样为人单纯热情，他们的一生充满了在逆境中从不低头的革命乐观主义精神。

我第一次知道圣诞节，是在首都剧场后二楼山尊伯伯和静媛阿姨临时的家里，大概是1964或1965年我十岁出头的时候吧，我记不太清了。剧院有一个玻璃花屋，那里养了许多花草专供剧院使用。其中有一株杉树品相很好，不大不小正好可以当作一棵圣诞树。那一年，山尊伯伯把圣诞树提前借来，摆放在屋子中央，我们两家人精心地把它打扮起来打算一同欢度平安夜。

我们先一圈一圈地在树上安上小彩灯，树尖上放上一个金纸做的冰凌花。静媛阿姨又从大纸盒里拿出许多那个年代少有的好东西，其中有一种红白相间的拐棍糖，用透明玻璃纸包着，很好玩，它可以直接挂在树枝上。还有各种花纸包的糖果和小食品挂在圣诞树上面，小彩灯一闪一闪使它们看起来更加美丽诱人，让我至今不忘。

不久后，"文化大革命"开始了，山尊伯伯和静媛阿姨是第一批被揪出来批斗的人之一。有一次，在人艺宿舍的操场边、金雅琴家旁开了个批斗会。造反派从金家搬来了两把摇摇晃晃的破凳子，让他们站上去。山尊伯伯很镇定，他先扶了一下体型微胖的静媛阿姨，于是便招来一片斥责。我紧张地蹲在第一排，又想看又怕伯伯阿姨看见我。我紧缩着自己瘦得好似麻秆儿的身体，两个手臂紧抱双膝，我低着头微抬眼睛，偷看眼前这个几乎快要认不出来的人（静媛阿姨）。

静媛阿姨平日爱美，很爱穿大花裙子。她本人很早信教，性格比较温和。可此刻站在高凳上的阿姨低着头，头发已被剪成女黑帮发式，长长短短的发丝蓬乱地散在脸上。人们又呼口号又发质问。突然，我听到有人问："听说你不光信什么教，还搞资本主义那一套，过外国的圣诞节，把剧院的树占为己有？老实交代！"随后是一片应和声"说！""说！""不老实就叫她灭亡！"这些口号喊得我的心一阵阵发紧。

这时，我听到静媛阿姨大声说："我们只办过一次圣诞节，过后就把圣诞树送回花房了，不信你们问小子春，当时她在场。"一下子，所有的目光全投向我，等待我的回答。"你，你，你们还不让我多吃糖呢……"本来就结巴的我吓得更说不清了。十三岁的黄毛丫头只想撇干净自己、不受牵连，不曾想却无意帮长辈证明了他们的清白。

我觉得自己很没骨气，是个懦夫，关键时刻就想脱身，打仗时如果被敌人抓住一定是叛徒。由于心里内疚，因此再见到山尊伯伯和静媛阿姨时，我总是老远就躲着走。可他们见到我，依然亲热，询问家人的近况，好似什么也没发生过。

时光荏苒。2003年的一天，我正在离老文化部大院不远处拍《居家男人》。坐在车里候场时，发现静媛阿姨从远处走来，我赶忙跳下车上前打招呼。阿姨见到我可高兴呢，嘘寒问暖，打听哥哥姐姐。告诉我，每当她和山尊伯伯在电视里见到我和哥哥，那个亲啊，那个高兴呀，就好像见到自己的孩子。山尊伯伯身体很好，脑子一点儿不乱，他们很想我们，让我们抽空一定要去看看他们……阿姨是从后门出来买猫粮的，后门只开一会儿，伯伯一人在家她也不放心。"千万记住来看我们，常打电话啊！"人走出老远话还不停。我回答，忙完这个戏，就和哥去看望他们。

光阴似箭。中国话剧百年纪念活动之时我在电视上看到了山尊伯伯，忙拿起电话："喂，我是子春。""哎呀，子春！你等一下，等一下，山尊，你听听谁来电话了。"话筒里传来静媛阿姨的声音。我听到山尊伯伯拿起了话筒，忙说："伯伯，我是子春。""子春你好，我们常在电视里看见你们，我们看见你们就不转台，你们都很有出息，样子很像瑨德，我们很关注你们，为你们高兴……""我在'话剧百年'里也看见您了，您真棒！"我们隔着话筒喋喋不休，直到阿姨又拿回话筒，我又说了句让我事后愧疚一生的话："阿姨，有时间我一定和我哥

排练《日出》工作照（摄于1956年）
（左起）刘华饰小东西、金雅琴饰顾八奶奶、杨薇饰陈白露、导演欧阳山尊、副导演柏森、董行佶饰胡四

去看您和山尊伯伯！"电话挂了，那些天，脑海里时不时浮现许多过去的事情。想起最多的是"文化大革命"中，二老从大核桃树下搬进小房间——我家楼下小平房的那段日子。那时，他们漂亮的双胞胎儿子已有八九岁。天气好时，山尊伯伯会走出光线很暗的小屋，搬个小板凳坐在不宽的院子里（其实是楼前走道，正对我二楼的窗户），戴上老花镜给全家补衣服，穿针引线之时还不忘和忙里忙外的阿姨搭话："媛媛……"阿姨会马上应声："尊尊……"有穿透力的声音透过窗户传遍二单元的四层楼，听得大人微笑，孩子模仿。一时间，楼道里回荡着"媛媛""尊尊"的叫声。尊尊和媛媛却好似没听见，依旧我行我素。现在想想，也许正是俩人坚不可摧的爱情、同荣辱共患难的情义才使山尊伯伯无比幸福，健康长寿。

我总觉得人是不会突然就走的。记得，有一天我回家，刚进门母亲就说："快去看看童弟叔叔，他不太认人了。"我走进从方庄搬回对面的童家，见到了多年不见的童弟叔叔。肖榴阿姨大声问童弟叔叔："快看看，谁来了？认识吗？"童弟叔叔目光炯炯，一对长寿眉格外醒目："认识吗？小子春，和瑨德一样，越来越漂亮。"人们哄堂大笑，谁说童弟不认人？多年不见的子春，不光认识还知道说好听的呢。不成想，没过多久就传来童弟叔叔过世的消息，这成了我们的最后一面。老人们一个一个地走了，有很多对我有恩的长辈，我未能见到最后一面，甚至想不起什么时候是最后一面，知道噩耗时常是他们仙逝已久。

我对山尊伯伯最后的印象，停留在了"话剧百年"的电视转播上。我始终没来得及去看望他，对他的应允成了一句永远无法实现的空话。我悔我的惰性，悔我一天到晚地瞎忙，悔我未能赶上伯伯的追悼会！

这些年，我偶尔会参加一些有关人艺的访谈节目，让我们几个人艺子弟坐在一起聊聊人艺。其实不管是在广播电台还是在电视台，我都胸怀一颗感恩的心。因为我知道，没有人艺大院这块土壤，没有人艺叔叔阿姨对我的关心与培养，没有他们的言传身教就没有方子春的今天！

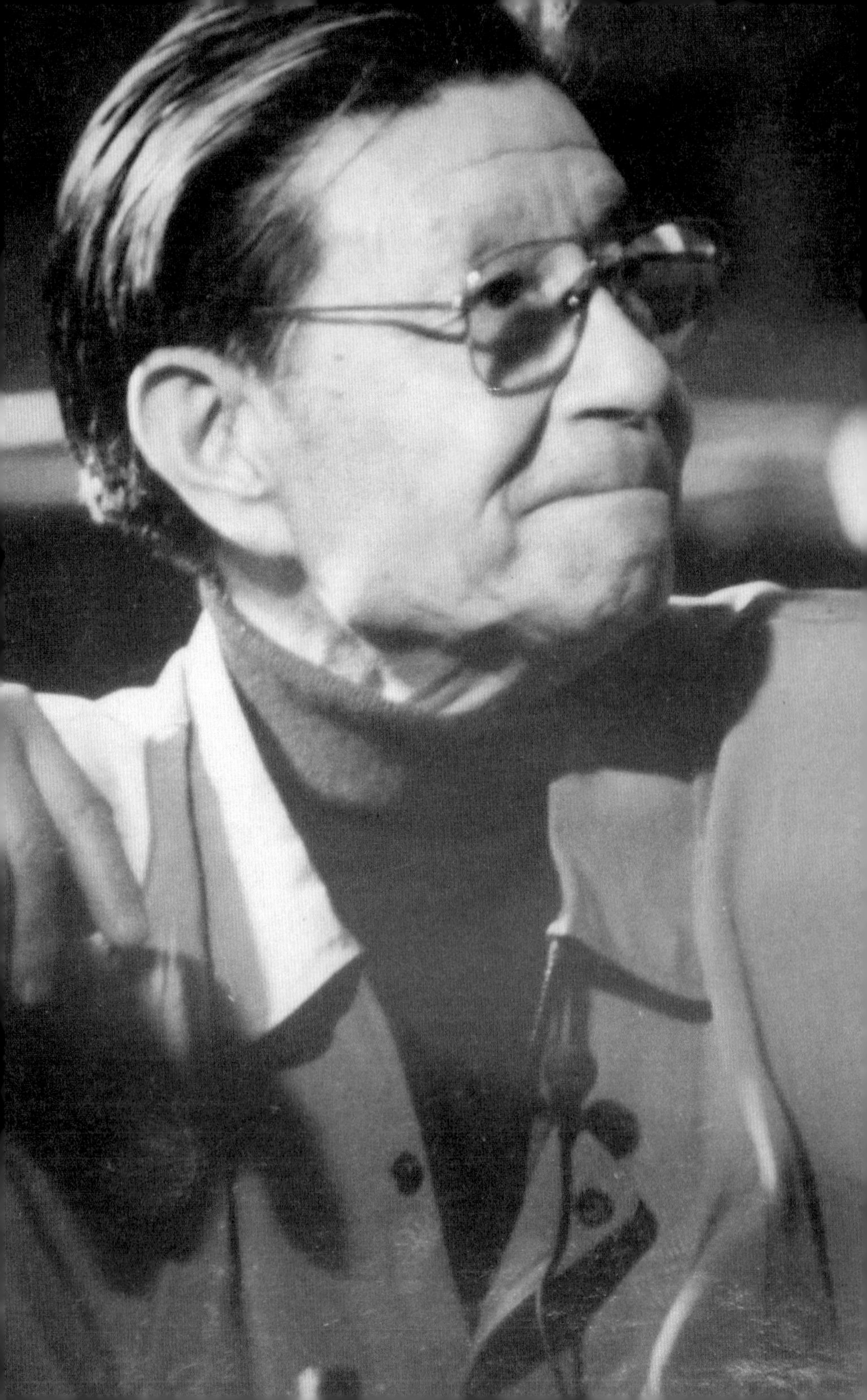

一棵菜——我眼中的北京人艺 BEIJING People's Art Theatre

夏淳和梁菁
（1918—2009）
（1923—1974）

我在大导演面前『耍大刀』

之后的许多年，我跟夏淳叔叔都有着一个事先未约定的习惯——只要他在首都剧场有新戏演出，都会给我留一张 14 排 2 号或 4 号的座位，这个座位是留给导演的专座。

提起夏家，心里总是充满温暖。不用回忆，往事已占满心头。

人艺56号院最深处住的是焦菊隐先生，往北走，经过刁光覃叔叔家门前的石榴树，上下台阶穿过这院的门廊，看着田冲大大家窗外的枣树走过长方院，再上两个与前面相同的石台阶，从回廊的角上进入全56号最美的海棠院。

"文化大革命"前，这里只住着赵起扬、夏淳、叶子、赵韫如等几户人家，是前院小孩儿的"禁地"。海棠院方方正正，是中国北方典型的内宅四合院，硕大的院里青砖墁地，四周是带红柱廊大玻璃窗的青砖大瓦房，四角是四株高大的海棠树。每当海棠树开花时满院幽香，落花时青砖地上一层粉白的小花瓣，十分娇美好看。秋天一到，满树的海棠果同前院的核桃、桑葚儿一样，逃不过我们的手掌。

人艺大院有个不成文的规定，为了保证演员有一个安静的午休环境，每天下午3点以前全院不得大声喧哗，连传达室也不能用铁筒喇叭叫人来接电话。我们往往利用这个大好时机潜入海棠院，一起对着能够着的海棠果一顿猛揪，直到两兜装满，两脚跐得生疼。当听到屋里传出"前院的孩子怎么又来了"的声音，拔脚就跑，身后留下一庭院的残枝败叶。

跑回自家住的二楼也不进屋，因为自家大人也在午睡。直奔厨房，迫不及待地把海棠用水洗干净，拿只锅，加水、白糖和才摘的海棠一起煮。天呀！等不及海棠水凉透果子已被多只小手捏光，煮海棠的我会抱着锅，把最后也是最好喝的海棠水一饮下肚，举着空锅扣在脸上半天也不拿下来，对着猛吸，让最后一滴酸甜的浓汁流进嘴里。待慢慢放下锅时，目光还贪婪地留在锅底，用北京话叫"眼珠儿掉锅里了"。这时脸蛋上会被压出一个黏黏的锅边印，头发上也黏黏的。我会被家里的小脚老太杨嫂子揪着，用手接着凉水，东一下西一下满头满脸地乱抹。她边擦边唠叨："没见过比你再费（捣乱）的女娃，那海棠有什么好吃？费了我多少糖哟，那是要拿本子（购物证）买的。晓得哟……"我虽被她揪得摇来晃去，心里却一点儿也不后悔。那年头，从经过门口的担子上买块油纸包的麻糖都能兴奋得半天喘不上气来。

海棠院，夏淳故居（摄于2007年）

天有不测风云，"文化大革命"开始了。海棠院已是徒有虚名，廊下的大红漆柱已满身斑驳，四周堆满杂物。四株海棠树好像没了灵魂一样，死了三株，最后一株也被后来挤种的藤萝、迎春花之类的藤蔓枝条搞得破败不堪，树干上还常晒着拖把之类的生活杂物。海棠院往日的美好早已不复存在。随着年龄的增长，我的兴趣点也由海棠树转到了大院北屋夏家客厅里的书柜上。

在我的记忆里，夏家几乎没锁过门。他家有一个很大的书柜，从屋外透过落地的玻璃门能看到大大的书柜里摆放着满满的书。现在回想有些奇怪，"文化大革命"时夏家的书怎么没被全部抄走呢？我把那里当成了自己的图书馆，有段时间几乎每日搬一把靠背小椅子坐在书柜前看啊看啊，也不管他们家有没有人。我一看书就是几个小时，什么《演员的自我修养》，什么《布莱希特的表演新技巧》等等，翻到什么看什么。他们家小说不多，大多是理论书籍。有时我正读着书，夏淳叔叔回来了，他看我一眼，我叫声"叔叔"，就算是打个招呼，然后

幸福的一家子（拍摄时间不详）

便各自做事去了。我不觉得人家大人回来了,他也不觉得屋里多了一个别人家的孩子。"文化大革命"中我家房子只剩一间,不够住,夏家女儿丽丽姐姐回来时我也在他们家挤着住过。

夏淳叔叔是个好脾气,他的夫人梁菁阿姨也是人艺的演员,同时在中戏兼授台词课。他们有一对儿女,女儿梁丽丽(随母姓)现在在国外定居。小儿子夏钢现已子承父业,是中国第五代著名导演之一。这一家子人都是好脾气,大人也很喜欢孩子,所以夏家成了孩子们经常聚会的地方。尤其是过年过节,晚上10点一过,几个要好的小伙伴加上夏钢舅舅家的二钢和媛媛,一群孩子就会陆续来到夏家,和夏淳叔叔、梁菁阿姨一起围坐在小圆桌旁,吃着花生、瓜子,说着、笑着,直到收音机里传出零点报时的钟声。

我小时候喜欢说话,但又不太敢说话。原因只有一个——我,是个小结巴磕子。试想,一个刚抽条儿,又瘦又高,细脖子上一张圆脸、凤眼、大鼻子的半大姑娘,一张口却半天说不清楚话,除了前院比我小的牛响玲,我还能震得住谁?

我因为结巴一直挺自卑的。一天下午,我照例去夏家看书,梁菁阿姨回来了,我和阿姨打了个招呼又低头看书。阿姨洗过手从书包里拿出几张油印的纸,说:"小春姑,这是'文化大革命'前中戏的台词课教材,我想也许对纠正你说话有好处。姑娘大了,这样说话不好听。来,你读读,我听听。"我不好意思地接过油印资料来,半天读不成句。这不光是因为口吃,还因为朗读水平太差。要知道,小结巴方子春从没在班上发过言甚至单独读过课文!

梁菁阿姨(拍摄时间不详)

梁菁阿姨似乎并没有注意到我的为难，只是把站在那里不知所措的我拉到写字台边，把满桌的书籍向里推了推，开始了我的第一堂台词课。她绝对没想到，当年她一颗善良的心帮我在台词方面打下了多么扎实的基础，我才得以在日后顺利地从事了几十年的话剧和配音工作，更重要的是帮我建立起一份自信。从那时起，我就下决心要当演员。

梁菁阿姨上课更像是在和我聊天，她不要求我朗诵时一定要站得笔直，而是让我坐在她的身边，小声朗读。印象最深的是，她说，朗诵急不得，急就容易说不清楚（她尽量不用"结巴"一词），语调一定要慢。朗读其实就是说话，只是要讲给更多的人听，所以声音要相对提高……她一边讲一边做示范，把语速放慢，把"字头"（声母）、"字腹"（韵母）、"字尾"（收音）拉长，让我一点一点地体会、模仿。我在梁菁阿姨的课堂上不只学习了朗诵技巧，还体会到了学习的快乐。

在那个特殊的年代，人艺的艺术家变成了"封资修"的代表人物。大人们在政治上、生活上压力都很大，可我在夏家从没感受到。那时大钢的外婆还在世，丽丽姐姐在内蒙古插队并学会了蒙语，大钢后来去当了市政修路工。家里还有一位有着"改良脚"，瘦高个子的帮工王大妈。我必须提到王大妈，这个不苟言笑的大妈每日忙进忙出地烧菜做饭。夏淳叔叔牙不好，王大妈总要单炒些菜给夏叔叔吃。我每天泡在他们家，赶上做个馅饼吃个岔样的[①]，我会在他家开饭前就品尝到。王大妈拿个小碟放点醋和麻油，从锅里直接把还鼓着气儿的馅饼放在小碟里，没有表情地说："吃吧，尝尝咸淡。烫啊。"我这一尝少说两个。多年后王大妈离开了夏家，在灯市东口推车卖冰棍。我每次遇到她总会亲切地叫声"王大妈"，再多买她几根冰棍。

一天下午，风和日丽。夏淳叔叔闲在家中，一群孩子也懒懒散散、东倒西歪、百无聊赖地躺在椅子上。我仰着头看着天花板自言自语："我还没化过装呢，不知自己化装什么样子？"夏淳叔叔一听，瞬时

[①] 岔样的：北京方言，形容换着样儿的，改变种类的。——编者注，下同。

来兴致了，速令大钢端来清水放在盆架上，洗过手拿出化装盒，也不用化装笔，直接用手蘸着各种油彩在我的脸上拍拍点点，用大拇指这儿加点色、那儿加点色，退后几步看看，再画两下，而后很是欣赏地说："好啦！太好啦！像，真像琯德！快照镜子去。"

一圈围观的孩子都不吱声了，都瞪着眼不认识我似的。我不知所措地走到镜子前——妈呀！这不是一个满脸色斑的老太太吗？！太难看了，我居然能变成这样？夏淳叔叔却十分得意，张着两只满是油彩的手得意地欣赏着他的"杰作"。我要卸装，他却不让，声明自己这化装方法是画脸上的结构，舞台离观众远不用画太细。一定要我对着镜子后退几步多欣赏欣赏，还叫我带装回家让我父亲评一评。罢了吧，我后退几步也没看出哪儿好看了，回家让我爸评？这一路还不一定吓着谁呢，我才不听他的呢，三下五除二便把装给卸干净了。

这是我第一次化油彩装的经历，也让我记住了夏淳叔叔那短粗的手指。

在人艺大院里，对我们这些孩子来说，许多艺术感的培养都是潜移默化的，长辈们常常在不经意间就能说出些艺术真谛来。有一天，我特得意地告诉夏淳叔叔一个小秘密——我特别会哭，只要想哭，我就能立刻流出眼泪来。夏淳叔叔听了却不以为然，他说："作为一个演员，在舞台上有激情是最基本的条件，关键不是你能不能哭，而在于激情达到极致时，你如何控制和运用它，这才是最难的。"我当时听了还很懵懂，直到后来有幸当了演员，用心体会，才充分理解了其中的真谛。

夏叔叔是个心细的人，对院里的孩子也是万般照顾。他很喜欢我那位有大家闺秀风范的姐姐，他从朝鲜访问回来还专门给她带了一双当地特色的鞋子；他也很喜欢我那位读书甚好的舅舅，舅舅结婚时夏淳叔叔送了一对漂亮的夹书架；当然，他更喜欢我，在我结婚时送了我一个当年很稀有也很贵的精美烫花搪瓷锅。

之后的许多年，我跟夏淳叔叔都有着一个事先未约定的习惯——只要他在首都剧场有新戏演出，都会给我留一张 14 排 2 号或 4 号的座位，这个座位是留给导演的专座。当然，戏不能白看，看过戏后我得及时给夏淳叔叔陈述我的观后感。我们俩总是会面对面坐着，我眉飞色舞、手舞足蹈，说到激动处还会站起来模仿戏中的角色，从台上的演员到幕后的服装、化装、道具，一个不落地评论一番。夏淳叔叔总是双手插在胸前看着我，耐心听我叽里呱啦地说一两个钟头，不打断我，也不反驳我，任由我畅谈，没有反应，没有表情。我呢，说完就走，完成任务。我最后一次看夏淳叔叔的戏是在人艺小剧场演出的《洋麻将》，看过戏后我还是像儿时一样，口无遮拦乱评一通，他依然是专注地倾听……

许多年过后我才明白，夏淳叔叔要的是什么，就是我不带框框的评论，是观众对新戏最直接的第一印象。他好棒！为了艺术他能放下大导演的身段，常年坚持听一个小毛孩子对戏的感受，让我感动至今！而这样的经历，无形中对我的艺术鉴赏水平也是一个提高。

梁菁阿姨先于夏淳叔叔离开人世。她是一位好母亲，也是一位好女儿。梁菁阿姨的母亲得了骨癌长期卧床，到后期很痛，一夜一夜的叫啊！夏家那时已从海棠院花厅的正面搬到没有阳光的花厅背面，他们再也不走海棠树下，而是从紧邻操场的窄条长方院进出了。三代同屋，全家白天要上班，晚上还要整夜看护病人。但阿姨把母亲照顾得特别好，直到去世她老人家也没长过一个褥疮，房间里也没有一点不好的味儿。梁外婆去世不久后，梁菁阿姨也病倒了，得了尿毒症，听人说她是累的。不久后，我的好老师、好阿姨也随着梁外婆去了。我真的很难过，暗自掉了不少眼泪。

一年冬天，丽丽姐姐结婚。比她小好几岁的我成了收份子钱、买衣服和张罗喜事的人。梁菁阿姨好人缘啊！那么多叔叔阿姨主动前来帮忙。我顶着寒风满京城地跑，为的是能帮丽姐买一件好看的红棉袄罩衣。那年头红衣服难买啊，全国一片灰蓝色。最终我看上一件有暗麻纹的中式红罩衫，当我拿着衣服往家走时，人都冻透了，风吹得头皮发木，耳朵发红，清鼻涕直流，但我心里是真高兴。丽姐结婚当天我并没有在屋里待多久，人太多。我只在门口望着，心里在想，不知梁菁阿姨对我的表现满不满意。

我们这批孩子也慢慢长大，一个个离开了56号院。夏钢考上了北京电影学院导演系，我也考进了空军政治部话剧团，离开了父母，离开了被我视为艺术摇篮的人艺大院。开始的每个星期天，我还回来抄抄夏钢上课的笔记，后来发现抄不了了，他们学习的知识我越来越跟不上，渐渐地回院里的次数也少了，但只要有机会我还是会去他家坐坐。在那里我认识了一批如今的大导演，何群、陈凯歌……

我最后一次见夏淳叔叔是在话剧《皇帝的新衣》的舞台上。那时我早已调入中国儿童艺术剧院，在剧中饰演皇后和服装大臣两个角色。人到中年的我胖胖的，早已没有当年的影子。演出结束后，夏淳叔叔上台与各位演员握手，当他走到我面前时，旁边的刘华阿姨笑着问他："认得这是谁吗？"夏淳叔叔用他沙哑的嗓音说："这我能不知道？化成灰也认识，子春嘛，和琯德一样！"大家都笑了，多年不见的夏淳叔叔还是那么谦和，声音不大，却格外亲切。我笑着问他："夏淳叔叔，您怎么这么瘦呀？"他乐呵呵地反问我："你怎么这么胖啊？像你爸。告诉你，有钱难买老来瘦嘛，你得向我学习呀。"说笑中夏淳叔叔与刘华阿姨走下了舞台。

没过多久，我就听到他过世的消息，简直不敢相信自己的耳朵。每当清明时分我去革命公墓看望父亲时，也会特意去看看相隔不远的夏淳叔叔，跟他聊聊家常。

如今，我们这些当年揪海棠的孩子早已过了知天命的年龄。回首往事，心中感慨万分。此刻，我的相册里还留有一张不知何时得来的夏钢儿时的照片，背面是夏钢的笔迹："我们是这样成长的！"

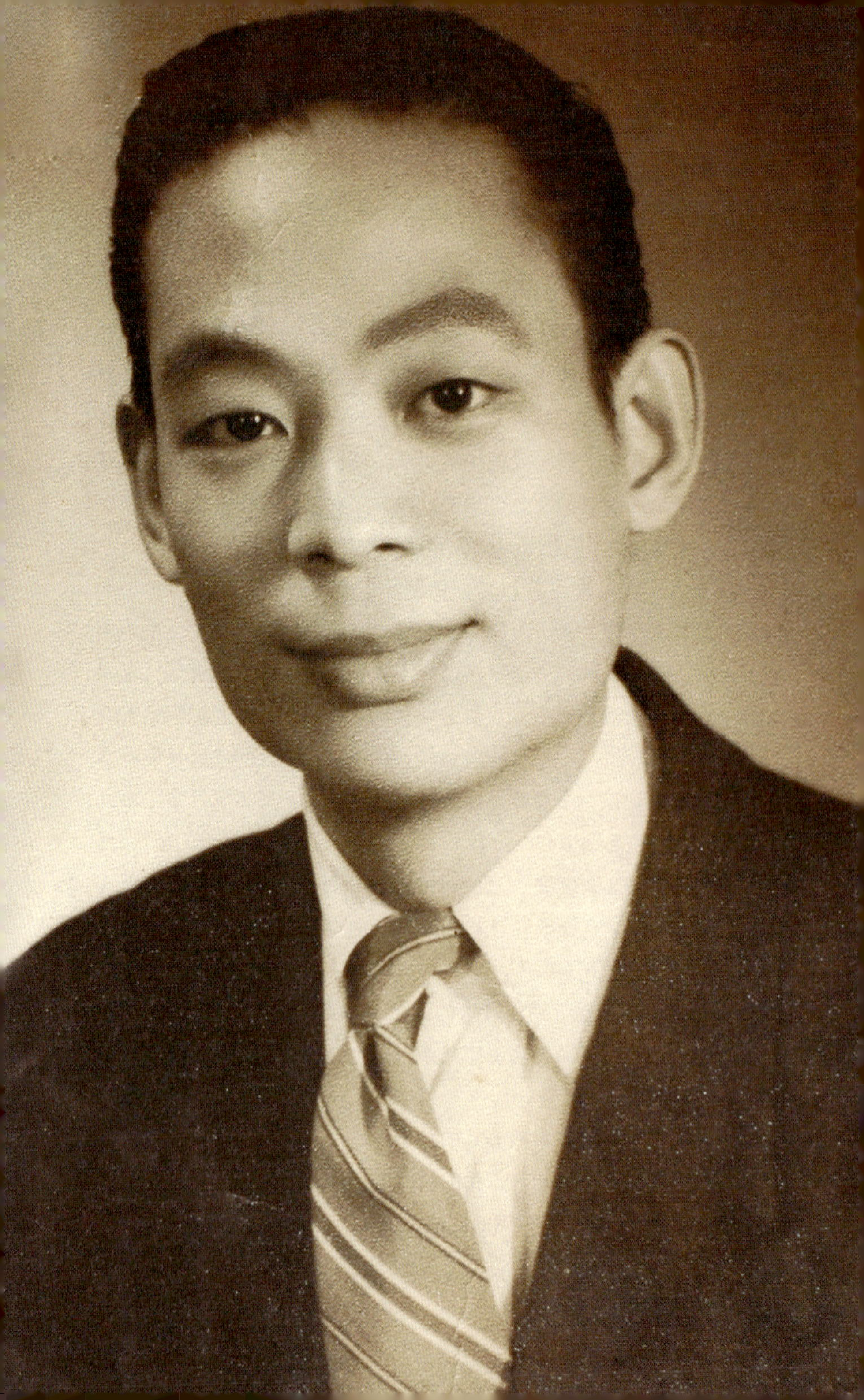

一棵菜——我眼中的北京人艺 BEIJING People's Art Theatre

梅阡
（1916—2002）

我敬爱和敬畏的导师

我真没想到梅阡大大会给我这么高的评价，话不多却让我深受感动。我心里很清楚，作为一名年轻的话剧演员，不可能比前辈们演得好，梅阡大大是在鼓励我，给我信心，同时为我能在空政站住脚助一臂之力。我至今都感谢他。

记得是1968年的大年三十，天降鹅毛大雪。我坐在邻居梅阡家的饭桌前，吃着离开北京下乡前的最后一顿年夜饭。户口证明已放进了装有我全部家当的知青统一大木箱里。我看着行李箱上印着的《毛主席语录》里的话——"到农村去，到边疆去，到祖国最需要的地方去"，失落感油然而起。我知道，从这时起我已经是外地人了，北京，我的家，已经没有我这一号人了。

"来来来，想什么呢？快来吃年糕，尝尝这盘是什么味儿？"费茵阿姨温柔的声音收回了我游走的思绪。梅贻凯动作比我快，早把桌上的菜尝了个遍，当然也包括两盘炒得油汪汪，还挂着小气泡的水磨年糕。"这是甜的，这是咸的，我妈还会炒苦的、辣的，年糕都不够了。快尝尝比你妈炒得怎么样？"梅家三姐梅贻凯懂事地张罗着。费茵阿姨还在厨房里忙活，我却看着桌上的菜下不了筷子。

大年夜，过道里死气沉沉的，我爸爸和梅阡大大谁也没回家。只有梅家的饭桌上多了些菜，窗外的大雪映着屋里的灯光，才让人感觉到了一点节日的气氛。祥哥跟在端进最后一道菜的费茵阿姨身后回来了。看着他的样子，不知又上哪儿玩去了。我们两大家子十好几口子人早已各奔东西，这个春节，就只剩费茵阿姨和我们三个孩子围坐在不大的桌边。祥哥看着桌上有五六个菜，高兴！他的情绪带动了我们，大家都大快朵颐。那顿年夜饭，我吃到了已很久没吃过的红烧肉，喝到了很久没喝过的鸡汤，还有那两盘代表人生的甜、咸年糕，让我终生不忘。

要去插队了，父亲的工资早已停发，给的一点生活费入不敷出，我不知道接下来的日子该怎么过。家中仅有的十块钱被缝在我内裤边上费茵阿姨帮我做的小布兜里，兜口又用线缝死。那天我去关押母亲的地方告别，母亲对我千叮咛万嘱咐，不到万不得已这十块钱绝不能动！这钱是用来应急的。

梅家有四个孩子，大姐梅贻芝做医务工作，长得像她母亲，很会穿着打扮，一直都很时髦漂亮；二姐梅贻白，比较严肃，学习特好，是我最崇拜的人之一；老三梅贻祥是全院有名的孩子头，大个子，爱闹腾，常常放学不回家，把衣服绑在短竹竿或棍子上做旗子，带着一大帮小毛孩满院疯跑，玩具刀枪打得噼啪作响，"厮杀"得昏天黑地；老小是个女孩子，叫梅贻凯，是我最好的朋友。如果说我是梅贻凯的小玩伴，那我哥方子哥就是祥哥的跟屁虫。

每当祥哥讥讽我和梅贻凯臭味相投时，我一定挤对他和子哥臭味相投。祥哥还总是故意气我："别结巴，别——别结巴，有话好说，有话好说。"然后就坏笑着走开了，留下我一个人生闷气。我实在气不过的时候，就会跑到费茵阿姨那里去告状。总之，书香门第的老梅家，曾因祥哥儿时的淘气头痛万分。隔三岔五就有人来告状，那是我最幸灾乐祸的时候，因为小土豆似的我在没有长大成人以前常是他与子哥之流眼中的告密大王——动不动就哭，没本事就找家长。

可自从听说我要插队了，祥哥就再也没有欺负过我，不是帮我操

费茵和梅贻凯（拍摄时间不详）

心要带的东西，就是帮我找草绳捆扎行李箱。在父母被关押、姐姐哥哥都已离京之时，孤身一人的我就将院里的长辈和好伙伴视为家人和精神支柱。

就要去北京站了，费茵阿姨像嘱咐自己孩子似的一遍遍叮嘱着我。祥哥一个人扛着只装满了三分之一东西的箱子先下楼，放在平板三轮上。家中早已四壁皆空，带走的箱子中大半是卫生纸，因为听说那地方不用纸。后来事实证明那儿还真不用纸。我和梅贻凯跟在后头也走下楼来，离开时我抬头望望自家的窗户，黑洞洞的，死气沉沉得像没有生命的眼睛。雪还在不停地下，雪花轻轻飘落在我的脸上，瞬间化作水顺着脸庞流下。

祥哥帮我把行李箱装上车，一直送我到车站，临走前隔着车窗塞给我一个那年代常见的牛皮纸笔记本，车还没开就默默地向车站外走去了。当我打开那本被窗外雪片打湿封皮的笔记本时，看到这样一行字：春妹，"你们是八九点钟的太阳，希望是属于你们的！"——毛泽东。下边写着："祥哥，1968年年三十。"

一句毛主席语录好似引子，打湿了我的眼眸，有太多太多与语录无关的东西随着泪水倾泻而下，我泪眼朦胧地从北京一路哭到了丰台。伴着窗外的鹅毛大雪和火车"咔嚓咔嚓"的行驶声，不满十六岁的我就这样开始了我那充满未知的社会生涯。

其实梅贻凯这次本来可以和我搭伴走的。可没想到当我陪梅贻凯去女二中办关系时，校方发现方子春不是男的，而是一个比梅贻凯还小的女孩时就坚决不同意了。不过没一起插队也没有影响我们的友谊。我插队的地方不像兵团，管得松。她去我插队的地方看过我，还因水土不服起了一身疙瘩，痒得不行。我也时不时溜回北京，有时住在梅贻凯家，有时住在夏钢家或刘尔文阿姨家（她女儿焦桐和我是同学）。这样的日子有好几年，直到父亲允许回家才结束。

不久，梅贻凯去了云南景洪农场做了一名割胶工。她不常回来，但每次回来都能给我讲好多新鲜的事。那年毛主席给工人代表送杧果，梅贻凯也从云南千里迢迢扛了一箱杧果回来。可惜那时火车太慢，过了几天几夜杧果都烂了，只剩下三颗还能吃。她拿着一颗珍贵的杧果把几个要好的小伙伴叫到一起，我们关上房门，一人一口享用着来之不易的果子。也许是太熟了，那个杧果好香好香，黄黄的汁水顺着撕开的皮流到地上。那是我第一次吃杧果，也是最香的一次。

"文化大革命"终于过去了，我考入了空政话剧团。穿上军装后排练的第一出话剧是人艺的剧作《丹心谱》。这也是梅阡大大于"文化大革命"后在人艺导演的第一部戏。这部戏的主角是郑榕叔叔和胡宗温阿姨。在那个压抑已久的年代，上海出了《于无声处》，北京出了《丹心谱》，作者借角色的嘴说出了人民大众的心声，是多么大快人心啊！

我们一对一地学习此剧，并到宁夏、兰州一带演出近三个月，共计一百多场。回京后我团请人艺的《丹心谱》剧组来看了演出并召开座谈会。当全组传达座谈会记录时，我的耳朵都竖起来了，导演梅阡说（大意）："子春演的梁晨演得不错，我认为是几个梁晨中演得最好的一个，这孩子是我看着长大的，能演成这样她是真用功了，我很高兴。"我真没想到梅阡大大会给我这么高的评价，话不多却让我深受感动。我心里很清楚，作为一名年轻的话剧演员，不可能比前辈们演得好，梅阡大大是在鼓励我，给我信心，同时为我能在空政站住脚助一臂之力。我至今都感谢他。

1980年，我要结婚了。步入婚姻殿堂之前，我轻轻叩开了过道东头梅阡大大家的房门。这间房子是梅阡大大的书房兼卧室，是我平日不太敢进的地方。我把喜糖递到梅阡大大手里，他客气地让我坐在床沿上，并没看我，微低着头在想什么。房里静静的，只有窗外那高高的杨树上，有几只喜鹊在叫喳喳。我几乎从没这么近距离地和梅大大在一起坐过，我不想打破这份平静。

说真的，虽然他没和我大声说过话，甚至在人艺的舞会上还请我跳过舞，但我内心还是挺怕他的，当然这种怕更准确地说应该是敬畏。人艺的"四大导演"[①]除欧阳山尊伯伯外，其他三个说话声都不大也不快，可就是有威慑力。"小子春都要结婚了啊，好事。我没什么好送的，就送一张我画的葫芦吧。"他指指桌上零散的画纸接着说，"这些不行，我好好画一张回头让梅贻凯给你送去。"我一听高兴极了，忙说："谢谢！您还说没什么好送的，这比什么都好！不要梅贻凯给我送去，我来拿，我来拿。"小聊过后，梅大大一直送我走出房间。别看就这几步，却是我从未享受过的待遇。也许此刻，我在他心目中已是大人了。

[①] 四大导演：指焦菊隐、欧阳山尊、夏淳和梅阡。

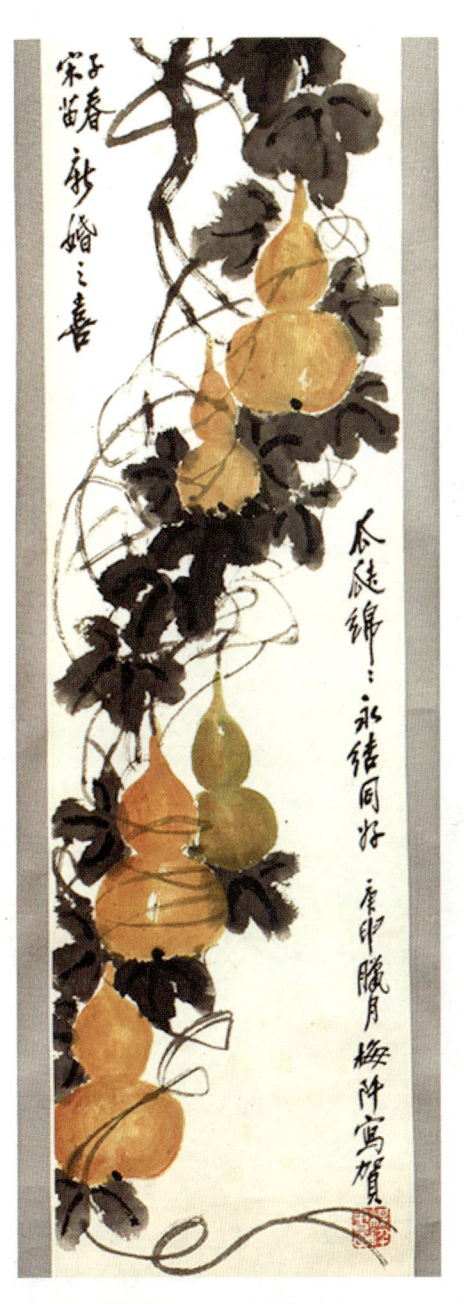

梅阡恭贺方子春宋苗夫妇新婚的画作（1980年）

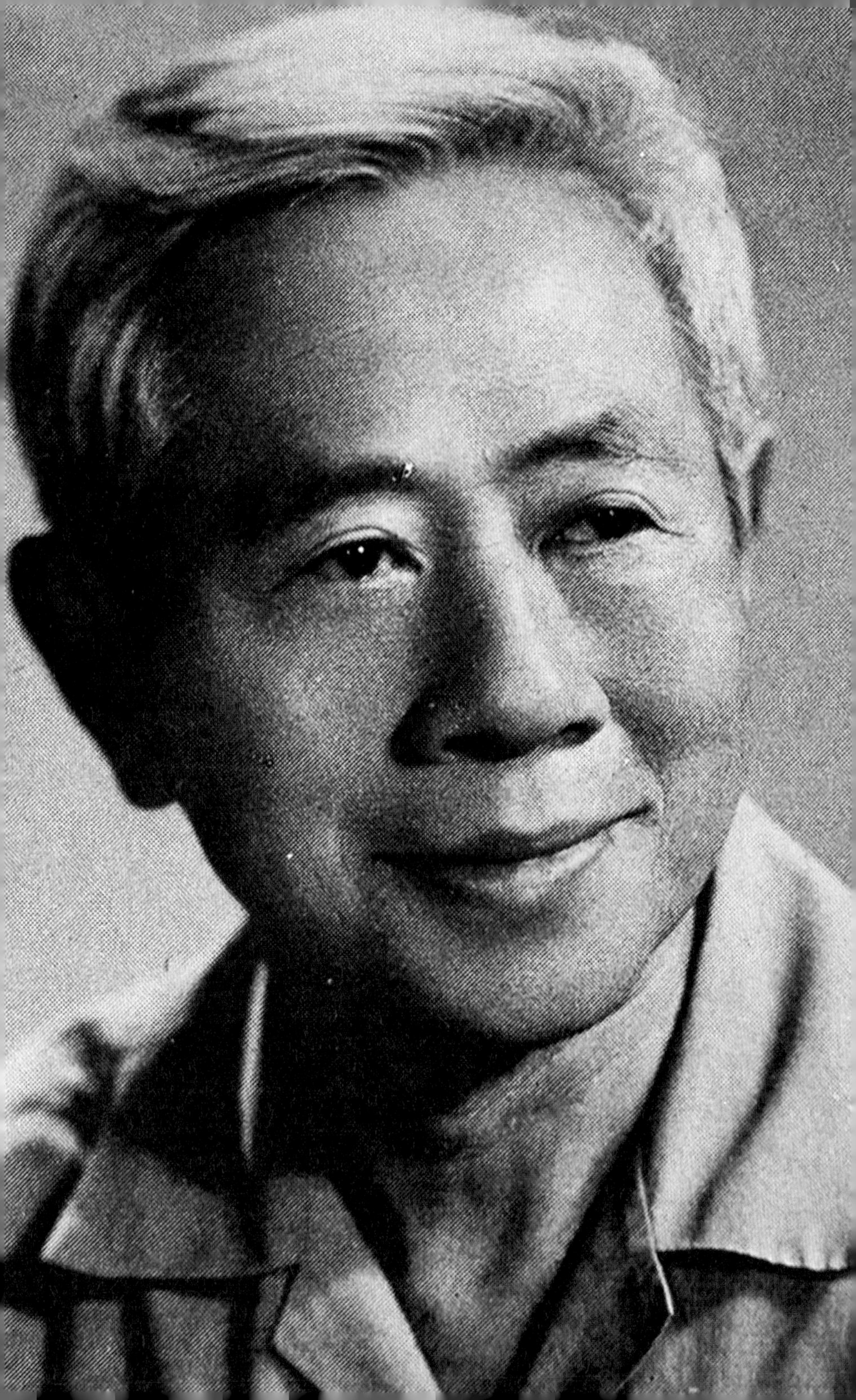

一棵菜——我眼中的北京人艺 BEIJING People's Art Theatre

田冲
（1916—1999）

五月不败的鲜花

感谢田冲女儿田小惠对本篇内容的贡献

田伯伯生性浪漫，他那不同于常人的艺术智慧，在表演创作中总是信马由缰、我行我素。他的种种逸事已成为今天久说不厌的段子，而他做人做事的原则，让人们钦佩的同时大有不食人间烟火之感。他与众不同的行为，常给人们带来茶余饭后的话题和善意的开怀大笑。田伯伯仿佛就是一个现代版的堂吉诃德。

"五月的鲜花，开遍了原野，鲜花掩盖着志士的鲜血，为了挽救这垂危的民族，他们正顽强地抗战不歇……"每当听到这首《五月的鲜花》我都会想起父亲，这是我那五音不全的胖父亲教我唱的唯一一首歌。记得那是在我五六岁时，父亲躺在床上睡午觉，我缠着他讲故事，父亲却认真地教我唱起了这首20世纪30年代的抗战歌曲。我没想到这支早年流传很广的爱国歌曲竟然和我熟悉的田冲伯伯有点关系，他和《五月的鲜花》的词曲作者是莫逆之交。田伯伯也是人艺最早的党员之一，剧院流传着很多他的传奇故事，他就如五月绚丽的夏花般激情热烈。

1935年，田冲伯伯是上海大夏大学的爱国学生，发起并组织了上海大夏大学歌咏队。田冲结识了刚从法国回来的冼星海，并演唱了他写的《热血歌》和《五月的鲜花》。

"八一三"事变那天晚上，听到日本侵略者隆隆的炮声，冼星海再也按捺不住说："走，我们去看看！"拉着田冲跑到苏州河边，看到对岸火光冲天，炮火封锁了北岸。他们满腔怒火，决心投入到抗日救亡运动的洪流之中。田冲毅然参加了光未然任队长的抗敌演剧三队，穿过敌人的封锁线渡过黄河。在黄河渡船上的这群热血青年，第一次，听到高亢苍劲的艄公号子；第一次，看到古铜色赤臂、白发的船夫驾着一叶扁舟与惊涛骇浪搏斗；第一次，体验到与艰难险阻奋力搏斗胜利后的欢畅。由此，诗人光未然一蹴而就写出长诗《黄河吟》。到达延安后他们与老朋友冼星海碰出火花，于是由光未然作词、冼星海作曲的《黄河大合唱》就这样诞生了。

演剧三队把《黄河大合唱》作为向党中央献礼的节目首演了这部伟大的作品，被光未然赞颂为"金嗓子"的田冲伯伯担任男声独唱，

汉口海星歌咏队全体队员合影（摄于1937年），第一排中间是冼星海，第二排右三是田冲

首唱了《黄河颂》。之后，根据党中央的指示他们开赴二战区开展抗敌宣传工作。田冲伯伯多才多艺，他不但会演戏会唱歌，还会作曲。他在老电影《夜半歌声》里配唱，他写的歌《黄花曲》《月亮粑粑》《当兵好》在西北地区广为流传。1942年，田冲伯伯在洛阳被捕。

在监狱中，他患上斑疹伤寒，奄奄一息，差点死掉。之后被转到西安劳动营，敌人让他演反共的戡乱戏，他不能明着反抗，就说愿意担当舞台美术。一次演出前装台，田冲伯伯爬到高高的灯架上，故意从上摔下，把手臂弄断，用苦肉计逃出"魔掌"。后来演剧队共13人集体被捕，国民党企图离间他们，便委任曾经被捕过的田冲当队长，但是组织和同志们都信任他，让他担负起营救工作。得知军调部要到太原，为了让外界知道他们的危险处境，据说田冲伯伯和胡宗温阿姨穿上千方百计搞到的美式军服，劫了一辆美式吉普直奔机场。就像电影镜头里一样，警卫看到穿着美式军服的帅哥靓妹威风凛凛，不知何方神圣，所以没敢阻拦。他们直奔张治中将军面前，面呈诉状，揭露国民党破坏统一战线的罪行，得到在重庆的周恩来和郭沫若以及全国文艺界的广泛声援。经过同志们的共同努力，全体被捕同志被无条件释放。

抗战胜利后，按党的指示，演剧队以到大都市北平演出的名义，撤离第二战区，摆脱阎锡山的控制。他们队的一组充满浓郁乡土气息的小话剧《三江好》《败家子》给古都带来一股清新的气息。为了站稳脚跟，队里决定要排几出有分量的戏。田冲伯伯是业务骨干，也是台柱子，他出面找到当时在北京师范大学当教授的焦菊隐，请他出山排演《夜店》。同时还排演了《孔雀胆》《北京人》等大戏，都大获成功。后来田冲伯伯他们又按地下党的指示用"金蝉脱壳"之计摆脱国民党的控制，成功撤到解放区，20世纪60年代有一部话剧《最后一幕》说的就是这段故事。

田冲伯伯富有传奇色彩的经历是他艺术创作的源泉。不知是革命的激情年代练就了他的性格,还是他艺术家激越乐观的性格正好契合了那个时代,他是有着英雄主义情结的理想主义者。记得我爸爸给我讲过一个田冲伯伯的故事。好像是1950年,有一个高规格的苏联艺术代表团访华,领导让我爸、田冲等几个人接待。田冲经常突然就不见了,有时又在意想不到的地方出现,他特认真地说自己在排除安全隐患。苏联著名芭蕾舞大师乌兰诺娃要在广场舞台上演出,她要求舞台必须铺满地毯。这可难坏了大家,北京刚刚解放,满目疮痍,去哪儿找那么多地毯呀?眼看就要演出了,大家急得团团转。最后关头,只见田冲伯伯不知从哪里弄了一辆破汽车拉着地毯兴冲冲地来了。大家高兴地一拥而上,问哪儿找到的,他用田冲式的幽默说:"全市所有教堂的地毯都被我搜罗来了。"这绝招也只有田冲伯伯能想得出来。

"文化大革命"开始后,田冲伯伯也被关了"牛棚",造反派按着头让他承认自己是叛徒、国民党别动队、反革命,有的人已经扛不住,开始服软胡说了,田冲伯伯骨头特硬地说:"我是革命者!是共产党员!"在一次全院批斗大会上,造反派气急败坏地握着皮带打人,还抄起了椅子,现场的气氛十分紧张,大家都敢怒不敢言。只见田冲伯伯冲上去大喊一声:"不许打人!"顿时,造反派被震住了,所有在场的人都为他捏了一把汗,因为他自己可是被审查的"黑帮"和被"镇压"的对象啊。他的正直勇敢赢得了大家的敬佩与爱戴。有一次,田冲伯伯突然在学习班上冒出"'文化大革命'是一场噩梦"的惊人之语,当上级派人来调查这个典型的"右倾翻案反动言论"时,大家都给他打掩护,为他开脱,谁也不愿看到他被打成现行的反革命。

田冲伯伯是20世纪五六十年代蜚声中国话剧舞台的著名表演艺术家,是北京人艺的国家一级演员(是"文化大革命"前的老一级,人艺只有三四位)。有人说他是体验派的性格演员,他用真挚的情感活在角色之中,本能地排斥做作和虚假的表演。他的创作欲很强,总是有新的想法,灵感迸发时常有神来之笔。新中国成立之初,国家百废待

《带枪的人》剧照（摄于1958年），（左起）田冲饰老兵雪特林，刁光覃饰列宁

兴，人艺也是花最少的钱办大事。那时排演一部戏，服化道能借的借，能动手做的绝对不买。记得当时连演员的练功裤及很多戏服都是用麻布边幕做的。有一次，剧院要排一部波兰戏，田冲伯伯饰演一个裁缝。道具组的同志从著名老店普兰德借来一块上好的料子，上台前对田冲伯伯千叮咛万嘱咐："别弄脏、别弄破，这料子太贵，弄坏咱赔不起。"田冲伯伯一口答应，可没想到，他戏演得太投入，早忘了叮嘱。演到兴奋时，他三下五除二，快乐的裁缝把那块名贵的料子真的给剪了！而且剪得一塌糊涂。据说当时那位负责道具的同志急得直跳脚，差点当场晕过去。这就是田冲伯伯，不管是排练还是公演，他都用最真挚

的情感演出，常有精彩的即兴发挥，被大家传为笑谈。

人艺复排《关汉卿》时，焦菊隐请田冲伯伯主演。据说焦先生曾酝酿排演莎士比亚的《哈姆雷特》，也想让他演主角。关汉卿是个愤世嫉俗、很有个性的文人，很难把握，可排演时田冲伯伯经常迸出奇妙的火花。例如，关汉卿奋笔疾书，写到兴头上，把笔一丢，突然从案桌底下钻出，舞起剑来。看排练的人觉得这个设计有爆发力、很精彩、很过瘾，可是演出时他不一定用。田冲伯伯有一种小孩子心理，你们都说我今天演得好，明天我还有更好的拿出来。人艺的叔叔阿姨们都说田冲伯伯身上的创作灵性是学不来的，那是天性。

田冲伯伯在生活中也是一个特别有意思的人，在我人生的关键时刻还得到过他的帮助。记得1975年，我已借调到保定地区文工团，但是我迟迟不愿把户口转入保定。那时的政策是如果我的户口从农村正式调入保定，我就失去知青身份，回北京就难了，只有从插队的地方直接办病退才行。机会总算来了，团里派我到中国歌剧舞剧院学习一个小舞剧《幸福水》，我就想利用这次机会办病退。说起病退，现在觉得很荒诞，知青为了办病退回城必须拿到医生的病理报告，为了能得到这份报告，知青们什么怪招都想得出来。例如在尿里滴上一滴血，肾功能就不正常；早上喝牛奶或吃糖再去验血，肝功能就不正常。我从小体弱多病，心脏一直不太好，可不犯病时心电图又检查不出来。我和田冲伯伯家的女儿们是好朋友，她们也都是知青刚回北京，听说了我的困境，田冲伯伯也知道了我的情况，坚决不同意为了拿到医生证明弄虚作假。他的主意是，既然真有病就想办法把病犯了。于是白天我去学习舞蹈，累得半死，晚上我到田冲伯伯家，他们也不睡觉陪我通宵打扑克牌。我不会玩扑克，又困又乏，田家姐妹就轮番和我说话，实在睁不开眼睛了，就拉我起来跳跳。就这样，田冲伯伯全家晚上不睡觉熬了我整整三天。到了第四天我真犯病了，心脏乱跳，院里的小姐妹架着我到知青办公室指定的"病退医院"做检查，不用说——有心脏病，同意病退。医生签字与大红印盖在了那张决定我生命运的诊断书上。

别看田冲伯伯用这种近乎黑色幽默的方式帮我办成病退，他可是一个不徇私、有原则的人。改革开放初期，剧院去香港演出《王昭君》。田冲伯伯想买电冰箱，因为参加招待会太忙，于是就请人代买。临走那天，一个港商把包装好的冰箱送到，还递过来一封信，他没多想，以为就是封慰问信顺手揣到兜里，大家还赞叹香港服务真好。回到北京，大家欢天喜地打开电冰箱一看，发现里边有两个望远镜和一个高级相机。田冲伯伯这才想起那封信，拿出来一看，是港商托他把这些东西给他的熟人并说会有酬谢。田冲伯伯一生清白怎么能干这种走私的勾当，他立即报告外事办把相机和望远镜交到海关。此事一夜之间在人艺传开了，有人说他做得对，也有说反正没人知道何不做个顺水人情。没过几天事情变味了，北京海关通报：田冲同志无视《海关法》，借公务出境走私。这可是对一向正直坦荡的田冲伯伯莫大的污辱，他气得拉着人艺的领导揣着速效救心丸就到海关去理论。在事实面前，海关郑重地向田冲同志道歉，并通报表扬。田冲伯伯的好多故事经过人们的不断演绎，成了一个个精彩的段子。但是他始终我行我素，七八十岁时还骑着自行车到府右街的文津俱乐部游泳。一个雪天，他骑车滑倒崴了脚，到医院看病，医生连连惊叹老爷子的骨质真好。田冲伯伯瘸着腿、推着车，得意地告诉我们：他的骨质只有四十岁！

田伯伯生性浪漫，他那不同于常人的艺术智慧，在表演创作中总是信马由缰、我行我素。他的种种逸事已成为今天久说不厌的段子，而他做人做事的原则，让人们钦佩的同时大有不食人间烟火之感。他与众不同的行为，常给人们带来茶余饭后的话题和善意的开怀大笑。田伯伯仿佛就是一个现代版的堂吉诃德。不管人们赞扬还是调侃，好似都与他无关。田冲伯伯一生的传奇故事说也说不完，人们对他有着不同的看法,但有一点是相同的:大家都爱他!虽然,他仙逝之时已是暮年老翁,可我还是想把田冲伯伯比作"五月不败的鲜花"。这样形容我爱戴的老头,也许也是受"田冲风格"的影响吧。

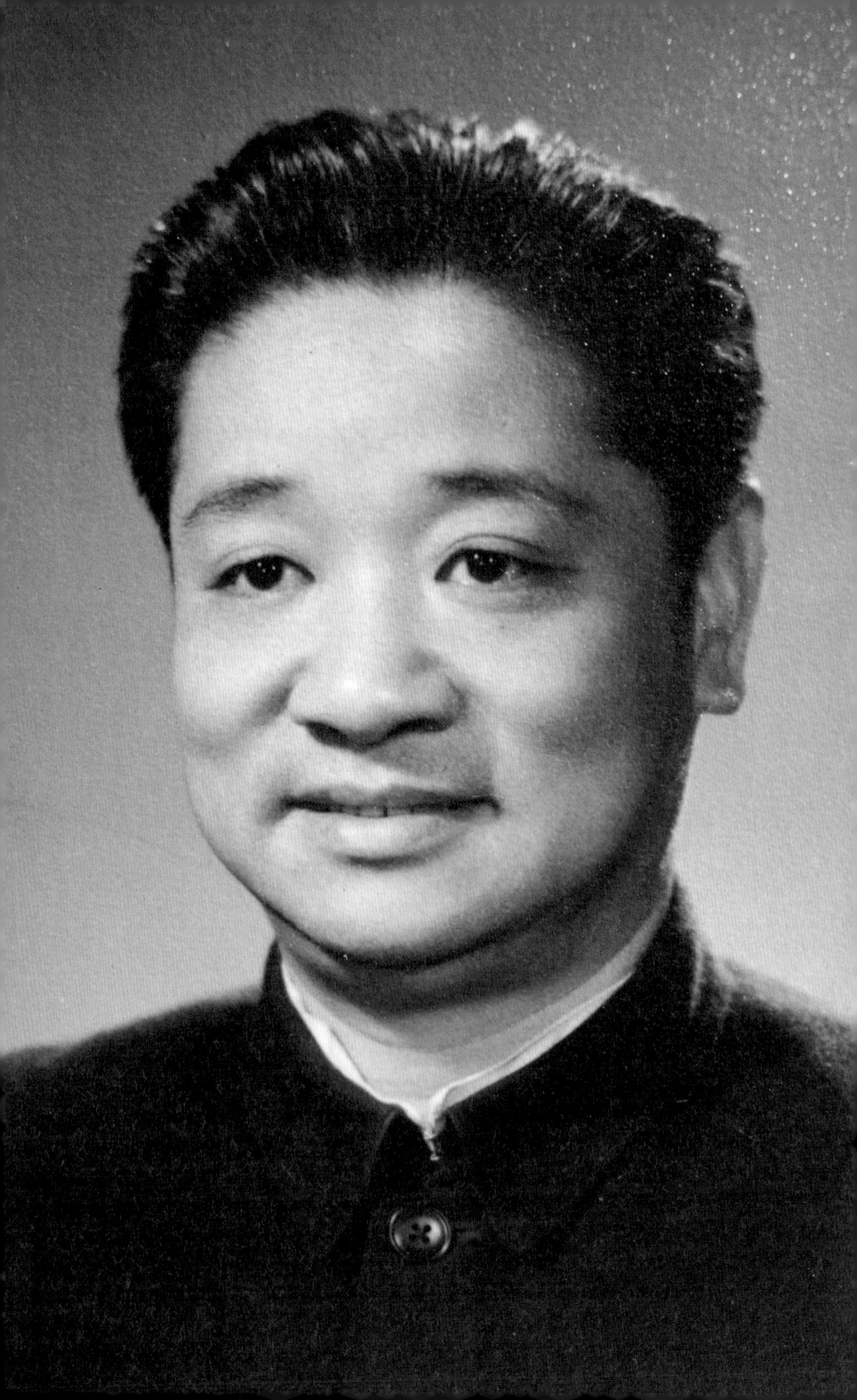

一棵菜——我眼中的北京人艺 BEIJING People's Art Theatre

方琯德
（1921—1994）

忌日前的呼唤

演出结束后，我逆着散场的人流往后台跑，路过台口时，我总会停下脚步，悄悄站在黑洞洞的台口，看着空无一人、失去光彩的舞台。我回想着刚才的情景，久久不愿离开这充满魅力、神秘无限的地方。爸爸卸完装，洗去全身的汗水，会到侧台找我。夜色中，他把我放在自行车后架上，向家的方向用力地蹬着自行车。

每天早上，我都早早地醒了，人不动，脑子却不闲着。想着，我写北京人艺有几个人是绕不过去的。首先是我的父亲，然后还有我的公公和婆婆。我父亲已离开我23年了。昨天姐姐来电话，约我定个时间一同去八宝山革命公墓看望父亲。

父亲的忌日是5月11日，离清明不远。我和姐姐从不赶节假日人多的热闹，总是在清明过后的某一天，带着毛巾、蜡烛和花去见父亲。在父亲不大的方寸间仔细擦拭，精心摆花，深深鞠躬，动情说话。姐姐和姐夫还会画许多要捎给父亲的东西，在看完父亲之后，去专门的烧纸炉烧给父亲，或者放在一个专门的箱子里，箱子上面写着——寄往天堂的信。

姐姐每次都要我在每一页图画上签上自己的名字，之后她认真封好再投入信箱。今年她因头晕不能画了，请了个学生从网上找了好多照片，有鸡鸭、外国的男女用人、大房子、游泳池、房车、电视等等，打印了好几页纸。封口粘了又粘，写上姓名和日期，才总算放心了。

我们每次去八宝山总要去拜祭和父亲在一面墙上的于绍康叔叔、后边墙上的夏淳伯伯和李伯悌姑姑。我们还要对父亲阴宅的左邻右舍说几句，让他们好好相处别吵架。我父亲是个可以带给人快乐的人，我想他在那边依然会谈笑风生，依然会光彩照人。

我七岁时父母离了婚，我虽和父亲生活，但可以随时和母亲见面。在我的记忆里，父亲从不发火，就是"文化大革命"时期父亲也总是用笑脸对我。父母离婚的事我是后来才慢慢知道的，我的记忆中从没听见过父母吵架。父母刚离婚后父亲搬到首都剧场住，已从人艺调到儿艺的母亲天天忙着上班，平日家里只有从安庆带出来的老阿姨杨嫂子和我们三个孩子。

杨嫂子是个小脚，走路时间长了脚就会痛，所以我上学前要帮着家里买趟菜，晚上要和杨嫂子一起记账。我睡下后，蒙眬中会听见坐在床边上的杨嫂子一边纳鞋底，一边自说自话地讲些老方家的事情。别看杨嫂子嘴上说父亲多少不是，但在老方家干了几十年，她心里还是惦记搬出去的父亲，有时候她会烧些父亲爱吃的饭菜让我送去。

我，一个七八岁的小姑娘拎着两只饭盒或抱着个锅什么的，往返于史家胡同和首都剧场之间，累了，就把手上的东西放在路边的台阶上，自己蹲一会儿，再接着走。有人开玩笑地说："你呀，小姐身价丫头命。"这句话一下子烙在我心里，几十年不忘。好在我这丫头命的人，有个疼我的父亲，比起一般离异家庭的孩子好了许多。

我各个方面都像父亲，长得像，性格像，包括有糖尿病，好吃，喜欢笑，这些都遗传自父亲。父亲是个大才子，能导、能演、能写。听说他年轻时在四川江津上国立剧专学习导演时，是班上最帅气的两个小生之一。父亲人到中年时发胖了，人们总是"方胖方胖"的叫他。他是个乐天派，并不在意人们怎么叫他，高兴之时他常会得意地和我们聊起他学生时代的许多趣事。

父亲曾说过："现在胖了，年轻时我很瘦很帅气，那时一吸气，腰才一尺七。我爱漂亮，生活虽然拮据，但依然做了一身白西服，脚上穿一双白色的网状皮鞋，每次回到宿舍我都会把衣裤小心挂起。我同房间住着一位有小儿麻痹症、腿不好的同学。我爱臭美呀，穿着一条运动短裤在他面前跳呀跳，兴奋了就在床上拿大顶，边练边大喊：'快看我的腿漂亮吧！快看！'那位同学一开始不说话，有时会气得脸色难看，直到有一次气得哭着跑出去，我才知道无意中伤害了人家，从此再也不敢在这位同学面前拿大顶耍帅了。"每次听到父亲讲类似的故事，我的小脑壳里都会出现父亲身穿白西装、手拿文明棒、脚蹬网状白皮鞋的潇洒模样。

还有，我父亲的腿真的很漂亮。记得好多叔叔阿姨都说过这样一件事情。大概是20世纪五六十年代吧，一次苏联专家来给演员们上形体课。专家从一屋子的男女演员面前走过也没说话，当走到父亲身边时，这位苏联著名女专家突然惊呼："好漂亮的腿啊！"这一叫让父亲这个得意呀，让大伙儿这个不服气呀："我们这么多漂亮人儿，苏联专家单单夸方胖腿漂亮。"可就是这两条漂亮的腿，却在他去世前个久被截掉了一条！原本还在担心因病情过重会失去另一条腿，但更遗憾的是，父亲过世了。

我1953年出生，赶上新中国第一个五年计划，从记事起父母就一直很忙。我家三个孩子，姐姐生于秋天叫子秋，比我大六岁，听话，功课好，人既懂事又漂亮。哥哥是冬天生的，本该叫"冬"吧，南方人喜欢叫男孩"哥"，子冬就改叫子哥了。哥是家里唯一的男孩，不爱说话。问他为什么不说，他回答，话都让妹妹说完了。我，就是比哥小三岁，一天到晚手不停、嘴不停，春天出生的小妹——子春。父母为我们取了好听的名字，希望我们有美好的人生。

父亲是安徽桐城人，是组建北京人民艺术剧院时的第一代元老，剧院艺委会成员，一直任演员队长。其实人们一直对北京人艺有个错误的认识，以为北京人艺都是北京人。错！北京人民艺术剧院是由几个文艺团体在1952年合并而成的。北京人艺成立后,焦菊隐先生确立了北京人艺这所人民的艺术剧院今后的发展方向与风格。来自四面八方的演员放弃了不同的表现风格和天南地北的口音,统一表演风格,努力学习北京话。

一日,我放学回来,听到大屋有人说话,就先去父母房间报到。一开房门见一屋子的人在对台词,有吕恩阿姨、舒绣文阿姨、吕齐叔叔、父亲……我一边看一边往外退。这时爸爸叫住了我:"哎,你回来

小时候的方子春(拍摄时间不详)

得正好,小春姑,给爸爸说一遍'娘们儿'。"

娘们儿?爸怎么让我读这么难听的词呀?我觉得脸上热热的,使劲摇着头,睁大双眸还用双手紧紧地捂着嘴(爸说这是我儿时的经典动作)。叔叔阿姨们一看都笑了,和爸爸一起哄着:"春儿最乖了,就说一句,来。"我被他们哄得没办法,只好小声说:"娘们儿……""娘儿们……梁们……娘儿们儿……"我听着大人们怪调地学着,开心地笑出了声,大声地一遍遍说:"娘们儿,娘们儿……"大人们认真学着"娘儿们,娘们儿"……

几个月后,一出经久不衰的剧目上演了,它就是《伊索》。在父亲扮演的格桑的台词中有这样一句:"这个娘们儿……"我喜欢看《伊索》,我认为那是父亲一生中演过的众多角色中最光彩的舞台形象之一。

《伊索》剧照(摄于1959年),(左起)刘勤饰阿比西尼亚,方琯德饰格桑,舒绣文饰克莉娅

我不记得妈妈何时离开人艺大院的，父亲和继母又是何时搬回人艺大院的。我只记得一同搬进来的还有继母的女儿，我多了一个比我小三岁的漂亮妹妹。

那时我的星期天最忙，母亲在儿艺的演出一般是日场，我上午做功课，下午自己走大约四站地，去东华门的儿童剧场看《马兰花》。演出一开始我的妈妈就变成了喇叭花，然后又成了兔妈妈。这时我就在观众席里大声炫耀："那是我妈妈！那是我的妈妈！妈——妈——"妈妈每次在台上听见我的高喊心里既好笑又无奈。当戏演完后我跑进后台看着妈妈卸装。卸完装之后我坐在妈妈的自行车后架上，任她柔声细气地告诉我，演出时不能大喊，不能叫妈妈。我一边似听非听，一边自说自唱着《马兰花》里的台词和歌曲，任妈妈把我送回家。

妈妈在星期天的下午把我送回爸爸家就走了，我草草扒完两口饭就往首都剧场的后台跑。人艺的后台是不许小孩子进的。一推后台门，坐在里边的老姚叔叔就会马上站起来，一反在宿舍院里遇见时的亲切，黑着脸问："找谁？干什么来了？"说着还会揪住我的小辫子。这时我会理直气壮地大喊："找我爸。爸！爸！"我一喊，老姚叔叔就害怕了，立刻制止我回荡在走道里的刺耳尖叫，马上去找爸爸出来。这个时间爸爸一般已化好装，他会用大手揪着矮小的我走过化妆间的过道，穿过黑乎乎的侧台，轻轻打开通往观众席的旁门，然后在我手里放一张票，叮咛我散戏后别乱跑，回后台找他一起回家。

我拿着票直奔二楼观众席，不用看我就知道一定是二层侧三的票。首都剧场的二层两侧靠台口是灯光室，灯光室后边有三排侧位，坐在这儿的观众看戏时要向右或向左伸着脖子。小孩子个子矮，基本上要站着才能看见大半个舞台，所以我一会儿站，一会儿坐。碰上看了很多遍的戏，精神就不太集中。有时侧一排没人我会出溜到侧一，趴在宽宽的围栏上看楼下的观众，能发现个熟人是最开心的事了。

但是看话剧《伊索》我从来都十分认真。全剧一共六位演员，五位有台词的是老六级以上的演员，阵容甚为强大。他们穿着古希腊风格的服装，我父亲还穿着宽大的连衣裙，男的穿裙子我可是第一次见。我喜欢的舒绣文阿姨在台上是那么从容优雅，我私下一直叫她"新娘子阿姨"。还有吕恩阿姨，她是父亲的老同学。吕齐叔叔饰演那个黑奴伊索，他这么会讲故事，可为什么父亲老是让刘勤叔叔打他？又为什么老给平原叔叔饰演的卫队长吃舌头？台上一演到吃舌头，我就会下意识地咬咬自己的舌头，看看它还在不在。

当然，我还是最爱看父亲在台上风趣又自如的表演。他的音色很有特点，又高又亮，那带点安徽味的普通话成了方氏风格。每当父亲在台上说"娘们儿"这个词时我会兴奋地从椅子上站起来看看前后的观众，多想让他们知道"娘们儿"一词是我教父亲的。可观众从没一人看我，都在认真看戏。

《生活的彩练》剧照（摄于1964年）

演出结束后,我逆着散场的人流往后台跑,路过台口时,我总会停下脚步,悄悄站在黑洞洞的台口,看着空无一人、失去光彩的舞台。我回想着刚才的情景,久久不愿离开这充满魅力和神秘的地方。爸爸卸完装,洗去全身的汗水,会到侧台找我。夜色中,他把我放在自行车后架上,向家的方向用力地蹬着自行车。有时我会学着父亲的腔调高喊:"我——要——喝掉——大——海——""舌头,是世界上,最——好吃的东西。"我还会问父亲:"爸爸,舌头好吃吗?""要是把大海都喝了,肚子多疼啊?肚子要胀好大好大……"

一场大戏下来,爸爸累了,他一般任我这小话痨在车后座上自言自语。有时玩了一天的我也累了,到史家胡同十来分钟的路程都能睡着。可是不论我以何等状态回到院里,上楼打着晃的我依然嚷嚷着要喝掉大海、想尝尝舌头……

父亲是个大忙人。可他一生不管遇到什么，不管多么辛苦，他总是快乐的。剧院里的老人只要谈起父亲，人人面带微笑，先夸聪明，再说灵活、有才气。父亲主修导演，同时兼任演员和编剧。正因集编、导、演的才华于一身，他的作品才个个闪光，充满智慧与创新。

就拿父亲和刁光覃叔叔、秦在平阿姨共同编写的话剧《生活的彩练》来说吧。那年父亲每天天不亮就往公交车队跑，为了获得第一手材料，他们和司乘人员打成一片，每日跟车出发，学习卖票，擦车拖地，同吃同行。我记得那段时间有许多司机和售票员阿姨常来我家做客。他们穿着朴素的工作服，说话大声，无拘无束，让我们家一时间充满欢声笑语。

《生活的彩练》讲述的是公交战线上的故事，父亲又到公交车队蹲点，下生活了好长时间，车队的叔叔阿姨和爸爸早已成了朋友。那时我最爱跟爸爸坐公交了，好多人认识他，司乘人员热情地和爸爸打招呼，自豪地向乘客介绍：他们的艺术家朋友为他们——为公交系统写了戏，艺术家看得起他们！每当此时我站在爸爸身边自豪地抬起头看着他，爸爸显得格外高大英俊，是我心里最棒的爸爸。

之后的日子是剧本创作的时间，父亲睡得很晚，每天不是与剧院的叔叔阿姨对剧本展开热烈的讨论，就是写啊写。我们全家的话题就一个中心，那就是《生活的彩练》。1964 年《生活的彩练》终于与观众见面了。当人们见到生活中司空见惯的无轨电车横断面出现在舞台上时，既惊讶又兴奋。他们哪里知道，要想全面表现司乘人员的生活，车厢是必不可少的场景。如何充分展现流动的场景，让演员在不大的空间内活动起来，不拘束也不拥挤，是个不小的难题。那时还是个比较禁锢的年代，父亲能把公交车搬上舞台，可以说是个十分大胆新颖的设计。

我十二岁那年，"文化大革命"开始了。只有小学六年级的我从运动开始的兴奋到之后的茫然，从方氏家族成员全部被拉下马到父母被关押，我心中的圣殿倒塌了，"文革"初始我便几乎不再去首都剧场。父亲被关押在灯市东口北京人艺的装置工厂（人称"大楼"）的后排房里。开始时还让家属送饭，我爸好吃，家里再紧也总是想办法送些好吃的、有营养的饭菜给他。十七八岁的姐姐胆小，每次去送饭，看管的造反派还没问话，她就开始哭，求人家："我爸爱吃，你们让他吃点儿吧。"

我这人从小脾气冲，每次我给爸送饭可不像我姐这么厌。我把鸡蛋啊肉啊放在下边，上边是米饭和青菜，或者包饺子尽量多放些肉（那年月什么都要粮票啊）。史家胡同西口马路对面便是关押父亲的大楼，可马路正中的路面上被上海的造反派用油漆写了大大的几个字："打倒上海走资派杨永直（杨永直是我五伯父，原名方璞德，原上海宣传部长）！"我要过马路进大楼就会踩在标语上，没办法，我只好端着饭盒左扭右转地尽量少踩伯父的名字，还怕别人看出来。

当我推开沉重高大的玻璃门走进阴森森的大楼，就看见造反派待的传达室。他们一般不刁难我，我会主动打开饭盒让他们看，他们有时会问："藏反动东西没有？"我会反问："你查呀，谁家把炸弹放饭里？我爸还吃不吃？再说你也没给我炸弹呀？"几句贫嘴过后，有人去后院叫父亲。我每一次看到父亲穿着破旧的老式军大衣被人押出来时都想哭，可我总是忍着不想让父亲看出我难过。

父亲见到我依然快乐地微笑着，他吃得很慢，为的是能边吃边和我聊聊家常。记得只有一次父亲有失常态，当听到我要去插队时，他愣了一下，有造反派在身边他欲言又止，只说了一句："你再考虑考虑，啊？"那次父亲没有吃完盒里的饭，说带多了吃不下。我坚定地看着父亲，告诉他我一定要听毛主席的话上山下乡。父亲不再说什么，只是看着我，看着他不满十六岁瘦弱的小女儿，没再说什么就被人押回去了。我提着剩下的饭菜，踩着路面上伯父的名字往家走，泪水无声地夺眶而出，我努力地擦拭着，可怎么也擦不完。好在没遇到什么人，否则罪过就大了。

半年之内我的姐姐、哥哥都陆续离开了家，现在我也要离开北京了，父亲心里一定有说不出的担忧和苦痛。可那时家哪还是家呀！造反派每人每月发15元生活费。姐姐、哥哥走了，连这15元也拿不到了，我没办法就拿东西出去卖，最后连筷子都让我卖光了。

那时社会特别乱，家里只有我一个半大姑娘，继母当时在解放军艺术学院歌剧系任台词教员。"文化大革命"开始后，她日子也不好过，因姥爷孟超写了个昆曲《李慧娘》被定成"黑线人物"，压力也很大。她是军人又不能老回来，只好把妹妹送到姥爷那儿，把我接到解放军艺术学院，在她系里找了个床位让我住了些日子，可这也不是长久之计啊。

姐姐实在不放心，一天正好遇到她在宣传队的朋友，于是把我托付给人家到白洋淀插队去了。姐姐到现在还说："要不是我把你弄到白洋淀去，就你这破身体早死在兵团了。"父亲后来从大楼被放出来，又随剧院去了团河农场。待北京市的文艺单位都返回北京时，我家的房间早已从三间变成一间了。我们在房子中间拉了个布帘，里边是父亲和继母，外边用单人床加了块板子，我回京只能和妹妹一起睡。而哥哥、姐姐就再也没能在家里睡过觉。

"文化大革命"后期父亲还没被彻底"解放"就迫不及待地开始工作了，他拼命地工作，好像要把失去的光阴夺回来一样。他除了导演剧院里的戏，还要去很多单位给业余的同志做辅导。他整天骑着个二八型自行车上首钢、四季青，哪里需要去哪里。父亲不年轻了，人又胖，每天回来都累得够呛，可他是快乐的，能工作对父亲来说是多么幸福的事情啊！

父亲喜欢年轻人，剧院的年轻人只要向他请教问题，他都会毫无保留地告诉他们。他为"文化大革命"中浪费了艺术才华的年轻人着急，于是牵线搭桥与人艺联系，为一些解放军艺术学院毕业后流入非专业团体的年轻人设考试专场，有些人就此重回舞台。

我这时已在插队，看到父亲一天到晚为别人忙乎，对我和哥哥却不管不问，心里很不舒服。一日我哭着和父亲长谈了一次，我为自己的前途担忧，对父亲这种不管不问的态度不满。父亲听完我的哭诉，没有多说什么，他只是拍拍我的肩膀说："你行。你是个有能力、想干事、能干成的人。他们不如你，所以你自己能行。"从此我再也没和父亲提过什么，一个人在外边闯，几乎考遍了来京招生的所有文艺团体，西藏、广西、甘肃等偏远地区的团体都不放过。

我几乎成了考生中无人不知的人物，但是没有哪个单位要我，因为我是方珺德的女儿，父亲还没被正式"解放"，我是所谓的"问题子女"，哪儿也不会要我。可我没有灰心，父亲说过我比他们行！1978年小平同志的《要给可教育好的子女出路》的讲话一经传出，一大批与我同命运的年轻人终于走上文艺舞台，我也按调干进入了空军政治部话剧团。其实，我当时也可进地方单位，但心里就想怄政治上这口气，才选择了军装。

我进空政演的第一部话剧是《丹心谱》。这个戏是空政向北京人艺对口学习的剧目，我在该剧中饰演女记者梁晨。一直以来我有一个习惯，不论我在哪里，只要有可能，任何演出在上台前我都要在自家十几平方米的小屋中郑重其事地先表演给父亲和继母看，认真听取他们的意见，好像让他们评价过的节目上台才踏实。虽然我在保定文工团也演过两个话剧，到底不是太专业。进入空政后我的话剧事业才真正开始。

空政在灯市东口，史家胡同也在灯市东口，白天排戏，晚上回家把导演白天怎么排的，怎么要求的一一讲给父亲听，父亲再根据导演的要求为我下小灶。有父亲的支持，我的梁晨完成得不错，受到团内外一致好评，从此奠定了我在空政话剧团的位置。之后在空政出演的众多人物也是在导演和父亲的共同指导下完成的。晚年的父亲似乎对我的事业越来越关心了，他希望我多回家和他谈谈排戏的事情。他鼓励我一定要好好演戏，说我是好演员，他始终希望我能进人艺，他说我是演虎妞的好坯子。很可惜，我这辈子没有机会进人艺，也演不成虎妞。

"文化大革命"后父亲艺术上的第二个春天是短暂的。剧院复排了话剧《伊索》，除我爸和吕齐叔叔，其他演员全换了。此时父亲的糖尿病已经比较严重了，但他不顾别人的劝阻，坚持演了六场。记得那时我们每天要给父亲炖一只鸡，排戏和演出对胖父亲的体力是个很大的考验。记得复排首演那天，我们全家都去看戏了，然而这是我看《伊索》精力最不集中的一次。

我为多年没上过舞台的父亲捏着一把汗。父亲的嗓子还是那么高亢，身形还是那么漂亮，风度翩翩。我听到那句"这个娘们儿"时激动地哭了，儿时的记忆与"文化大革命"时的画面像放电影似的在脑海里不停地出现……我努力克制着自己，可眼泪像断了线的珠子簌簌地掉下来，继母小声说道："哭什么？没出息！"

而就在观众被父亲精湛的演技折服时，只见他在斜坡上滑了一下，顺势半侧着身无比潇洒地说完大段的台词。待到中场休息我们冲向后台，因为我们心里很清楚，刚才父亲在斜坡上的一滑不是戏中的新处理而是真的滑了一下。来到后台，我见父亲被人们围在中间，父亲大声说："没问题，放心吧。"人们见无大碍才纷纷离去。人们一转身，父亲马上露出了倦容。我看着身体疲惫的父亲心里说不出是什么滋味，从他发亮的眼神中，我看到一个被禁锢了十几年的舞台灵魂，能重新回到舞台上，此时的他是何等的幸福，再累也是快乐的！

晚年的父亲因身体原因不能上台演戏了，但他认为自己还能导，能写，他仍然想工作。在这个问题上我们全家从他的病情考虑是坚决反对的。一日，我正在团里排戏时接到继母电话，她在电话中告父亲的状，说："你老爸又不听话了，于是之（当时的人艺常务副院长）一请他，他就坐不住了，又答应为新戏当导演。"继母很着急，因为父亲最听我的话，多少有些怕我，所以继母让我晚上回去一趟劝劝父亲。

吃过晚饭我匆匆回家，一进门我就黑着脸对着老爸喊开了："怎么回事？你想不想活？""想活。"父亲小声回答。"你要想活，就好好活着，你的身体你自己不知道吗？！别最后你没死把我们全累死啦！于是之让你排戏你就去，动不了了他管吗？有本事病了上他们家躺着去，让他给我写保证书……"

我那天对着老爸一通胡吼乱叫，说了不少过头话，可老爸一声不吭，坐在沙发上看着自己交叉在肚子上的两只大胖手，他不敢顶嘴，有时抬起头来可怜兮兮地看我一眼又低下头。他知道我蹿回来吼他一定是继母告了状，他很清楚如果今天他不装听话，今后的戏是导不成了，因为继母太累了。说句实话，继母进了我们家门没过多久好日子就"文化大革命"了，之后我爸就开始倒霉。"文化大革命"过后老爸身体不好，处处要她照顾。1994年，七十三岁的父亲就早早过世了。

我曾经恨过这个破坏我们家庭的女人，但"文化大革命"中她没和我爸离婚，我爸后半辈子久病缠身，直至生命最后的日子都是她在全心全意地照顾着，不离不弃，毫无怨言，也许这就是他们的爱情。我母亲在我很小的时候就告诉过我："你要是爱你的父亲就不要和你后娘顶嘴，顶嘴她就会去找你父亲的麻烦。有什么不高兴忍一忍就过去了，让她知道咱家孩子有家教。"所以我们家几十年从来没有吵闹之声。长大后，父亲有什么问题继母都会和我商量，父亲离开我们二十三个年头了，我们和继母依然有来往。

那天我一顿吼之后回空政去了，本以为老爸不会去导戏了。继母后来告诉我，那天我一出门，老爸就怪她把我叫回来，还说："她是老子，我是老子？回来就训话！我告诉你们，戏是一定要导的，大不了早死些有什么呀，今后谁也不许告诉春我去排戏。听到没有！"父亲最终不听阻拦还是去导戏了。那是1987年，导演的剧目是曹禺编剧的《蜕变》，那是父亲在人艺导演的最后一部话剧。

离开了剧院的话剧舞台，父亲的艺术道路并没有完结。我们家有一张书桌，上边除了堆满的书，还有一叠八开的稿纸，这是继母为父亲口述的自传体小说《胭脂巷的子孙们》做记录用的。此时父亲因糖尿病，眼睛及手、腿都不行了，并发症使他行动不便，那双颤颤巍巍的手写出的字除了继母谁都不认识。出身名门望族的父亲一肚子故事，他想写下来告诉后人。

继母有很深厚的文学素养，她花了好几年时间帮父亲执笔此书。稿纸摊在书桌上，爸爸想起一点儿她马上记一点儿，想起一段马上记一段，一本书就这样写成了。我舅舅和姐姐又四处找人帮忙，在任德山先生的帮助下，在父亲去世前总算让他看到自己的书由燕山出版社出版了。记得有段时间家人和朋友只要经过灯市东口的书店就进去转转，看看爸爸的《胭脂巷的子孙们》卖了几本，还把放在后边不起眼位置上的书偷偷放到前边。

老爸塑造的最后一个人物形象是出现在电视剧《编辑部的故事》中。我的好友陈莉大姐当时在这个戏里做演员和副导演。有一集戏中需要一位发起言来又臭又长的老干部，因为有大段的台词，角色不大，可一般演员完成不了。陈莉想到我那富有幽默感的胖老爸了，可此时老爸走路已离不开手杖，老爸是否能答应陈莉我心里没底。陈莉抱着忐忑的心情来到我家，没想到老爸欣然同意。父亲去世后陈莉大姐寄给我一张老爸的剧照，告诉我这段戏爸爸演得棒极了，博了个满堂彩。在父亲身上又一次证明：只有小演员，没有小角色。

一天下午，有段时间没回家的我回去看看。一进门就看见父亲躺在床上，脚翘得老高，还有烫伤，指头已发炎。我一看就急了，忙问缘由。原来，老爸去修脚，脚被师傅修破，小阿姨给爸端来洗脚水时忘了放凉水，老爸末梢神经有些麻痹，等感觉到烫，脚上的皮已经全掉了。他们没有经验以为上了烫伤药就会好，可我一看吓坏了，马上叫来当医生的同学，经同学看后知道事态严重。从此老爸开始受大罪，没多久他的腿就被锯掉了。

腿被截掉之后的很长时间里，爸爸总觉得腿还长在那儿，还能清楚地感觉到腿痛。我们为他买了德国进口的假肢，让他多走多锻炼。这时爸爸其实已经不行了，但他不想让我们失望，自己鼓励自己坚持锻炼，我答应他只要他能走到胡同口，我就请他吃好吃的。然而，我可怜的爸爸再也没有走到胡同口，也吃不下多少好吃的了。

记得有一天我去医院看他，继母悄悄告诉我，每到探视的时间，爸爸都会让继母把他推到楼梯口等我们。有时等不到我们来看他，就会失望地让继母把他推回去，爱说话的爸爸会因此沉默许久，半天不说话。一日我去看爸爸，当继母走出病房时，一生乐观快乐的父亲突然对我说："春儿，你救救我吧，我太难受了。"我的心好像被锥子刺了一下，我不敢看父亲，怕他看到我就要溢出眼眶的泪水，我怕看到他那无助乞求的目光。父亲离开我23年了，每每想起此情此景，我依然深感锥心之痛！

人真是奇怪，就在父亲去世前一天，我莫名地为他剪了头发，掏了耳朵，仔细地洗了手上的死皮。第二天父亲便故去了。那天是1994年的5月11日。

这次为写人艺，我再次走进史家胡同56号院的老住宅，听继母为我讲父亲生前的故事。继母对我说了许多事，最后说了一句总结的话语："你的父亲是一个可爱的聪明的父亲。"

一棵菜——我眼中的北京人艺

BEIJING People's Art Theatre

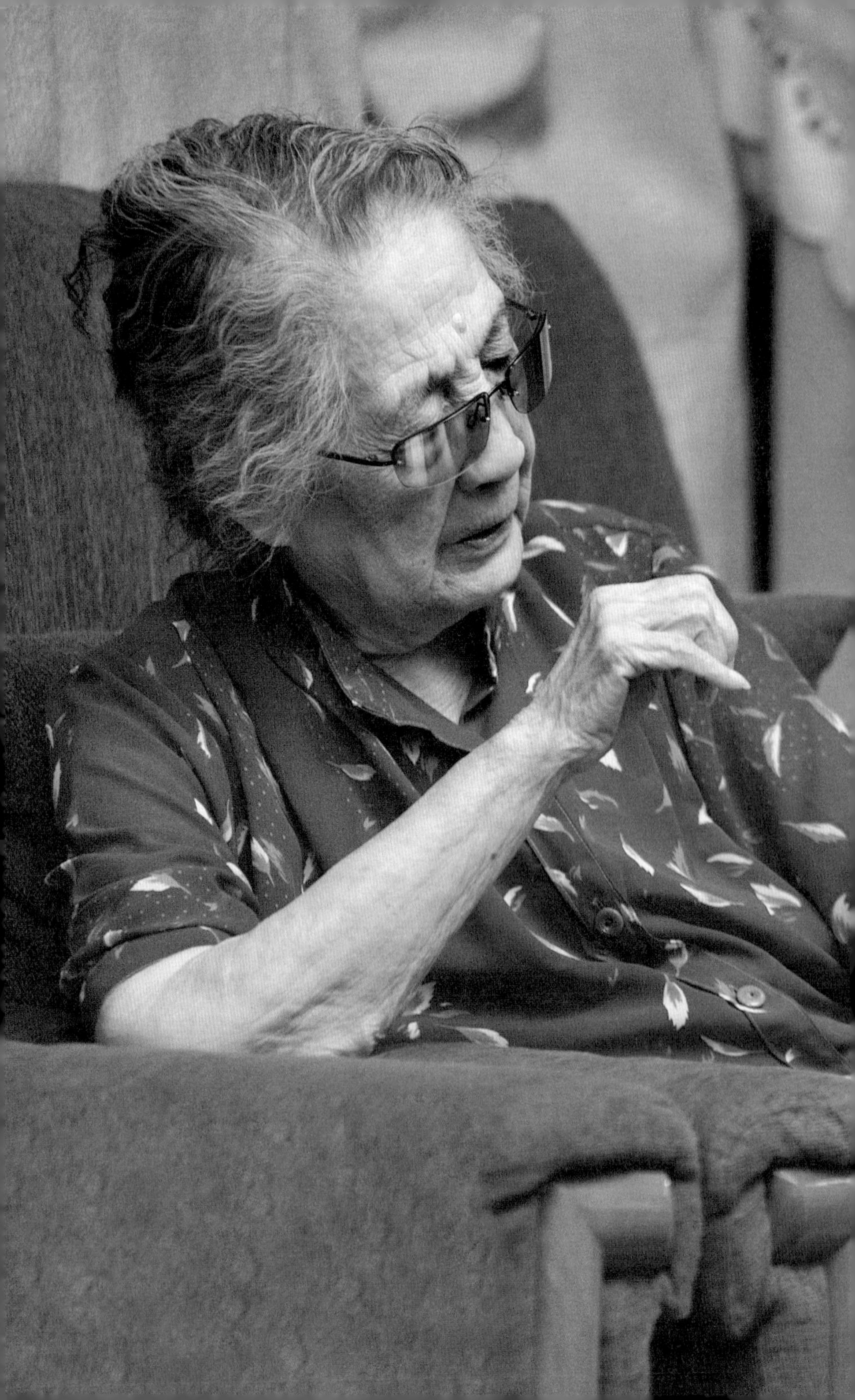

朱琳（1923—2015）
话剧皇后

一棵菜——我眼中的北京人艺 BEIJING People's Art Theatre

"最漂亮的是我的告别。"朱琳阿姨比画着，跃跃欲试，似乎又回到了舞台上。"在舞台上转一个大圈儿，跟所有的人告别：'祝大家永远康健。'然后完全用电影手法，从舞台深处望着远方往前走，随着我慢慢往前走的节奏，大幕缓缓地向中间并合，当我走到台口时，大幕'哗'的一下合紧，真是精美绝伦。在上海演《蔡文姬》时，观众对这样的闭幕赞美不止。"

从我记事起,我就知道前院住着一对大演员——刁光覃和朱琳。他们家孩子多,但从来不在院里惹是生非。在我们后院,孩子们扎堆儿的地方很少看见老刁家小孩的身影。后来我上小学了,才知刁光覃家的三儿子刁小方和我一般大,我在史小六(一)班上课,他在我们班对门的六(二)班,日后才渐渐熟悉起来。不知是因为朱琳阿姨和老刁叔叔在剧院的地位高,还是他们俩的威慑力,我几乎从未走进过他们家的门,只站在门前的台阶旁,数过那株茂盛的盆栽石榴上的石榴花。那是我那时见过的最大的盆栽石榴,红红的石榴花是那么的诱人。

记得有一次我正好从她家对门的丁里叔叔家出来,看见朱琳阿姨端着一盆清水在浇花,她拿着带把的茶水杯,从盆里舀起一杯水,小心地把水淋在石榴花上。那天朱琳阿姨好像刚洗过头发,穿着一身质地很好的软软的花便装,黑黑的头发披落在肩上,她人很白,皮肤特细,安静地站在石榴花前。清亮亮的水是透明的,一点儿一点儿流在红花绿叶上,夕阳的余晖斜洒在她身边的红柱廊上,真的很好看。朱琳阿姨有一搭没一搭地和我说了两句话，浇完盆里的水，回身进了屋，我还傻呆呆地站那呢。

一晃十几年过去了，当我真正走进刁叔叔家，他们已经搬离了史家胡同。1977年的一天，我为了跳出插队的境遇报考文工团，想让朱琳阿姨给我辅导一下诗朗诵，就去找她。在我心目中朱琳阿姨是朗诵的权威，有她为我辅导会给我带来好运。于是她朗诵的那首《雪花赋》便一字不落地传给了我，至今有什么活动，我依然在朗诵它。

那天在首都剧场的贵宾休息室里，我见到精神矍铄的朱琳阿姨。相约之后，在一个午后，我和蓝苗、夏钢一同走进了刁先生家。这次离1977年我来学朗诵已过去三十多年了。二十多年未见，朱琳阿姨有些老了，我们也老了，但是大家却没有好久不见的感觉。朱琳阿姨依然中气十足，高声地告诉我她还想在北京人艺筹排的新戏《甲子园》中出演一个角色，告诉我她依然看足球，告诉我她从十几岁参加革命，如何一步步走到今天。

其实朱琳阿姨没有专业学过戏剧，她从小嗓子好，喜欢唱歌跳舞，小学时她代表学校跳《苏武牧羊》，人见人爱。1938年十五岁的朱琳在武汉加入了抗敌演剧九队，参加了革命。后来她到了新中国剧社，演戏才比较正规了。那时条件很艰苦，连排练场都没有，他们在大食堂或者院子里排戏。但是很多大戏都是她到了新中国剧社后才接触到的，比如朱琳在上海参演了《丽人行》《大雷雨》等等。解放战争时期洪深又介绍朱琳去拍电影。

说到这，朱琳阿姨顿了顿，说："那时认识的人，好像都没了似的。"我看着她微微低垂的头，不好接话。此时朱琳阿姨接着回忆，新中国成立后中国青年艺术剧院给了她路费，她带着母亲和两个孩子从上海到了北京，在青艺工作了两年，演了几个戏，1953年从青艺调到了北京人艺。朱琳来人艺演的第一部戏是《长海来了》，饰演许妻，后来演了《雷雨》。

我问道："现在盛传焦菊隐先生给您排《蔡文姬》时，一个转身动作用了一上午，是真的吗？"朱琳马上回答："太夸张了。"

看着朱琳阿姨不屑一顾的表情，我笑了。

她接着说："因为焦菊隐懂得戏曲，他要把戏曲元素完全化在话剧《蔡文姬》中。舞台上的调度太美了，一开幕，我在舞台深处，从后面走到最前处，开始朗诵《胡笳十八拍》。'东风应律兮暖气多'下面就是录音了，我主要是表现简单的舞台动作。

"最漂亮的是我的告别。"朱琳阿姨比画着，跃跃欲试，似乎又到了舞台上，"在舞台上转一个大圈儿，跟所有的人告别：'祝大家永远康健。'然后完全用电影手法，从舞台深处望着远方往前走，随着我慢慢往前走的节奏，大幕缓缓地向中间并合，当我走到台口时，大幕'哗'的一下合紧，真是精美绝伦。在上海演《蔡文姬》时，观众对这样的闭幕赞美不止。"我也看过朱琳阿姨的《蔡文姬》，那时我年龄不大，但她在台上的气质，她台词特有的韵味和她那强大气场产生的震

拍摄电影《蔡文姬》（摄于1978年）

撼力，都使我至今不忘。

朱琳阿姨又说："焦菊隐最早将戏曲应用于话剧的尝试是在《虎符》中，但有些生硬。当运用在《蔡文姬》中，就融入了戏曲的精髓。到了《武则天》，布景采用苏州园林的设计，在一个转台上，前一幕的布景转到后面就是这一幕的背景，所以场工最喜欢这个戏，装一次台就行了。戏中运用很多戏曲元素，但是观众感觉不出痕迹。苏民在1982年写的一首诗，把这三个戏都包括了。今年为我九十岁生日题写成字，送给了我：

> 窃符明恩义，胡笳声遏云。
> 雍容气度在，树碑敢无文。
> 郭老案头曲，凭君场上吟。
> 善解焦公意，舞台三知音。

"'窃符明恩义'是说《虎符》；'胡笳声遏云'是说《蔡文姬》；'雍容气度在，树碑敢无文'是说《武则天》。"

我看着墙上苏民叔叔为朱琳阿姨写的条幅，无限感慨。北京人艺真是个学者型的剧院，人人有深厚的文学造诣，怪不得塑造出的人物，一举手一投足总让人觉得丝丝入扣、与众不同呢。

朱琳阿姨在人艺绝对是大演员。她敢说话，敢和曹禺、老舍等人谈意见，一般演员没这个胆。她演《武则天》时，在舞台上表演比较即兴。焦菊隐旁边有个工作人员是外面来的，不知其中关系，就对焦先生讲："朱琳老师改你的调度地位。"焦菊隐就说："你不要管，她有她的道理。"导演和演员的关系有时很微妙，有时导演是要从演员身上寻找灵感的，尤其是好演员，导演会让其充分发挥，找到正确的感觉共同塑造人物。

当我问到关于武则天与蔡文姬她都演得那么棒，她是如何区别这两

《蔡文姬》剧照（摄于1959年），童超饰左贤王（右一）

《武则天》剧照（摄于1962年），董行佶饰唐高宗（右一）

刁光覃为演好《李国瑞》下部队体验生活（拍摄时间不详）

个角色的问题时，爽快的朱琳阿姨这样回答："我喜欢《武则天》这个戏，曹禺看过后，恭维我一句说：'刚过了三年，你完全是两个人。''文化大革命'后，我演《蔡文姬》，他来看，批评了我：'你在《蔡文姬》里老有《武则天》的味儿。'""哈哈哈……"我们都被朱琳阿姨巧妙的回答逗笑了。我不光佩服朱琳阿姨，也佩服刁光覃叔叔。也许因为小时候我个子矮，觉得刁光覃叔叔个子特高，他演的曹操目光炯炯、气度非凡。后来我长大了，才发现老刁叔叔怎么这么矮，这么瘦啊。

还有一个戏，老刁叔叔给我的印象太深了，叫《李国瑞》。他饰演的李国瑞在台上活灵活现，眼睛传神。下台一看，老刁叔叔总是戴着一副度数很深的眼镜。后来听父亲说，其实老刁叔叔有很深的近视眼，他摘了眼镜看东西十分困难，何况舞台上灯光时明时暗，拿掉眼镜演戏对他来说更是困难重重。为了演好各种角色，为了演戏时能拿掉眼镜又让观众看不出他是近视眼，老刁叔叔每次上台前都要不停地熟悉舞台上的地位，也要琢磨不戴眼镜的人是如何看人的。演李国瑞这个角色不可能坐在台上不动，在排戏时他反复寻找李国瑞这个军人的眼神。功夫不负有心人，刁光覃的李国瑞演得棒极了！只见他机智多谋，敢冲敢拼,一双深邃的眼睛明亮坚定。在观众阵阵的掌声背后有演员多少无人知晓的汗水呀!

朱琳阿姨在1991年演了萧伯纳《芭巴拉少校》里的薄丽托玛夫人。当时刁光覃病重,她不想参演,朱旭叔叔为了动员她加入演出,就将演一和尚的诗句抄录给朱琳阿姨。这张小小的纸片至今压在刁家沙发前的茶几下边,朱琳阿姨边说边抬起上边的玻璃板,抽出纸片让我们看,只见朱旭叔叔写道:

　　看破放下,般若发光。
　　自在平常,洁身清凉。

于是朱琳阿姨就加入了。她在这个戏里戏份不多,但为整出戏增辉不少。我记得她一上场,熟悉北京人艺的老观众就报以热烈的掌声。朱旭叔叔扮演的安德谢夫精彩极了,"二朱"相得益彰的表演备受各界观众的喜爱,连胡乔木同志都去看了。

朱琳阿姨告诉我们:"北京人艺是个博采众长的地方,剧院时常会请一些国际知名的导演到剧院来排戏。一个好的、懂戏的翻译尤为重要。《推销员之死》的编剧和导演是美国人阿瑟·米勒,英若成是翻译。大家讨论剧本时想找一个利益点,争来论去没有结果,英若成说了句话:'你们就把这戏演成中国的"望子成龙",就齐了!'一语中的,大家顿开茅塞恍然大悟,这就是好翻译的作用。"

胡乔木看过《推销员之死》后,第二天他个人又买了十几张票,让家里孩子们都来看,教育他们。朱琳阿姨和许多国家领导都很熟,十几岁在演剧队时就认识了周恩来总理,并得到过总理的关怀。她和胡乔木熟悉也是从工作开始的,还是20世纪50年代,朱琳和苏民、董行佶、赵韫如等人搞星期天朗诵会,朗诵毛主席的诗。因为对历史背景了解不够,就请胡乔木和郭沫若来给他们讲课。

《推销员之死》剧照（摄于1983年），朱琳饰琳达，英若诚饰洛曼

朱琳清楚地记得，一次和胡锦涛见面时，胡锦涛称她朱琳老师，朱琳说："不敢当呀。"胡主席说："你正是我的老师，你到清华去讲朗诵，我听过你的讲授。"其实北京人艺能有今天的辉煌，离不开大家几十年来的共同努力。

时间真快，转眼两个小时过去了。来的时候朱琳阿姨就告诉我，九十高龄的她，最多只能聊两个小时。我们本想请朱琳阿姨和小潭大哥出去吃饭，但朱琳阿姨的身体状态不宜出门。我们只好放下要让朱琳阿姨留言的册页，暂时告退，让朱琳阿姨先休息休息。

时间飞逝，临近晚上7点30分，我们又回到老刁家，我们本想见的小林二哥还没回来。小潭大哥告诉我，朱琳阿姨在我们走后并没有休息，而是为我精心写好了册页。现在她已经无暇和我们攀谈，准备观看钟爱的欧洲杯足球赛的精彩回放了。我们不敢再打扰，希望耄耋老人的业余爱好能成为她更健康的保证。

我们拥抱了朱琳阿姨，祝福着道别了，离开了老刁家。我的内心突然十分感慨，不知我再走进他们家大门，又是何年。

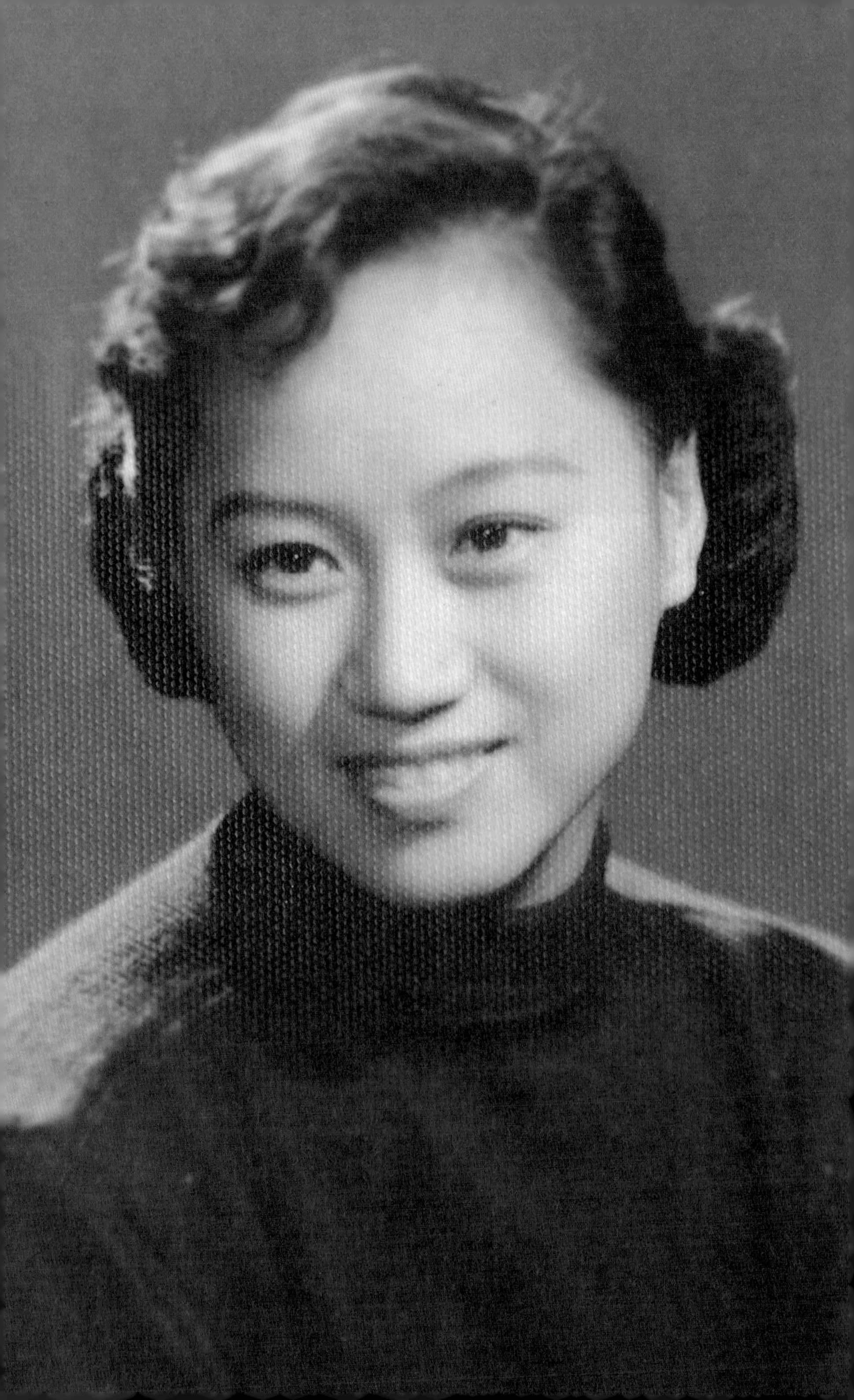

胡宗温

（1922—2015）

一代名伶

一棵菜——我眼中的北京人艺 BEIJING People's Art Theatre

"小角色没多少语言，话剧是靠语言的，所以小角色难演。我用剧情中的一个接电话，就把人物树起来了。"

走进新影宿舍，我们来到二层那个简简单单的一居室门前，轻轻推开半掩着的门，我轻唤住在这里的胡宗温阿姨。宗温阿姨曾是北京人艺的台柱子，近几年因肾病一直在透析，身体每况愈下，但她的嗓音还是那么洪亮，待人还是那么热情。从我们一进屋，这位九旬老人就忙开了，我真怕她有个什么闪失，赶忙扶阿姨坐下。

宗温阿姨先问我妈，再打听我姐："你妈好吗？她可怜，眼睛看不见了，唉！小鹿，你姐姐还好吧？对，斑比，你姐姐，小鹿斑比……"

"你知道，我原来在人艺大院和吕恩住在一起，对面是狄辛、蓝天野……"我们还没坐定，宗温阿姨就打开了话匣子。

她先说起一件好玩的事情。年轻时宗温阿姨去天津演出，我妈因怀着我哥不能参加演出，暂时调到后勤帮外出的同志照顾孩子，这其中也包括宗温阿姨的儿子欢欢。那年代，大家都爱穿列宁装，梳着大辫子，我妈又特别会哄孩子，每天亲亲抱抱的。待宗温阿姨从天津回来，小欢欢说什么也不要她了，总是试图挣脱宗温阿姨的怀抱，对我妈努力地伸着一双小手哭喊着要妈妈,弄得宗温阿姨哭笑不得。说到这儿,宗温阿姨大笑,爽朗的笑声感染了我,我在笑声中似乎回到儿时的年代,也回忆起小时候的事情。有一次,妈妈带我去宗温阿姨新街口的家中玩,我玩得高兴了,怎么也不肯跟我妈走。没办法我妈只好把我一个人放在他们家自己去演出,晚上再来接我回去。

一晃几十年,宗温阿姨的大辫子早已不知去向,岁月无情地把那一头乌发一点点染成银色,长长的青丝已变成贴在头皮上薄薄的银发,像一顶白色的毛线帽子稀疏地护着她的头顶,看得我心里很不是滋味……

说到这儿,我想起了宗温阿姨去世多年的老伴——原新影行政副厂长彭厚嵘叔叔。我很小就知道彭叔叔是老革命,他在革命中失去了一只胳膊。提起彭叔叔,宗温阿姨娓娓道来。"四清运动"时她下放在纺织厂,因老伴彭厚嵘叔叔得了癌症,只好把宗温阿姨叫回来了。那时人思想简单,听党的话,组织让干啥就干啥。从她现在的语气中,我都能感觉到她对没能参加"四清运动"还有少许遗憾。因为,下基层对一个演员来说是何等重要。

我们东一句西一句地聊着,不觉进入了正题。从国共合作期间周总理领导的十个演剧队开始聊,一直聊到她对角色的理解与塑造。我们不停地谈了两个小时,老人因病不能喝水,上午去医院透析手上还留着护针眼儿的药棉花。我不觉中拉过阿姨的手轻轻握着,看着她,看着这个因耳朵不好一直让我近些、再近些的阿姨。我心里有些后悔,为什么不早些来看看阿姨呢?她不光能让我对人艺有更多的了解,她也是真正的一代名伶,我敬佩的女先生。

胡宗温是安徽黄山人,她父亲去世时,母亲才三十多岁,上有婆婆下有六个孩子,两个女儿、四个儿子,无法生活。姑姑们怕母亲改嫁,就想让她进育婴堂。当时她有个堂哥在北京做官,就将她们全家接到家中。堂哥挺好,可嫂子嫌她家人多,八口人,一桌子饭,负担不小。所以自家哥哥们很小就做了学徒,当时她三哥还在尿炕呢。后来四哥在金融界有些关系,就介绍他们到银行供职。哥哥们都吃过苦,二哥很小就出去干活了,小小的年纪就搬大石头,搬得直吐血啊!姐姐是指腹为婚,婆家在武汉。母亲送姐姐出嫁,姐姐不愿意,又没办法,出嫁时三吹四打催她上轿,姐姐就是不从。最后,直到天快黑了,给母亲磕了个头,上轿走了。

男孩子爱淘气。有一次哥哥们气得母亲要去姐姐家。当天晚上突降倾盆大雨,电闪雷鸣,又是红闪又是白闪。她母亲讲:"你们看,红闪是照妖精的,白闪是照人心的。"四个哥哥听了以后,扑通就跪下了,宗温阿姨吓得钻进了被窝。虽然那个说法是有些封建迷信,可宗温阿姨真怕雷。在《雷雨》中鲁妈让四凤发誓不再见大少爷一幕中,四凤哭着跪下说:"今后我再见他,让雷劈死!"话音未落一声霹雷惊四座,炸到四凤心里,她本能地吓出了声。为什么这震颤世界的雷声与宗温阿姨的表演如此相得益彰,如此动人心弦呢?就是演员在此时借鉴了生活中的感受,她想到了母亲要离家时的红白闪电。表演时忘掉了本我,真听、真看、真感觉。要想感动观众,首先要感动自己,有时演到这观众席里也会发出本能的尖叫声。

宗温阿姨说自己文化底子不好。在家她最小,原本书念得挺好的,结果跟姐姐去了武汉,书就念不成了。当时两个哥哥在湖北的银行工作。宗温阿姨五六岁时得了猩红热,那时没药吃,耳朵发炎,脑袋肿得老大,小棺材都买了。她大哥日本留过学,认识日本大夫,大夫说试试看,死马当活马医,将耳膜敲破,放出脓血,母亲抱了她一夜,总算命大活了过来,现在耳后还留有洞疤。以后就成了半聋子,只用一只耳朵听话。阿姨说着侧过头来,让我看她左耳后面那个深深的洞。这真是大难不死,必有后福。我想,这么个半聋的女孩用了多大毅力才成为中国话剧舞台上不能不提的名伶呢?

宗温阿姨十七岁时,她哥哥到西安的上海银行分行供职,后来受西安事变的影响,又辞去了职位,回来组织了民间的抗日救亡团体。当时胡宗温刚上高中，在学校里只知道抵制日货，看见学生们在游行，非常感动。哥哥问她："你愿意做亡国奴吗？"她问："什么叫亡国奴？"哥哥讲："就是骑在你背上。"她马上说："不干，不干。"哥哥讲："不干就跟我走。"于是就参加了民间的救亡团，后来被收编到演剧队。

宗温阿姨说她自己是个什么日子都经历过的人。

"抗日战争时，到护士学校学了几个月，都是急用的知识。后来派到车站给受伤下来的战士换药。有一个小战士真可怜，手被打烂了，臭得长了蛆。我打开一看，蛆在上面爬，用过氧化氢滋下去，消消毒再包上，到下一站再换药。后来我被派到武汉白崇禧的第五医院。医院里挺黑的，大家商量不干了，参加了救亡团体。接着就被演剧队收编了，受光未然的领导。演剧队借口到了山西，又想过黄河去延安，走到延安时就不想走了。但是队里有党支部，通过李富春向毛泽东汇报后，不行，要维护统一战线工作。于是，有病的同志留下了，我们其他人回到了山西，一到山西就被捕了。阎锡山也不想杀我们，想通过我们为自己宣传。我演的都是政治需要，没血没肉的垃圾戏，那时的环境和现在不同。

"我大家庭也过过，有封建的意识。苦日子也过过。记得在山西巡回演出时，住在庙里，四大菩萨、八大金刚、雷公电母，拿着火轮、照妖镜，我吓得要死。男同志特坏，尽讲鬼故事，外面狼群呼叫，吓得晚上不敢出去上厕所。"宗温阿姨有这样丰富的家庭背景和个人经历，她对郭沫若、老舍、曹禺的作品就比较能理解。宗温阿姨的话语拉回我的思绪，她不慌不忙地从头说起：

"北京人民艺术剧院是这样组成的，有李伯钊领导的北京老人艺（东北人民文工团），里边有李德伦、欧阳山尊等人；有国共合作时，陈诚和周恩来任正副部长的国民党军事委员会领导下的演剧队人员刁光覃、朱琳等人；有刘仁领导的北京祖国剧团的地下工作者夏淳、孙道临、蓝天野、苏民等人；有华北大学的学生林连昆、李婉芬等人；

还有从大后方来的方琯德、耿震等人，国民党让他们去台湾，但他们穿过封锁线来到北京；还有杨薇、苏丹也从香港来了；业余的也不少，都是学生，这里边有董行佶等人。

"人们来自五湖四海，凡是演话剧的都凑一块儿了。我是演剧二队的，因演剧队是抗日宣传队，90% 的人都是中共党员，因此曾在山西被捕过。临新中国成立前，北京有个同志暴露了，拿我们党的信笺给人家用，人家查着了，说你们队里有共产党，结果上了黑名单的同志都撤退到了石家庄。我们能演戏的没让走，蓝天野、苏民觉得我们人都挺好，演的农村戏有意思，虽然摸不清是哪条战线的，于是就想打进来把我们发展成党员。可是共产党不许横向发展，他们就进来一起演戏试探试探。

"1949 年要过年时，我们在良乡等着解放北平。因为与傅作义和谈，实现了北平和平解放。入城前，演剧队在石景山边演出边等待，后来我们从阜成门进城，城上面站的是解放军，底下是撤退的国民党军队。进城后，刘少奇主席讲：'不能老演秧歌剧，要提高呀。'于是将东北人民文工团建制中的音乐、舞蹈和话剧分开，成立了各自的专业团体。从此走上专业化、正规化的道路。"

这时我问："这是不是说，北京人艺就只演北京的戏呢？"

宗温阿姨回答："郭沫若、老舍、曹禺三人对北京人艺的贡献都不小。说到北京人艺演老北京的戏，是和老舍分不开的。先生给人艺写戏，也来看戏，经常带着女儿来后台，和自己人一样。老舍是旗人，北京出生，长在胡同，生活清贫，是一个平民作家。毕业后当老师维持家境，所以笔下的京城人物栩栩如生。

"你看，于是之也是北京人，家里也很穷，他演曹禺的戏就差，演老舍的戏就好，演城市贫民惟妙惟肖。刁光覃家，河北人，在北京东安市场开绸缎铺。林连昆是福建人，落在北京前门卖茶叶，字号庆林春。董行佶也是福建人，他演的《清宫外史》里的寇连才特别好。这

《山村姐妹》剧照（摄于1964年），胡宗温饰金雁（右一），受到周恩来总理的接见

些都和自身分不开，没有生活就写不好剧本、演不好人物。"

接着宗温阿姨又谈了演《山村姐妹》金雁这个角色的情况。那时她四十多岁了，要演二十四岁的舞台人物，怎么办？只有练。体验生活时在农村苦练，回来拍戏时筐里放上砖头，从一楼挑到四楼排练场，天天挑，天天练。演出时只要挑担子一出场，下面"哗"的一片掌声，场场如此。所以《山村姐妹》演出后，演员们受到了周总理的接见。

《山村姐妹》这出戏我看过，宗温阿姨每次上台前，在侧幕都有一句搭架子的词："哎——来啦——"之后一个俏丽的姑娘，梳着齐耳短发，头上还扎着个羊角辫，挑着那一走一颤的担子上台来。许多老观众就是为看这个出场来的，宗温阿姨的那声架子没搭完观众里就有人小声说："来了，来了。"人一亮相，那绝对是个满堂彩，当时连我这不大的小孩也使劲地拍手，直到把手拍红。

宗温阿姨对人物的形体特别讲究，她说每一个细小的动作都要为反映人物内心而动。老舍的戏她演得多，曹禺的戏也演不少，比如《日出》《雷雨》《北京人》《蜕变》，还演过郭沫若的《孔雀胆》《武则天》《蔡文姬》，等等。

提起这些耳熟能详的剧名，我想到了《雷雨》中宗温阿姨饰演四凤的情景。当我问到排戏时的情况时，宗温阿姨讲起来如同回忆昨天的事情一样："《雷雨》这个戏排了八个月，排不下去，大家非常苦恼。当时受'极左思想'的影响，在排《雷雨》时，好些坎儿过不去。朱琳提出来：'我为什么不走呀，老停在那说话？'吕恩说：'我为什么把儿子做人质，不准四凤和少爷好？'我天天去说：'李翔，你是个捡煤核的，为什么害大少爷？'可剧本这么写的，我们就不知如何处理，无法演了。后来副导演柏森讲：'你不能太高兴，你肚子里有孩子。'可我想四凤攀上了大少爷应该高兴，肚子里有孩子更应高兴。过去女孩子的观念是'嫁汉嫁汉穿衣吃饭'，她觉着自己现在很好，我给他生儿养女，可以相夫教子。伺候大少爷多难得啊。四凤的妈妈在人宅门里当用人，见过世面，很有修养。她受妈妈的影响也有一定的教养。所以我在处理四凤这个人物时脚步都不出声音，拿东西快，递给主人时又慢下来。拿杯子不能拿人喝着的这边，人家嫌你脏。"

她还回忆起有一次，朱琳感冒了，曹禺去看她，聊到《雷雨》，曹禺对在剧中演鲁妈的朱琳讲："你为什么不走，你的第一个爱人是永远不会忘记的。"这句话让宗温阿姨受到很大启发，她想到当时的时代背景是不允许主人和用人好的。"《红楼梦》中丫头全是买的，没有自由，说不要你就不要你，说嫁你，找个什么人就嫁了。四凤是个雇工，他爸爸拿她做摇钱树，利用她和大少爷的关系多弄钱。过去的妇女三从四德，把丈夫伺候好，把儿子养好就行。演老舍和曹禺的戏，要懂得三从四德、相夫教子。四凤，一个丫头被大少爷看上了，大少爷也是拿四凤来解脱和繁漪的关系，我当时还觉得大少爷是好人。分析了人物，再研究人物的社会背景是什么，不懂风俗和人情世故是不行的。周总理每个戏都看，但特别爱看《雷雨》，像他家。他了解那个时代。"

宗温阿姨又想起一位罗马尼亚的剧院院长说过的话："你不能把悲剧提前演了。"这句话启发了她。通过写人物小传，有了对人物的充分挖掘，再到对角色不停地揣摩，宗温阿姨把四凤塑造得十分完美。曹禺有时来看戏，他不看演员，在乐池里看观众的反应，由此看演员演得对不对。在排戏中遇到坎儿也是常事儿，演员必须吃透人物，自己明白了才能表现出来，一通百通，坎儿自然过了。

宗温阿姨年轻时在光未然办的自修大学学习社会科学、哲学和外语。那时宗温阿姨就看了《雷雨》的文学剧本，当时特别感动。在1954年初排《雷雨》时，阿姨快三十岁了，要演十八岁的四凤。她没有被年龄吓倒，而是从戏出发，反复研究剧本。她父亲去世早，女儿

《雷雨》剧照（摄于1954年），（左起）朱琳饰鲁妈，胡宗温饰四凤，苏民饰大少爷

和母亲的感情她懂，在处理鲁妈和四凤的关系上得心应手。她说演悲剧不能老哭，观众都累了，就看不下去了。演悲剧要像小孩吹泡泡，噗，吹起一个泡泡，挺高兴，有了一个希望，然后破灭了，接着又吹，希望老是存在着，然而老是受到打击。开始是很高兴的，最后才形成一种悲剧。

此时阿姨感叹道："演了一辈子戏，后来明白了，可人也老了，不能演了。"听着阿姨的一番感慨，我心里产生了强烈的共鸣。

接着她又说："有个演员在拍电影《雷雨》之前，为四凤这个人物来找我，我不能教人家。我就告诉她旧社会的一些规矩，演四凤不能跷二郎腿，梳披肩发。那个时代的丫鬟要坐有坐相，站有站相，睡有睡相。给主人拿东西都是轻快的，眼里有活。四凤聪明，有她妈妈的教养，她妈妈把周朴园伺候得多好呀。大宅门里要用有修养的人，少爷画画写字都是四凤给研墨，如果不是两个少爷都喜欢四凤，太太不会辞掉她的。因为这个关系，繁漪发现大少爷和四凤有些不正常，所以要把她妈找来……"

对眼前这位视戏如命的老人来说，饰演每个角色都是一次脱胎换骨的人生经历。几十年过去了，此时我仿佛又与她携手走进排练场，走进四凤的内心。

宗温阿姨的思绪从《雷雨》中的四凤接着跳到了《茶馆》里的康顺子身上。

康顺子戏不算多，宗温阿姨对康顺子这个人物是这样设计的："康顺子是老大，底下一定还有弟弟妹妹，所以她知道'不卖我卖谁，我不去谁去。我要体贴家里就只能出来'。过去的茶馆不让女人进，所以她进去是被卖给人家。她穿的宽大的衣服是母亲嫁过来时穿的衣服，从乡下来，又累又饿，她就倚靠在门上，她父亲拉着她，她不想进去，又不得不进。当时我身体壮，想到程砚秋演花旦老是侧着身子进门，我想就用这个，老侧着，合乎人物处在陌生地方的感觉，不敢看人。

《茶馆》剧照（摄于1958年），童超饰庞太监（左三），胡宗温饰康顺子（右二）

只有抬头看见太监那一眼，却被吓死过去了。焦菊隐不让哭，说是那些人心里麻木了。鲁迅说了：'人生最大的悲哀莫过心死。'"

她还给我讲了一个对康顺子创作有帮助的故事："从前，我老在外演出，家中无人管，就请了个安徽的阿姨。她有个老乡超生了，要罚她，没钱，想把孩子送人，是个儿子，白白胖胖地躺在床上。我见到时就问：'孩子的母亲呢？'阿姨讲去给孩子买肚兜去了。我听着就心酸。后来是一对公安局的两口子抱走了孩子，带着新衣被和点心给孩子母亲。临抱走时，走到门口，孩子母亲讲：'等一等，我再给孩子喂一口奶。'我的眼泪哗哗地下来了。"从宗温阿姨对康顺子的人物塑造不难看出，演员要懂得借鉴，要站在角色的角度分析和理解人物，从人物出发去揣摩人物的内心与动作，只有抓住人物动作，才能准确地表现人物，才能感动观众。

宗温阿姨说得很兴奋，我听得很认真，几次让她休息，她一个劲儿说不累。这让我突然想到她在《丹心谱》中塑造的吴素馨的形象，吴素馨是老中医方凌轩的老伴，一位慈祥的母亲。提到《丹心谱》就要提到与北京人艺有密切来往的一个人——周恩来。该剧是为纪念周总理逝世而作。人艺的建设离不开总理的关怀，人艺的人对总理也有一份特殊的自家人的感情。

宗温阿姨讲："《丹心谱》里我扮演吴素馨，北京人艺就讲究小人物，我就想在台上不能做活道具呀。我就琢磨把这个人物树立起来的方法：她受过周总理的教导，剧中人物方凌轩是大夫，在重庆，周总理请他看过病，吴素馨肯定见过周总理，总理也给过他们很多启发。这个家庭不一般，是有思想的，我一定要把这个角色创作成一个人物。和我演同一角色的女同志不愿演，觉得在那晃来晃去，没戏份儿。但我要把这人物想细。《雷雨》中的四凤写得很清楚，而这戏中的人物前后不搭。不能演成让你上场就上，不让你上场就不上场，在台上做活道具。

"小角色没多少台词，话剧是靠台词的，所以小角色难演。我用剧情中的一个接电话，就把人物树起来了。方凌轩参加了全国人民代表大会，见到了总理，跟观众描述这段经历时，我不在场，这是不应该的。我的处理是：我在厨房干活，想出来听听，可方凌轩又没叫我，于是一脚站在厨房门里，一脚站在门外，手里拿着水萝卜，又红又绿挺好看。创作这个角色有难度，只有想多一点，什么时候照顾老伴，什么时候倒茶，都想到就好看了。"

看看，这个词少又没戏的角色让好演员吃透演活了。这又一次证明"只有小演员，没有小角色"的说法是正确的。

时间一分一秒地走着，我知道阿姨累了，我不能让九十高龄的阿姨这么辛苦。可我刚要起身，宗温阿姨就拉住了我："春儿呀，我不累，我还有几句话要说。今年不是北京人艺六十周年大庆吗？北京台做专访也把我请去了。本来我想我再也去不了剧院了，这是最后一次。

《丹心谱》剧照（摄于1978年），胡宗温饰吴素馨，郑榕饰方凌轩

《骆驼祥子》剧照（摄于1980年），胡宗温饰虎妞，李翔饰祥子

采访时我说，剧院教育我半个多世纪，我要最后看一看北京人艺。你们先别问我，我把心里话先说一说。我们演戏不只是演员和导演在台上弄，全院上下都有功劳，伙房的炊事员、传达室都有份。许多亲友的票全放在传达室，全能负责送到。甚至有时连外面的交通警察都要动员起来。"听着阿姨朴素的语言，我回头看到桌上摆放的"国家有突出贡献话剧艺术家"奖状。宗温阿姨看着奖状轻声说："奖状不应我得，应该舒绣文、叶子大姐得，给我我愧得慌。"这话语是那么轻，分量又是那么重，这是艺术家谦恭人品的最佳体现。

要走了又坐下，还有首都剧场没说呢。"总理喜欢话剧，在建首都剧场的时候，总理给予了许多关心和帮助。那时曹禺是院长，但社会活动很多，不管具体的事情，是党委书记赵起扬管事。首都剧场的原址是妓女的改造院，盖好后归文化部管理。后来，欧阳山尊找到总理，说明了情况，才归属北京市，由人艺管理使用。剧场音响设备是从德国进口。买东西时要报预算，总理审查时没有看见音响灯光的计划，发现后赶紧补报了上去，总理就批办了当时唯一一套德国的器材。别的剧场开幕前没有钟响，就首都剧场有。像在法国演出前拿个大棍子在地上"咣咣咣"敲三下，才开幕，我们是很优雅的。

"你知道为什么首都剧场院子小，还在门口建造一个高阶梯吗？就是让观众进来时，慢慢走上阶梯，再穿过宽大的前厅，把心静下来了，就能专注地看戏了。"听着阿姨对剧场的介绍，我又想问人艺"四大导演"的风格。宗温阿姨是这样说的："焦菊隐不谈应该怎么演，他谈许多生活给你听。他的生活（经验）很丰富，他清贫过。焦先生跟你说了戏，第二天你就得出戏。因此我们吃不下饭睡不着觉，老要琢磨角色。焦菊隐排戏非常细致，先不排戏排人物，上了舞台（再）排节奏。梅阡排戏着急，一面搓手，一面用天津话念叨'能么了'。欧阳山尊大手笔，人物还没成熟，他就敢让上台。有经验。夏淳排戏要一点点抠。话不多，要求多。先叫你写自传，要求想出两幕之间的空当你扮演的角色在做什么。

"作为演员要适应导演，要听导演的。演员是有局限性的，比如于是之，演城市贫民演惯了，演大少爷不潇洒，夏淳上去就掰他的脚，很伤面子。他演老舍的戏如鱼得水，演曹禺的戏不灵。再如，朱琳演富态的贵妇人，我就得演丫头。"听到这，我笑了，笑中有几分感动。那个年代过来的人，说话直，什么都敢说，心里不藏着掖着。

我正想着，宗温阿姨又开口了，这次她说的是为小她几个月，同是九十岁，同是话剧大腕的朱琳阿姨庆寿的事。她说："朱琳九十大寿，我去不了。我身上（动了）十五刀，站不住，手抬不起来，写字都哆嗦。我就写了封信：'亲爱的琳妹妹，非常惦念你，感谢你给我的请柬，因为我得的是综合尿毒症，很无奈，你的大寿我不能参加，（假如）你忘了自己的年龄，（就）会健康超百。我了解你是一个非常直率和坦白的人，你对话剧界和剧院是有贡献的，尤其是你的艺术（才华）给剧院留下了一份珍贵的财富，我为你自豪。你德艺双馨，给剧院添了辉煌。有机会见面，当面祝贺你，问四个孩子好。'这封信是顾威替我给大家念的。"我眼眶热了，只剩点头的份儿，说不出话来。其实朱琳阿姨听力很差，她常常拿起电话对着听筒高声说："你好！谢谢你来电话。"之后就挂掉。宗温阿姨现在的身体情况大家都知道，她不去、不写信又有谁能怪她呢？可姐妹情深，不写信祝寿情不了。

我必须走了。我拿着宗温阿姨给我的资料准备出门，阿姨又叫住了我："春儿，谢谢你来，你想着我，让我抱抱你，回去代我向你妈、小鹿斑比问好。有什么要问的再来，打电话也行！我不糊涂。"我一边应着，一边快步走下楼，我知道阿姨累了，我知道我还会来，我知道阿姨多么想让我把他们这代人写出来，告诉人们他们这代人如何演戏、如何做人、如何成为北京人艺的奠基者。

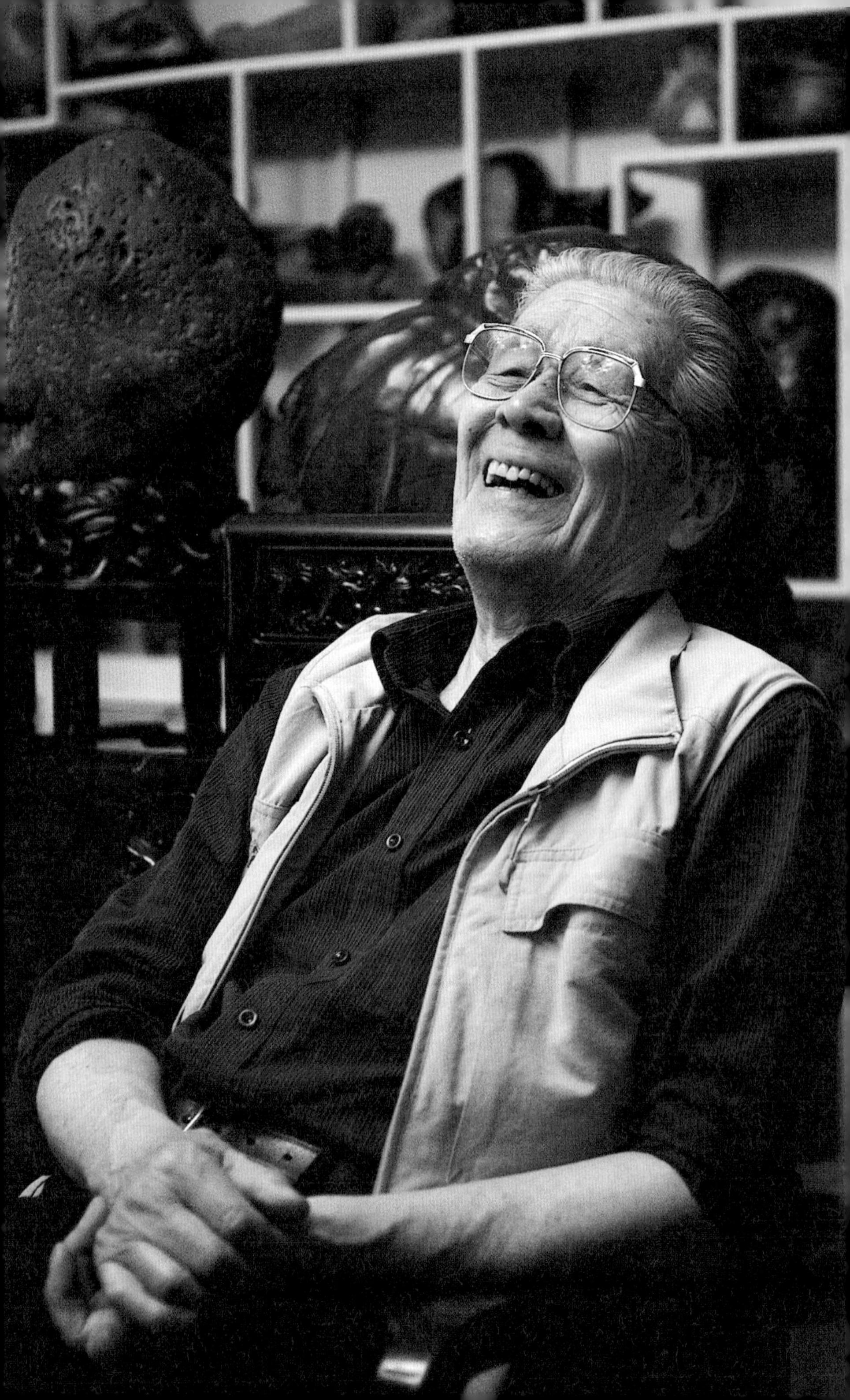

蓝天野
(1927—)

我石天琢

一棵菜——我眼中的北京人艺 BEIJING People's Art Theatre

进了人艺排练场这里没有什么叔叔、大导演、老前辈，也没有说不得的名演员，人艺的排练场里贴着四个大大的字：戏比天大。在这四个字下，有什么观点不能阐述？有什么话不能直说呢？我就欣赏这个，可在现今的演艺圈，哪能做到正常的学术讨论与批评？人艺能保持这个传统实在是太好了，说明在这里，人心还是那么干净。

石头，人见人知，不稀奇。好石头不多，但也要有人喜欢。美石需要有心人去寻找，去发现，再费力扛回来，去掉污浊让它凸显本色。

蓝家的客厅里摆满了五色斑斓的石头，大大小小，高高矮矮，让人目不暇接。在众石之中坐着八十六岁的蓝天野叔叔，他面带微笑，未等我坐定就递给我那本前些天就放在这里的册页，翻到他写的这页让我看，只见天野叔叔用刚劲有力的笔墨写道：

北京人艺六十年不容易。人艺是为人民的，培育出一代又一代戏剧人才，连人艺的孩子们都带着人艺的气息，该把这些记下来。

2012年6月12日，这是人艺六十周年大庆的正日子，天野叔叔这些天多忙啊，他还挤时间给我们写下这样的话语，让我感动不已。没容我多想，耳边已传来天野叔叔特有的、从胸膛发出的声音："说吧，今儿你让我说什么？"嘿，没想到，老头还挺性急，这可和我印象中

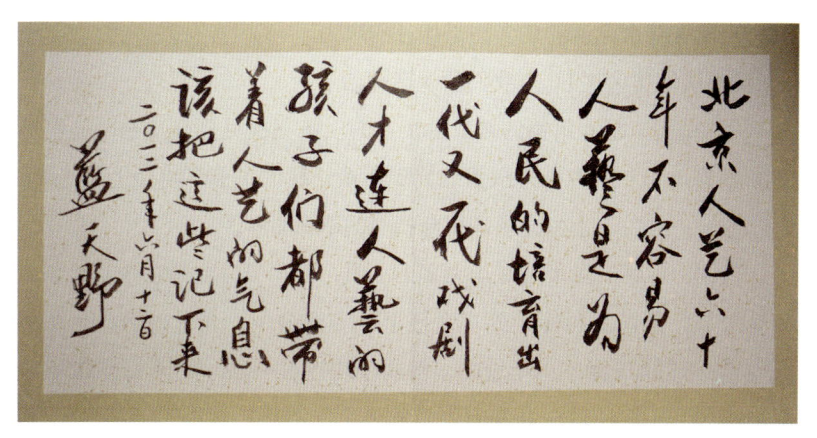

蓝天野为北京人艺六十周年题字（摄于2012年）

的蓝天野不一样。其实，我们虽然曾经同住一院，他们两口子和我爸、我公婆关系甚好，但与我本人交往却不多。加之天野叔叔年轻时又不爱说话，不爱说到什么份儿上呢，据说除吃饭，其他时间一点儿声儿都没有。可这没声儿的人，一出声，那共鸣"杠杠的"！

不爱说话的人让更不爱说话的人给治了。盛传，天野叔叔那个酷似他的儿子蓝苗也不爱说话。一日，家中只他父子二人，房间里静得掉根针都能听到。在长久的静默后天野叔叔说话了："我说，你出个气儿行吗？"哈哈，想到这里我就大笑，我曾问过蓝苗，他却全盘否定。现在这爷俩又特逗，不光比年轻时胖了许多，还都变得爱说话了。这不，我去别人家探访，总要坐一坐，先东拉西扯地说些别的才能进入正题，到天野叔叔这里却不用，直入正题。

"说，今儿让我说什么？"

听听，让他说什么？说什么不行呐，就怕您不说！

天野叔叔开聊了，他又一次让我感到意外，本以为今天会听到一堂生动的表演课或台词课，可是没有。天野叔叔一谈两小时，对于艺术只字不提，只谈关系，谈与我爸的相识，谈与我公婆的交往，谈他们的初识与共事，谈的更多的是往日的时光。

"先从你父亲说起。"我们的谈话开始了。

"我和狄辛跟方琯德的接触是很多的。第一次见到你父亲时北平城刚刚解放……"随着天野叔叔的娓娓而谈，我的眼前不再是一位老者，而浮现出一群二三十岁充满理想与朝气的革命青年。

"1948 年底，我当时在华大文工二团，因为当时北平在谈判，争取和平解放，部队急行军走到良乡停下来等待命令。北平的解放是从郊区向核心部分一步一步挺进的，解放一块进驻一块。后来石景山解放了，华大文工二团就驻扎在石景山发电厂。清华、燕京大学都解放了，城墙内没解放，为保护古都北平，人们就在城外等着。

"1949 年 1 月 31 日宣布北平解放的当天，傍晚华大文工二团就进入了北平城。刚进城没有固定的住所，今天住这儿，明天住那儿。此时从国统区穿越封锁线过来的方琯德带着妻子吴艺和女儿'斑比'随着耿震，还有大胡子王杰五人直奔而来。那时简单，有人问他们：'你们是演话剧的？'这就有了初步的了解。原来也听说过剧专，都是搞戏的，就（把他们）留下了。很快给他们一人发了一套灰土布的服装，女同志是列宁装，男同志是四个兜的中山装。这四个人很快就融入到了集体的环境中，没有一点隔阂。

"我原来所在的祖国剧团，是在北平国统区做工作的，后来逐步撤离到解放区。苏民、童超去得早，我是最后走的，到解放区也就半年时间。组建了华大文工团，迎接北平解放。原以为解放北平需要几年，没想到半年时间就回来了。方琯德等人从上海辗转到北平，比较容易融合到一起。这真是应了那句话：'我们都是来自五湖四海，为了一个共同的目标走到一起来了。'

"当然，有个别人和事也难以适应。比如除了排戏，工作之余，大家联欢时做游戏，一起围坐，分成两组比赛。主持人说要什么东西，双方纷纷抢作一团，要眼镜，取眼镜，要帽子，摘帽子。有时主持人

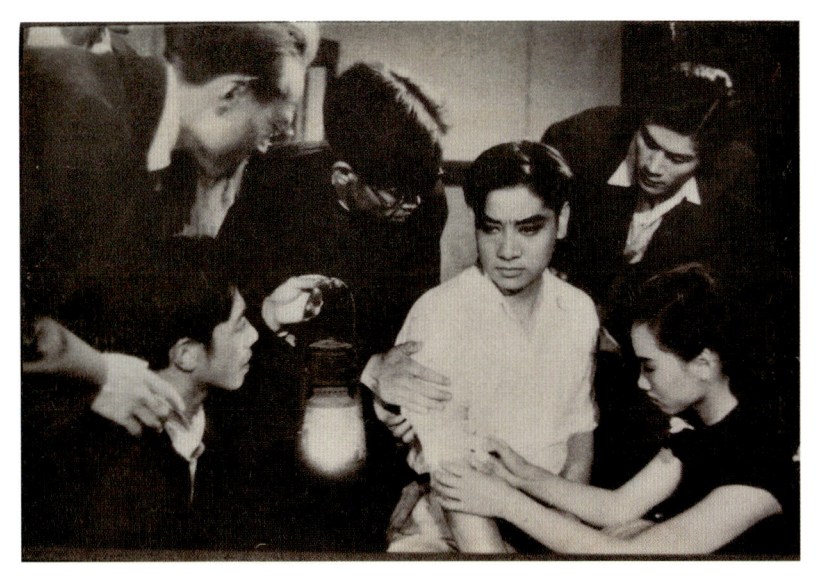

《民主青年进行曲》剧照（摄于1949年），（左起）田冲、苏民、白山、方瑄德、蓝天野、胡宗温

要袜子，就脱袜子，现场可就一片混乱，哪方完成得快就胜了。这就让一些看惯了阳春白雪的人，受不了这样的'土八路'作风。"

那时大家都很年轻，大多还没结婚，方瑄德一家的特殊情况是还带着孩子。天野叔叔口中的孩子就是我姐姐斑比，后来我哥哥子哥也出生了。天野叔叔说："那段时间斑比倒霉了，她是姐姐，那是弟弟。只要小子哥有点动静，不高兴要哭了，不分青红皂白，她就可能得挨揍。大家觉得这不行，方瑄德夫妇都参加革命队伍了还重男轻女。我们就给他们提意见。"

我还是第一次听说这个，脑子里马上想到，不知我姐我哥听到做何感想。

天野叔叔接着说："瑄德年龄大些，与我们相差近10岁，（对他）有相对的照顾。比如去看戏或开会要排队，过马路要跑步。其他人不太习惯呀，自我感觉是搞艺术的，于是有另外一位刚来的导演就提出，我们这几个人能不能别排队喊口号了。后来组织上一想，照顾一下吧，同意了，包括琯德、耿震等人就不排队了。

"新中国成立前夕，即使在北平，我在中共地下党领导的演剧二队生活、工作。当时相当于小解放区，但还穿着国民党军装，一个月给点儿钱，相当于供给制，我们对集体管理的生活很适应。新中国成立初文工团沿袭了供给制，发衣服，管饭，每月折合6斤小米的钱。后来改叫包干制，直到话剧团最后改为薪金制。那时大家有个共同的心情是：北京解放了，咱们到解放区了，全国马上就要解放啦。

"开国大典前，话剧团排练了《民主青年进行曲》。我是主角，饰演方哲仁，田冲演贺百里，是学生运动中的骨干，苏民演老教授，胡宗温演教授的女儿，方琯德演一名激进的大学生，因为他有学生的经历，说实在的，演得特好。

"当时比较突出的有两个戏，一个是《民主青年进行曲》，这个戏演了两年；另一是《红旗歌》，是华大文工三团演的。后来三团撤销了，一部分并到了我们文工二团，我们也演《红旗歌》。同时还演一些老的秧歌剧：《王大娘赶集》，宣传城市政策的《一场虚惊》，肖榴演的小歌剧《卖糖姑娘》，一个小女孩，挑着一个挑子卖糖，各种小吃。词儿我都记得（天野叔叔唱了起来）：'挂拉枣脆又香，花生瓜子芝麻糖……'我们宣传的就是城市政策，解放军买卖公平。还有快板剧、小歌剧，凑起来的小节目演出。

"那时演出前先扭秧歌，分成两队，男的一队，女的一队，扭着秧歌打场子。那时孙维世在我们这，刚从苏联回来。搞话剧嘛，女队她打头，男队我打头。

"当时，演员队队长是田冲，副队长是苏民，我只是个小组长。我们弄了一组小节目，到天津、唐山演出。记得到唐山矿里还下井呢，井下用驴车。我导了个小戏，演出时没我事了，就回北京了。一回来就接到通知，因筹备开国大典，要来一个苏联文化代表团，还带一个红军歌舞团。团长是法捷耶夫,副团长西蒙诺夫,这是苏联当时最有名的作家。领导说,你参加接待组,组长是曹禺,副组长是金山,我、田冲、方琯德、耿震等人都参加了。我们就负责礼仪上的接待,真正安排演出等日程有专职的部门。举行开国大典的当天,光未然带着我和田冲、方琯德从驻地棉花胡同走着到天安门广场。开国大典在下午,去的路上有号外,上面有几张照片,照片里有中央人民政府主席毛泽东,副主席朱德、刘少奇、宋庆龄、李济深、张澜、高岗。光未然看着号外忽然自问自答:'怎么没有恩来同志呀?哦,周副主席是要做内阁总理大臣的。'走到天安门广场之后,光未然去了观礼台上。

"游行时,我们就在广场上,前面就是拿花的小孩,都坐着。天安门上人多,密密麻麻站在一起,游行队伍分辨不出毛主席,后来大概周总理安排了毛主席的站位,故意分散了别的领导人,中间就两人——毛泽东和朱德。大家远看一目了然。

"等游行结束了,气球一放,小孩高举鲜花往金水桥跑去,喊着'毛主席万岁',毛泽东先走到西边的角上,然后是东边,挥动着帽子回应'人民万岁'。我当时挺激动,这真是伟人呀,真有领袖的气质!心里特高兴。

"当天晚上,我们在中南海怀仁堂,红军歌舞团为庆祝中华人民共和国成立进行演出。我们接待组进去了,其实也没什么事,预备东西都有专职人员,我们主要是陪着,问问代表团还需要什么帮助。

"我心里有个估计,毛主席一定会来,判断好来时从哪个方向进来,我就在那个方向等着。果然,毛主席、朱德、刘少奇、周总理都从这走进来,和我就一臂之隔。毛主席确实有领袖的气质。那时他已经发胖了,不是延安文艺座谈会时的样子了。演出开始了,毛主席两边分别坐着法捷耶夫和西蒙诺夫。演出节目中间,毛主席站了起来,挎着两人的肩膀,说:'我们感谢他。'大家热烈鼓掌。

"有这么一个小插曲,在演出过程中,屋里热,主席就脱毛衣,毛衣是套头的，一下脱不下来，后边一个五六岁的小女孩就胡噜他头发。我当时想，这肯定是他女儿李讷。前些年我见到李讷时，我说在什么时间什么地点，我见过你。李讷回想了一下，说有这么回事。我当时觉得主席是伟人，是领袖，但是与自己孩子的关系和普通人一样。

"还有这么件事，我们在长安戏院演出，全是小节目，有《黄河大合唱》等等。文工二团的李醒，到前台去看演出，看到有个包厢没人，他就溜到楼上包厢坐着看节目，而且坐在包厢正中间。演出中间进来了一些人，包厢是可以坐下几个人的，他也没在意。一会儿有人给他递上冰激凌，那就吃吧。一扭头看见递冰激凌的是周恩来，再一扭头这边是毛泽东。好嘛，他走也不是，不走却如坐针毡。好不容易溜了回来，和大家一说，大家讲，你多幸运呀。可见那时领导与群众的关系。

"和方琯德第一次正式的合作，就是这次接待苏联文化代表团。到天坛等地临时演出，是联欢会的形式，要临时搭台。曹禺要先讲话，祝欢迎辞。定好他最后一句话，一讲完，我们就告诉乐队，马上奏乐、跳舞等等。现在想起来，当时也挺不容易的，一切都是第一次，没干过，没有经验，现在都有专门的接待机构，可中南海哪能轻易进呢！"

这段故事我知道，我曾听父亲说起过，也听田冲的女儿小惠姐姐讲到过，田冲叔叔在这次不寻常的接待中到处去借红地毯，搞出的笑话我已讲过。我还没从上边的故事中回过神儿来。

天野叔叔接着说：

"欧阳山尊、田冲、耿震被派去导训班学习，表训班里有我和张瞳。张瞳是中央戏剧学院成立后没设立本科时在普通科学习的，时间很短，林连昆也是普通科的，学习后分到了话剧团。现在林连昆和朱旭差不多都八十三岁了，那时朱旭、林连昆和李婉芬都是北京的中学生。朱旭有点结巴，1949 年才十九岁，进了华大文工团，经过短期培训，我们要了 7 个学员，还有冯钦、赵玉昌，大部分都留下了。

"欧阳山尊经历丰富，国统区解放区都去过，效果、道具、灯光都干过，有时还演戏。到解放区后成为剧社的社长，他听过毛主席的延安文艺座谈会的现场讲话。曾给毛主席写过信，毛主席还回信了。他比赵起扬资格老，赵起扬是延安鲁艺的，是《白毛女》最早演赵大叔的。

"总之，和方琯德的合作，主要是上面说的这件事。

"1950年，排练《俄罗斯问题》，刁光覃、田冲都参加了。演外国戏文工团的就不合适了。此时医生给我做检查，说我有肺结核，安排去休养，所以就没参与这个戏，后来才知道是误诊。

"1952年提出文艺团体专业化，两个话剧团合并组建北京人艺，两个歌剧团组成中国歌剧舞剧院，两个舞蹈团组成北京舞蹈学校，所以这些学校今年都是六十周年。在北京人艺筹备的过程中，为了纪念世界文化名人果戈理，孙维世要排《钦差大臣》，从我们这找了几个演员，田冲、方琯德、叶子和我。排练过程中，演市长的演员很吃力，要换人。孙维世就犹豫还有谁能演呢，听说刁光覃原先在演剧九队演过，就约好在铁狮子胡同家中见个面，试试戏，让我们几个人陪着刁光覃去。那时刁光覃可是位大演员，但照样得试角色。拿到一段长台词，到里屋略微准备，出来后演一段，当场孙维世也没说什么。回来坐在车上就对于村讲：'回去做善后吧。'意思就是确定刁光覃演了，回去和被换下的同志好好谈谈。

"《钦差大臣》快上演时，人艺这边还在筹备建院，因为是联合演出，宣传广告写什么名字呀，我们回去一问，是'北京艺术剧院'。因为我们学习的对象是苏联莫斯科艺术剧院。没几天接到通知，又让我们赶紧告诉人家，我们的院名改了，根据北京市市长彭真的意见更改为'北京人民艺术剧院'。所以6月份上演的《钦差大臣》的说明书上写着'中国青年艺术剧院、北京人民艺术剧院联合公演'。我在纪念北京人艺建院六十周年的文章上看到过，还有戏迷珍藏着当年的《钦差大臣》说明书。

"在《钦差大臣》中，方琯德饰演邮政局长。后来我看过苏联电影《钦差大臣》，田冲比苏联演员演得都好。田冲的演技是学不来的，是演员的天性。"

天野叔叔说的这些事，我听得那么入迷，因为那时我还没有出生，我多么想知道父辈们的这些往事，我从中能看到他们曾经是那么纯粹，那么执着，那么无私地接受着新中国交给他们的每一项任务。"北京人艺建院后的第一件事不是排戏，是下厂下乡半年。不要小看这半年时光，这半年让他们了解基层，知道工人在做什么，农民在想什么，干部如何工作。这半年进一步体现了北京人民艺术剧院的'人民'二字。体验生活成为剧院的制度和习惯。从此至今，北京人民艺术剧院始终走在这条道路上。"

天野叔叔接着回忆："北京人艺建院后我和方琯德合作的不多，同在一个戏的机会少。比如1959年国庆献礼剧目《蔡文姬》《伊索》《悭吝人》，我们分别在两个组。后来分队也不在一起，分两个队，我是一队，方琯德是二队队长，苏民和狄辛是副队长。演员队也不完全固定，是根据工作需要划分的。例如为国庆十周年献礼的剧目就不分队，谁合适谁演。平时为了多演出可以分成四个队。

"方琯德的《春华秋实》演得好。原来这个戏的名字叫《丁经理》，他就演丁经理。我原来不知他有那么大本事。他具有一个演员的天性，加上生活经历和知识面很广。他在《民主青年进行曲》中演学生时，已超过了学生的年龄，但是把握得非常好。"

后来，方琯德主办《人艺论坛报》，蓝天野也参加了，他拿出自己的特长——画画。这北京人艺的人啊，个个多才多艺，常说艺多不压身。天野叔叔不光演戏，他还干过化装，在祖国剧团演出时，一晚上他给三十几人化装。再拿天野叔叔画画来说吧，他曾在艺专学习绘画，与苏民叔叔十几岁就是同学，到艺专还是同学。后来他演戏了，可并没有放下手中的画笔，师从李苦禅、许麟庐两位国画大家学画。他曾

蓝天野在画上题字（摄于 2012 年）

多次与人同开画展，八十五岁高龄又在中国美术馆办了第三次个人画展，实属不易，让人钦佩。也许正是这种孜孜不倦的精神，才使年轻时瘦弱的身体到老年后反而健壮了起来，他是现在剧院里难得的还在继续工作、身体健壮、不糊涂的老人。

看看，我这人就是这样，说着说着又岔出去了吧。拉回来，拉回1954 年（我还不满一岁的时候），听天野叔叔谈谈从表演干部训练班回来的情况。

"1954 年 12 月至 1956 年 9 月，中央戏剧学院举办了一个表演干部训练班，由苏联专家库里涅夫授课，学员都来自全国的话剧院团，人艺指派我和张瞳参加培训。由于到苏联专家那里直接学习的人极少，大家都想取真经，我们回来后，为把学习心得传授给大家，剧院为在职演员办了一个培训班，后来要求来学习的人有很多，由我来教课。我有个原则，要求学习的同志自愿参加。方琯德就来了，他资历最老，年龄最大，是那个班的班长，此外这个班还有童超、狄辛、平原、金昭、秦在平、张兴山。来学习班的还有黄宗洛，对他我得灵活掌握。苏联专家的方法是斯坦尼斯拉夫体系，黄宗洛就不是这路子，他就是要表现，排戏时他全身挂满了小道具。演戏不能勉强，要发挥他的长处。当他碰上了焦菊隐导戏，焦菊隐的态度就是：你来吧，有什么本事就用上，然后一点点再调整。

"北京人艺有一个统一的风格，但是每一个人都有自己的艺术个性，主张和方法也不一样。就是这些人酿成了统一的风格。我说的是'酿成'，而不是'勾兑'，都一个路子就没特色了。田冲和刁光覃一样吗？绝对不一样。黄宗洛很明显和大家不一样，但凑在一起就是统一的。

"《茶馆》中的灰大褂是由林连昆和李大千来扮演的，当时选角色时，一个瘦高，一个矮胖，对比明显又有趣。待到1979年复排时，林连昆胖了，李大千瘦了，在台上一站显得挺滑稽。大家都知道，人艺排戏要先体验生活三个月，当年这两位演员体验生活，满北京找旧社会的侦缉队人员。解放这么多年，上哪儿找呀。最后多方打听，终于找到了，有些看自行车的人就是原来侦缉队的，审查后没大问题留用，看自行车。这些人做看自行车这工作合适，眼睛一扫，什么人读不懂啊，小偷无处可躲。

"表演干部训练班结束后，人艺排《带枪的人》，戏中我演斯大林，前面还有两人，杨宝琮和田冲，两人轮流演雪特林和斯大林。那时我没事，特有兴趣演斯大林，我的样子虽没杨宝琮像，但我会化装。那天周总理来看戏时是我演的，总理说我是年轻时的斯大林。"

说到这儿，我提了个挑事的问题："三人演一角，在别的剧院就会有矛盾。我现在一问你们，老说：好，苏民叔叔和我爸正副队长，好，没矛盾。杨青和我公公分别是前台主任和后台主任，好，没矛盾。这么多年你们又不是真空，难道就真没矛盾？有了怎么办？"我把天野叔叔挤到墙角了，看他怎么回答。可天野叔叔倒也不绕弯子。

"谁演戏多了，谁演戏少了，演员之间肯定会有意见，但一般来讲，这种情况太少了。为艺术上的分歧争得不可开交，脸红脖子粗，很正常，过后便不是问题。比如都说焦菊隐脾气不好，但焦菊隐对我特好，从来没有说过重话。但他对赵韫如就很严厉，排戏时两人都急了，很不愉快，但下个戏还继续用她，完全没有因为这些造成成见。艺术争论归争论，再激烈，以后该怎么合作还照样怎么合作。当然，有的导演就不行，想演我排的戏没门儿了，用人有圈子。

"这次看北京台做人艺六十周年庆典的纪录片，里边就谈到苏民叔叔排《蔡文姬》时，徐帆为了一个观点在排练场和苏民吵了起来。进了人艺排练场这里没有什么叔叔、大导演、老前辈，也没有说不得的名演员。人艺的排练场里贴着四个大大的字：戏比天大。在这四个字下，有什么观点不能阐述？有什么话不能直说呢？我就欣赏这个，可在现今的演艺圈，哪能做到正常的学术讨论与批评？我这个'批评'并非是批评本意，是对学术正常的、纯粹的讨论与评说。人艺能保持这个传统实在是太好了，说明在这里，人心还是那么干净。"

看我，又岔开了不是，拉回来，时间不早了，天野叔叔还有事儿，我们忙把话题转到我公婆身上。

"我和你公公宋垠是生活中的密友，是1947年认识的。宋垠从演剧六队经北平到解放区，到演剧二队就待下来了，天津演出也去了，去正定解放区的华北大学比我们早，他是六班，我是十几班。在戏剧学院话剧团和北京人艺建院后，因为我们不在一个部门，所以那时接触不是特别多。

"'文化大革命'期间,这个人的表现好。在大是大非面前敢于坚持原则,不惧政治打压,被定为'革命的拦路虎''绊脚石''二月逆流'。"蓝天野接着讲,"当时把所有的走资派、革命对象集中起来,我是第一个受冲击的。别人总得找个理由对付一下,只有宋垠不在乎,你说你的,他拿个大扇子啪啪啪地扇风……

"他有个用于开会时做记录、做传达的笔记本,记录用的是简写方法,例如,将'毛泽东主义红卫兵'简写成'毛……兵……',特别是有一句'毛主席……后事',这在'文化大革命'时不得了了,什么意思呀?诅咒革命领袖?可宋垠回答:'对呀,就是要办后事呀,可这是会议传达,主席自己讲的话。'那时我们天天去单位接受批判,有一天宋垠没在,我们几个都议论,他会出什么事啊?几天后才听说他被单独关小黑屋了。因为他骨头硬,该怎么样就怎么样,关小黑屋也要说实话。因为这样,后来我们走得很近,直到今天每年都会一起聚会。"

我听着,回想起那可怕的、触及每个人灵魂的"文化大革命"。我看看指针,时钟走得好快,已近中午。我们把"文化大革命"跳过去,跳过那些年,直接聊聊天野叔叔的离休生活吧。

"我是1987年离休的,特彻底。有二十年不拍戏、不演戏、不看戏。不光北京人艺的戏,所有剧团的戏都在内,因为我不干这个了。有时演些影视剧,画画,玩儿石头。包括去年让我演个戏,我也说别找我,我不想演戏。"

天野叔叔台上台下忙活了一辈子,他离休了,多么想从此按自己的想法好好享受生活。但是事与愿违,太多的人不想让他休息。比如,郑榕叔叔就想演戏。那年演《屠夫》就是他建议的,说是纪念抗日战争胜利六十周年,其实就是因为里面有个坐轮椅的角色。前年纪念总理,郑榕叔叔和朱琳阿姨两人坐轮椅演了一段。天野叔叔理解他几十年的同仁们,"文化大革命"十年,他们最好的年华付之东流,没演够啊！大家八九十岁了，腿脚不行了，但脑子不糊涂，心态不错，坐着轮椅还是想上台。他们一辈子离不开这里，离不开后台特有的化装品的味道，离不开舞台，离不开观众，在这里他们心里踏实。

可天野叔叔说："我真不想演戏，即使离开舞台二十年了，也不想演，但真对人艺说'不'字，还真说不出口。所以在去年《家》里饰演冯乐山，既然演了，就得带着浓厚兴趣全心投入。"

2012年6月11日，人艺院庆六十周年前一天，院领导张和平又请蓝天野和狄辛吃饭，请他出山为即将开排的新戏做艺术总监。可干了一辈子演员的蓝天野并不知道艺术总监是干什么的。张和平告诉他艺术总监就是宏观调控，就是请老前辈给把把艺术关。

是啊，一个艺术总监，是宏观调控，他可调可不调。可蓝天野出山就不是宏观的而是微观的了。比如，谈剧本的会去找他，搞设计图的也会去找他。蓝天野当过导演，学过美术，出的主意都在点上。所以说不是宏观的，是微观的，可一微观就会累。

北京市委宣传部的领导那天还谈到剧院的建设，还有剧场东扩需要的钱可以立专项，可报预算。但对人艺他只有一个要求，今年拿出一个原创的、现实主义的、北京的新戏。张和平讲，他最为难的就是这事。张和平又说："哦，还有，这个戏的男主角得你来演。八十多岁的老知识分子，你最合适。还有两个坐轮椅的角色，郑榕、朱琳愿意来演，再把朱旭找来。年轻演员很想跟你们合作呢。"

新戏《甲子园》，蓝天野作为艺术家，作为第一辈的代表人物，为了剧院的发展，再累他也说不出"不"字。

前些日子蓝天野累坏了，院庆采访一个接一个，有时一天两个，他真有些吃不消。当然，还有许多不能说"不"的原因在他心里压着。最终他答应了张和平，接下了艺术总监的职务。

在我最近多方走访人艺的前辈或平辈的过程中，有一个共同的现象，就是人艺人对剧院的感情。几乎没有一个人提到人艺会像其他单位的人提到自己单位时表现出的那般不关痛痒。人艺人不会这样，我不否认有人的地方就有矛盾，人的自身中"本我"与"自我"这俩小人还互打呢，更何况一个大剧院，何况艺海无涯，何况人艺个个都是人尖子呢！但是，在剧院的工作与个人利益相冲突时，从老到少几乎都是以工作为重。

关于天野叔叔还能一直上台参加演出的原因，他说："原来没有'明星'这一称呼，年龄大了也不称老艺术家，北京人艺只讲主要演员。舒绣文、刁光覃、田冲、叶子、朱琳、胡宗温、方琯德、于是之，还有就是我和童超、董行佶、吕齐。那时人真是多呀，比如《茶馆》《蔡文姬》，在台上的每个演员，就算是挎刀的人都很有两下子。但是我们这些人退了，我算是幸运的。原来我身体最不好，现在变成身体最好的了，居然又能上台演戏了。我一演戏就不一样了，人们心里会认为，这是老艺术家来了。四世同堂时我就是第一代，现在这戏里的演员都是五世同堂了，我还是第一代。"听了这番话我明白了，天野叔叔演戏早已不是个人的喜好，他是代表了一代人。五世同堂站在这圣殿上，意义深远啊！

随之我又想到人艺常提的"一棵菜精神"。天野叔叔给我解释了一棵菜精神的由来。

"一棵菜"这个提法原本是京剧里的，京剧原来角儿就是角儿，上台各唱各的，别的什么都不管。后来提出，演出要像一棵菜，有叶有心。焦菊隐先生借用了这句话，把它作为人艺精神。北京人艺是一个善于向他人学习的单位，包括排练厅里那大大的四个字：戏比天大。这也不是北京人艺的原创，是后来苏民老师为了教学，为学员和年轻演员归纳出了这句话。

中午12点多了，狄辛阿姨回来了，我寒暄站起，随手拉起天野叔叔，要他送我块石头。敢和天野叔叔要石头的人不多，我算一个。说了一上午，天野叔叔已有些疲倦，但逃不过我这打劫的，他一边走向他那一架子的宝贝，一边问我："要大的，要小的？"

"小的。"我心想，人不可贪，再说大的也没地儿放呀，这时天野叔叔拿起一块纯天然的玛瑙石，告诉我它产自内蒙古西部阿拉善左旗……

我看着为我讲解石头的蓝天野叔叔，突然明白他为什么喜爱把玩石头了，因为他欣赏石头兼具坚硬的质地与天然的柔美。为什么又总喜欢拿起画笔？因为他心崇自然，而非人为雕琢，他赞美天成之作。演了一辈子戏，化了一辈子妆，老了，就再也不想勉强自己了。他多么想过一种悠闲自得的、不加修饰的、坦诚淡定的、什么也不用考虑、想干什么干什么的生活。

我抱着小石头和册页如获至宝地飞出蓝家。明天，我还要走进这里探访狄辛阿姨。现在拉着蓝苗吃豆花庄去喽！

天野叔叔在讲石（摄于2012年）

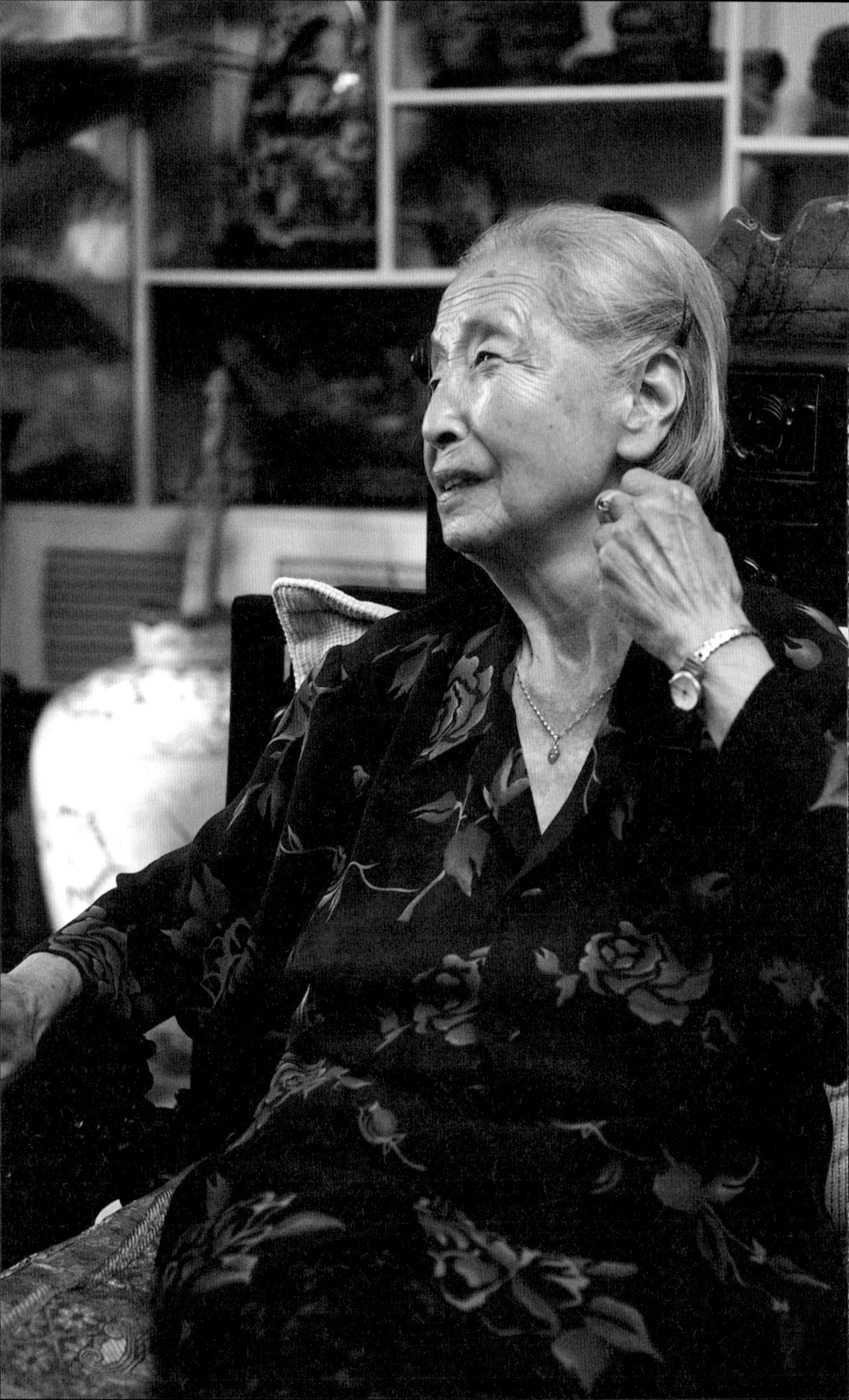

狄辛 执着一生
（1927— ）

一棵菜——我眼中的北京人艺 BEIJING People's Art Theatre

现在有些演员想的就是让观众看自己有多靓。观众有时也不明白，为什么现在很多时候看戏不感动。其实，演员自己心不动，怎能感动人呢？老一辈演员生怕因自己生活积累不充实、感情不真挚，完成不了角色、对不起观众和同台演员，所以人人都用功。塑造鲜明真实的人物形象成了习惯性的目标，这和现如今的观念多么的不同。

再次走进蓝家，狄辛阿姨早已准备好等着我了。双双坐定拉拉家常，我就把话转入正题，希望狄辛阿姨多谈谈自己，谈谈她演过的那些正派大美女和反派大美女。

但狄辛阿姨笑了，她说她没想，她脑子里想到的都是我父亲，那个和她很要好的、一直和她共事的、任演员二队正队长的方琯德（苏民、狄辛任副队长）。他们在一起几十年从未红过脸。我父亲晚年写自传体小说《胭脂巷的子孙们》时，眼睛看不清，手也哆嗦，在一张300字容量的大稿纸上写不了几个字，而且那字写得就像鬼画符似的歪歪扭扭。狄辛阿姨看他工作很吃力，就主动每天自备茶水，分文不取"按点上班"，从二楼她家到一楼我家来替我爸抄书稿，这真是帮了我爸大忙了。

狄辛阿姨话锋一转，说："我和你爸关系好，和你妈关系不好。你知道吗？有一次我们发补助，你爸先把钱藏我这儿了，说先不让你妈知道，谁知没两天他又给要回去了。你说说他多怕你妈！"

"哈哈哈",我们屋里的几个小辈听着全笑了。我们常说,人艺大院出来的男孩在妻子面前都比较懦弱,看来这是有遗传的呀。

笑声停止,谈话转入正题:"从我怎么进这行开始说吧。"

"我上初二时就喜欢演戏,在学校自由自在地、痛痛快快地演了一个戏,叫《焦仲卿和刘兰芝》。我们学校都是女生,一个初三的学生演焦仲卿,我演刘兰芝,一个初一的学生演恶婆婆。虽然那时我们并不懂演戏,但效果还不错,不光在本校,还到外校去演。1945年我十八岁时,因为不入'三青团',被反甄别,让国民党抓了,说我这个进步学生是共产党。可他们什么证据都没有,还是关了我八个月。

"在狱中我认识了几位难友,都是清华北大的进步学生。于是出狱后我就常跟他们去北大校园学唱歌,后来参加了歌咏队,那时教的都是苏联歌曲。直至今日我们当年的狱友每年都要聚会,时间就是我们入狱的那一天。

"有一次,一位难友对我谈起了演剧二队,介绍我见到了负责人彭厚崧(胡宗温之夫,新中国成立后曾任新影厂副厂长)。初次见面吓了我一跳,他们怎么都穿着国民党的军装?我可不想入国民党,后来他们告诉我,演剧队都是进步青年,抗日的,我就先留了下来。后来才知道二队是共产党领导的,(之前)我还四处找党呢。在那里一开始我管图书,二队房子很少,我晚上就睡桌子上。他们相信我,让我管理了许多进步书籍。

"1947年在演剧二队准备排《夜店》,我演石小妹,这是我第一次演重要角色,从此开始了演艺生涯。队里请焦菊隐当导演。那时焦菊隐在(北)师大教书,是英文系主任,他推荐我们看斯坦尼斯拉夫斯基的著作,同时让我们去底层体验生活。我们去了天桥,当时天桥的居民区就是最底层的贫民窟。田冲穿上件大褂,哪儿不该去他就去哪儿。我呢,看到一个卖唱的小姑娘,寒冬腊月穿得那么少,给她拉胡琴的男人不知是她什么人,在寒风萧瑟中琴弦那么紧,让人听着很不舒服,那副凄惨景象我至今不忘。"

初学演戏时,狄辛在台上该哭时哭不出来,她就自己下功夫,找了一间大点的房子,一个人在那儿练哭。可干用了半天劲也哭不出来,年轻的狄辛,满心想着对不起二队,对不起同台演员,有了这些杂念就更哭不出来了。说来有意思,一日上台,她什么也没想,眼泪竟自己落了下来。其实,能否恰当地运用激情,是一个演员是否能熟练把握演技的表现。

开篇之时,我曾问到狄辛阿姨现在去看话剧演出的感受,她这样回答我:"我听不见,坐过第一排,也坐过第七排,可我听不见台上的台词,后来我都怀疑自己的耳朵了。可那天看《喜剧的忧伤》,陈道明和何冰的戏,台词我全听见了。"

我看着眼前这位曾经多年站在人艺舞台中央的女演员,竟不知如何回答,我想告诉她,现在不一样啦,能哭也不哭,否则形象不好看!有些人认为在舞台上真哭没必要,观众距离远,反正也看不见眼泪,用不着那么认真。拍影视需要真哭,可现在有催泪棒,谁还动真感情呀?

现在有些演员想的就是让观众看自己有多靓。观众有时也不明白,为什么现在很多时候看戏不感动。其实,演员自己心不动,怎能感动人呢?老一辈演员生怕因自己生活积累不充实、感情不真挚,完成不了角色、对不起观众和同台演员,所以人人都用功。塑造鲜明真实的人物形象成了习惯性的目标,这和现如今的观念多么的不同。

在狄辛阿姨和我谈话的整个过程中,狄辛阿姨给我的感觉都是那么率真,她谈和田冲大大的合作时充满了感情。田冲大大是老资格了,是《黄河大合唱》第一次演出时的领唱,他演的戏被人们称为"神来之笔"。当年,狄辛阿姨作为初进二队的小女生,田冲没把她放在眼里。北京人艺建院后演了个独幕剧《妇女代表》,又是和田冲合演,田冲一不小心将鞭子抽到了狄辛的手背上,痛得她钻心。但她什么也不会说，因为大家都是工作，田冲也没说过一句对不起。

多年后狄辛成了大演员，年龄大许多的田冲还是没把狄辛当回事，常常在台上"刁难"狄辛。1963年《霓虹灯下的哨兵》中田冲演赵大大，狄辛演阿香。有一段戏是阿香感激赵大大，给他下跪，田冲说："跪一次刺激不了我，要跪两次。"狄辛忍不住就去找领导："我该怎么办？"领导给了狄辛两个字：忍着。

领导让忍着，就忍着呗。一忍很多年，田冲虽然没拿狄辛当回事，但狄辛却始终认为田冲大大是好人！在"文化大革命"中，田冲大大是个敢作敢为的硬骨头。有一次开大会，批斗人批斗得很厉害，狄辛还在想是否冲上去的时候，田冲大大已经冲上去了，他大喊着："住手！不许打人！"

在那个特殊的历史时期，他们这些被审查批判的人，能挺身而出喊出这样的话，使狄辛阿姨从心里对田冲大大敬佩有加。

北京人艺建立后，狄辛因自身的好条件，加上用功，逐渐成了人艺舞台上数得上的主角。我问了狄辛阿姨一个问题："您这辈子演的哪个戏是最过瘾的戏？"

她笑了，她说她对每个戏、每个人物都一样用功，都有很深的兴趣和感情。要说让她觉得演得最忘我的戏，是1958年演的《难忘的岁月》，编剧是杜宣。狄辛、苏民和叶子演的主角。在这个戏中，狄辛演一个年轻的地下党员。最后当她走向刑场时，有一段欧阳山尊加写的独白，狄辛阿姨边说这段独白边向观众走去。

她说她到现在都忘不了当时的感觉，她感觉真的是在刑场上，把观众当成了老百姓，她对百姓讲着临终前的话。在这段独白的处理上，她没有大喊大叫，没有口号式的语言，她说得非常抒情，就是一个即将被行刑的年轻的姑娘，一个共产党员对老百姓说的心里话。几十年过去了，这整段台词狄辛记不住了，但她记住了最后一句："一个人倒下去，千万个人站起来！"

我理解狄辛阿姨为什么在几十年后的今天还对这个人物、这段台词如此记忆犹新。因为她从战争中走过，她见过战场上成堆的死尸；她过过地下党东躲西藏的日子；她迈开过年轻的双脚，丈量着祖国的土地；她曾心怀抗日的决心，跟随党的领导一步步走向新中国。

他们那代人是多么单纯！那个年代，他们忘我地为新中国工作着。大家都知道女演员之间的竞争很激烈，演员多，女角色少，能有一点儿戏就不容易了，狄辛能从年轻演员中脱颖而出是有原因的。

1956年苏联专家为剧院推荐剧目《仙笛》，狄辛出演森林女王，一出场，专家都一愣，舞台形象太好了。

同年她参演了《日出》。突然有一天演陈白露的杨薇病了，狄辛必须临时救场，当晚就得上。虽然在此之前欧阳山尊给排过几次戏，但不完整，这可令大家为之揪心。没想到，狄辛不负众望拿下来了。

《难忘的岁月》剧照（摄于1958年），狄辛饰易宁，苏民饰康羽迟

1958年，一年之中狄辛主演过四部大戏：她时而是《难忘的岁月》中的女地下党员；时而是陈颙从苏联带回的剧目《青春的火焰》中的俄罗斯姑娘；时而她要学习内蒙古的习俗和歌舞，在《金鹰》中充分展现；时而又变身《红大院》中的农村大嫂。她有时一天有三场不同的演出，当演到第三场时，观众会有一种奇怪的感觉，"怎么又见面了"？

1959年正式献礼剧目有《蔡文姬》《伊索》《悭吝人》。狄辛在《悭吝人》中扮演爱丽丝，在《红色宣传员》中扮演李善子。周总理看了《红色宣传员》很高兴，建议把这个戏拍成电影。拍电影时李善子由张瑞芳饰演，后来总理见到狄辛时还问道："拍电影没找你演会不会有意见？"可以说是关心备至。

连着几年除夕，周总理都是带着几瓶酒到人艺来参加晚会。困难时期，总理来时什么吃的都没有，当时到会的人，每人只能分得剧场自制的一串糖葫芦。好在还有部队送给剧院的一只黄羊，食堂给酱了，一人一小包。大家就拿糖葫芦和黄羊肉招待总理。总理在人艺就像在家一样，和大家亲热而随便，还主动讲："你们怎么不请小超大姐出节目？"邓大姐说："我可以唱京剧的老生，谁能给我配戏啊？"狄辛说："我可以唱青衣。"于是就和邓大姐合唱了一段《武家坡》，朱旭拉胡琴。大家其乐融融。

1957年春天，有一次总理看完戏意犹未尽，突然和大家一起到了史家胡同56号人艺宿舍。头一个进的蓝天野家，当时近午夜，天野叔叔穿个打篮球的黑色背心，正躺在床上看书，都来不及下床，总理就进来了。蓝天野想下地，总理拦住，就坐在他床边，丝毫没有我是首长的架势。一会儿问蓝天野看什么书，一会儿看见窗台上摆放的药瓶，又问询是否身体不好，蓝天野忙回答是日常的药，总理才放心。这时周围的人也知道总理来了。总理进各屋看看，单身宿舍的卫生不太好，气味冲鼻，总理也不在意。他和大家谈年轻演员的生活、演戏的情况，鼓励大家不要计较收入待遇，工作上要努力……和大家一直谈到很晚。

1959年狄辛阿姨和覃赞耀叔叔主演了《枯木逢春》，这是一部写消灭血吸虫的戏。她扮演的苦妹子，是那么纯朴美丽，让人同情。在演这个戏时发生过这样一件事情：一日，周总理在处理完一天的工作后来看《枯木逢春》，此时第一幕已经演过，总理是从第二幕开始看的。戏演完之后他照样上台与大家畅谈，一起合影。那天是"三八"妇女节，总理坚持让女同志坐在前排。聊了一会儿，总理突然说："哎，我没看到开头，你们能不能再演一遍？"大家一听高兴极了，好在演员没有卸装，把服装一换，景一倒，为总理把戏的开头又演了一遍。台上的演员演得一丝不苟，台下的总理看得津津有味。这一晚对人艺人来说，永远是记忆犹新的。总理把人艺人视为朋友，且能叫出许多人的名字，没有一点隔阂。

可以说，狄辛在1958年至1959年间的几百场演出中受到了锻炼，

《雷雨》剧照（摄于1954年），狄辛饰繁漪，苏民饰周萍

尤其在1959年向国庆献礼的剧目中，她更是脱颖而出。这和狄辛的用功、用心、工作不惜力是分不开的。在这一年里，保留剧目《雷雨》也做了一些调整，苏民演周萍、狄辛饰演繁漪。"文化大革命"后的繁漪依然是由狄辛饰演的。曹禺先生看过狄辛的《雷雨》，说她的戏有激情，而且他认为繁漪这个人物是应该有激情的。人艺的几个繁漪：吕恩阿姨、狄辛阿姨、谢延宁阿姨，还有新版的龚丽君，我好像只看过谢延宁阿姨的。我想，根据演员对人物的不同理解，她们的繁漪一定也各有所长。

很快到了20世纪60年代初我国的三年自然灾害时期，人们出现了浮肿，狄辛也不例外。她向组织提出一个月21斤粮食定量的要求，组织上给了她28斤，因她有浮肿加了3斤黄豆。当时正在上演《悭吝人》，《悭吝人》是个喜剧，狄辛在剧中饰演阿巴公的女儿，和饰演阿巴公的田冲叔叔演对手戏。田叔叔这个戏演得精彩至极，人人叫好。狄辛阿姨饰演的女儿也美丽动人。看戏的人们谁能想到，这些忘我在角色中的人就靠这点粮食定量和3斤黄豆照常大活动量地工作呢？三年自然灾害期间，他们照样要练功、排戏、演戏，这都是要花体力的。怎么办？剧院领导想了办法，剧院开始减少演出，一个月只演20场。另外，每天进食堂之后每人发一瓶小球藻。这小球藻是什么呢？就是让金昭阿姨她们到街上捡一些没人要的菜叶、菜帮子什么的，让食堂大师父给冲洗干净，加菌种放几天，待水发绿了，这小球藻就做成了，这就是那年代人艺大人孩子的营养品。史家胡同56号院那块由花园变球场的地方，又成了人艺的自留地，全种上老玉米了。可这一切从狄辛阿姨口中说出来，她却很不以为然，她说："这有什么呀，真没觉得怎么样，就这么过来了。就是老怕给领导找麻烦。有时演出发俩馒头，我就提议能不能只吃一个馒头。"我笑了，我在想，我爸爸那么大块头，他俩馒头都不够，让他只吃一个，他一定恨死狄辛了。

每次写到他们，我都有一种很强烈的感觉，那个年代的人为什么那么单纯，处处为别人、为国家考虑？狄辛阿姨这些平淡的话，说得那么由衷，那么让我自愧不如，那么让我感动！他们之间的关系是那么简单，想什么说什么，不怕谁恨谁。"文化大革命"开始后，就全乱了。那天狄辛阿姨也直言不讳地谈了不少，但在这里我略过，还是接着写"文化大革命"后的春天吧。

我们聊到了《蔡文姬》。狄辛阿姨想演《蔡文姬》时，朱琳阿姨已经演过很多次了。狄辛阿姨就写了个申请给复排导演刁光覃，争取到了演《蔡文姬》的机会，导演组给她排了几天就上台了。后来由于朱琳去日本访问，狄辛演了五十多场《蔡文姬》，在台上有了自己对这个人物的诠释。唱段对狄辛没有难度，唯一不会的是弹琴。她找到赵韫如，向她学习古琴。如果说她与朱琳的蔡文姬有何不同的地方，除演员的自身条件不同，就是台词处理上的不同了。狄辛的台词更自然，更生活一些。常言道，机会是给有准备的人的。冰冻三尺，绝非一日之寒。狄辛口中的寥寥数语，几天排戏，看似简单，却绝不是一蹴而就的。其中的辛苦只有她自己知道。

我们又谈到了《王昭君》，这个戏让狄辛的舞台艺术达到了她的顶峰。"文化大革命"前曹禺先生就私下找过狄辛，和她聊过《王昭君》第二幕和玉人见面的一场戏。曹禺在创作的过程中就已经决定由狄辛扮演王昭君了。"文化大革命"开始后一切几乎全都放下了，直到十多年后曹禺先生才继续写完了《王昭君》。北京人艺1979年开始《王昭君》的排练，当时狄辛已经五十二岁了，曹禺先生和剧院领导依然让狄辛饰演王昭君。一个五十二岁的女演员，"文化大革命"十年没练功，双膝又有顽疾，要想把一个十九岁的妙龄少女呈献在舞台上谈何容易！可她做到了。

首先，狄辛找到少女的发声位置。声音年轻了，自己就有了自信，加上她有很好的功底，形体不成问题，人物自然在台上就立住了。我忘不了狄辛阿姨一出场时观众的掌声，忘不了她轻快的脚步，更忘不

《蔡文姬》剧照（摄于1978年），狄辛饰蔡文姬（左二）

了她那甜美无杂质的声音。

在这里我不得不提另一位让我佩服得五体投地的好演员，这就是赵韫如阿姨。她在《王昭君》中只在第一幕有戏，她饰演的那个一生在后宫等待皇上的孙美人让人拍案叫绝！凄冷美艳得使人落泪，场场掌声不断。她们经过"文化大革命"十年刻骨铭心的洗礼，又能很快在舞台上重放光彩，没有多年的苦练和深厚的艺术修养是不可能完成的！

狄辛从一个中学生进入演剧二队接触戏剧，到后来成为继舒绣文、叶子、朱琳、胡宗温之后又一位北京人艺的女台柱子。她饰演了一系列经典的角色，如《胆剑篇》中的西施、《关汉卿》中的朱帘秀、《蔡文姬》中的蔡文姬、《王昭君》中的王昭君、《贵妇还乡》中的克莱尔、《蜕变》中的丁大夫、《智者千虑，必有一失》中的图鲁茜娜、《雷雨》中的繁漪……成为站在人艺舞台中央的又一人。

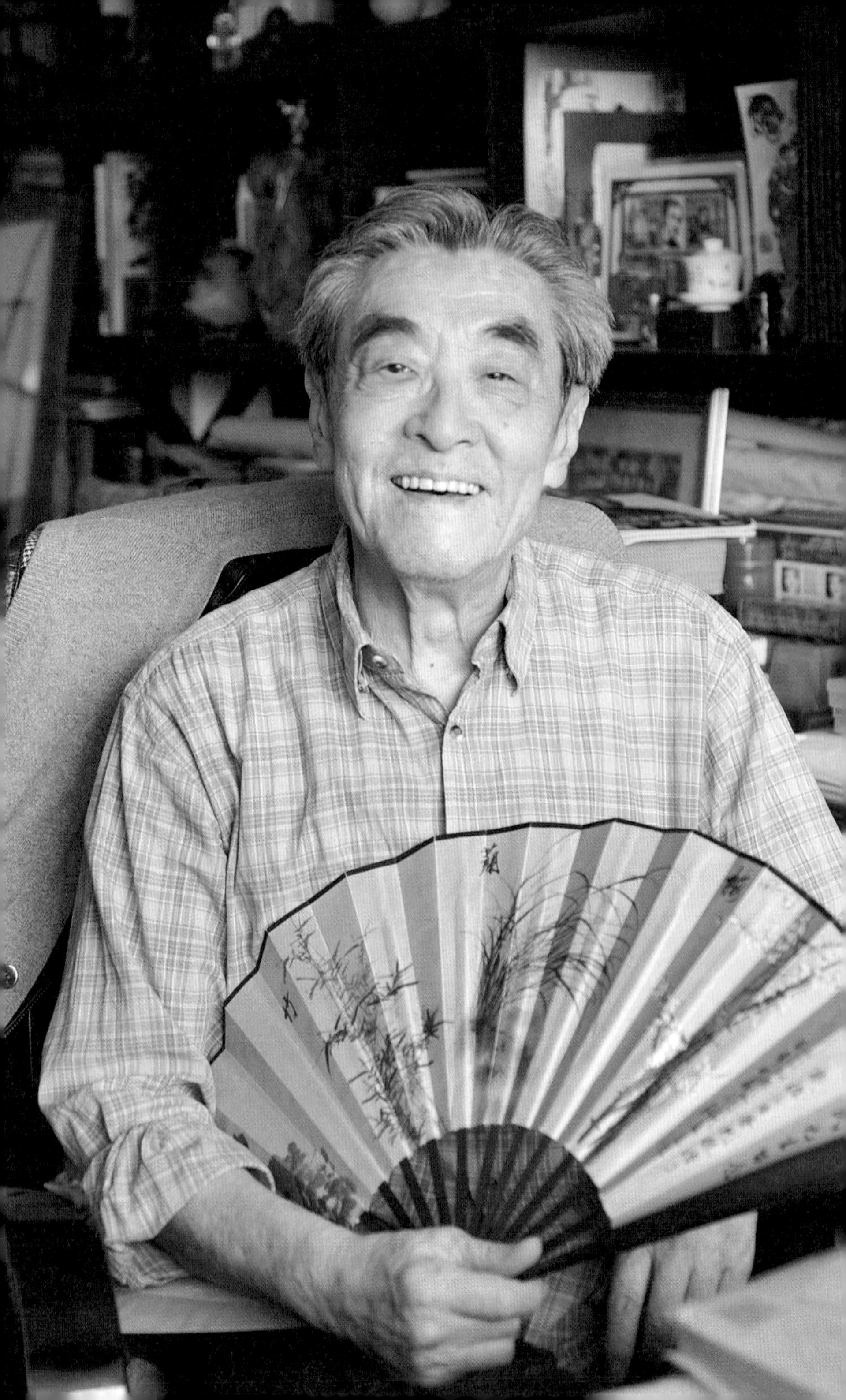

苏民（1926—2016）儒雅今生

一棵菜——我眼中的北京人艺 BEIJING People's Art Theatre

苏民叔叔马上回答："'四大导演'要是个人有个人的风格，就没北京人艺了。有一个共同目标就够了。"听完他的回答，我愣了一下。是啊，这些天我问了几个被探访的人，人们除了谈导演们的性格、排戏中发生的小笑话，没有一个人说导演风格这个话题，在苏民叔叔这里我找到了答案：要有个人风格就没有北京人艺了！

提起苏民叔叔和贾铨阿姨，我的心里马上充满了温暖，一种亲切感油然而生。用苏民叔叔反复说的一句话来讲——我们两家关系不一般啊！怎么不一般？容我慢慢道来。我还是先说说这位在人艺、在话剧界数得上的，有很深文化造诣的，现今人艺唯一能够吟唱古诗的人——苏民大家。

苏民叔叔本姓濮，濮家从未住过史家胡同 56 号院，大腕苏民在人艺是房无一间地无一垄，一辈子住的都是贾阿姨中国人民银行的宿舍。为什么呢？他说："剧院人多啊，那么多人就这么点房，我还能要吗？管它哪儿，有地儿住就算了。"一句"有地儿住就算了"，他们就在银行宿舍住了一辈子。我去过濮家不同时期住过的房子。说来奇怪，银行宿舍比较分散，不是四合大院就是日伪旧楼。记得他家最早住在内务部街胡同西口路南的一座灰砖二层小楼里，胡同处的楼门总是关着，看上去有些神秘。楼后是史家胡同小学，我的同学濮存昕时常从后窗爬过学校屋顶去上学。小楼很破旧，里边是木质楼梯，梯面坑坑洼洼，我们在上边一跑，楼梯就摇晃得吓人。

后来他家搬到了西交民巷，也是一处二层老楼，小楼的山墙上留有"木村咖啡店"的字样，我在插队时以及后来在空政话剧团时都去过那里。现在老屋早已不在，被建成了高高的塔楼。如今，小濮给老濮两口子在别处买了房子，儿媳给装修好了，可搬过去没住几天二老又搬回这个住习惯了的两居室，理由是方便。我来到这个方便的二居室，与叔叔阿姨相对而坐，我们寒暄着，甜甜地回忆起逝去的时光。

苏民，祖籍江苏溧水，出生于济南。因祖上四处做官，到祖父辈落户济南。苏民叔叔的父亲名叫濮良至，任过江西财政厅厅长，20世纪20年代军阀混战时，去东北做官，属张作霖系统，当了两任县长。一生不置家产而好买书，家中就是书多。他父亲是有名的清官，两袖清风。为什么？不给子孙留罪孽。这个思想苏民叔叔小时不大懂，后来才明白。

苏民叔叔在剧院辈分很大，夏淳叔叔（原名查强麟）管他叫舅舅。老年间互通婚姻，江苏溧水老濮家和查家联姻。谢延宁阿姨管他叫舅舅，连比他大的秦再平阿姨也要管苏民叔叔叫舅舅，可见濮家辈分之大。经苏民叔叔这么一介绍，我才明白苏民和濮存昕这一对父子身上那份天生的儒雅是怎么来的了。毛主席不是说过嘛，各个阶级无不打上阶级的烙印，几世书香哪有不儒之理。

自幼好学的苏民一开始在艺专学习画画，后来从事戏剧工作。1952年，二十六岁的他来到北京人艺，成为北京人艺的第一代人。苏民叔叔曾认真地告诉我，他虽没正经学过演戏，可新中国成立前他就开始演戏，在华大文工二团任演员队副队长，演了在北京上演的《民主青年进行曲》。1953年排《非这样生活不可》，是建院后他参演的第一部戏。一上场台词没了，脑子里老有杂念。一讲到专业脑子就大了，变成不会演戏的人了。当时他一天到晚看书，看《演员的自我修养》，看斯坦尼斯拉夫斯基，死啃这些书。可越念书越不会演戏，越看越不行，甚至连手脚都不知怎么动了，很是苦恼。那时又因患肺病，几个戏苏民叔叔都没参加。

　　1956年中央戏剧学院办了一个导演进修班，由苏联专家授课，把苏民叔叔从总导演办公室主任的职位上送去学习，半工半读，上午上课，下午回来工作。一年后，变为全脱产。两年后毕业。回到剧院排的第一出话剧是《青春之歌》，戏中他饰演丁辉。正是由于饰演这个角色，苏民叔叔恢复了自信，觉得自己又会演戏了，可见实践出真知。身为演员的我是多么理解一个会演戏的演员突然不会演戏了的痛苦，那是一种每时每刻挥之不去的压力，会有生不如死的感觉。真的！好在领导与他自己都没有放弃，通过进一步的学习和舞台实践，从非专业走向专业的这道坎儿总算迈过去了。

　　苏民叔叔回想起人艺刚建立时的情况，那时还没有首都剧场，人艺在米市大街的大华电影院第一次以"北京人民艺术剧院"的名义首演了四个小戏：《喜事》《赵小兰》《夫妻之间》和《麦收之前》。自此，

《智者千虑，必有一失》剧照（摄于1962年），（左起）苏民饰葛路莫夫，方琯德饰马玛叶夫

曹禺、焦菊隐、欧阳山尊、赵起扬"四巨头"联手一起建设人艺，充满了理想和信心。那时的他们多么年轻，处处散发着朝气。

苏民叔叔曾说过一件有意思的事情：人艺四巨头之间的年龄都相差四岁——赵起扬比苏民大八岁，欧阳山尊比苏民大十二岁，曹禺比苏民大十六岁，焦菊隐年龄最大，比苏民大二十岁，基本上是四年一个间隔。后来的夏淳大他九岁，刁光覃大他十一岁，朱琳大他三岁。

1952年建立剧院以来，这群年轻人用了不到十年的时间，把北京人艺提高了一大步，最明显的是到1959年的七年间，北京人艺演出了自己的风格特色。当时大家都觉得北京人艺不得了，建国十年大庆，献礼剧目就有八台，《龙须沟》《雷雨》《虎符》《蔡文姬》等等。1959年后成了剧院的保留剧目。而且，相比其他剧院，人艺就是要出戏、出人才，这是何等的干劲。那时大家都年轻，人们从不想个人得失，一心为剧院，一心扑在工作上。

2012年我接受北京台人艺建院六十周年的专访时，一个编导问了我一个问题，当时我无法回答，因为我不是北京人艺的演员，当年只是人艺大院里的一个孩子而已。我把这个问题又拿来转问苏民叔叔："'四大导演'的导演风格分别是什么？"

苏民叔叔马上回答："'四大导演'要是个人有个人的风格，就没北京人艺了。有一个共同目标就够了。"听完他的回答，我愣了一下。是啊，这些天我问了几个被探访的人，人们除了谈导演们的性格、排戏中发生的小笑话，没有一个人说导演风格这个话题，在苏民叔叔这里我找到了答案：要有个人风格就没北京人艺了！人们一直在谈北京人艺的风格，谈焦菊隐先生提出的"一棵菜精神"。"四大导演"用了不到十年的时间打造了一个有风格的剧院，有优秀剧目的、北京的、人民的艺术剧院，很多戏成了保留剧目，至今久演不衰。

接着我又问了一个挑事儿的问题："苏民叔叔，你们这些人都来自五湖四海，在工作中必然有许多看不惯或意见相左的时候，就没有互相整？万一吵起来怎么办？"

苏民叔叔坦然地回答："你问这个啊，'大跃进'时，人艺分了四个队。方琯德任演员二队队长，苏民任副队长。"说到这他拍拍自己的胸脯："我和琯德很好，一起工作几十年从没有争吵过，方琯德是个把快乐送给别人的人，我听他的，配合很默契。"接着他又说："你公公做副院长，我也做副院长，他管行政，我管业务，你婆婆和我一起教学员班，我们合作得都很好。"苏民叔叔的话我信，我又自然地想起前段时期他送给我的书《戏外余兴集》，在这本书里他为北京人艺的同事们做了诗配画，其中为我父亲是这样写的：

想起这首诗，就想起我父亲的才华，想起他的坚强和对艺术的执着。在父亲去世后的第一时间，苏民叔叔让小濮送来了这首挽词：

方琯德

喜气多年自君生，
慧思雄辩四座惊。
执著舞台新意趣，
携氧犹趋排演厅。

（1988年1月作）　苏民 诗，鄢修民 画

琯德老友灵右，不必夸饰生前，亦不献誉身后，实话实说，谨奉衷忱。

兄也归去早，算平生，应含笑。五十五年契阔，同台、同科、同队、同心、同好。

泪眼望断天涯道，捧赠书，永存音容神貌。

计知交，人俱老。但得举杯明月前，当与君同聚、同醉、同照。陈素笺，倚灵旁，默默相告。

珺德老友靈右 不必誇飾生前亦不獻媚身後賓話實說聊表哀忱

兄也歸去早，算平生應含笑。五十五年契濶同臺，同科同隊，同心，同好。淚眼望斷天涯，道捧贈書永存音容神貌，計知妥人俱老，但得舉杯明月前，當與君同聚，同醉。尙照陳素箋倚靈旁，默默相告。

一九九四年五月十二日弟蘇民

苏民挽方珺德（1994年）

想到这些，我的眼泪开始打转，也许这些情深意切的诗词已说明苏民叔叔的那句话——我们两家的关系不一般啊。

还有一点特别的，就是我现在很少在别人家吃饭，而在苏民叔叔家，饭我是一定要吃的。如果大家想知道老一代艺术家都是怎么生活的，我告诉你们几个特点：一、人人家里书多；二、几乎每个人除本职工作外都是兴趣广泛，可称杂家；三、生活上不讲究，但戏上较劲。年轻时每人一辆旧自行车，放那儿没人偷，车不锁但车筐里的水杯剧本不能落。我为什么说上边这几句话呢？请看苏民叔叔家的盘子，这盘子亲切啊，大概用了三十年吧。再看餐厅里的字，郭老写的。我在拜访长辈们时，几乎每家都挂着郭沫若先生的字，当然苏民叔叔这里还有许多其他名人为他题写的字画，让我不觉想到了《陋室铭》。在这充满艺术氛围的家里吃饭，我能不胃口大开吗？

我们笑着聊着，我多想问问叔叔演戏的事情。我想问《智者千虑，必有一失》中他与我父亲的合作；想问《雷雨》中他和小濮，父子两代大少爷在表演上有哪些不同；还想问复排《伊索》时他对人物的感受……但86岁的老人只回答了最后一个问题："复排《伊索》时方琯德演了六场，而后我接替演的格桑，顾威演伊索，严敏求替舒绣文。我没演几场，演得不好。演员有局限性，不是自己的戏，不好演。"老人坦诚的回答又一次让我感动。

此时华灯初上，老人累了，苏民叔叔近年得了肺气肿，时不时要住院，我不能再问下去了。我们起身出门，留下册页和一个命题——让苏民叔叔为我的书起个好名字。我会再来，送写完的稿子请老人过目指正。待那时我再问，问那些挥之不去的往事，问那些辉煌的历程。

"盘子亲切啊,大概用了三十年吧"(摄于2012年)

苏民、贾铨与方子春合影(摄于2012年)

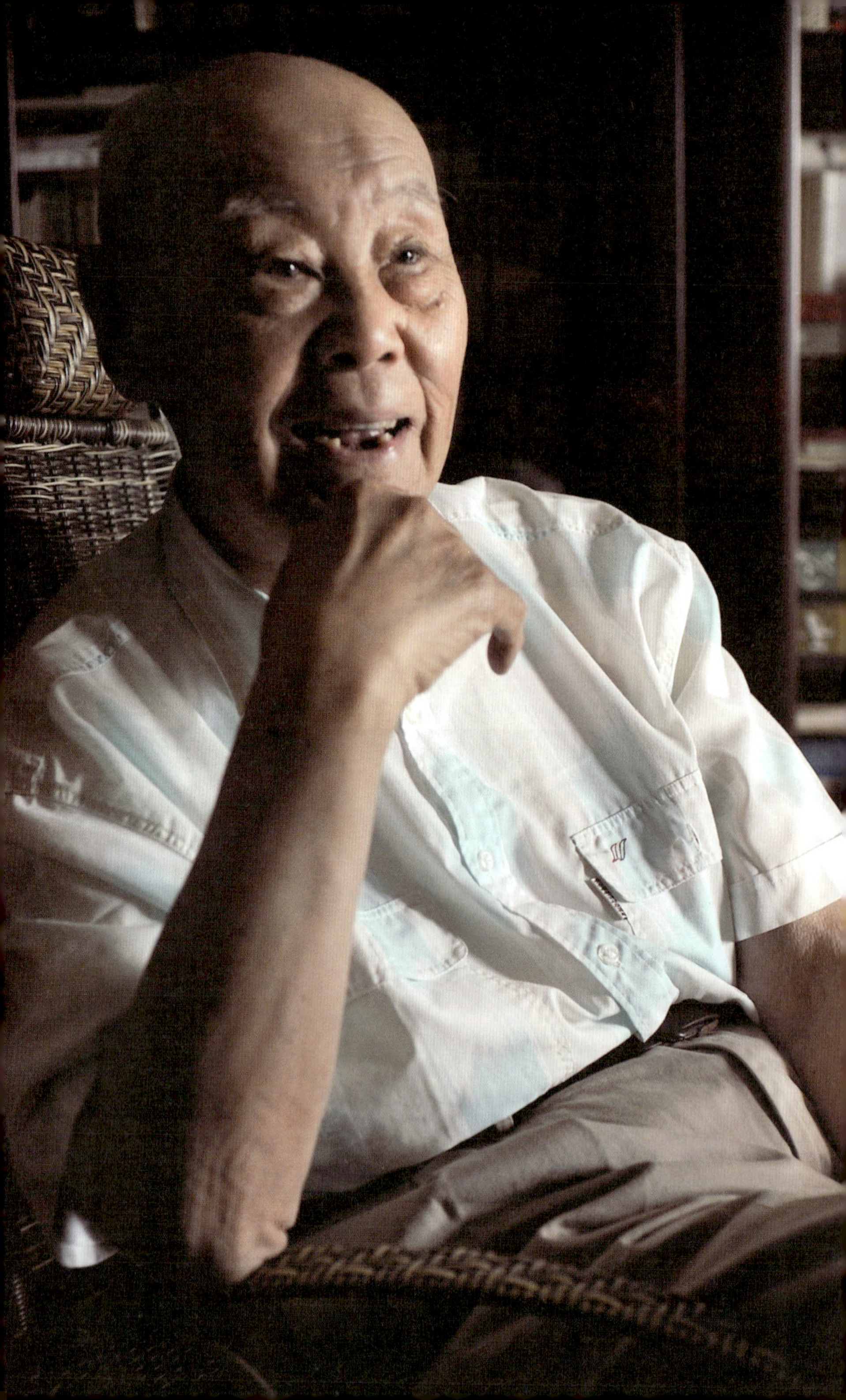

一棵菜——我眼中的北京人艺 BEIJING People's Art Theatre

郑榕
(1924—)

八十岁以后才会演戏

在舞台上，只有真正地动心，才能打动观众。表演情绪是表演，哭得再厉害，生气得再厉害，憋足了，其实对观众没影响。这种是假的，打动不了观众的心。所以最后这次演出《雷雨》取得了成功，是因为打动了观众的心，是演员在台上动心了，真正地进入动作了。

郑榕，一个我既熟悉又陌生的人。我熟悉他的过去与现在，但有时却陌生到迎面走来也不打招呼。不是我不礼貌，是他根本就不看我。

记得我住空政时，有段时间我每天四点半起床，到故宫门前练长穗剑，六点景山开门爬三遍景山，之后穿过沙滩后街在那里给先生和女儿买早点，然后迎着上班的人群往回走。每当走到灯市口，都会看到郑榕叔叔准时出现在那里。他穿着背心短裤，两手端在胸前，挺胸扬头，用标准的姿势慢跑。灯市口周边有五所中小学校，不到七点就有不少孩子来上学，郑榕叔叔又高又白，加上那标准的跑步姿势，跟身边的孩子们一比特显眼。我几次想打招呼，他却完全目不斜视，他不是故意不理伸长脖子想打招呼的我，而是他谁也不看，两眼目视前方，认真跑步。哈哈，这就是郑榕，一个一辈子对大事小事都认真的人。

这位认真的父亲有一个甜甜的乖巧女儿，名叫小川。小川比我小几岁，自幼跳舞朗诵，长大后在文工团当舞蹈演员。从部队文工团转业以后，她在中央电视台做编导，因嗓子好，音色甜美，业余时间也做配音工作。那时我们常在一起工作，同是人艺子弟的渊源让我们很是亲近，现已夫唱妇随远嫁异国了。此次专门拜访郑榕叔叔还是先让小川代我联系的，我心里多少有些怵老爷子。

当我来到郑榕叔叔位于方庄的家，正在思量哪间是郑宅时，隔着门帘就听见老爷子那带着膛音的高腔："是子春吗？在这呢，在这呢，请进。"我们走进房间还没坐定，老爷子就打开话匣，这又是一个急脾气。上来第一句话就是："老方家应该好好写，涉及曹禺还有好多人呢，尤其那时的重庆是话剧的黄金之地，现在留下的东西不多了。像你父亲早年的经历，你要知道，写写有意义。"紧接着老爷子笑了，说道："子春你可别在意啊，我这人有什么说什么，你父亲方琯德的脑瓜子是最活的，全剧院都知道。学识也广，对什么问题看得都很准。人

《考验》剧照（摄于1955年），（左起）方琯德饰杨仲安，郑榕饰丁伟

事关系他一清二楚,人与人之间的矛盾他都知道。'文化大革命'时,关牛棚,他是走读,我是关在里面不让回家的。他了解各种矛盾,他一说,重点就转移了,他老挨不着批。哈哈哈……"听着老人爽朗的笑声,我也笑了,这笑声拉近了我们的距离。

性格决定命运。我似乎看到牛棚中倒霉的郑榕叔叔板着个脸蹲坐在地铺上,我父亲一脸正气、不畏暴力,聪明善辩。说真的,父亲十几岁参加革命,下过大狱,爬过封锁线,生性乐观的他什么没见过?和造反派斗心眼儿还不是小菜一碟嘛!说完我父亲,郑榕叔叔言归正传了。

郑榕是1924年生人,家里四个孩子,排行老二。高中毕业以后上了一年艺专,学画画。小时候是家塾,功课不好。到了初中二年级要留级,数理化极差,四门不及格。毕业后喜欢画画。他大伯父是军阀,山东省督军。直奉战争时,奉军张宗昌率大队人马进入山东,给出三天期限可以自由逃走,过三天就炮轰。他大伯父很明智,带全家携财产跑到天津租界做了老百姓。他父亲在他五岁时去世,在旧社会,寡妇主持一家不行,怕受欺负,母亲便带着四个孩子寄居在其伯父家。生活水平是高的,但是在大家庭中的地位却是低等的。当时请的私塾先生是为教大伯父独生子的,那时兴学英文出国,但先生只会教古文,不会教英文,于是就让他转教郑榕和他大哥了。

在他十岁那年,他和姑姑一起到北平读书。大伯父取出十万元钱存入天津租界的银行,只可取利息,不能动本金,作为他们的生活费。有了这笔钱他的生活便会过得很优裕。可好景不长,到北平的第三个年头,"七七事变"爆发,家里打电报让他们回天津租界避难。回天津三年之后,有人说在日本侦缉队看到郑榕大哥的名字,吓得他们又回到了北平。

郑榕1942年就已开始参加对外演出了。他是1941年底考入北平四一剧社的,这是由北平剧社下来的一批人组成的业余剧社。看见报上招考演员，他就参加了。刚进去时，排《北京人》，他演警察，就一句台词。第二部戏演《日出》的黑三。就这样在北平又住了三年。此时日本进了租界，把银行的存款折合成了伪钞，十万块钱就这样没了，家里日子开始过不下去了。郑榕只得离家出走。当年大批的年轻人出走，去解放区或国统区。家里准备了衣物，和郑榕感情最深的大哥送他上了火车，但不成想那成了他们的永诀。

郑榕和同屋的两个人经河南商丘去了国统区，买了火车票的三个人不能坐在一起，不能说话。下了火车后两人问郑榕怎么过去？郑榕说不知道，于是一起进了国统区，两人又问他有无投奔处，他说没有，他俩就建议他考战干团。那时大后方的知识青年纷纷要求从戎报国、抗击敌寇，由此成立了军事委员会战时工作干部训练团，简称"战干团"，接受军政训练，为部队培养干部。

郑榕考进了西安小雁塔附近的战干团。在战干团里，大专学生受训九个月，中学生受训两年。他在那里办剧团演戏生活了九个月。毕业分配时，队长说78师师长原在战干团当过艺术大队的队长，特别爱戏，就把郑榕介绍到那儿去了。部队是胡宗南的第一军，郑榕没想到里面是法西斯般的黑暗，他受不了。几个月后郑榕请假，长官不准，还关他禁闭，从禁闭室出来他就"开小差"了。

后来郑榕又进了陕西凤翔战地失学青年就学辅导处，在那里他给沦陷区来的学生上课，郑榕的弟弟也是学生中的一员。郑榕不忘戏剧，在里面搞了个剧团。可没几个月，辅导处改编，郑榕只好离开。当时有个辅仁大学的女教师是白杨的小学同学，她给年轻的郑榕写了封介绍信，让他去重庆。

当时重庆是演戏人的圣地。1945年5月，21岁的郑榕拿着介绍信和遣散费就去了重庆。在那里他见到了大演员白杨。当时去的人很多，白杨安排不了，郑榕只好进了一个小剧团打杂。剧团就一个社长，一座三间屋的小楼。借到钱他们就排大戏，一排大戏就能开伙，一开伙就能吃上饭了。那段日子郑榕在小楼上积极工作,做服装,做道具,就等着戏演出。可戏一演出,债主们就都跑来要债,戏没演完东西早就被抢光还债了,甚至连社长的西装都被扒走了。可就这样,郑榕也没离开小剧团。在这个小剧团里,他卖力地工作,什么都管,管道具、画海报,后来还负责会计和票务。1946年,郑榕从重庆到了成都,才开始真正登台演戏。

北京刚解放,郑榕就调到了老人艺。新中国成立后成立了北京人艺,郑榕成了人艺的一员。说到剧院,说到演戏塑造人物,老人侃侃而谈。郑榕叔叔是个动脑子的人,每次接到一个角色,他不是演完就行了,而是继续琢磨,有的人物一琢磨就是几十年!

郑榕叔叔告诉我,他有两个戏想特别说说,一个是《雷雨》,另一个是《茶馆》。

郑榕叔叔说:"我的生活不像别人那样过。从演戏方面讲,不是那样光芒外露的天才,比起董行佶等人还有差距。唯一的优点是,我知道自己的不足之处,肯拼命学。所以前些时候,在北京电视台的某个节目中,给我起的标题是'八十岁以后才会演戏'。"

我认真地听着,当他说到《雷雨》时,他认为他自己在1997年到1998年那段时间的演出才算是成功的,那年他73岁。他还说:"以前,《雷雨》将近400场,《茶馆》374场的演出都有不足和遗憾。"我心里一震,一个经典之作,一个同行眼中的样板形象,一个观众欣赏认可的人物,演出了近400场之后,73岁高龄之时才觉成功?我有些怀疑,有些丈二和尚摸不着头脑,郑榕叔叔为什么会这样说呢?这里有多少谦虚,有多少真心呢?我看着叔叔,嘴上无言,脑子却飞快地转着。

郑榕叔叔停顿片刻,娓娓道来:"1954年我排演《雷雨》这部戏时,开始是好意图,想着除演现代革命题材的新剧目,还演一些'五四'以来的优秀剧目。但是受到'左'的思潮影响,早早就定下了角色(的性质),周朴园反面一号,周萍是反面二号,鲁大海是正面一号，侍萍是正面二号，四凤是三号。

"虽然算是体验生活了，但是被这个限制住了，老得演反面一号。到了1963年就更厉害了，在台上演的就是黄世仁和白毛女呀，完全就是阶级斗争了，看不出罪人是谁。

"'文化大革命'以后，'左'的包袱卸掉了，自然就把专制封建的表演从周朴园身上去掉了。再说周朴园的动作，他上台干什么来的？第一幕就是演团聚。繁漪说过他一去就是两年没回家，也就是说周朴园出去两年了。第一次回家，因为繁漪有病在楼上平日不下来，这次下楼是第一次和周朴园见面，就演夫妻两人两年分离之后的第一次见面。这样就会演出周朴园关心繁漪的一面，如发现繁漪喝药，倒了，想是繁漪脑子又犯病了。没想到儿子说：'妈不愿意喝，您何必勉强呢。'周朴园出于不可纵容孩子和大人这么说话（的动机），因此逼繁漪喝药，给孩子一个服从的榜样。这就不像以前，憋情绪，专制压迫地演，封建着演。要使理由充足，剧情发展的才算合情合理。

"再拿《雷雨》第二幕相认为例吧。我原来在天津上学时候，在电影院多次见到一个穿绿衣裳的女的，后来我们通过三封信就断了，这个人在我脑子里印象很深。'文化大革命'以后我就想了解她的情况，打听到后，听说她很不容易。可熟人讲你不能去见她。后来我到天津演出，就送了两张《茶馆》的戏票给她。她来看戏，我从大幕缝中看到了她。

"这一次，我找到了周朴园和侍萍见面的感觉。既不是旧情复萌，也不是怕招来麻烦。是一种，比较同情，同是天涯沦落人，你死我葬你生我养的情愫。按剧本的动作，周朴园开始不是要给鲁妈修坟吗，一听说还活着，就写支票，支票撕了以后，托人给济南发电报寄钱。当时只能做到这一点，这就是封建礼制下最高的一种道德，我给钱养着你。不可能再接她回来，像电视剧中那样私见面，这是不可能的。鲁妈有丈夫，有孩子。按照动作表演，就会一步一步地进展，和台上

《雷雨》剧照（摄于1954年），郑榕饰周朴园，吕恩饰鲁侍萍

的对方、周围的环境发生交流，这才能动心。

"在舞台上，只有真正地动心，才能打动观众。表演情绪是表演，哭得再厉害，生气得再厉害，憋足了，其实对观众没影响。这种是假的，打动不了观众的心。所以最后这次演出《雷雨》取得了成功，是因为打动了观众的心，是演员在台上动心了，真正地进入动作了。

"'文化大革命'以后通过学习，有了些想法，但是很快换年轻一代的演员了，我就不演了。曹禺逝世那年，我在人艺院刊上写了篇文章《一份未完成的答卷》，我在里面说过，我的《雷雨》没演好，始终没有达到自己的目的。第二年，纪念曹禺逝世一周年，剧院决定演六场《雷雨》，顾威任导演。三场是全新的演员，我和朱琳演另外的三场。排练时间很短，就五个上午。我抓住了这个机会，下了很大的功夫。把以前的录像找了出来，只看对手，不看周朴园的戏，主要是找交流。这次演出一下成功了，特别卖座，观众反馈也好，剧院决定都由我郑榕来演了。六场演完又续演了十三场。那年我已经七十四岁了。"

听到这儿，我感动了，激动了。作为一个演员，我看到了自己的不足，我自认用功，可从没像郑榕叔叔这样，对一个人物揣摩几十年。

郑榕叔叔接着说："我演《茶馆》中常四爷的转变有两条。

"第一，要摒弃概念化。回想起老舍当年在排练场说的：'你们应该演出茶馆的文化来。中华民族是最有智慧的民族，在那个社会里面，智慧得不到发挥，他们唯一交流的场所就是茶馆。在这里，大家主要是交流学问。怎么养鸟，怎么养鸽子，怎么喝茶，这一切，每一种都可以写出厚厚的一本书。

"第二，老舍两代人的死。老舍投太平湖，说从湖边就捡回一双鞋来。老舍父亲死在八国联军侵略年间，一颗炮弹下来，只捡回一只破袜子。我就想到，父子两代旗人，哪来的这种勇气，是什么精神支持着他们。

"从而我才认识到，《茶馆》这个戏不是群魔乱舞，是民族魂。所以才有这么大的底蕴。这样，才给常四这个人物找到了新的依据，使他成为一个活生生的人了，融合于不同的场合。倒霉时、不如意时都要按照人的规律走，不能总是'硬'，天地不怕，光讲正面话。上台时只想我是干什么来的，我要做什么，别的都不想，利用形体动作表现人物。常四爷是有钱阶级，他到茶馆的行动是什么？是来消遣、文化娱乐，和大家交朋友。明白了这个，就不至于上台老找人打架了。"

郑榕叔叔又说："北京人艺里的老北京人不多。英若诚算一个，他是旗人。他演老舍的戏，把人物演活了。特别是《茶馆》，一个戏就成功了，观众就把北京人艺给概括了。北京人艺属北京市委管，焦菊隐提倡体验生活,《龙须沟》《茶馆》都是先体验生活,在老北京里接受熏陶。

"我演《茶馆》时,对手是于是之和蓝天野。开始(彼此之间)是根本隔绝的,后来别人适应你,你也要根据对手的戏来反应。人物的交流不光是和对方交流,也要和自己的内心交流。比如讲《茶馆》最后常四爷那一大段很长的戏,自己演到进入情绪时,王掌柜就背过脸去了,让你一个人演。可以说,我在人艺的前一阶段,演艺上没有任何成就。背着历史问题的包袱,参过训,入过国民党,这在当时就被另眼看待。新中国成立后如果不脱离重庆话剧团,就我这脾气,肯定被打成'右派',好在是在人艺,赵起扬、焦菊隐重视人才,对人实事求是。'文化大革命'后对大家思想触动极大,邓小平提出改革开放,打开了国门。又赶上苏联解体,西方经济恢复加上'文化大革命'留下的影响,人们的思想有大转变,在文艺界更厉害。"

说到影视与舞台表演的不同,我提起了自己的感受:"作为舞台演员,走上荧屏如同过关,自己演舒服了,观众一定觉得过火。""没错,"郑榕叔叔接过话去,"谈到话剧表演和影视表演的转换,我演《龙须沟》赵老头时没感觉,演《丹心谱》就不行了。本来是谢添演方凌轩,拍到一半停了下来,除了张平换了童弟,其他都是人艺的演员。开头,谢添就整惨了我,说我有话剧表演的痕迹,逼得我找话剧和影视表演的不同点。我总结出几条告了董行佶,其中最主要的一条是:话剧的表现形式是用嘴说话,电影要用眼睛表演而不能光靠说话。香港电影里演员的嘴根本不动,等于是捂上嘴说话。"老爷子此时一边讲一边做示范,可把我逗笑了。

郑榕叔叔进一步谈道:"我通过演《龙须沟》《茶馆》《丹心谱》《舞台教学》四个电影,认识到,对于同一个角色的人物创造,舞台和银幕要求是不一样的。

"拍摄电影《茶馆》时就知道,不能演得那么硬了,按照人物真实

地演。谢添夸我说：'郑榕，你现在比电影演员还电影了。'

"《茶馆》第三幕，三老头那场戏，焦菊隐先生有特殊的想法，他处理成控诉，面对着观众控诉。要达到这样的效果，一开始戏排不出来，他讲，你们彼此别看，都对着我演，戏要出来。最后常四爷说：'我爱咱们的国呀，谁爱我呀。'这是控诉，跟自己悲伤不一样。电影按照真实来说，是收着演了，像舞台的演法就过火了。这就是不同的表演方法。

"再如《丹心谱》，方凌轩参加完第四届人大回来后谈到周总理：'我见到周总理了。'他说到这，得感染到最后一排观众。电影就不一样，表现形式不用语言了，而是高兴地上桌子、上椅子。光圈就这么大，要在光圈里面自由活动。舞台是一个台，有的时候需要突破舞台，打到最后一排观众，对着那儿演。这就是极大的不同。像《茶馆》，越到后面，就越须要一层一层地，把光圈放出去，要不你打不出去呀，光停留在自己这就成了悲伤了。包括撒纸钱这个设计，导演要求带些快乐，鼓乐齐奏。'一百二十吊'是在给旧社会送葬，不是给自己送葬。你要是想着自个儿，这就完了，就错了。以后我才悟到这个道理，电影和话剧有很大的不同。"

"一百二十吊——"我仿佛又听到这经典的声音。郑榕叔叔一边跟我聊着天，一边为我示范起舞台与电影中不同的表现方法。我默默地听着，欣赏着这位此时完全与艺术融为一体的老人。

郑榕叔叔1984年就退休了，之后转拍电影去了。在电影《周恩来》（拍摄于1991年）中饰演董必武。一开始全剧组反对，演员知名度不高，演话剧的，无人晓知呀。但是吴永刚总导演一人坚持，他看了《丹心谱》的电影，他肯定郑榕，相信郑榕。

后来他还演绎了很多角色，如电影《谭嗣同》中的荣禄，《直奉大战》中的段祺瑞，《西游记》中的太上老君，电视剧《谢觉哉办案》中的谢觉哉，是谢觉哉老伴王定国特意让他去演的，说是最高法院拍的，

拜访郑榕（摄于 2012 年）

反响很好。

郑榕叔叔和我开心地聊着，时不时发出爽朗的笑声，别看他今年已88岁高龄，腰也弯了，腿脚也不行了，但他心中还想着戏，想着写老人的戏，他说："到时候，我要去演，就演个坐轮椅的，我虽然腿不行了，但脑子没问题……"我看着自信的老爷子，深深地感慨，如果一个人能把自己所热爱的事业干到人生的尽头，是一件多么幸福的事情。

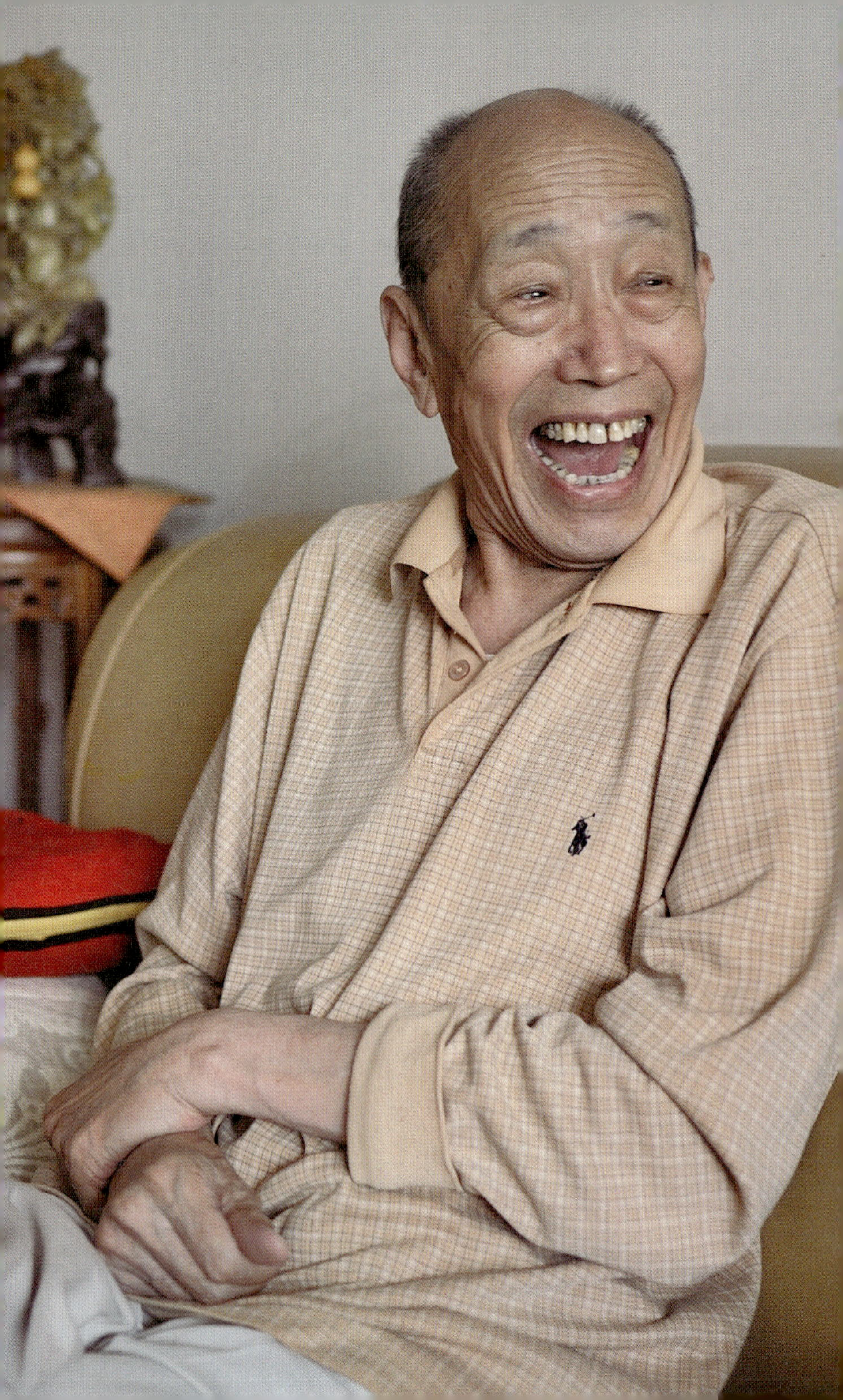

朱旭 快活人生

（1930— ）

一棵菜——我眼中的北京人艺 BEIJING People's Art Theatre

我恍然明白，朱旭的台词不用劲儿，跟流水一样，是要用多于常人的时间，把台词化成自己的语言，不用脑子想了，也就不结巴了。有人说，只要有对艺术的追求和天分，都可以站在舞台上。这些口吃的人，功夫下到一定的时候，不光能站在舞台上，还能站在台中央，是何等的让人佩服！

我在夏天的斜阳中从午觉中苏醒，坐在电脑前发呆。我常有这样的时候，人醒了，脑子没醒，木讷片刻之后问先生："我今天该写谁了？"先生在书房里高声回答："朱旭。"听到这个名字我脑子一下子就清醒了，窗外突然传来花斑大喜鹊"嘎嘎"的叫声，听这个兴奋劲儿，好像它也知道该写充满童趣与诙谐的朱旭叔叔了。

一个也像这样的午后，也是伴着知了和喜鹊的叫声，我们如约来到朱旭叔叔那个午睡过后还没完全苏醒的家。多日不见，寒暄几句，人没坐定朱旭叔叔就开始讲故事了。

"我先给你讲个好玩的故事。你父亲方琯德先生口才特好，手慢嘴快，忽然发现我呢，口慢却记录很快。有次在我家组织一篇文章，他在那说，我做记录，工作很顺手，很高兴，琯德就来劲了。我住人艺大院东三楼，底下二楼是舒绣文家。琯德越说越兴奋，就大踏步地来回走，谈构思，说想法，我就做记录，一直工作到了后半夜。有心脏病的舒绣文在底下就琢磨：'这朱旭怎么啦，一宿就"咣咣咣"地来回走，是两口子矛盾闹得太激烈了？'她怕我出什么事，到后半夜就上来敲门，我一开门，头一句她就问：'朱旭你怎么啦？'说着就探头往里一看，嘿，方琯德在那儿！就嗔怪道：'该死的，是你呀。'你看看，折腾人一宿没睡。"

哈哈哈，听到这儿在座的几个人都笑了。朱旭叔叔最会说笑话、讲故事了，他讲故事和演戏一样，从来看不出使多大劲。他的台词舒缓清晰，节奏有张有弛，每一个字都清清楚楚，就是坐在最后一排听着也不费劲。可是，朱旭同志有个众所周知的"秘密"，那就是结巴。遇到某些字或某些发音位置，更是说什么也吐不出完整话来。

说来神奇，话剧演员口吃的还真不少，先不说朱旭叔叔了，人艺还有个马群叔叔，口吃得也不弱。天野叔叔的口吃是拉长音，知道的明白他是怎么了，不知道的以为是种范儿呢！丁志成的结巴能急死人。听国家话剧院的赵友亮大院长做报告，结巴的你都想替他去讲。当然还有我，因为结巴不知吃了多少苦。总之，大小结巴一大堆。嘿，可还都是台词不错的主儿。

提起结巴，朱旭叔叔真是深恶痛绝。建院以后就因为结巴，他打了好几次报告，申请继续搞灯光，不干演员。每次拿着剧本一对词，自己都感到后脖颈子发热。那个年代，朱旭叔叔就想有一支自来水钢笔，关勒铭牌的，他攒俩钱儿就去买笔。进店门之前嘴里就"关勒铭、关勒铭"的叨咕，一到柜台前就"关"不出来了。

哈哈哈……我们又笑得前仰后合，他却不笑。

朱旭叔叔又说："建院初期，演四个小戏时，我演一个群众，一句台词'报告工程师，桥出事了'。就这工程师的'工'，我就念不出来了。

"有一次赵韫如对我讲：'朱旭，你刚才说那么多话没结巴。'后来就发现，我只要不想词，不背词，想说什么就说，不想结巴的事就不结巴了。把词变成我想说的话，根本不琢磨，拿起就说，毛病就好了。

149

这一条对表演很重要。把台词变成自己心里想说的话，演员要训练好几年才做得到。"

哦！我恍然明白，朱旭的台词不用劲儿，跟流水一样，是要用多于常人的时间，把台词化成自己的语言，不用脑子想了，也就不结巴了。有人说，只要有对艺术的追求和天分，都可以站在舞台上。这些口吃的人，功夫下到一定的时候，不光能站在舞台上，还能站在台中央，是何等的让人佩服！

我对朱旭叔叔的佩服，除了结巴演话剧，还有许多方面。比如，他下棋、拉京胡、做风筝等，样样精通。史家胡同56号人艺宿舍的大门口，有个外绿内白的搪瓷灯罩，春夏秋三季里，不论你多晚回家准能看见在那唯一的光源下围着一群人，这群人里准有朱旭叔叔。他不是笑呵呵地坐在棋盘前叫人家臭棋篓子，就是歪着头一脸认真地拉胡琴呢，这准是有哪位想吼两嗓子了，央告他伴个奏。人艺大院是史家胡同最后关灯的院落，因为人们虽然下戏了，可那精神劲儿还没过去。就像我下午似的，人醒了，脑没醒。他们是身乏脑不乏，兴奋劲儿没过去呢，哪能睡得着啊！

剧院的戏每年都在周而复始地演着，人艺大院的传达室似乎比我小时候看着更小了，传达室门口依然是春夏秋三季聚着一群人，只是随着时光的流逝人员有了不小的变化。先是朱旭叔叔身后半大的儿子不见了，身边多了孙女。可朱旭叔叔就是当了爷爷，田冲大大从那里路过，照拍他后脑勺。要说也不奇怪，这个院里的人大多都是建院就在一起生活、一起工作的。呵，当爷爷怎么了，我喊董行佶叫"小董叔叔"，喊林连昆叫"小林叔叔"，一辈子都带"小"字。因为朱旭叔叔个子高，才躲过了称"小"。其实他年龄在老一辈里算小的，今年才八十七岁。

朱旭叔叔是从华大文工二团到的中央戏剧学院话剧团，那时已是干部了。宋雪茹阿姨的资格比朱旭叔叔老，是演剧二队的。朱旭叔叔兴趣广泛，好玩，家里的事自然是雪茹阿姨管得多些。

朱旭叔叔到现在还是棋在下、戏在唱、酒照喝。人艺爱喝酒的几个人（童超、童弟、于是之、英若诚）多已去世了，朱旭叔叔是唯一的例外。他从来不喝过了，但比起那几位酒友，一点儿没少喝。童超能喝，于是之不能喝，林连昆属于一喝就倒的，其他人员差不多一个水平。一块心里美萝卜就是童弟的一顿下酒菜。他们演出之前绝对不能喝，散了戏喝酒的精神头儿就来了。

"有次在日本演出，闹出这么档子事。演出前吃点心，散了戏才吃晚上的正餐。这几个酒友就扒拉些菜，拿到英若诚的屋里，开始抽烟喝酒侃大山，来劲儿了。喝着喝着，宾馆的消防人员就来叫门了。原来我们人多，抽得太厉害，烟雾报警器就报警了。从此这帮人来了个内部规定，烟要轮着抽，不能一起冒了。"

哈哈哈，我们在座的又听得大笑，我能想象出这些人当时的情景。

其实，说到喝酒，朱旭叔叔的酒史太长了，得从他的童年谈起。朱旭出生于东北军人家庭，父亲是张学良的旧部，和吕正操是同学。他1930年生于沈阳，1931年"九一八事变"后撤往关内。他家孩子多，两哥哥一姐姐。这一大家子人跟着军队走很麻烦，家里就把他交给个老伙夫，也叫"大师傅"。晚上大师傅有牌局，小朱旭老不睡觉影响他的聚会，于是在晚饭时，大师傅用筷子蘸些酒给他嘬，小朱旭吃了酒就睡着了。以后只要晚饭没酒，小朱旭就不干了。这是大师傅的一个牌友告诉他的。

史家胡同56号院原来是一座大宅院，前门在干面胡同，一个三进四合院，穿过海棠院是后花园。北京人艺搬进去办公后，新盖了排练场和宿舍楼，将大门改在了史家胡同。当时一号楼的位置是很讲究的带回廊的四合院，还有藤萝架。朱旭家原先住的屋是南房，跨院有佛堂，有假山石的花园。朱旭叔叔和林连昆叔叔是剧院体育运动委员会的负责人，他们看上了这个花园，组织全院的人利用休假时间劳动，平出了个小运动场。十几年后,响应"深挖洞,广积粮"在此挖防空洞时,人们老是铲不动,原来底下都是当初平运动场时埋的石头。于是他们找到朱旭问他当年石头埋的位置,这么多年过去了,朱旭根本讲不出来,只好指这指那地挖。

朱旭叔叔告诉我们:"人艺成立大会是在韩树茂家门前开的,是现在一号楼的位置,那里原来比海棠院还漂亮。北京人艺有一个传统,就是体验生活。在成立北京人民艺术剧院之前演戏就要体验生活,不了解要表现的人物和他们的生活,怎么表演呢?

"比如金雅琴演《骆驼祥子》里跳大神的,我母亲看到过跳大神的,她就教金雅琴一些事,所以金雅琴的跳大神演得就不错。体验生活对演员很重要,不体验生活怎么演戏呢?脑子里没那人儿就是演不了。当然,随着年龄增大,一辈子积累生活经验,已经习惯了,不必为某个戏特地去体验生活了。"

此时我插嘴了:"朱旭叔叔,您说体验生活重要,可您演《屠夫》《蜕变》这样的戏,您怎么体验的?而且您那大段大段的独白成了您的经典瞬间,您是怎么做到的呢?"

"这就要谈到借鉴了。我父亲上讲武堂,带着一家老小从东北到北京后,就住在小鹁鸽胡同。吕正操到家里看过父亲,他告诉我父亲:'我抗日去了,你家孩子多,出不去。'他拉着队伍就走了。我父亲比他们大十几岁,瞒着年龄上的张作霖的讲武堂,这一班只有我父亲有家室,其他同僚都是小年轻,休息日想打牙祭都到我母亲这来,一来二去就很熟了。

"新中国成立后,吕正操老来剧院看戏,还谈起过这段事。其实小时候我特怕他。我一淘气,他就说小鬼子来了,我就老实了。"哦,《蜕变》中朱旭叔叔身上的军人气质就是这么借鉴来的,原来他除了观察自己的生活,还会借鉴别人的生活。

说到吕正操看戏,我想到了"文化大革命"前也常来看戏的周恩来总理。朱旭叔叔告诉我："周总理来看戏，也有保卫措施。在小经厂胡同时，我们都住那；前面扫雷的来了，就知道晚上总理要来了，但没那么紧张，不觉是什么大事。那时领导看戏不算什么大事，现在可算大事了吧？"

朱旭叔叔对我谈起人艺建立六十周年温家宝总理来看戏的情景。

"北京人艺建立六十周年大庆，几位老艺术家给温总理写了一封信，请他在大庆之际来首都剧场看看戏。温家宝总理接到了信，并且是以个人名义买票来看戏的。开演前他去后台和演员见了面，演出前和观众一起进场，当他来到剧场向自己的座位走去时观众都自动站起来为温总理鼓掌。他的座位在前排，就坐在走道边上的位置，此时有不少观众走上前去和总理握手，总理没有拒绝，非常和蔼。

"在幕间休息时，温家宝总理听说几位老艺术家在休息室恭候，又马上去休息室接见了老同志。他与老同志们促膝谈心，让这些老艺术家备受鼓舞。这是继周恩来总理之后又一位让人艺人感到亲切的总理。"

朱旭叔叔把思路从现在转回到了1951年："毛主席提出'一定要把淮河修好'，周恩来总理亲自召开了治淮会议。当时我在中央戏剧学院话剧团，和歌剧团、舞蹈团、创作室等组成一个大的淮河文工团，到淮河去演出。到了一个叫老汪湖的灾区，我们这个文工团人多，到了村里，老乡家炕上地下占满了也没住下。最后剩下我、覃赞耀、林连昆三人，都二十岁出头，年轻力壮，就住进了牛棚（哎，这可是真牛棚，不是'文化大革命'里指的牛棚）。那天刚下完大雨，想找点儿干草都没有，行李卷也浇湿了，打开铺盖往地上一躺，地下'咕叽咕叽'直出水。

"牛棚里跳蚤很多，想想可以叮透牛皮的跳蚤有多厉害，来这么三个细皮嫩肉的年轻人，就听噼里啪啦的拍跳蚤声此起彼伏。得，干脆就甭睡了，起来逮跳蚤。你们知道怎么逮跳蚤吗？我告诉你们啊，跳蚤皮厚，用手捻不死。我们就点着带来的蜡烛，发现了跳蚤就用手蘸着唾沫把跳蚤粘起来。这时不能看,用两指轻捻,跳蚤就被团了起来,相当于把它的腿系上扣了,打开就蹬跳不开了。再用针将跳蚤扎上,用蜡烛一烤,它小肚子就'呜'的鼓了起来,接着'啪'的一声脆响,死了,真是爽快。

"我和林连昆一会儿逮一个跳蚤,唯独覃赞耀一个也逮不着,好容易逮一个,'蹦儿'——跑了!一会儿就没信心了。后来就变成覃赞耀发现了目标就叫林连昆,'我这儿有一个',林连昆就举着蜡烛凑过去,我负责逮。到后半夜,三人很自然地形成了分工,覃赞耀赤身躺在那实行苦肉计,吸引目标,林连昆举着蜡烛,我管逮。大家特爱看这最后'啪'的一下,这一宿特别的愉快。第二天一看覃赞耀,一身都是被叮咬后凸起的棱子,人胖出了一圈。"

哈哈哈……我们笑着,笑这些在牛棚里苦中作乐的人。那时他们多么年轻,充满朝气,愣把一件苦恼的事整出了乐子。

朱旭叔叔接着回忆:"回来后就搞'镇反运动',完了就去'土改'。我们是西北土改团,去兰州。火车就到西安,后面的路就是敞篷卡车,三天三夜啊。过秦岭时,在山尖上行驶,两边都是悬崖。记得当时是1951年11月了,天气很冷,大家坐在行李卷上,一个挨一个。人都冻得失去知觉了,要想动动腿要先掐一下,看是不是自己的腿。走着走着太冷了,就找四个身强力壮的小伙子,其中有我和童弟,拿绳子穿起来,绑上,再捆在车帮上,给后面的同志挡风。那时不知道苦,也没人搞特殊化,团长周子健和大家同坐敞篷车,车厢司机边上的座位是给病号或有特殊情况的人坐的。

"土改三个月的时间,对演员们后来演农村戏起了极大的作用,我们对农村太熟悉了。后来又有'合作化',一直到1958年成立人民公社,我们在农村的经历就没断过。1964年的《结婚之前》,我演农村干部杨老二,摆老资格。一次去人民大会堂演这出戏,在台上我老以老干部自居。那天朱德、董必武都来看戏,演出结束后上台和大家握手,

《结婚之前》剧照（摄于1964年），
（左起）朱旭饰杨老二，吴淑昆饰杨二婶，狄辛饰柳玉春，吴桂苓饰杨茂，黄宗洛饰刘喜才

我说：'真的老革命来了，绝对是真正的老干部。'"

哈哈哈……我们又笑了，笑朱旭叔叔的幽默。自《悭吝人》《女店员》后，朱旭因他的诙谐竟成演喜剧的专业户了。悄悄告诉你们，在我们此刻聊天的三个小时里朱旭叔叔可没结巴。

《女店员》中我演一个知识分子，用绳子包苹果怎么也捆不上，纸也散了，绳也跑了，弄得满地都是。最后还突然多出个核桃，送给了齐姑娘。周总理看完戏就问：'你那核桃是怎么出来的？'丁里就把躺椅拿了出来，在椅把放杯子的位置上织了个小网子，把核桃放里面。起身时，丁里轻轻一按，核桃就'蹦儿'的砸他眼镜上。

"丁里平常嘴贫着呢，应该是位做演员的好材料，可上了台就浑身僵硬，后来就改做道具了。话剧《俄罗斯问题》里演员要穿西装，还

《悭吝人》剧照（摄于1959年），（前排左起）朱旭饰雅克，田冲饰阿巴公

《女店员》剧照（摄于1978年），（左起）李婉芬饰齐母，朱旭饰魏默香，赵韫如饰卫母，刘骏饰卫大嫂

要戴手表。当时有手表的人不多,丁里就去了东安市场手表店,买了手表壳和表带,自己在那比画。这时,店里人就报了公安局,这人怎么回事,弄个假表在这摆弄什么呢?公安局人一来,盘问一溜儿够。"

"哈哈哈,我还听说过某人把国民党钱当真钱花呢。"我插嘴道。蓝苗和我先生马上打断我,提示让朱旭叔叔继续说。

"在中央戏剧学院时,我和丁里一块儿搞道具。我先是做灯光——和宋垠结缘就在灯光上。我是华大的学生三队,到天津塘沽一带演出,当时就领了四个美国的聚光灯泡,其他问题自己解决。坐敞篷卡车去天津,可不是如今的高速,那路颠的,好嘛,这四个灯泡在那个年代是宝贝呀!这一路上我抱着这宝贵的灯泡,站也不是,坐也不是,后来让我坐进司机楼里,才算踏实了。

"我们在天津南开大学举办首场演出时,我就把灯泡都安上了,一合闸,'噗'一冒烟全烧了。美国是110伏的电压,我不懂呀。华大二团正在天津演《民主青年进行曲》,队长马上给二团打电话,宋垠带三个人就来了,每人背着个绿书包,里面揣着的都是灯泡,真阔!他们帮我安上了新灯泡,教我什么是并联和串联……

"那天还有钱斌、方堃林,三人都是搞灯光的。从此我与舞台就开始结缘了,我被分配到了二团。到了华大二团,可分组时把我错分到童超的演员组,正赶上排戏《生产长一寸》,导演夏淳讲:'朱旭,你演什么角色?'由此我就成演员了。现在要我这条件考中戏,连报名费都不让你交,回家去吧!

"想演戏、演好戏必须要体验生活。毛主席延安文艺座谈会讲话中讲道:'中国的革命的文学家艺术家,有出息的文学家艺术家,必须到群众中去,必须长期地无条件地全心全意地到工农兵群众中去,到火热的斗争中去,到唯一的最广大最丰富的源泉中去,观察、体验、研究、分析一切人、一切阶级、一切群众、一切生动的生活形式和斗争形式、一切文学和艺术的原始材料,然后才有可能进入创作过程。'这条标准给我印象太深了。文艺为什么人服务、怎样服务，毛主席的讲话绝对是正确的。

"抗美援朝时排的一个独幕戏叫《吃惊病》，写美国兵在前线得了一种怪病，他们的士兵听到枪声一响就患惊恐症。美国派了医学专家调查，（结果发现）是吓的。我当时瘦高个儿，就演患病的美国兵，粘个大鼻子，抹了油彩晚上还不能洗，拿手巾包上，第二天接着演。当时我在棉花胡同住，演出要去圆恩寺团校礼堂。这个戏要做效果放枪声，当时没有枪声器，用砸炮做效果声。一人发一张，自己撕下来摆地上，用钉锤砸响。童超很聪明，早早做准备，数好几响，撕下来，轻轻放在台口的地上，钉锤放在边上。当时是冬天，不知谁一开门，北风一吹，地上的砸炮没了踪影。台上需要放枪时，后台砸地板的声音'咣咣'的，不该有声时，不知谁踩住了，'啪'的一响，乱了套……"

"哈哈哈……"听到这里，我们几个肆无忌惮地大笑起来。只有在这里，在朱旭叔叔与我们这些同院的孩子之间，才能这么放松地讲故事，有共鸣，因为他提到的每一个人都是那么熟悉，那么栩栩如生，我好似穿过时空，看到了这些在幕后忙碌的人。他们人人都是真正的艺术家，他们没有以明星大腕自居，而是愿意干任何与艺术有关的事。这是他们这代人的可爱之处，又说明了他们那代人的工作态度。

雪茹阿姨此时走过来坐在我的对面，我看着快乐的朱旭叔叔和依然风韵不减当年的雪茹阿姨，问了一个让人难以回答的问题："雪茹阿姨，听说您当年是'人艺三大美人'之一，您一定有许多追求者，可怎么看上了资历比你浅、又瘦又高还结巴的朱旭叔叔呢？"

雪茹阿姨愣了一下，回头看看正坐在单人沙发上的朱旭叔叔。朱旭叔叔依然用他特有的幽默语调回答我，只见他一脸严肃，此时有点小结巴："那……那我自然有我吸引人的地方……哈哈哈……"他头一抬,身体向后一仰,开心地笑了。

哈哈哈,我们都笑了,我们为朱旭叔叔的机智,为他的大智若愚而欢笑着。雪茹阿姨也笑了,笑着和我们约好了下次来访的时间。

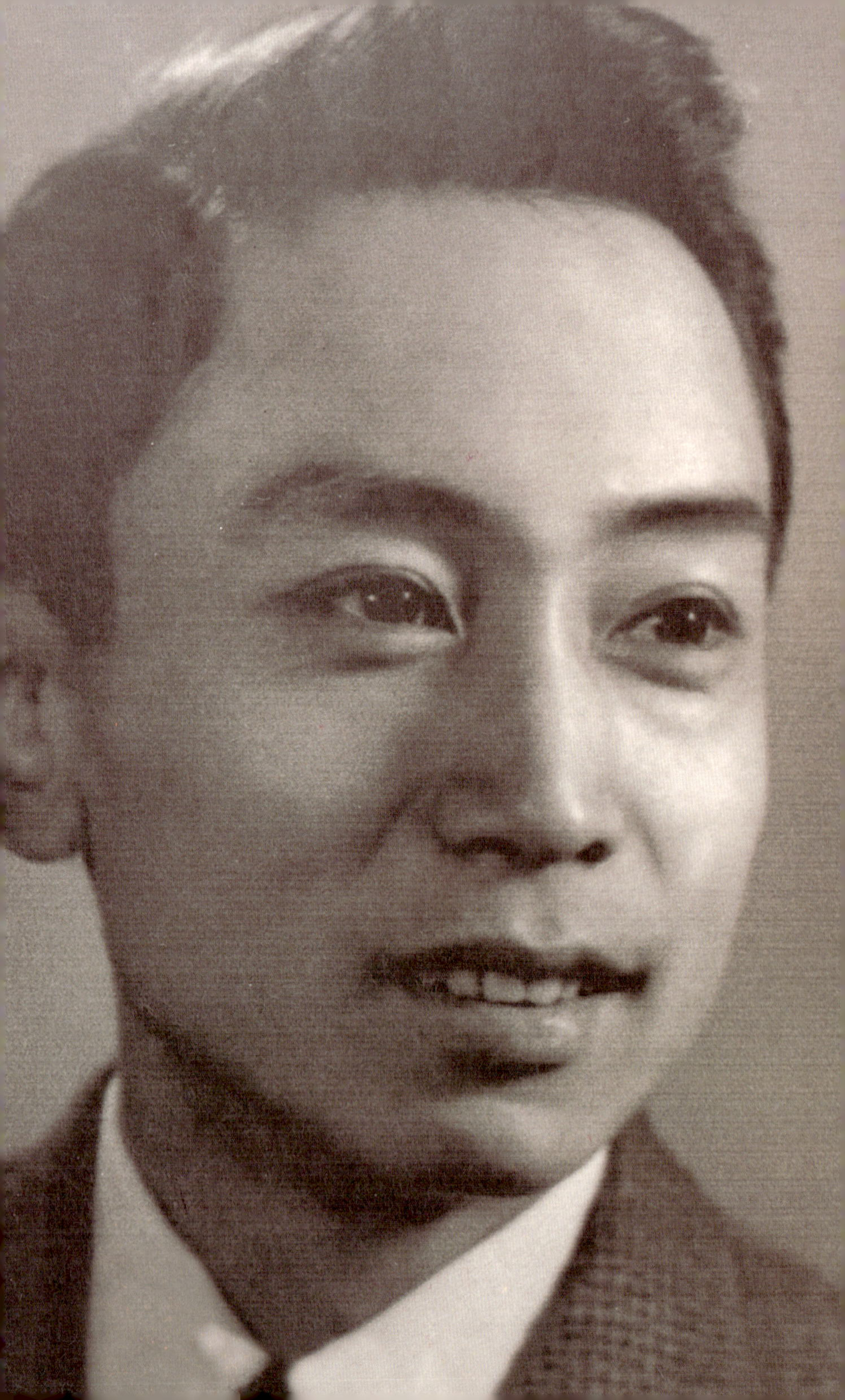

一棵菜——我眼中的北京人艺　BEIJING People's Art Theatre

董行佶和陈国荣
（1929—1983）（1933—）

人生如戏，戏如人生

小董叔叔经常把他自身的经历讲给我听。他说，话剧演员拍电影是要过"关"的，这个"关"是表演关。此关过不好，演电影时就会过。过好了关，表演起来才会自如。

董行佶是我在人艺大院的第三位老师,也是教我时间最长的一位老师。他与我建立师生关系是受我父亲的嘱托。本来爸爸看梁菁阿姨太忙,打算自己教我,可常言说得好,医生不能给亲人看病,老师教不了自己的孩子。

我的父亲方琯德也是人艺的著名艺术家,可他却教不了我这个生性顽皮的女儿。一个盛夏的傍晚,父亲教我朗诵寓言《东郭先生和狼》,他读一句让我学一句:"一天,东郭先生赶着毛驴在大路上走,驴背上驮着许多书。突然,一只狼……"父亲停下来让我看他读"狼"字的口型。我不看还好,一看反倒学不下去了。只见父亲高耸着搭了大毛巾的双肩,学着狼般"张牙舞爪",一边龇着牙,一边把他那双本来很漂亮的双眼皮大眼睛整走了形,一副凶险又好笑的样子。我蹿到父亲怀里扭着、乐着:"哈哈,爸爸,真受不了,我可不做,难看死啦!"父亲一边"命令"我坐好,一边不停地擦汗。反复折腾之后,我索性一摊泥似的赖在床沿上,"瘫"在那里不肯坐起来。胖父亲已经被我弄得疲惫不

《春华秋实》剧照（摄于1953年），（左起）方琯德饰丁翼平，董行佶饰钱掌柜

堪，大汗淋漓，最后把书一合，无奈地直摇头："你是我碰到的最难教的学生。这孩子我教不了，交给小董，他有办法。"

第二天晚饭过后，我跟随父亲去了董行佶叔叔家。小董叔叔和我家同住人艺大院前院的红砖楼。砖楼有东西两个门，他家住东门三层西单元，我家住西门二层西单元。父亲把我托付给小董叔叔后，我每星期两次夹着书本下楼上楼地往返，乐此不疲。

小董叔叔上课很有规矩，不许手脚乱动，不许插嘴说笑。可有意思的是，当他的太太国荣阿姨不赞同小董叔叔的某个观点或想表述她自己的看法时，就会忍不住插句话："对不起小董，我能说句话吗？"或者"对不起，我必须阐明自己的观点"。这时小董叔叔也一定是："什么？好好，你说，我出去……"当小董叔叔回来时，国荣阿姨也差不多讲解完了，她又一定会说："我的意见谈完了，对不起，打扰你们上课了，你请。"走到门口还要回头加一句："春儿呀，听小董叔叔的，

163

我的做参考,做参考。"所以严格说来,小董叔叔和国荣阿姨都是我的老师。小董叔叔在专业知识方面对我教导多一些,国荣阿姨在生活上对我更疼爱些。

有时课还没上完,国荣阿姨就会热心地端来心里美萝卜或是一些水果,在小董叔叔责怪的眼神中放下便走。有时候推开一道门缝,探着头说:"不好意思,打扰一下,春儿,想吃油炒面吗?我刚从……哦,不打扰,我走。"小董叔叔一副怒样儿地盯着国荣阿姨,等阿姨轻声关门后,回过身来一边摇头一边说:"我们继续。"

春夏秋冬,暑去寒来,在这期间我不仅知道了什么是吐字归音,为什么字正了腔就圆,也懂得了如何运用气息去表达作品内在的含义,还有很多很多。

董行佶老师的朗诵是非常有名的,他朗诵过无数的作品,最著名的是贺敬之的诗《西去列车的窗口》《三门峡梳妆台》等。他无可挑剔的音色和对作品含蓄的处理方式,不知迷倒了多少人呢。他还解说了一部我经常观看的作品,新影拍摄的纪录片《我国第一颗原子弹爆炸成功》。也许很多人不知道,"说片子"(行话里对解说的称呼)与朗诵不同,训练方法更不一样。简单来说,说片子要客观,朗诵要主观,动心的程度不同。而作为话剧演员的小董叔叔却能运用自如,他告诉我一个最基本的原则:朗诵也好,表演也好,有时要表现到极致,但大多情况下要留有余地,内心要十分满,表达则七分足矣;如果都用十分力,反而没有了起伏,没有了留给观众想象的空间。

小董叔叔经常把他自身的经历讲给我听。他说,话剧演员拍电影是要过"关"的,这个"关"是表演关。此关过不好,演电影时就会过。过好了关,表演起来才会自如。电影银幕大,人在上边放大了好几倍,就连眉毛动一动都会看得一清二楚。他说,第一次拍电影看回放时恨不得找个地缝钻进去,甚至怀疑银幕上的形象不是自己。通过慢慢地摸索,他才找到电影表演的分寸。

小董叔叔不只在艺术上才华横溢，在生活中也是个充满情趣的人。他爱好京剧、摄影和美食，我小时候的许多照片都出自他手。他天生爱模仿，印象最深的一次是我在同仁医院的牙科门诊遇到他，我好不容易挂上号，刚走到牙科，就看到他随着熙攘的人群走来。

　　"小董叔叔。"我上前去打招呼。

　　"小春姑？你也来看牙？牙我可是看过，太难受了！你没看过吧？他们这样……"于是，小董叔叔就站在人来人往的走廊里比画了起来，从大夫撑开患者的嘴开始表演，他"痛苦"地用手捂住腮帮，一副欲哭无泪的表情，还时不时发出电钻钻牙的吱吱声、患者疼痛的呻吟声。在小董叔叔的表演下，我还真感觉我的牙也跟着痛了起来，我觉得小小的牙钻突然变得硕大无比，不是在钻牙而是在打墙，直戳我的牙神经，痛得我一抽一抽的。当他夸张的表演结束之后，诚恳地对我说："回家吧，不到万不得已，别看牙。"边说还不忘对我狠挤了几下眼睛（他

《高等垃圾》剧照（摄于1958年），（左起）朱琳饰顾影怜，方琯德饰臧东曦，董行佶饰吴德才

有挤眼的毛病)。我也顾不得退号,老鼠般地窜逃而归。直到如今,每次要看牙时,我都会想起这段有趣的往事,想起董先生那夸张的表演动作和那张"痛苦万分"的脸,禁不住大笑起来。

不幸的是,小董叔叔在1977年深秋时节患上了抑郁症。但是,一贯对事业刻苦认真、精益求精的他,就算病魔缠身也从没离开过自己热爱的表演艺术。1983年6月的一天,年仅五十四岁的董行佶老师去世了。

1983年6月的一个早晨,父亲把我从空政叫回来,把这个不幸的消息告诉了我。小董叔叔和爸爸关系甚好,爸爸高高大大挺着个将军肚,小董叔叔个子矮小,人又干瘦,俩人常常站在院里开聊,很是抢眼。在小董叔叔去世的前一天晚上,他似往常一样来到父亲家中,平静地说:"方胖,我要走了,耳边好像总有一个声音在叫我……"父亲正在吃饭,没太在意小董叔叔的神情,说:"谁叫你了?快回去吃饭吧。"父亲催促着小董叔叔。事后父亲特别自责,怎么就没看出小董是来告别的呢?怎么就让他话还没说完就走了呢?

作为他的学生,作为他好友之女,送别老师那天,我早早就来到协和医院帮忙布置灵堂。董行佶老师的大女儿董岱从国外赶了回来,她表现得十分坚强,忙前忙后主持着事儿。国荣阿姨在别人的搀扶下走进灵堂,她画了很淡很淡的妆,看不到泪痕。许多花圈,许多名流,人们来了,走了,小董叔叔静静地躺着。我始终站得很近,守候着老师。

送行的人快走完时,国荣阿姨对身边的人说:"我要跟小董单独说几句话。"然后就走到小董叔叔身边扑通一声跪了下来,用颤抖的声音一直哭喊:"小董,小董,你听得见吗?我是爱你的!我始终是爱你的……"她的声音发颤了,一直积压在内心的情感随着颤音迸发出来,这时她身边的人强行把她拉起,她挣扎着,喊着:"你们让我说!让我说……"

这一刻,我突然觉得这一切很像在舞台上,突然理解了那句老话——人生如戏，戏如人生。小董老师如戏的人生竟是这样的短暂，人生无奈花落去，一位如此有才华的艺术家就这么走了，他用这种方式演出了人生的最后一幕，在这一幕中他没用灵活的肢体，也没用迷人的音色，他只是一动不动，静静地躺着看人来人往，但他依然是绝对的主角，依然光彩照人！

许多年后，我在协和医院大门口偶然遇到国荣阿姨，我们的谈话是亲切而平淡的。我问问她的近况，她问问我的近况，说说她在国外的女儿们，聊聊我母亲的身体状况。我们始终没有提到一个熟悉而亲切的名字，谁都不想去拨动那根难过的心弦。匆忙谈完准备分手，回身一句"保重"，应答一声"带好"。但过后的好长时间，国荣阿姨的身影老是浮现在我眼前，一同浮现的还有那个没提到名字的好人。

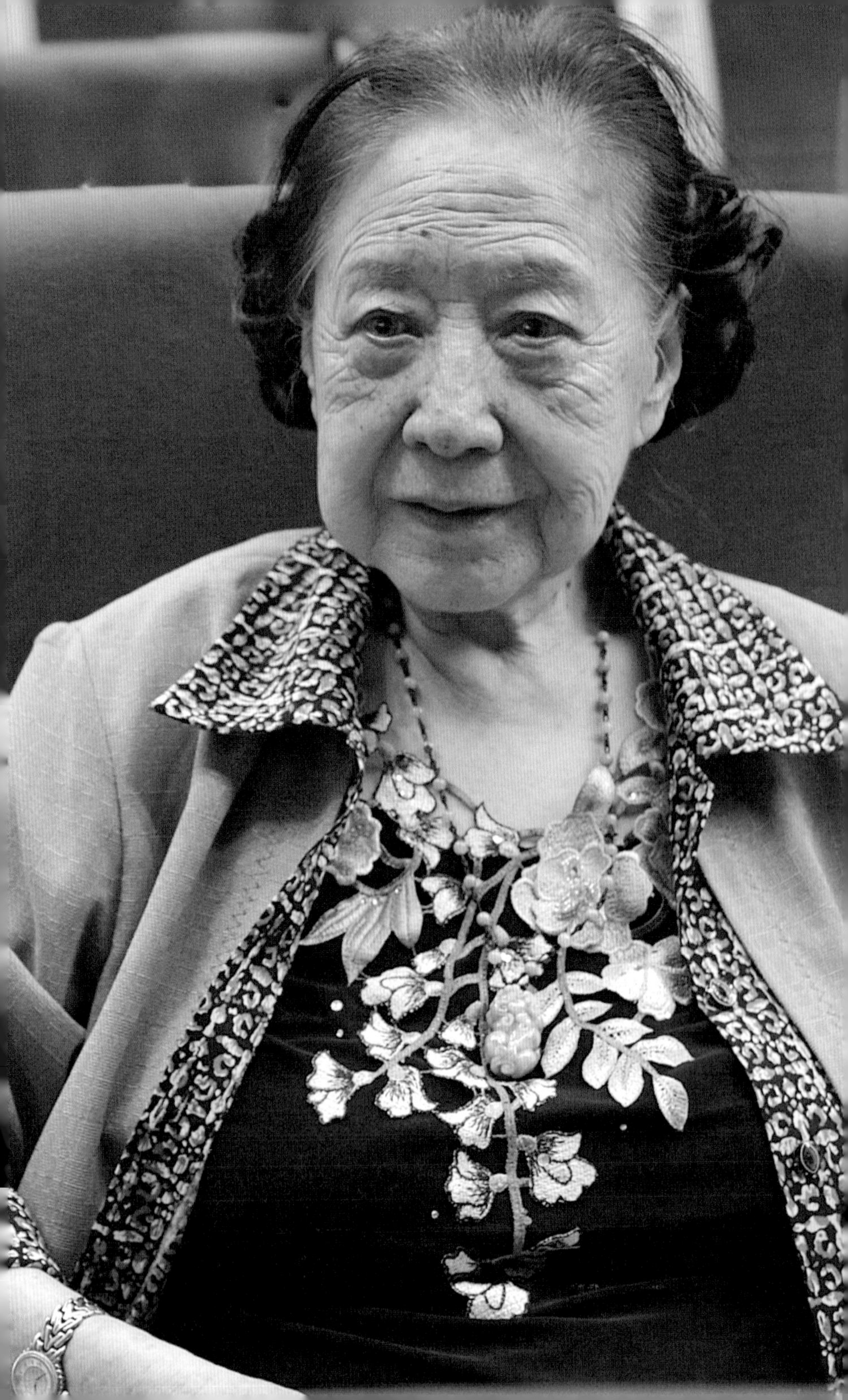

一棵菜——我眼中的北京人艺 BEIJING People's Art Theatre

金雅琴和牛星丽
（1925—2016）（1928—2009）

金嘎嘎与不说话

想想急性子的金阿姨如何边撕边揪着乱麻似的长发，歪着头用搓板揉着头发，发着狠……再想想充满侠义精神的金嘎嘎本是劝架人却变成了参战者，我就想笑，而且也会"嘎嘎"的笑出声。

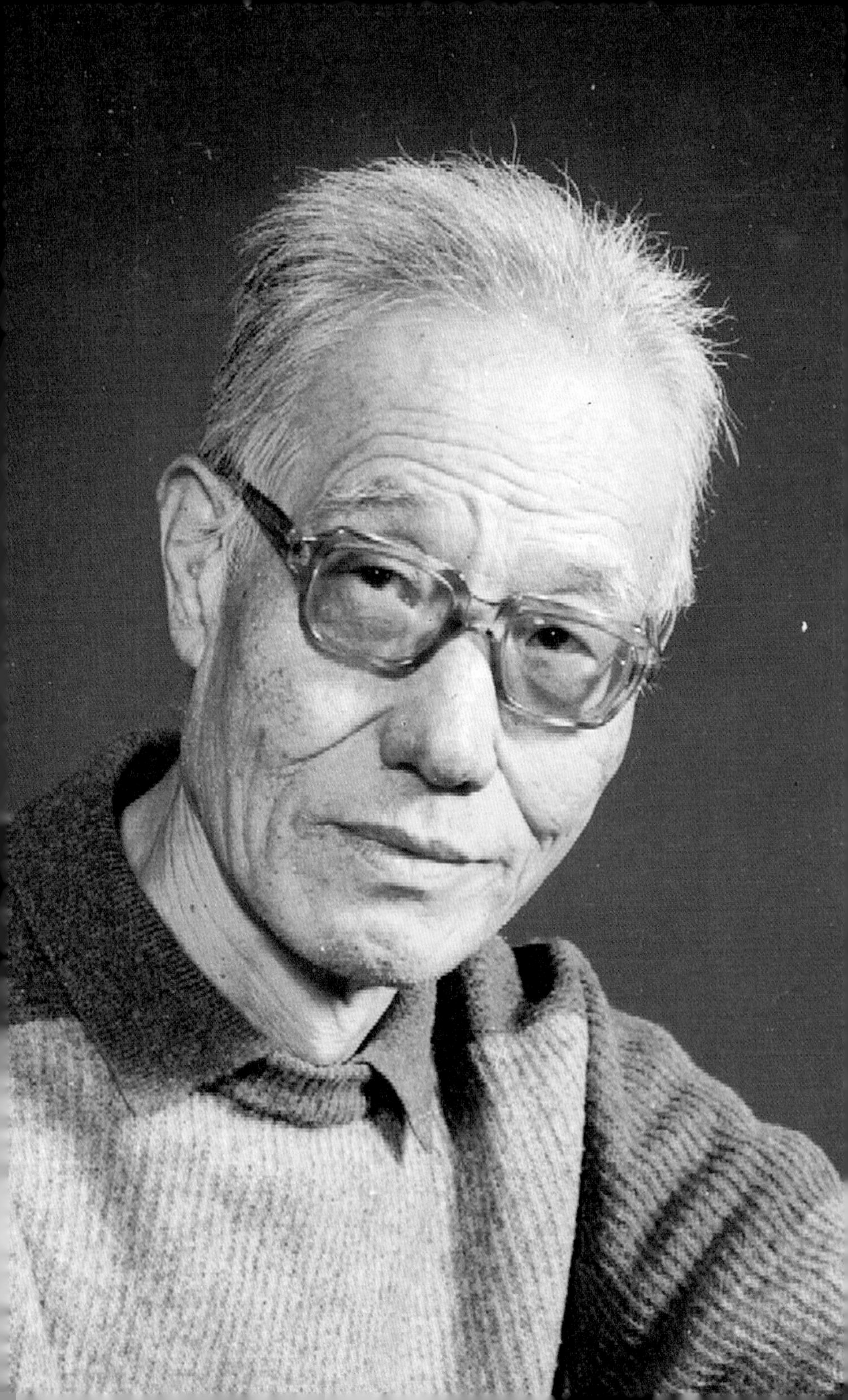

我们红砖楼西单元二楼过道的最东头和中部三间房曾是大导演梅阡的家。与他家仅一墙之隔的是人们熟悉的牛星丽和金雅琴家。牛叔的夫人金雅琴阿姨是个特别有意思的人，用一个字来形容就是——逗！

牛家的住房有点意思，他家二楼只有一间房子，住着牛叔夫妻俩。在楼后通往操场的一排平房的西角也就是大操场的边上，高高的槐树之下就是他们家另一间大房子。那里住着牛爷爷、牛奶奶及他家的两个女儿小珍姐和响玲妹妹，有时人更多，什么牛叔的弟弟、妹妹或响玲的姑表妹文文等等。总之，一大家子好不热闹。因为他家女孩多，也成了我的平蹿之地（进屋从不叩，如入自家门）。

牛叔又瘦又高，平时不说话不串门，但兴趣广泛，爱画画，爱各种稀奇古怪的玩意儿。他十分内秀，能几天不说不动地在那鼓捣他那些家人都不能碰的宝贝。遇到志同道合的好友，像爱玩风筝的李翔叔叔来访，他也会十分健谈，笑声不断。我结婚之时，赶上二位兴致正高，就斗胆点明向牛叔要了一幅"白娘子"。于是老牛叔铺纸挥毫，顷刻之间他最拿手的戏曲人物栩栩如生地出现在纸上。李翔叔叔也在画上题字助兴。这张画现在可是珍贵，因牛叔早已不画人物了，前几年还想用三张山水把此画换回去，我没给他。

雅琴阿姨里里外外都是一把手，性格直爽热情的她是我母亲的好朋友。母亲给金阿姨起了个雅号——金嘎嘎。因为不管她走到哪儿，人没到声先到，远远就听到她"嘎嘎嘎"的笑声。

雅琴阿姨的笑话可不少，就从她年轻时说起吧。想当初，刚随大军进北京，风华正茂的文艺工作者们大多未婚，分住在男女宿舍中。一位叫金雅琴的姑娘辫子黑又长，据说她常常在院中的水池旁一边大声说笑一边用搓板揉搓着浸过碱水的头发。那头发经这么一搓揉全瞎成疙瘩了，性急的她索性把瞎疙瘩用剪子剪了。但不管头发怎么被蹂躏，还是那么浓密，那么漂亮，难怪冯钦叔叔养的金丝猴常会抓住她的两条辫子当秋千打。

猴拿辫子打秋千时，我还没出生，等我记事了，她的笑话更多。比如这个有时热心过度的人，就干过这么件事儿。一天，董行佶叔叔和陈国荣阿姨两口子在打架，让抱着暖水瓶上楼的雅琴阿姨赶上，只见她推开人家的门大喊道："住手！怎么回事？谁也不许打了，谁再动手我就打谁。"董陈二人被突然的闯入者镇住了，趁国荣阿姨抢先向雅琴阿姨告状之时，小董叔叔又捅了国荣阿姨一下。金嘎嘎立刻就火了，大叫一声："好哇！"把手中的暖水瓶用力往地上一蹾，"哗啦"一声，暖水瓶破了。在那时买暖瓶可要工业券哦。

金嘎嘎更火了，顾不得破碎的暖瓶抓过又干又瘦的小董叔叔，把他头向后，腚冲前地往自己腰间一夹，捶鼓似的一通打，边捶边说："我让你动手，我让你不听话……"小董叔叔似风干鸡般被高大壮实的雅琴阿姨夹得不能动，早已四脚离地一个劲儿乱蹬。站在一旁看傻了的国荣阿姨这时反而不知所措，忙劝道："雅琴，别打他，你别打呀，他是我丈夫，要打也是我打，你不是来劝架的吗？""嘎嘎嘎……"气糊涂的金嘎嘎大笑起来。一场混战就这样在雅琴阿姨的冒失中和平解决了。

以上这两件事情都成了大人们百谈不厌的笑料，我也是百听不厌，想想急性子的金阿姨如何边撕边揪着乱麻似的长发，歪着头用搓板揉着头发，发着狠……再想想充满侠义精神的金嘎嘎本是劝架人却变成了参战者，我就想笑，而且也会"嘎嘎"的笑出声。

听我这么说你可别认为二老只顾生活不顾工作，他们都是业务上极要强、极认真的人。北京人艺的老演员几乎都是多面手，不是能画就是能写，如满天的星星比不出谁最亮。当然换句话说，群星璀璨，自己的光辉也早已湮没在众星之中，不为人知。老牛叔叔在影视方面起步较早，他曾多次在不同的影视中饰演过太监，一时间被称作"太监专业户"，但他在《老井》等片子里也有不俗的表演。

在舞台上，他塑造的一个个小人物也是让人拍案叫绝。比如在《茶馆》中，他饰演康六，一共上场两次，可这两次就给人留下了深刻的印象。他是个穷苦人，家里孩子多，为了生活，把女儿康顺子卖给了太监。人心都是肉长的，卖女如同从父亲身上撕块肉啊，何况是卖给太监！

老舍先生在这里并没有用太多的语言，也没有给这个人世间的小人物太大的篇幅。老牛叔叔的表演素以不张扬著称，只见他站在这大茶馆里，似乎听不到周围的嘈杂，他的身体一动不动，只有那双粗大干瘦的手用力捻着他的旧烟袋，这个动作足足有一分钟，这一分钟他似乎把烟袋捻得更破旧了。

一分钟对于观众不算长，对于台上的演员不算短，人常说，台上一分钟，台下十年功。牛星丽在台下用的功何止十年，没有内功，这一分钟就站不住。细心的观众从捻旧烟袋这一分钟的动作中看到卖女儿的穷老爹眼角渗出的泪花，看到一位父亲内心的矛盾与挣扎，看到他的心在滴血！没有语言的戏太难演了。小人物想要在不大的篇幅中

《茶馆》剧照（摄于1958年），（左起）英若诚饰刘麻子，牛星丽饰康六

把人物展现得充分，想要压得住场，更是一件不容易的事。我太佩服老牛叔叔了。

雅琴阿姨"老来红"也不是偶然的。记得"文化大革命"前文艺界号召文艺工作者要一专多能，我妈她们学昆曲，也许是她性格大大咧咧又天生一副大宽嗓儿，所以总是拿捏不准，就一天到晚在排演厅后边的小院里，手拿个八角鼓跟着张剑的三弦，亮开嗓子，有模有样地唱单弦："玲珑塔，塔玲珑，玲珑宝塔十三层……"那时我老想，为什么玲珑塔要塔玲珑？为什么一定要十三层啊？不明白。

记得有一天，我在过道最西头自家的房间里听到从过道东头发出奇怪的声音。这声音不是说，不是唱，有点恐怖，有些吓人。我伸出头往过道里看，一个人也没有。我这个生长在话剧团、平日听惯大人们发出各种怪声的人，那天也有点害怕了。出于好奇我悄悄地，一步一步向过道那头走去。越接近牛家，这声越大。我有点毛骨悚然，小心地想把耳朵贴门上听一听，"呼"的一下门开了！就听："哎呀，这丫头干吗呢？吓死我了！"一声大叫，只见雅琴阿姨手捂胸口，两眼圆睁地看着我。"我，我，我没，没干什么，就听听。你们家屋里有坏人呀?"我一边结结巴巴地解释一边隔着她向屋里看。"没别人啊?怎么了!就我一个人啊?"雅琴阿姨奇怪地答道。"那,那,那我怎么听着打架不像打架,杀人不像杀人的,什么声啊?"我反问道。"嘎嘎嘎……"雅琴阿姨大笑着说:"我练跳大神儿呐!傻孩子,有坏人我还不喊救命?不,就我这样,你也不问问,坏人敢来吗?坏人没把我怎么样,你快把我吓死了,快回去吧。"

我惊魂未定,半信半疑往家走。听过宗洛叔叔边炒菜边喊"修——理——皮鞋",我无动于衷。看张韶叔叔(著名二胡演奏家)用一根弦拉着二胡满院走,我见怪不怪。可雅琴阿姨那天发出的动静着实把我吓得不轻。后来看到舞台上雅琴阿姨塑造的跳大神的人,我才明白是怎么

金雅琴获金鸡奖(2005年)

回事。从此孩子们的游戏中又多了一个人物，常常有人往自己身上扎些五颜六色的纱巾，大喊着："我学金雅琴，演跳大神儿的！"

最有意思的是他们的小女儿牛响玲有着与她娘一个音色的大宽嗓儿。响玲比我小两岁，长了一张古典美人的小鼓脸儿，身材也不错，从小脾气随和，是我的跟屁虫。

一日，我妈给我们一群孩子排节目。我戴着母亲给我做的缝满珠子的红凤凰花冠，一心想演公主。可母亲一会儿问："谁演小松鼠？"有小朋友答："我！"母亲又问："谁演长颈鹿？"另有小朋友答："我演！"角色越分越少，还是没有公主。母亲说："春姑娘演小黄莺好不好？"我摇摇头。"小白兔？"母亲又问，我还是摇头，一心等着演公主。

于是母亲把小白兔的角色分给了在一边乖乖等待的响玲。转头对我说："你演大灰狼吧。"没有公主？"不，我不演大灰狼！就不演大灰狼！"我乱叫着，也不听母亲在说什么，孩子们都不耐烦起来。突然一个又低又宽的哑嗓子慢慢地说："我演大灰狼。"过道一下子静了下来，向发出声音的地方看去，只见响玲一脸憨厚，慢条斯理地又说了一遍："我演大灰狼，你演小白兔吧。你长得比我好看。"天呀，从此以后的许多年，只要母亲遇到响玲，必谈这段，必谈与她的年纪不相称的粗嗓子和憨厚。

其实我可不是特鸡贼的人，为了护着她，我也冒过风险。"文化大革命"初期我也就十三四岁，"大串联"都没我的份，年龄太小。家里被冲击，大人顾不上管我们，我常带着我唯一的"兵"——响玲公主四处游荡。

记得有一天，已近中午。我二人在天安门广场游玩多时，准备回家用膳，突然人群大乱，好奇之中见许多穿军装的战士走下大轿车，我忙拉着响玲挤进人群。一打听，才知是北京军区战友文工团来天安门广场演《长征组歌》。太好了！机会难得，饭可不吃节目不可不看，当时有这种想法的绝不止我二人。临近中午了人还越聚越多，秩序大乱。人群一会儿往前倒，一会儿向后翻，人挤人好似雪球越滚越大。我和响玲两个半大孩子哪受得了这么个挤法，渐渐顶不住了，想动动不了，想出出不去。

我一边随着人群晃动，一边用手指尽力勾住就要被挤散的响玲，就在这时我看见弱小的她已站不住，人想往下蹲。这可不得了！她这一蹲非被踏成饼不可。也不知当时哪来那么大劲，我一边大叫："别挤啦！这有小孩要出人命啦！"一边用自己麻秆儿似的胳膊为响玲公主撑出一条缝让她赶快站起来！正当我用手推用脚蹬地使出浑身解数救公主时，周围的大人们帮忙了，有好多人喊："别挤了，这有小孩！危险！都蹲下！蹲下都能看见！"什么事儿只要齐心就行，我们这一片带头一蹲，"哗"，大家马上蹲成一个圈，人们都松了口气静了许多。

演出开始了，我和响玲虽被挤得披头散发，猴皮筋也没了，还饿着肚子，可看节目的热情不减，边看边跟着大唱。曲终人散，俩小孩还不走，看着人家拆台装车。这时一位文工团员边收着线边问："还不回家？看把你们挤的，多危险，你是姐姐？还不错嘛，关键时刻还知道护着妹妹，劲儿不小呀……"我和响玲没有回答，一直傻笑。从天安门一路走回灯市口，已是华灯初上。对两个中午没回家吃饭，披头散发的丫头来说，进门之时意味着什么，我不说你也知道。

我们都长大了，再去牛家已不是单单找响玲玩了，大多是看看雅琴阿姨，问问她的身体，聊聊母亲的近况。和老牛叔叔小坐一会儿，玩玩动植物化石，看看昆虫标本。叔叔阿姨其实对我很偏爱。在叔叔阿姨的眼里我是一个求上进有灵气的好孩子。事业上他们给过我不少帮助，常推荐我上戏，甚至张艺谋当年拍《红高粱》时，叔叔还说动张艺谋到空政去看过我，当然人家没看上，回话说哪都合适就是年龄大了些。那年我也就三十出头，说我比人物年龄大，叔叔阿姨很是不服气。

回头想想，在许多年里，老牛家永远是人口众多热热闹闹的。日

177

子艰难过,事业上苦恼过,可从未听到过抱怨。近年来他家的日子变化很大,金雅琴阿姨出名了,响玲也当外婆了,老牛叔叔先走了。八十多岁的雅琴阿姨现在耳朵聋了,眼睛也看不见了,但只要你走到她身边,对着她耳朵大喊,听到开心事的金嘎嘎依然笑嘎嘎。而更多的时候,人们会看见雅琴阿姨总是安静地坐在传达室的一角,从她的表情上你能看出此时她正沉浸在自己的内心世界里。那里有太多太多她那一代的人在与她交流,让她惦念。

人艺宿舍的传达室门前,几十年来不知发生过多少事,有一件事儿却一直压在金雅琴阿姨心上。

舒绣文阿姨是个出了名的好人。她级别高,家里人口少,"文化大革命"前,不少人得到过绣文阿姨的帮助。有时月底接不上关饷(薪水)了,就去舒绣文家借,下月一发关饷再还给她。雅琴家人口多,钱自然不够开销,有时下月雅琴阿姨还是还不上。每到这时绣文阿姨就会说:"不用还了,先用着吧。"绣文对雅琴的这种恩情一直延续到20世纪60年代。

"文化大革命"时,舒绣文被关了起来。她有严重的心脏病,每日受批判,打扫院子,腿肿得像个大萝卜,抬都抬不起来,身心承受着极大的压力。金雅琴好心肠,就悄悄对她讲:"舒大姐,告诉你,甭理那帮人,不该说的话一句也别说,就说不知道。"舒绣文被整怕了,胆又小,就将金雅琴的这番话原封不动地汇报了。工宣队和军宣队找到金雅琴一通算账。后来两人见面时,金雅琴不会装没事儿人呀,眼神儿中就流露了出来,狠瞪舒绣文。舒绣文心想这事坏了,定是金雅琴倒霉了,就很歉疚可又没法儿说。

有一天,金雅琴在传达室前给自行车打气,舒绣文一见,赶紧凑了过去,艰难地蹲下身帮金雅琴扶着气门芯。金雅琴"砰"的用脚踢开了她的手,舒绣文慢慢地站起来,无言地走了。没过俩月,舒绣文去世了。金雅琴心里这个悔呀,一个"文化大革命"怎么把人都弄成这样！每每想到这儿金雅琴都会哇哇大哭起来。

几十年来，人艺人之间的情感是很难用语言形容的。他们情同家人，又有太多的爱恨情仇。那天我回人艺大院办事，看见传达室的房子没有变，门也没有变，而看传达室的人已变成了当年看门人的儿子，在里边闲坐着的有肖榴阿姨、雅琴阿姨，她们已老态龙钟、动作迟缓。听到我的声音，雅琴阿姨站起来，走到我跟前，把眼睛几乎贴在我脸上努力辨认，突然用力打了我一下："嘿，你呀！"接着嘎嘎大笑起来。

我听到这发自内心的笑声，看着雅琴阿姨和肖榴阿姨惊喜的目光，太多的往事涌上心头。我与她们邻里几十年，忘不了雅琴阿姨的红烧肉和老牛叔叔那一堆怎么看都看不够的宝贝。

牛星丽与李翔赠予方子春的新婚贺礼（1980年）

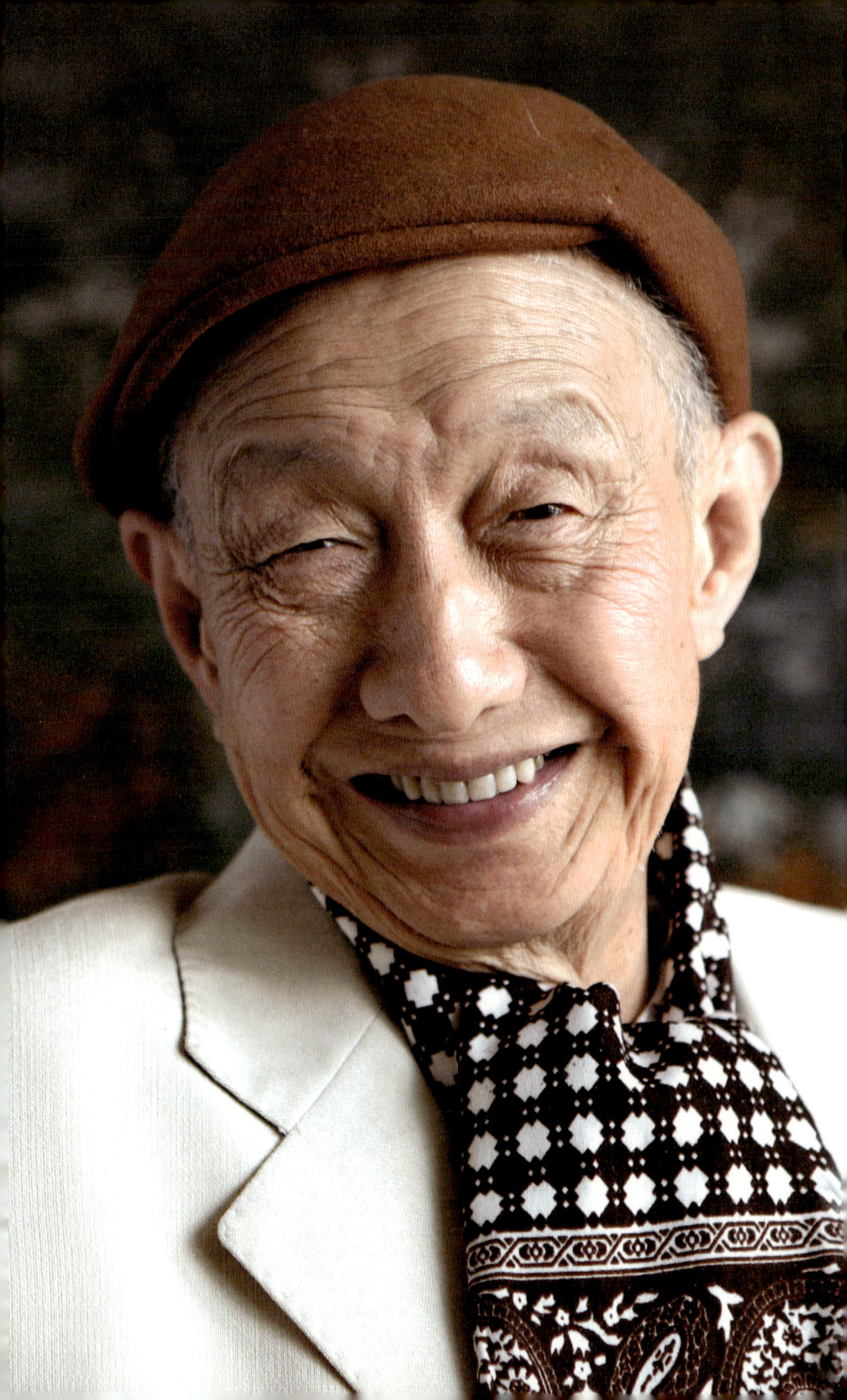

黄宗洛

（1926—2012）

只有小演员，没有小角色

一棵菜——我眼中的北京人艺 BEIJING People's Art Theatre

我停住要跨出门的双脚，回过身，只见宗洛叔叔想再次努力睁开眼睛，可他的眼皮太沉太沉，看得见他的眼球一抬一抬地用力，可眼皮就是睁不开。他用尽力气说了一句"Good morning"，我笑了，护工也笑弯了腰。当我再次转过身走出房门，眼泪已夺眶而出。我知道这是我听到的最后一句黄氏幽默。或许这也是我与这个我尊重的、大智若愚的好老头的最后一面。

前几天我们还在吕中阿姨家谈到宗洛叔叔，谈到他对小角色的热衷，回到家就从网上看到他去世的消息，这让我吃惊。对他的去世本该是意料之中的，但我还是不愿相信，因为我在 2012 年 6 月 17 日还去同仁医院看过他！宗洛叔叔的音容笑貌，以及他给人留下的黄氏幽默，让我久久不能忘怀。

黄方两个家族关系一直不错，我们和宗洛叔叔又同住一个院里，可以说黄宗洛和尚梦初是看着我长大的。我们的第一次合作，是二十多年前在杨洁导演的《土家第一军》里，我饰演国民党的特派员，他演一个是地下党员的采药老人。宗洛叔叔比我早一个星期到剧组，我一去就听说了许多关于黄老的笑话。比如，他房间里有好多好吃的，他会热情地请大家去吃，但他有个条件，吃完不能一抹嘴就走，要和他好好聊戏。要知道，在 20 世纪 80 年代湘西的深山小镇上，能有什么可吃的东西呀？宗洛叔叔不知从哪儿弄来那么多好吃的，有云片糕、肉松饼、奶油豆、花生糖、话梅、橄榄、大白兔奶糖……总之应有尽有，好像开了个杂货店。

我剥开这个，打开那个，刚含了口豆面糖就传来宗洛叔叔的声音："嗨，嗨，先别忙着吃，我定的规矩知道吗？"我一边往嘴里送吃的，一边用眼睛望着早早离开圆桌，坐在墙边沙发上的宗洛叔叔。

"我还是要重申一遍，来我这吃东西，第一，男女都欢迎；第二，不许关门，没看见我离你这么——远吗；第三，不许吃完没聊戏就跑。小子春，你可不能学他们。"我听得实在忍不住了，一口豆面糖喷在桌面上。宗洛叔叔就是这样，多严肃的事到他嘴里都让人发笑。

第一天拍宗洛叔叔的戏，大家全都去现场看。起先谁也没发现他人在哪儿，副导演亮开嗓子喊道："黄宗洛老师，到您了。"就在大家东瞧西看地寻找他时，从导演身后不远处的犄角里站起一个裹着包头的老乡，嘴里答道："哎哎，我在这儿呢，嘿嘿。"从说话的语调我听出是宗洛叔叔，再定睛一看，大家全笑喷了。只见他身后背着个大箩筐，筐里有些野菜和一把锄头，头上用长长的布条缠了一圈，一个看不出本色的破布衫用布条扎在腰间，上边插的又是烟袋，又是放羊鞭子，还有草绳什么的，总之腰间插满了七七八八的小道具。再加上他那卷得一高一低的两个裤腿，腿上还抹点泥巴印，脚踩一双破草鞋，往本地人堆里一站，还真分不出来。

杨导笑着问："我说黄老，您这身上挂了这么多东西，都是什么呀？"宗洛叔叔咧嘴一笑，刚要回答，全体又都笑趴下了，原来他一咧嘴露出了两颗涂黑的大牙，猛地一看还以为那两颗牙掉了呢。杨导一边抹着笑出来的眼泪，一边让宗洛叔叔把身上的小道具一样样往下拿，最后只留下腰间的烟袋。宗洛叔叔不满地嘟囔道："这……怎么都不要啦？我这是从山上采药才回来……"杨导说："对，不要了，今天就让您在这院子里走一趟，一个过场，又不接戏，您拿这么多东西不累啊？您快把筐给道具吧。"轻装的宗洛叔叔在人们期待的目光中终于上场了。只见他从院门口进来，向大房子走去。一条拍过，大家鼓掌。

他反而说:"这,怎么没演就过去了?还没过瘾呢。"后来宗洛叔叔对我说:"导演可以什么都不要,可导演要时演员不能什么都没有。"是啊,笑归笑,作为一名演员,不能等导演给方案,而是当导演否定一个方案时,要有三个方案拿得出来,这才是合格的演员。

也是在这个组里,还发生过一件让我一想起就笑得合不拢嘴的事情。不过当时我可笑不出来,急都把我急死了。

当时我们拍的这个电视剧,战争场面很多,所以要用很多群众演员。制片方联系了本地的歌舞团,人家很支持,但提出了一个要求,让剧组和歌舞团办一场联合演出,以解歌舞团经营方面的燃眉之急。

《茶馆》剧照(摄于1958年),(左起)郑榕饰常四爷,黄宗洛饰松二爷

于是剧组决定把一些当天没有拍摄任务的演员集中起来，赶排几个小节目，搞一场联合演出，以换来我们所需的群众演员。

我在这次演出中除了要参加三人小品，还要与歌舞团的主持人一起报幕。此时黄老找到我，严肃地对我说："小子春，我的节目你给报，咱俩先演一段戏。你在我上台前说：'我先给大家介绍一位特殊的观众。听说今天有北京来的客人到我们这演出，有位老大爷一早就从山里赶来，他也报名参加我们的演出，现在大家鼓掌，欢迎老大爷为我们唱支山歌。'你说完了不是？然后就把我迎上来，你再下去。我从哪儿上来你别管，或许我就蹲台上，那你就说这演出呢，让我下去。也或许从后台上，我还没想好呢。为什么让你报我的幕呢？就是要机灵点，来点即兴的东西。"

我知道黄老天天到小街上和那些本地老乡混在一起，他走到哪儿总是先和当地百姓打成一片。他和晒太阳的路人学学本地方言，和挑菜进城的山民聊聊家常……而为了这次演出，他还专门向他们学习了山歌，准备在演出时一展歌喉。此时黄宗洛叔叔邀请我给他的节目报幕，我立马就答应了。

20世纪80年代末文化生活匮乏，听说有北京的剧组在这湘西山沟沟里演出，还就一场，那十里八乡都嚷嚷动了，不少人赶了十几里山路来看演出。当时剧场爆满，过道里、座后头，站的、坐的全是人。演出很顺利，每个节目结束观众都报以热烈的掌声。歌舞团的主持人和我各站一个台口，她报一个节目；我报一个节目，很快就到宗洛叔叔的节目了。当我发现他没在侧幕候场也没太慌张，因为他说了，他说不定从哪儿上来呢。也许我报幕时，他就坐台口了。

在我脑子转着的工夫，前边的节目演完了，待观众掌声渐弱我自信地走上舞台，边走边用余光把舞台扫了个遍。嗯？黄老不在台上！我拉慢了报幕的节奏，面带微笑，稳稳地对观众说："听说今天我们这里来了位特殊的观众……"我嘴里不停地编着词拖时间，一边从台这

《三块钱国币》剧照（摄于1979年），（前排左起）黄宗洛饰警察，葛崇娴饰李姐，吴淑昆饰吴太太

头走到那头，一边对侧幕里的人使眼色，让大家快去找黄老，否则演出只好停下来了。就在我无助地对台下大声喊："山里来的老大爷，您别不好意思，上台吧。老大爷？老大……"大字的口型我还没闭上，就看见宗洛叔叔"全副武装"把自己打扮得比山民还山民，自个儿坐在观众群里，还拿着个大搪瓷杯子喝水呢！要不是杯子的白瓷晃了一下，我还真看不见他。

此时我用手指着他，脸上虽然还笑着，心里别提有多气了："老大爷！您在这儿呐！"宗洛叔叔愣了一下，紧接着手一抖，放下杯子，抓起身边的大背篓，嘴里说着："让让，让让……"扒开坐在过道里的观众。那么大岁数，愣是从台口连滚带爬地上了舞台，身上挂着的小道具掉得七零八落。他几步走到我跟前，瞪着不大的眼睛，直愣愣地问我："我说什么？"看得出他有些慌了，这也许是他有生以来唯

186

——一次误场。他看得太投入了,忘了自己要表演节目这一茬了。"哈哈哈"……台下一片笑声,夹杂着几声凌乱的掌声和询问声。

"这是哪个乡的?""是演员吧?""这个岁数……"我看着黄老,心里这个气呀!心想:"您说什么?我哪儿知道您说什么?"但我脸上还得依然保持微笑:"您不是要给大家唱山歌嘛!"说完我一扭身下台了。当黄宗洛老师开始用那北京人听不懂、本地人也听不懂的土语方言唱起来时,自信又回到他身上。而我这险些被黄老爷子晾在台上的经历,也永远留在了我的记忆里,同时留下的还有老爷子对我说抱歉时羞涩的鬼脸和那几颗他送给我的自己没舍得吃的大白兔奶糖。

后来我们又有几次合作,人们只要看到黄宗洛来,都特别高兴,因为老爷子不仅不矫情还能给大家带来快乐。有一次,我做一个戏的后期导演,在小样带中看到他的身影,而且他的戏还很多,那年他好像已有七十多岁了。宗洛叔叔的口型别人很难配,特别碎,关掉原声不知他是开口说台词呢,还是张嘴小"嘚啵"呢。怎么办?想来想去,还是请黄老自己配吧。组里把他接到北影电视棚,我请老爷子先休息一下再进棚,老爷子一个劲儿地说不用,还骄傲地说:"嘿嘿,我的音,就得自个儿配。"这次老爷子又给我一大惊喜,他配得又准又快,他不是在那里对画面,找口型,而是在心里原封不动跟着画面演了一遍戏!这戏在他心里不知演了多少遍,能不准吗?

就是这回他和我有了另一个约定。他告诉我,他有一个好剧本,情节人物都很简单,是寓言形式的一个个小故事串联成戏。主要演员只有他、我、一个小男孩、一头驴和一条黄狗。地点他找好了,是个背有山,旁有河,园里几棵树,门前一片田的一个茅草屋。我一听很高兴,提出看看剧本,他指指脑袋说:"在这儿呢!""啊!还没写呢。""还用写?你把档期给我空出来吧。"他肯定地说。后来,我真把档期空出来了,这山水间的戏他却没再提。

时光如梭,又是几年不见。2012年我准备出本书,想去探访宗洛叔叔。我给宗洛叔叔的大儿子海涛发了个信息。海涛回信："子春姐，作为老邻居你该去看看我父亲。他有时糊涂有时清楚，万一能问出一些人艺的故事或他排戏的情况呢？"我突然觉得老人是不是病了，一打听才知病得不轻。马上给海涛回信，望宗洛叔叔精神好些时去看看他。海涛很忙，从上海给我回了信息："待我回京安排此事。"一等两个月，6月16日我突然接到海涛信息："我爸在同仁医院高干病房。你去看看他，一个人。"

记得当年宗洛叔叔爱吃零食和水果，可当我抱着一包东西赶到医院，看到他正在输一种白色的营养液，才得知老爷子已是什么也不能吃了。听护工说，医生把海涛从单位找来正在谈话，我知道情况不容乐观。

宗洛叔叔听说我来了，努力地想睁开眼睛，半天他才从眼缝里看见我，清楚地叫了声："子春。"我大声和他说话，他一一回答我。当我说，过几天要去看朱琳、朱旭、蓝天野、吕中，他要不要我带好时，他更是用尽力气回应着。我说："朱琳带好吗？"宗洛叔叔闭着双眼，用力回答："带！"我问："朱旭带好吗？"他又用大力："带！"就这样，我蹲在老人床前，扶着他的手，对着他的脸，一问一答。我感觉得出来，他很累很累，他想睡觉，可也想和我聊天。他听到这些老朋友的名字是多么高兴，要知道，他们在一起工作生活了一辈子啊！

最后，我对他轻声说："宗洛叔叔，您是个好老头，您看您多干净呀！您真漂亮！"我听到宗洛叔叔发出平稳满意的呼吸声，我知道他听得见我说的话，他像孩子般享受着赞美。也许这一辈子夸他什么的都有，就没人说他漂亮。可此时我真的觉得他是那么安详、漂亮。我从床栅栏里缩回手，我要走了。护工对他大声说："人家要走了，再见呀。"我停住要跨出门的双脚，回过身，只见宗洛叔叔想再次努力睁开眼睛，可他的眼皮太沉太沉，看得见他的眼球一抬一抬地用力，可眼皮就是睁不开。他用尽力气说了一句"Good morning"，我笑了，护工也笑弯了腰。当我再次转过身走出房门,眼泪已夺眶而出。我知道这是我听到的最后一句黄氏幽默。或许这也是我与这个我尊重的、大智若愚的好老头的最后一面。

我在这里感谢海涛兄弟,让我单独去医院看望黄宗洛叔叔,在他能认出我是谁的时候,我们已手拉手说过话了。说过的话不再说,让他在亲朋好友的祝福和祈祷声中化为青烟直上云霄吧,而他的幽默与诙谐,认真和快乐将会永存我们心间。

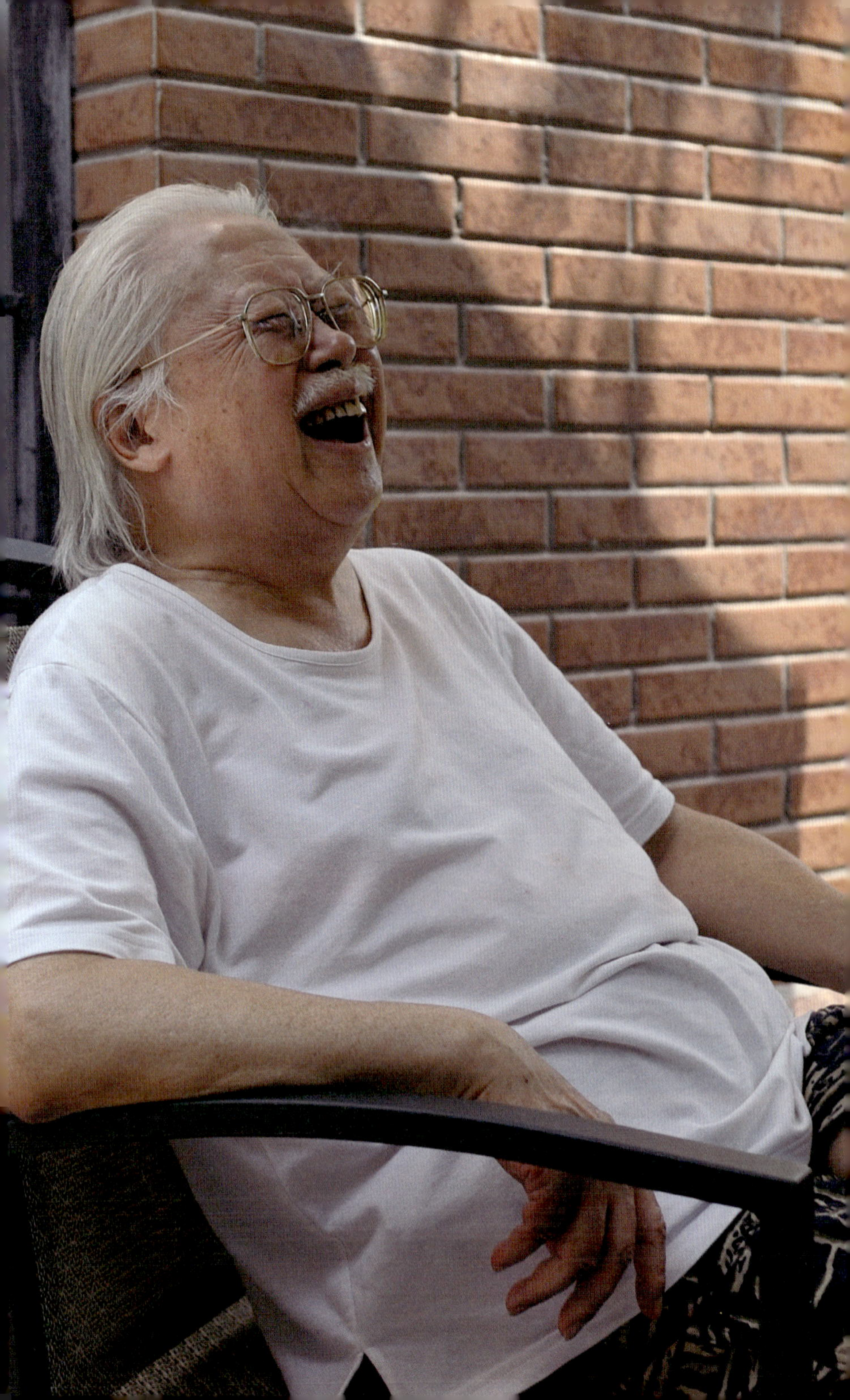

一棵菜——我眼中的北京人艺 BEIJING People's Art Theatre

顾威
（1940— ）

性情中人

顾威声音不大，一字一句清清楚楚："其实人啊，有时需要的并不多，我就是这样，累死累活的，人家一句'你是个好演员，好人'，我立马就热泪盈眶了，受多少罪全忘了，该干什么还干什么。"

我一直想去顾威家坐坐,看看他,看看严敏求。严敏求比我长十二岁,是个称呼大姐和阿姨皆可的年龄。因我们之间有我姐姐的年龄打了个间(我姐比她小六岁),于是,大多时候我只好什么都不叫,直呼其名,严字也不去就叫"严敏求",而对顾威还是叫叔叔。对顾威心存一份尊重,对敏求更有一种亲切,一种不见外的情愫。

我们这次聚会就像以往一样,丝毫感觉不到多年未见,没有套话和过多的礼数。我下车直接进门,说话高声大嗓,进屋后四处参观。顾威已自顾自地坐凉台上抽他的烟斗了。我们在凉台落座片刻,又从凉台拉着椅子转移到了小院之中。敏求穿来穿去地把茶杯端出来,我把椅子挪来搬去找个更舒服的位置。清晨,在这不大的院落中,阳光是那么的柔和,小风习习吹来,一切让人感觉那么舒心惬意,谈话自然从遥远的时光聊起。

人艺大院曾是个夜不闭户的宿舍院,我小时常常不用家里大人带,自己就到别人家玩。而顾威的女儿唯实也是个会自己找食的孩子,至今顾威两口子也搞不明白，从何时开始，他们家小唯实开始黏着我父亲的，她又是怎么和七十岁老人玩到一起的。也许只能说这是缘分。小唯实在院里不和别人玩，只去方家，而且去得比顾威两口子还勤。一开始可能是因为顾威、严敏求排戏忙，我爸在院里碰见孩子，听说大人不在就领到家里吧，结果一段忘年交在四五岁的孩子与六七十岁的老人之间开始了。这也是人艺的传统，孩子各家串。

孩子嘛，总觉得别人家的饭最香。所以孩子在别人家吃个饭，太习以为常了。一日，严敏求发现孩子不在家，到方家来找，看见小唯实一副熟络的样子，一会儿摸摸我爸的胖肚子，一会儿把脑袋枕在我爸的大肚子上，舒服得很。我爸呢，也一脸快活。看着这二人，严敏求想到了俩字——童趣，实际是平等待遇。我那时已调到空政话剧团了。有次回家，看到我爸这大胖身边黏靠着一个小胖丫头。小丫头见我不说话，用黑亮的眼睛瞟我几眼，好像不在乎我这个"外来者"，继续在我父亲身边黏着。说实话，看着她和父亲愉快的样子，我想起儿时的自己。从此，我便常在家里看到她，甚至觉得有时她比我在家里的地位还要高，心里多少有些忌妒。要知道，我才是父亲的开心果，怎么能让这小丫头给顶替了？而且父亲还叫她"小肉肉"，她叫我爸"小肉肉大大"，辈分这叫一个乱！

"小肉肉"与"小肉肉大大"就好比吴桂苓叔叔与我女儿，这种爷孙关系的忘年交有种特殊的吸引力，不是亲人胜似亲人的情感让人那么羡慕，那么感动。一老一小俩胖子除了一起开心地玩，就是一起开心地吃。说真的，那时有什么可吃的呀，无非是些家常便饭，可谁看见他俩都会笑。因为俩人同坐桌前，动作一致，低头紧吃，抬头快嚼，一致的咀嚼节奏使他们无时无刻不在兴奋着，然后相对会心一笑。他们抢吃荷包蛋，分食红烧肉，甚至一人一碗素面也是大快朵颐，这些画面都顿时让人觉得这个世界单纯了起来。

我们聊着"小肉肉"和"小肉肉大大"的纯真世界，聊着"小肉

《凌雪梅》剧照（摄于1965年），（左起）严敏求饰杨姐，李容饰小李，谢延宁饰小范

肉"为我父亲的晚年生活带来的快乐，也聊着我父亲与顾威两口子的师生关系，我好奇地问顾威："我父亲在事业上那么看重你们俩，为什么？你们给老爷子送过礼？给过什么好处？"两人一听，连忙摇头，顾威说："没有！不光什么也没有，甚至可以说，我到剧院前十年，和你父亲都不太熟。后来是琯德老师要的我，他坚持点名要我去，培养了我。"

敏求此时插话了："我熟啊，'文化大革命'前我排练《凌雪梅》和《生活的彩练》两部戏，导演就是方琯德，跟他排戏感觉特别放松。'文化大革命'中，在干校有这么件事，我俩一起推水车。夏天天热，大汗淋漓，我们两人也不说话，他挂着一条毛巾，看我拿袖子擦汗，就摘下毛巾递过来。你想，方胖夏天的毛巾，别人能用吗？我接也不是，不接也不是，脑子里'唰唰唰'过电，忙说：'不用，我这衣服吸水.'就拿自己的衣襟使劲擦。你父亲压根没考虑那么多,他心眼好,细微处想的都是别人。

"还有,复排《伊索》时他的病已经很重,满脸满头都是牛皮癣,每天要抹好多氟轻松。排戏时,有一个克莉娅吻格桑的动作,我一直坚持不做。陈导就问为什么,我说他满脸都是氟轻松,我不吻。你爸认真地指指嘴角边一块不大的地方说:'这儿没抹,吻这儿。'大家全笑了。"

此刻,我也嘴角向上无声地微笑着,好像真的看到了排练场上的这一幕,一种对父亲强烈的思念涌上心头。但顾威叔叔低沉的声音打断了我飘远的思绪:"说到复排《伊索》,那时瑁德老师已近六十岁,人又胖,但排戏时,该爬就爬,爬完之后,坐在导演陈颙边上呼呼直喘。我当时就想,就这样还爬呢。"是啊,这就是我老爸,这就是让下一代演员佩服的地方。我深吸一口气,对顾威说:"咱别老聊我爸,也聊聊别的。"

"别的?"顾威叼起他的大烟斗吸了两下,从头开始讲。

"建院六十周年有个研讨会,我的题目是《北京人艺和辩证唯物主义》,这题目都是针对今天的北京人艺说的。"顾威在我眼里是个学者型的编、导、演复合型人才。平日排戏时,话不一定多,但一句是一句,事都在心里装着呢。

"话说 1952 年 6 月 12 日晚,北京人民艺术剧院在史家胡同 56 号院内举行了建院大会。而后,院长曹禺、副院长焦菊隐和欧阳山尊、秘书长赵起扬四位剧院领导召开了著名的'四巨头'会议。经过 7 天 42 小时的讨论和推敲,最后确定北京人艺的理想和奋斗目标——要把北京人民艺术剧院办成像莫斯科艺术剧院那样既具有世界第一流水平,又有民族特色和自己风格的话剧院。

"北京人艺和莫斯科艺术剧院在名字上是有区别的,多了'人民'两字。这两个字是彭真市长提出来的,就是这两个字奠定了人艺面向基层、贴近生活、服务人民的态度。

"经过全院演职人员的努力，人艺用了十年的时间，把一个从五湖四海凑起的团体建成了全国一流的剧院。现在可以讲，北京人艺做到了这三点：世界一流、民族特色、自己的风格。

"现在一说起人艺，大家就会想到焦菊隐，想起《茶馆》，好像这就是人艺的代表，但是党委书记赵起扬在人艺的功劳是不可替代的。1957年，由于赵起扬和欧阳山尊的力保，顶着北京市的压力，说死了不能定焦菊隐为'右派'，这才有了来年的经典巨作《茶馆》。

"赵起扬非常爱人才，并敢于放手让大家干。当几十年后赵起扬回忆在北京人艺的工作，谈的头一条就是统一导演风格。没有导演风格的统一，就没有剧院的风格。针对'五花八门的各种风格很好嘛'的意见，赵起扬态度很明确——今后，一个剧院就应该是一种风格，不能在一个剧院里面百花齐放，一个剧院就是一朵花，所有的剧院集中起来才是百花。如果说每个剧院都在放百花，最后就没颜色了，剧院自己独立的风格就没有了。

"'四大导演'是在统一的风格之下，自己再另行发挥。焦菊隐偏重民族化，民族化并不等于程序化；欧阳山尊偏重于主题鲜明、变革创新；夏淳排戏很细致；梅阡擅长改剧本。"

顾威起身接了个电话，但并没打断他的思路，挂上电话接着谈："焦菊隐是总导演，提出的民族化也是逐步完善形成的。我最近查中国的戏剧史，提出中国话剧民族化的既不是北京人艺，也不是焦菊隐，而是欧阳予倩，是欧阳予倩从日本回来不久后提出的。当时把戏曲直接移植到话剧中，并不成功。真正将民族化在话剧中实践并成功的是北京人艺，是焦菊隐。焦菊隐很明确，民族化不是戏曲化。《虎符》在民族化的试验上是不成功的，把锣鼓点、水袖全加到戏中，这不是话剧。真正民族化成功的剧目是《蔡文姬》。可见要想走民族化、不照搬国外的东西并不容易，要不断探索，不断努力，方可成功。

"《茶馆》的散点式是民族的。中国的美术是景随人走,西洋美术强调一个焦点。话剧《天下第一楼》在台上就是一桌两椅,就是围绕一桌两椅来做文章,这是一种。另一种,《狗儿爷涅槃》中虚和实来回地结合,来回地跳跃,这是咱们中国的特色。西方有一些现代派、印象派,都是从中国学去的,从梅兰芳那学去的。

"建院当年还有两位导演对人艺的贡献不能不提——金犁和柏森。20世纪50年代金犁排了近十部话剧,其中有1954年的《人往高处走》、1955年的《海滨激战》、1956年的《青年突击队》、1957年的《布谷鸟又叫了》、1958年的《刘介梅》等。然后就是人所共知的六七十年代的历史背景,他们被变相地下放到青海组建剧团,又辗转到其他地区,直到七十年代末才回到北京。那时导演的几个话剧都相当脍炙人口,如1980年的《左邻右舍》、1981年的《咸亨酒店》。柏森独立导演了《高等垃圾》,之后一直担任欧阳山尊的副导演。"

顾威声音不大,一字一句清清楚楚:"其实人啊,有时需要的并不多,我就是这样,累死累活的,人家一句'你是个好演员,好人',我立马就热泪盈眶了,受多少罪全忘了,该干什么还干什么。"

顾威虽也满头白发过了耳顺之年,但他不忘前辈的感恩之情让我感动。他说,我来访他,不谈方琯德不可能,但我没想到他谈起我父亲,并不全是戏,还有他们之间的友情和我父亲如何教他做人。"说到方氏的家族,琯德老师谈过他五哥杨永直等人,他当年年龄那么小,离开家庭出来干革命,被关进恩施集中营,这些苦都过来了。他自己老说,如果当初去当官,级别应该也不低,但是就想干话剧,乐此不疲。到最后他虽不是倒在了舞台上,但也是倒在了戏剧上。

"1987年的《巴黎人》,原本是和欧阳山尊两人联合导演,山尊老师当时已调到艺术局,特邀回来做总导演,剧院需要有人配合,选了琯德老师联合导演。都该谈剧本了,琯德老师病倒了。这不是倒在了戏剧舞台上吗?所以我接替担任了这个戏的导演,这也是我第一次当导演。

"1982年,我写的第一个剧本《不尽长江》上演了。本来这本子我已经写不下去了,珺德老师和马群两个人说:'你这本子得捡起来,这本子好,本子出来后我排。'虽然我人已过四十,但在当时还算年轻人。有导演看好并想导这个戏,是多大的鼓励呀!动力绝对不一样了。当时我在怀柔演出《谁是强者》,演出结束后,晚上我不跟大家一起回城里,就住在怀柔,就为了白天能抓紧写作。当时将医院里那场戏写好后,请人送给珺德老师看。

"突然有一天,珺德老师跟着送演员的汽车来了。那是冬天啊,我记得在一间锅炉房里,他坐在那儿和我谈:'你这场戏根本就不行。'于是他从前往后说,从这往那说。谈透、说完了,叫我夜里再重写,明儿个让他们给带回去。就这样,《不尽长江》这个戏真是被他逼出来的。

"《不尽长江》开始不是我演,定的是董行佶演市委书记。当时董行佶生病,可珺德还是坚持要用董行佶,为什么呢?他说:'把他拉出来,从家里拉出来。到剧组来,一块高高兴兴地合作,可以解除精神上的负担。'这真是一种从心底产生的关心。

"小董一看本子,原来是一主角,怕实在顶不住。珺德再三说:'是我排这个戏,你放心。'后来还是不行,小董实在演不下去,换了我来接替。一个导演考虑角色,不单单局限于他合适不合适、能不能演,他想得更加细致全面。这不是一般的职业剧院考虑问题的方式,这叫'革命队伍',因为他是一位老革命。

"我演的这个角色是位年龄七十岁的市委书记,那时我才四十岁,没信心呀!我一宿想出的词儿,到了导演那儿,导演手一扬:'这句不要了。'哎哟,我这心里头气呀,可又不能表现出来,我就躲在景片后头咬牙切齿。后来我才知道导演是干什么的,不是作者怎么写我就怎么用。我们北京人艺真正科班出身的导演就方珺德一位,在国立剧专学的就是导演,不像其他导演是半路出家,夏淳是戏曲爱好者,进演

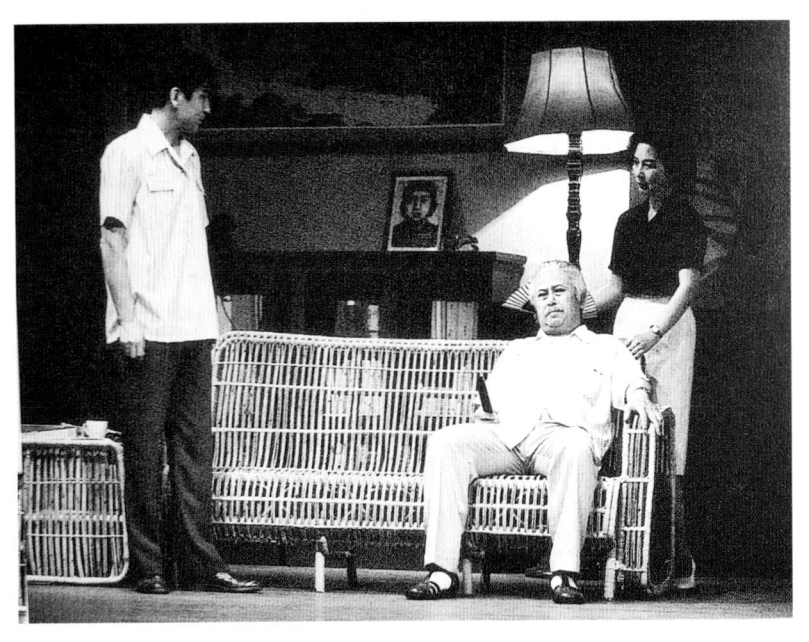

《不尽长江》剧照（摄于1982年），（左起）幺文平饰李扬，顾威饰郑维中，郭莘华饰郑频

剧队后才开始导演生涯的，山尊是搞灯光的。为什么后来方琯德送我一本《导演述》？这也是科班导演才有的意识。

"琯德老师排《不尽长江》时的演员有葛崇娴、郭莘华、徐洗繁，都不是戏多的演员，但是选的绝对合适，上来就是那真正的戏中人。你说方琯德和他们有什么特殊关系？没有。再说思想，这个戏触及了我们党干部思想里面的封建残余，琯德很强调这一点，这在当时也是很超前的。

"我有三位恩师，他们都分别让我有了重要意义的'第一次'：我在北京人艺的第一个剧本《不尽长江》，如果没有方琯德帮我把关，剧本就夭折了，我第一次自挑大梁演主角是到'文化大革命'十年后的1979年，方琯德让我在《伊索》中扮演B组的伊索；欧阳山尊使我的剧本《巴黎人》第一次变成了铅字，我第一次当导演也是得益于山尊；夏淳比较有意识地培养我当导演。

"你父亲临去世之前，送我一本书——张骏祥写的《导演述》。这本书写的是导演技术，要做一个合格的导演，技术得了解、得学习，之后我才懂得舞台上定多少位、哪个位置起什么作用。我那时已经当导演了，他为什么还送我这本书？不仅仅是因为我们关系不错，更是种真挚的关心。这是一种境界，一位老艺术家的情怀。"我在想，我父亲并没有真正教过他，而他为什么称父亲为恩师呢？什么是"恩"呢？父亲只是用自己的行为无声地引导他，这叫言传身教。我静静地听着，不想打断顾威的思路。

"后来，你父亲开始撰写《胭脂巷的子孙们》，他一直想写这本书，便开始落实，可眼睛又不行了，一页纸上没写几个字呀，而且还特难辨认。这本书折腾了好几年，我们看在眼里，既不能鼓励，又不能阻止。先不说书的本身，就讲老头儿的这点精神，能够出版就值得钦佩。我们的钦佩绝对真实。

"琯德是乐观的。就拿入党的事来说，放在一般人身上，一定压得非常沉重，五脊六兽，甚至会产生邪魔思想。但你看他，一直乐观向上。我认为，他主要是因为爱戏，好的心理状态很难得，拿得起放得下。他始终相信党，同时具有敏锐的洞察力和博大的胸怀。"我想起父亲去世前入党的情景，想起1976年"文化大革命"结束时父亲还没被完全解放，1977年就接了陈立德编剧的《向井冈》。他那时已不年轻，还亲自带队体验生活。剧院当时没钱，到井冈山体验生活，所有的人挤在老破的大轿车上，座位坐不下，过道放的都是小板凳。没有谁搞特殊化，大家一起在基层同吃红米饭、南瓜汤，碗里盛着掺盐辣椒，就已经觉得很好吃了。体验生活很重要，顾威到现在也忘不了当时老乡还在用农民起义时推的独轮车，忘不了住的地方有虱子，睡觉时把衣服团起来挂在房梁上。

我父亲于1994年离开了我们，离开了他深爱的舞台，而顾威如今已是人艺数得上的大导演了。

先我们一步去餐厅订餐的严敏求来电话让我们快过去，但我们依然没动窝儿地谈着，时间好像打断不了顾威的思路。也许正是因为顾威是个认真的人，闲不住，用功，所以被我父亲赏识。尤其是后期，他们的接触更多，让顾威受益匪浅。其实我父亲在接触中到底教过他什么，他也说不出来，就是一些潜移默化的影响，身教大于言教。

比如，我父亲和顾威谈过"小真实"和"大真实"的关系，就是在排戏时说的。顾威说："选择真实，选择现实主义，对于后来我排戏时对舞台美术的要求是有很大帮助的。（我要求的）不是那种纯自然的，而是包括下实上虚的。（真实是）有选择的，不可能把生活里的一切都搬上舞台。

"舞台上允许小不真实，不允许大不真实。珺德举了个例子：《雷雨》三幕的窗户，怎么能从外面锁住呢？这就是小不真实。但是大的真实在那儿，观众就不会去计较了。欧阳山尊也说过这个情节，说这小不合理，但是它就存在了，而且存在了七十多年。剧本这么写，确实小不真实，但是只要大的真实存在，就不要计较这个了，否则老过不去。还有个说法，叫作'选择性的现实主义'，实际上是现实主义的创作方法更深入或更扩展了。包括景也存在选择性的情况，不要弄得和真的一样，要选择性的真实。现实主义不代表里面没有抽象的东西。

"再来谈传承与创新，我一向的原则是——传承是第一位的，创新是为了传承。《龙须沟》没有创新就不能再演了，如果只有第一幕站得住，其他全是口号'人民政府好''共产党好'，那电影就'左'得更没法看了。我排《龙须沟》，'左'的地方都动刀子了。所以必须要传承与创新两条线（并行）。

"原来在《龙须沟》剧本里，二嘎子十三岁，王二春十八岁，我就把二嘎子年龄提到了十七岁，两人就可以谈恋爱了。王大妈和赵大妈，原先剧本里没有，可是原来的赵大爷写得实在'干'，新中国成立以后就剩一个积极分子，那就让他们黄昏恋。郑榕和蓝天野也不太同意让程疯子唱单弦，原来剧本里程疯子看自来水、收竹牌，这在新中国成立初期可以理解，一个废人都可以自食其力了。但现在，观众绝不会满足，今天要讲人的价值。程疯子这么好的一个艺人，要讲究人的价值的回归，所以要让他重新拿起八角鼓，重新唱起单弦。结尾一定是这样，那么前面得有铺垫，程疯子想唱，他跃跃欲试，又怕别人知道，但又被老婆看见了……这一系列的铺垫，是为了最后让他唱出来。

"《龙须沟》里的派出所所长，老舍写的是大爱之心，旧社会里是刘巡长，新中国成立后被人民政府留用成了派出所副所长。在人艺演出时略有顾虑，一人变成了两人，前面刘巡长是一人演，新中国成立后，还叫刘副所长，但换了演员。我这次复排，戏中的派出所副所长就是同一个人。这是有根据的。警察博物馆有资料可查，新中国成立初期北京留用的旧警察是1万7000人。现在剧院有个司机，他父亲就是旧警察，新中国成立后被留用一直升到高官，后来是从北京市公安局副局长位置上退休的。

"《龙须沟》中冯狗子的转变没动，比如说：'解放了，打人的都不打人了，咱们干吗还学着打人呢？'跟着还有一句不知当时什么原因给拿掉了：'狗子你过来，伸出手来我看看，哦，你的手也是人手，去吧。'如果不强调不同环境里人的价值、人性的关系，今天的观众不会这么感兴趣。因为今天的观众不像20世纪50年代初大家都有翻身感和被解放的心情，观众是来看戏的。

"传承，你要传承《龙须沟》，必须得创新。老版《龙须沟》说了半天不见沟，今天舞台条件允许，不但要见沟，而且要见雨，防水呀等等都要做。我还强调，修沟主要还是修人，不要强调沟臭什么的。我们体验生活想找条臭沟就是找不到，后来在十里河南找到了一条未治理的臭沟，拉一车人就去了。

"复排《龙须沟》是为了纪念老舍诞辰110周年，舒乙给人艺写了封信，因为他看了我排的曲剧《龙须沟》，那出戏超百场，所以他建议请顾威当导演。我当导演就做了一定改变，如果没有这样的改变，《龙须沟》按当时的计划，演出几场就完了。结果好几轮演下来场场爆满，观众有这样的留言：'今天太需要昨天了。'"

严敏求又来电话了，催我们去吃饭，我们欠欠身又坐下了，从《龙须沟》转到了顾威导的另一部保留剧目《骆驼祥子》上。

"话剧《骆驼祥子》说了半天拉洋车，台上却不见车，这不行，我说怎么也得十辆。后来剧院说十辆太多了，那么好，给六辆。《骆驼祥子》这么多改编都是重点讲祥子和虎妞的命运和爱情关系。我排这戏，就不把重点放在这，而是抓住梅阡老师和老舍原小说所写的内容，表现以老马为代表的这帮拉车的穷哥们儿。线在那儿摆着，我拿过来创新。

"有人提过，老舍最后把祥子写成是灰色堕落的：捡烟头，出卖曹先生，害小福子上吊自杀。我的体会是，梅阡老师受当时时代的影响，但（祥子的堕落）没到那个程度，他也有改变。小顺子、铁蛋老早进铁厂了，成了产业工人，到最后一幕变成了准地下工作者，这是不可能的。当年是1921年，共产党7月才成立，一个北方拉车的，怎么可能成为疑似地下党。所以我去掉了这条线，为什么？他俩始终就是拉车的。

"当时受到景的限制，虎妞诈怀孕，发生在祥子住的下房，（逻辑上）绝对不可能。一拉车的，给人包车，让你住下房，你弄一女的就进来了，不可能。再看小说，老舍写的是祥子出去就被挡在门外，这段话应该是在胡同里面说的，甚至还飘着小雪花，巡警还时不时探头瞧瞧。现在有转台，条件允许了，我就把这场戏调了出来放到胡同里。

"虎妞勾引祥子就在账房，景的这面是账房，那头是车房。我认为这也不合理，就算大半夜，哪个人起来撒尿也一定会经过呀！"

再不去吃饭严敏求要急了，她还请了中戏副院长罗锦鳞夫妇一起聚聚，罗老师是希腊戏剧专家，他夫人赵淑葆和我是中国儿艺的同事，

《雷雨》剧照（摄于 2000 年），顾威饰周朴园

我们一直很要好。可此时，我多么希望时间能停一停，让顾威多谈谈。他好像看透了我的心思，我们边起身他边说道：

"我排的《雷雨》为什么把繁漪当作第一主角？尽管剧本和调度都没有大动。我有根据，曹禺说过，繁漪在《雷雨》里面是他最钟爱的角色，繁漪的性格是最'雷雨'的；再者，从戏剧理论来说，一般主要人物一定是主要矛盾的始作俑者和推动者。想想，《雷雨》所有的矛盾冲突都是从繁漪开始的，周朴园在一定程度上是被动的。再看曹禺在 1936 年写的序，首先，大篇幅谈的是繁漪，其次谈的是周冲、周萍、鲁妈、周朴园都放在了第三层来谈，也印证了今天对《雷雨》的解释，就是把繁漪放在了第一位。我们要表现的主旨，就是人性的挣扎与呼号，所以初版的《雷雨》等于是反映阶级斗争、反封建的社会问题剧，到了第三版就是人性的挣扎与呼号。

"你创新是为了保证经典作品能够传下去，所谓与时俱进绝不是表面的花样。创造就是往'里'创，所以最后万方曾评价说，第三版《雷雨》最接近曹禺原著的精神。

"继承和创新，一个是在继承的基础上，一个是创新要为继承服

(左起)方子春、严敏求、赵淑葆、罗锦麟、顾威(摄于2012年)

务。说得不辩证一点,如果创新妨碍了继承,那么首先要继承。我后续的几个戏就是我的实践。北京人艺真正能留下的,还是要在继承的基础上与时俱进地去创新,这种创新是往里面更深入地挖掘扩展。

"所谓'剧本不动'并不等于完全不动,动的依据就是今天对这个戏的解释。比如讨论《推销员之死》剧本时,英若诚讲,这部戏就是中国版的'望子成龙',大家一下子就明白了。"

我们顶着正午阳光快步向餐厅走去,此时早已没有了早晨的习习小风。我满脑子是戏,是一个个从历史中走来的角色,是一条深刻领悟的真理——要想功夫深,铁杵磨成针。顾威成为大导演的背后是他的不断学习、勤奋进取,在继承、传承、发展话剧艺术的道路上大步地奔跑。我和他们吃的这顿饭,真是开心!

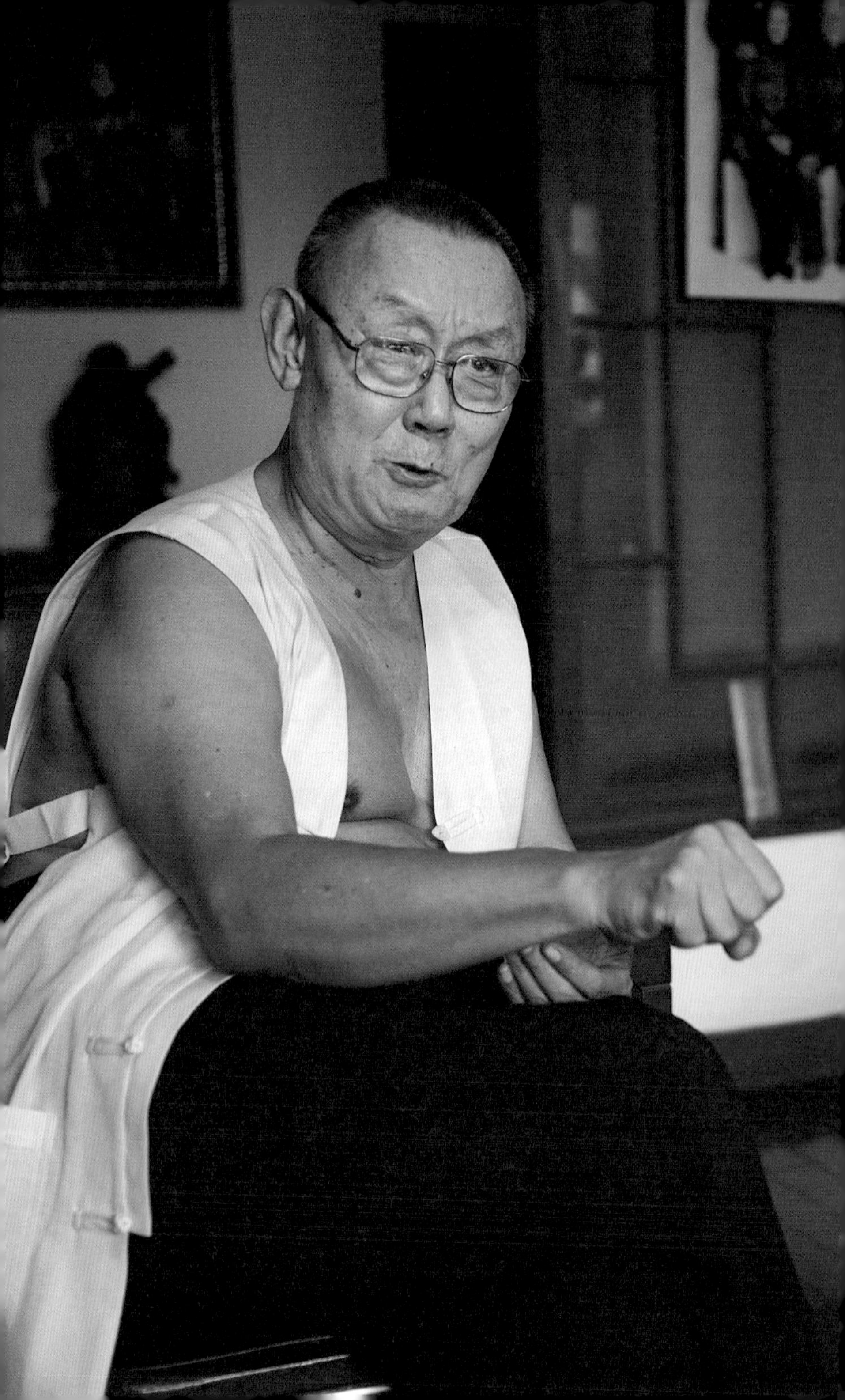

吴桂苓
（1938—2016）

台下又一出

一棵菜——我眼中的北京人艺 BEIJING People's Art Theatre

年轻演员来到剧院特别讲究老同志的传帮带，吴桂苓在这方面深有体会。有这么句话，叫"要学艺，先做人"。提起他们的年轻岁月，桂苓叔叔认真地对我说了四个字——受益很大。

时间过得真快,上次去桂苓叔叔家已是三年前了。那次去是因为我先生的老同学是吕中阿姨的粉丝,多次请求我穿针引线让她见见自己心中的偶像。经不住人家的好言好语加上先生为她鼎力助阵,我只好拿起电话打给桂苓叔叔,打探吕中阿姨行踪。约好时间后在先生的同学回美国之前帮她圆了这个梦。

　　记得那天吕中阿姨正忙着看剧本、做案头,我们到了一会儿,她才放下手头的工作从里屋出来。吕中阿姨真是越老越有味道,总是让人感觉那么优雅迷人、亲切温暖。那天我们玩了很长时间,喝茶、聊天、吃饭,说古论今,听老两口谈人生哲理。我深感每一次和他们接触都能让我受益匪浅。回想当时先生的同学崇拜而兴奋的目光,我不觉想到自己的女儿,女儿同先生的这位同学一样深深被这对伉俪吸引。吴桂苓和吕中在人艺及演艺圈内有着不小的影响力,口碑甚好,尤其合作过的人都会和他们结下很深的友情。

　　我女儿从小对桂苓叔叔有一种莫名的感情,只要见到他,我女儿

《土家第一军》拍摄现场（摄于1992年），吴桂苓和方子春

就会一边疯狂大叫"吴桂苓爷爷！"一边飞奔过去，像见到久别的亲人似的一下子抱住他的脖子，看着他们那个亲热劲儿，周围的人没有不笑的。后来她听说桂苓爷爷在《西游记》里扮演镇元大仙更是爱的不行。这种感情延续了二十几年，如今早已是大丫头的她还是喜欢看《西游记》，我不知道是吴桂苓让女儿迷上了《西游记》，还是《西游记》让女儿迷上了吴桂苓。总之，她对桂苓叔叔的热情超出对院里的所有其他人。

这次女儿看我探访这人探望那人的，就给我发来一条短信："我申请去桂苓爷爷家。"可是接到桂苓叔叔的电话准备前去探望之时，女儿却要上班，没能看成桂苓爷爷，我和先生的探访则顺利成行。这次走访是愉快的，像走亲戚那样无拘无束，一路我都在给先生讲着我和桂苓叔叔多年前的一次合作。

话说那还是我们到湘西拍杨洁导演的电视剧《土家第一军》的时候，桂苓叔叔是制片主任，我演国民党特派员吴倩。这人呀，一到剧组就没大没小了。年龄再悬殊也通称大哥大姐,大家都叫吴桂苓大哥,我自然也改口把叔称哥了,可有时我还是叫他"叔叔",而叫他叔叔时也一定是有什么事儿要和大主任说。一日,我又找到他,开口叫了声:"桂苓叔叔。"还没等我说下文,桂苓叔叔忙拦住:"别别别,你还是叫我哥吧,叫叔我害怕,不定有什么事儿呢,我这当制片主任的就怕事儿,叫大哥,叫大哥我认。""哈哈哈……"他这么一说大家全笑了,我自己也笑得不行。笑归笑,有事还得求他办。

不巧,进组没两天,在拍摄追击红军一幕时,我跑到一个硕大的山洞口,刚喊一声:"冲……"脚下一滑,人没了。当摄像老师在镜头里找不到我时,人们才发现我已从很高的洞口跌入洞底,本以为脚只是扭着了不能动,所以我一直坚持把戏拍完才让人背下山来,没想到竟是骨裂,这可急坏了大主任。但咱轻伤不下火线,我一脚拖鞋一脚马靴地在大山里拍了两个多月的戏。这两个多月中我可没少给桂苓叔叔添麻烦。他除了安排人照顾我的生活,还要尽量把我的戏改在室内或车能开到的地方拍摄,让我少走路。虽然因受伤那个戏拍得很辛苦,但有他在,我始终很快乐。

尽管拍戏吃了苦头,播出后我却受了批评。批评我的不是别人,是吴桂苓的老伴吕中阿姨。我一直很喜欢吕中阿姨的戏,她是个生活中豁达、演戏上认真的人。我演了什么戏总想听听她的评价。《土家第一军》播出后我专门去找吕中阿姨听意见,好哟,受了她好一顿批评。她直言我这次创作的失败,对人物把握得不准确。她说得仔细,我听得认真,在她有力的分析下我无言以对,心服口服。吕中阿姨不会想到,这次谈话对我后来塑造人物有很大益处。

2003年,我在夏钢导演的电视剧《荀慧生》中饰演师娘,戏播出后反响不错,一日我公公告诉我:"吕中让我给你带句话,她说你这个戏演得不错。"我当时一听,心里一种释怀之感油然而生。也许旁人不能理解,但我太看重吕中阿姨的表扬了,从《土家第一军》特派员的否定到《荀慧生》师娘的肯定,这之间有七八年的时间。常说"台上一分钟,台下十年功",此话一点不假。人的一生是需要说真话的朋友的,听不到真话就无法进步。

其实,别看在一个院里住着,但平日里大家都忙,我们很少有时间串门聊天,有时在街上遇到聊几句,也是聊戏的时候多,再有就是他们询问我父亲的情况。记得父亲去世前,吕中阿姨和桂苓叔叔一起去医院看父亲,老爸见到他们高兴极了,更高兴的是他们带来了与别人看病人不一样的东西,吕中阿姨给父亲炖了他最爱吃的元宝蛋红烧肉。我问桂苓叔叔:"您怎么知道父亲要吃这个?"吴桂苓叔叔回答道:"我和瑨德老师之间的关系不一般啊!"

吴桂苓,1938年出生在革命军人家庭。1958年8月,19岁的他从

"大班学员"抵达密云火车站的合影(摄于1958年),后排左三为吴桂苓

学校一毕业就来到了北京人艺，成为人艺第一届演员表演训练班的学员，也就是人称的"大班学员"。2012年人艺六十岁了，大班学员在此成长了54年。1958年各剧院都招了学员，可唯独人艺的学员成为演员的最多，如任宝贤、修宗迪、闫怀礼、刘骏、李容、钟继尧、孙安堂、王志安、刘静荣等等。

进院时，吴桂苓一看分配宿舍的名单，男生宿舍没有他的名字，找到老师一问，结果是人家把他当成女生了。学员们来到北京人艺的第一堂课是参观北京人艺，让这些将要与剧院一同成长的孩子们首先了解这是一个什么样的剧院。两天后就在《难忘的岁月》里跑群众，一句话没有，一群人从台左走到台右就下去了。离台口很近，没有灯光，差点掉下去，紧张得两腿直哆嗦。

人艺有个传统，演员历来是自己培养，后来定向招生放在中戏代培的班级，也有自己剧院的老师常去讲课。剧院特别讲究老同志对年轻演员的传帮带，吴桂苓在这方面深有体会。有这么句话，叫"要学艺，先做人"。为了让吴桂苓他们演好戏，剧院让他们下到基层挖水库，帮秋收，把戏送进工厂，把台搭到田间地头。他们和人艺的老前辈一起与群众同吃同喝同劳动。提起他们的年轻岁月，桂苓叔叔认真地对我说了四个字——受益很大。不光是演戏，更主要的是做人。1958年，大班学员的第一件事是到密云水库慰问建设者，同时在库底走了一圈，动员当地老乡搬迁。

他们下农村为农民兄弟搭台演出，有辛苦也有快乐，一些好玩的小插曲让桂苓至今不忘。记得有一次，他们演出《刘介梅》。此戏女的多男的少，学员班女同学不够怎么办？就让一个叫唐世明的男同学男扮女装，演老太太。这下闹出了笑话。戏台边上有男女厕所，唐世明要去厕所自然往男厕所走，村里的小孩就大喊："大娘，错啦，错啦！"害得厕所里外一片乱，大家那个笑呀。

好玩的事情很多，工作是紧张的，生活既充实又愉快。就这样，

《渔人之家》剧照（摄于1962年），（左起）吴桂苓饰吉恩，孙安堂饰彼里特

年轻的吴桂苓从基层搭的土台开始了他的舞台生涯，与此同时他还积极参加其他工作，今天装大幕，明天装布景，后天装道具。就这样，得到锻炼的同时了解了舞台，了解了话剧，一步一步从土台走进了话剧圣殿——首都剧场。他深深体会到，只有首先学做正直的人，才能去体验每个角色，再用你的肢体表现出来，这就是有"根"。找到了根，在舞台上才能站得稳。几年之后，大班学员等来了毕业演出剧目《渔人之家》。

1962年，大班学员排演毕业剧目《渔人之家》，去塘沽体验生活。一天为改善生活，大家出海抓螃蟹，但数量不够分，就把头天的两筐螃蟹一起做熟吃了。第二天早上天不亮，只见一个个上吐下泻，全员中毒了。因为吴桂苓吃得少，反应小，赶紧想办法组织往塘沽医院送，孙安堂等两三个吐得厉害的同学报了病危，需要家长签字抢救。可没有家长啊，吴桂苓就含着泪签了字。幸好最后没出大事，平安脱险，虚惊一场。

《年轻的一代》剧照（摄于1963年），
（左起）胡宗温饰夏淑娟，黄音饰夏倩如，吴桂苓饰林育生，方琯德饰林坚

吴桂苓来到剧院接触比较早的老师就是我父亲，他对别的老师也很尊重，但对我父亲却是格外亲切，不拘束，感觉既是老师，又是兄长。琯德老师给他排过戏、导过戏，还一起演过戏，这位人艺元老级的前辈甚至和他一起跑过群众。人艺最讲究言传身教，他们在一个演员队待过，在一个党支部待过，琯德老师在任何事情上都不争，不炫耀自己。这让吴桂苓深受教育。

曾经有一部戏《年轻的一代》，其中吴桂苓饰林育生，方琯德饰林坚。林育生是林坚夫妇收养的孩子，长大后不愿去边疆。后来养父把血书拿出来，通过血书的教育、家长的教育，林育生才顿悟，和肖继业一起到祖国最需要的地方去，走向矿山。这个戏当时在全国全面上演，光北京市就十几台。几乎所有的主要演员名单里，男一号都是肖继业，而只有人艺把林育生放在演员名单里的第一位。实际这个戏写的是林育生的转变过程，男一号本应该是他。但是当时大家思想都比较"左"，不能把思想落后的转变人物排在第一。林育生这个人物被吴桂苓演得得心应手，因为他本人是部队子弟，加上我父亲方琯德又是老革命，所以排演《年轻的一代》感触较多，如鱼得水。也是因为在这个戏里他们演一对父子，生活中两人接触较多，大有忘年之交的感觉。

1958年，人艺带话剧《智取威虎山》去福建前线演出，他俩都演八大金刚，并且位置挨着。那时的吴桂苓特别瘦，方琯德特别胖，在土匪中形成可笑的反差，舞台效果不错。福建的天气很热，北方人去了不适应，别说演戏了，就是人坐那不动，过了一会儿就汗流浃背。虽说假的皮大衣夹层里面是空心的，但是边上有皮毛，加上灯光一照，那时也没有空调，真叫一个热呀。大家在后台顾不了许多，只穿小裤衩，临上台前才赶紧把服装穿上。本来就怕热的方琯德更是早一秒都不肯穿服装，吴桂苓看着老师浑身的痱子，很是心疼。为了让老师少受罪，桂苓就想了一个办法，他先穿好服装站在台口扒着边幕看着台上，戏演到他们马上要出场了才招呼方胖赶紧穿好服装。热归热，戏不能不出彩。当时慰问部队接待得好，台下准备着水果点心，方琯德让桂苓在开演前，包好香蕉提前放在演出时的座位下，这样在上台演戏时俩人可以没戏找戏，把无实物变成有实物，做出大吃大喝的样子，把香蕉当鸡腿啃，表演得惟妙惟肖。

桂苓叔叔回忆起和父亲在福建前线慰问的日子都笑出了声，他又谈了一件慰问之中好玩的事情。

"福建前线对面是台湾的大旦二旦岛，双方的军事部署看得一清二楚。敌方和我军有个不成文的约定，如果发现我军超过三人以上就开炮，一两个人国民党不打炮，太浪费炮弹。所以当北京人艺的同志们到最前沿的每个坑道去慰问演出时只能在战壕里边走，以免被敌方发现。战壕挖得很窄，我年轻，瘦高个，走着合适，当时琯德老师人到中年已胖，正面走，人宽有点挤不好过，侧着身走吧，更累，于是他就想上到地面上去走。我紧张地对方琯德老师讲：'你这么胖，敌人一看，一人像三人，对方炮击就麻烦了！'硬是把方胖拦了下来。可走了没多远，方琯德老师在这窄战壕里又挤又累，还是决定上去走，大家只好依他。

"只见方琯德老师小心翼翼地爬上地面，慢慢直起身来，对着敌岛打开双臂，好似十字架站了一会儿。大家趴在壕边也屏住呼吸观察敌方动静，准备敌人万一开炮便立即把方老师拉下来。还好，敌人没开炮，看来方琯德老师还不够胖，敌人没走眼，看清是一个人了……"听着桂苓叔叔绘声绘色的描述，我好像看见了他们在前线的样子。

年轻的吴桂苓在成长，到了谈婚论嫁的年龄。一日，从河北省话剧团来了一位姑娘到人艺查资料，她就是吕中。当时吴桂苓是《雷雨》的舞台监督，负责接待这位姑娘。一来二去，无意间发现原来两人是北京西四北小学的同学。从此这位姑娘便走进了吴桂苓的生活。开始时吕中和吴桂苓及同宿舍的闫怀礼和任宝贤三人联系，最后变成了和桂苓一人联系。1962年他们在首都剧场的四楼结了婚，从此过上了长达八年两地分居的生活。所以提起这段日子，他们说吕中是把工资给了铁路，每次吕中回来休息一两天就又回石家庄，一双儿女也是两头各带一个。直到1973年这种牛郎织女般的生活才结束。吴桂苓说到这里，我心里多少有些感慨，那个年代的人不管生活中有多少困难，从来都是自己克服，绝不影响工作。吴桂苓在人艺是那代演员中的尖子，吕中在河北省话剧院也是不可缺少的台柱子，否则河北省话剧院也不至于八年不放人。

时光荏苒，转眼几十年过去了，我父亲早已去世，桂苓叔叔和吕中阿姨也过了古稀之年。这次走进吴家，吕中阿姨依然为戏忙碌着，桂苓叔叔还是那么健壮善谈。我们从他早期的影视剧《西游记》里的镇元大仙，聊到《孔雀公主》中的老国王，从张和平总策划、吴桂苓制作的话剧《冰糖葫芦》，到他广泛的业余爱好，海阔天空地畅谈。

他展示着书法家苏适送给吕中阿姨的诗,翻看着画着郭沫若、老舍、曹禺剧目的邮封,观看他多年亲自找图、复印、自制的信封,这些信封再由相关人士签上字,积少成多,集册为宝。桂苓叔叔说了,他准备有朝一日开个展览,让朋友们都来欣赏这些有趣的作品。

在桂苓叔叔的作品之中,我突然看到一枚闲章,这是一位篆刻家送给他的,上边有五个字——"台下又弋韵"。读出这五个字我不觉叫好!叔叔这一生能上能下,工作时在舞台上光彩夺目,退休以后演得少了,就要活得平平凡凡、有滋有味。人生本来就是一出戏,作为演员的吴桂苓一生比别人多演很多戏,而演得最好的一出,就是台下这出吧。

吴桂苓制作的北京人艺保留剧目《雷雨》《虎符》纪念封(摄于2012年)

"台下又弋韵"(制作时间不详)

217

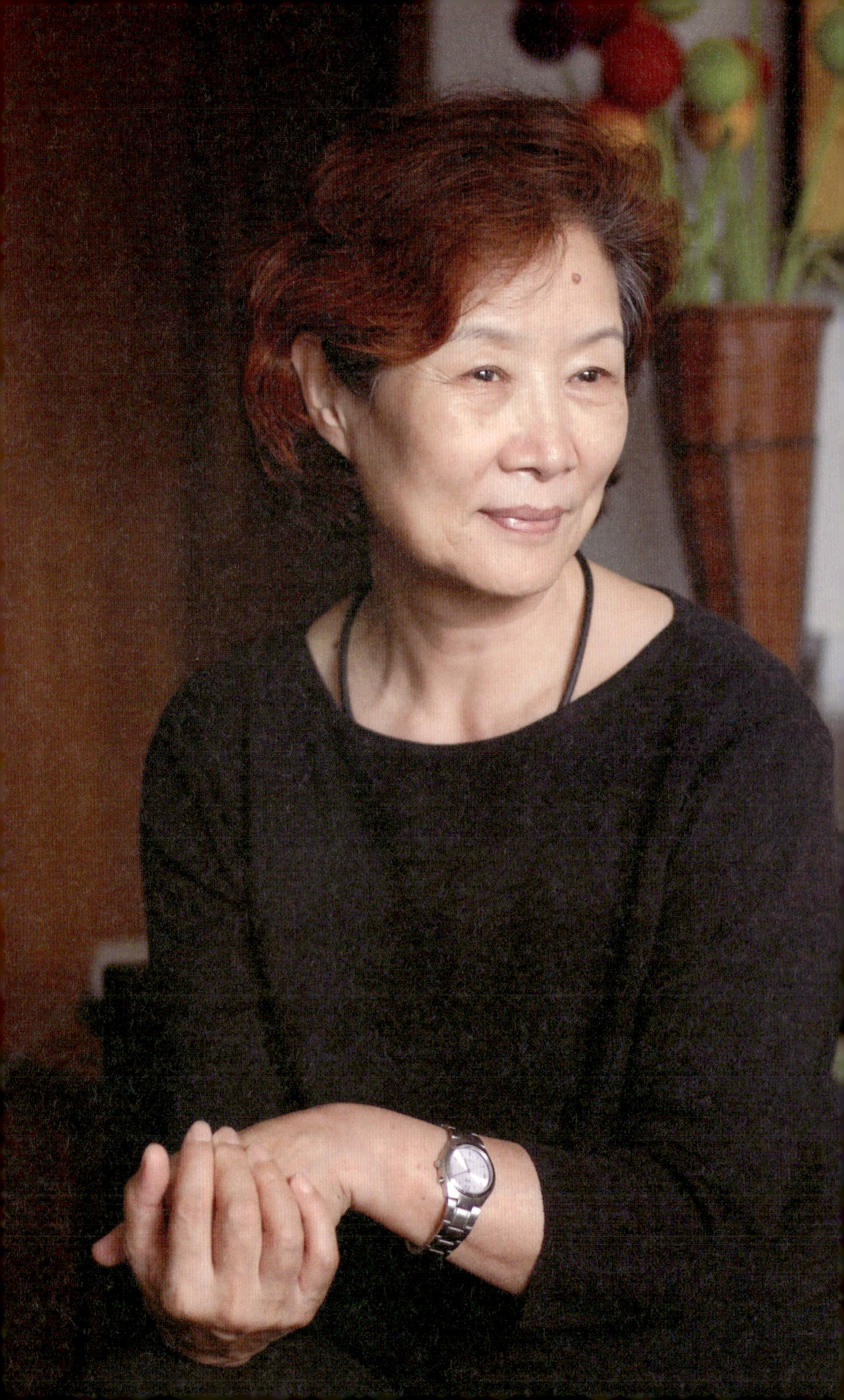

一棵菜——我眼中的北京人艺 BEIJING People's Art Theatre

吕中
（1940— ）

从小角色中走出来的大演员

"北京人艺在演戏的过程中，一直歌颂真善美，扬弃假恶丑。因此在深入生活体验角色的过程中，戏里很多好的东西，不知不觉中，反过来就会教育演员。要演一个善良的人，只是做戏和演员真正动心地表演是截然不同的。试想观众的反应，你动情了观众就会动情。"

当一个有成就的人、对生活充满热情的人、对自己时时保持冷静审视的人，到了古稀之年是一定会做自我总结的。对自己走过的路，对周围的人和所发生的事会有一个态度，有较深的感悟。我觉得吕中就是这样的人。生活中我们接触并不多，但每次见面都使我受益匪浅。她在我心中的地位既像老师又像家长，和她在一起肃然起敬之感多于亲切之情。哦，我这样讲绝不是说我们不亲密，而是从她身上我时时能受到教育。

就拿这次探访来说吧，她很忙，我几次去她家，她都不在。直到有一天早上，我们去得早些，她们一家人还在用早餐，我像近邻似的坐在餐桌前，她一边吃我们一边聊，之间没有客套，没有假招子。她三口两口吃完早餐，离她出发去拍戏还有一个小时。吕中急着把我赶走，让我定好探访她的时间，她有话要和我谈。谈，就不能匆忙，要好好地谈，说说自己想说的故事。

我按着约定时间再次来到吕中老师家，她早已做好谈话的准备，我们很快进入正题。在吕中老师谈话的过程中我几乎没有打断她,我听进去了,回家后整理出一篇完整的发言稿,让我看到一个从小角色演起的大演员。

"想安静下来写点东西。不是回忆录,因为回忆录只是自己走过来的历程。我想写的,是从无知的毛孩子成长到今天,自己所悟到的很多东西。想谈的中心意思,是北京人艺老同志对我的关怀,以及我从他们身上学到了什么。

"1980年我去了《茶馆》剧组,我们到欧洲演出,给德国、法国、瑞士的同行和观众一大震惊。戏演完后,掌声经久不衰,观众舍不得走,一遍遍地谢幕。出访欧洲前,剧院领导认识到,改革开放了,我们的话剧要走出国门,要和世界文化进行交流,让世界了解我们中国的文化和艺术是什么样的。因为'文化大革命'期间,艺术表演停滞

河北省话剧团《雷雨》剧照(拍摄时间不详),方瑞(左一)和吕中(右一)同台演出

了，我们对西方缺乏了解。

"为了便于在国外交流，出国演出前，全院举办了一个艺术总结大会。因为艺术要繁荣了，特别是要恢复一些老戏，于是大家做个总结。所有的老演员都做了总结，说说在一路走过来的艺术道路上，收获是什么？遗憾是什么？谈得非常具体。同时，剧院组织了读书会，读欧洲戏剧和中国戏剧发展史，请了戏剧学院的老师给演员做报告。

"我没上过艺术院校，高中毕业后进入河北省话剧团学员班，1973年调到北京人艺。在这个读书会期间我受益匪浅，等于给我补了大学的课程，读了个研究生。那时在排演场，哪个演员没来我就顶替站一会儿，给个戏就拼命演。"

吕中老师提起河北省话剧院我不得不把话题支出去，因为我叔叔方瑞曾担任过那里的副院长，而且和吕中阿姨还在不少戏中是搭档呢。正是有这些因素在其中，我们两家感情一直很好。

她接着说："在《茶馆》中我演扶着庞太监的太监小牛儿，第一幕结束后再串演个学生就没什么戏了，因此就没安排谢幕。有一天夏淳导演说：'吕中你要参加谢幕，报纸上有篇文章专门报道了这个小太监的哑剧。'国外很时兴哑剧，没有语言，完全由行为动作表达出内心的思想，让观众接受，因此被奉为高尚的艺术。哑剧是现实主义的，文中谈到了对《茶馆》里现实主义的表演有久违了的亲切感。现实主义的东西一定来自生活，是观众熟悉的，喜闻乐见的，可以理解的，容易接受的。

"我这个角色就是服侍在旁的小太监，一直察言观色，伺候周全，努力地工作，心中向往着将来达到庞太监的位置。我一直跟着老超（童超）演小牛儿，一个奸诈、看别人脸色行事的人物。

"欧洲的同行羡慕啊，他们说：'《茶馆》同台这么多的演员居然共同生活了二三十年。我们几乎没有，我们所有的剧团都是临时搭凑的。你们合作默契，结构严谨，相互交流，我们特别羡慕。'

《茶馆》剧照（摄于1979年），（左起）张瞳饰唐铁嘴，吕中饰小牛儿，童超饰庞太监

"结束欧洲之行后回京开总结会，这次欧洲的演出，又一次坚定了北京人艺走现实主义这条道路。"

说到这儿，吕中话锋一转谈到了我的胖爸爸对北京人艺风格的建树。这是我第一次听到。

吕中老师说："方琯德老师是一位特别的激动派，他讲：'人家都那么喜欢，我们一定要走下去。'只有现实主义的东西才深入人心，才能给人以真、善、美的教益。

"以上的一点一滴，在我的艺术道路上滋养了我。出国后我自己的体会是提高了一大截，就像秋天雨后的玉米地中，能听见玉米'咔吧咔吧'的拔节声，迅速成长了起来。

"为了演好《茶馆》中的小太监，童超介绍我读了许多关于太监的书。每天上场前，童超都要扶着我的手，晃悠——晃悠——晃悠——好像在车里坐着的感觉，就这样直到上台，他说：'牛儿，咱们该上场了。'然后我们带着人物的感觉上场。老演员的这种敬业精神，一丝不苟，只要找到了这个感觉，童超就化在了庞太监这个人的身上了。我演的小牛儿跟着变成了小太监，伺候着老太监上台去。一看他的眼色，就甩手绢，铺在桌上，把东西放在他的手里，啪啪啪摆上去。他咳嗽了，赶紧给他捶背，伺候得那个舒服。这就是我，太监小牛儿的上场任务，在戏中我应该完成的，观众全都看见了，也称赞这个演员了。

"还有，童超老师在上台前一定要检查自己的肩膀紧不紧，如果发紧就说明心情没放松。一定要找到自己紧张的根源，是有杂念还是角色没找准。当体验都对时，自然不紧张。有的演员，不演戏时挺好，只要一上场，小脚就裹上了。这说明还是没有完全放松。"

我听着听着，泪水不知不觉掉了下来。也许很多人不明白我的泪水，但吕中老师明白。这些老同志单纯呀，别看岁数那么大了，单纯极了。他们彼此可以拿缺点开玩笑，但是嘴里说的都是艺术。

"每次的巡回演出，是我很好的学习机会。在首都剧场演出，顶多一起吃个夜宵就各自回家了。只有在外演出时，才有机会和这些老演员同吃同住在一起。演出完了，大家还在兴奋之中，老同志们有于是之、英若诚、朱旭等等，提溜一瓶酒，端着夜宵，找块儿地方，喝上一口。一喝酒精神就来了，天文地理、山南海北就开说了。于是之有些结巴地讲：'今儿你那场戏，特……特……特棒！'对方就说了：'我当时就感觉了，你给了我一个反应。'就和打乒乓球一样，你来我往，演员之间全接得住。我们端着饭在旁边看着，真是过瘾。"

我能想象得出这些国宝大师在一起的情景，吕中老师描述过，朱旭叔叔也提到过。看来演出后的小聚不是盛宴却胜似盛宴。这是一个走出《茶馆》进"酒馆"的精神大餐,演出后没它不爽,解不了乏,睡不好觉。而对于吕中这样的看客来说,是台下又一出好戏,又一堂课。

吕中老师谈完《茶馆》谈《小井胡同》:"1985 年《小井胡同》里我演小媳妇,有一天在台上,突然抓到了这个人物的感觉。改革开放后,'唯成分论'没有了,她还要吃那点老本撑着自己,所以我从林连昆老师面前走过时晃晃悠悠地扬着头。下戏后林连昆老师就和我讲:'今天你这点感觉特好,那一晃,是这个人物。'当时我是无意识的,他一提醒,马上就提升了,就抓住了。"我心想,多好啊!这样的传帮带,这种人与人之间的关系今后还有吗?

吕中老师又讲:"有一次我讲了一句话:'那也得能演上好戏呀。'朱旭老师就批评说:'错!错!错!一个演员一辈子能够摊上一个特别好的戏就是极大的幸运了。你可以通过这个戏的方方面面提高一大块儿,这些都是你的营养和资本,是给你的铺垫。一位演员不可能企图一生都演好戏,抓住时机,一个好戏可以提供你很多方面的学习机会。一个剧本好,就会给你创造人物的机会,旁边的人物都好,反馈给你的东西就好。就像一场高水平的篮球比赛,会水涨船高。不要想演了好戏才能成为好演员,不是!对待所演的角色,都要像对待好戏一样地认真,认真地给自己进行铺垫,机遇是给有准备的人的。当有好戏的时候,才可能用得上。'"这就是"只有小演员,没有小角色"的道理。

"我演过的小太监和小丁宝,背后有非常深厚的背景。如果不用功,不好好地揣摩,用心创造,以后拿什么来演好戏。老演员们随时随地在帮助你,在平时聊天的过程中学到了许多书本上无法得来的知识,以至北京人艺留下一句话:'聊天是学习和增长知识非常好的方式。'无任务、无拘束、无功利、无边界的闲聊是演员补充知识的课堂。

"北京人艺这种财富取之不尽。传承,传承,传承什么?万变不

《小井胡同》剧照（摄于1985年），
（前排左起）王德立饰水仨儿，吕中饰小媳妇，李廷栋饰吴七，王领饰刘婶，林连昆饰刘家祥

离其宗，最终回到'做人'两字。老演员不是用理论来告诉你的，是用自己的实际行动。你是搞艺术的，话剧是表现人的，人是要传达真善美精神的。你不理解角色，用什么去传达？1990年我出去拍了个电视剧《你为谁辩护》，是我第一次拍的大戏。播出后，于是之和梁秉堃在外地写剧本，在宾馆里看的，回京后见到我说：'我们看了，觉得你这孩子演得真不错。'那年我五十岁了。有一天晚上，戏都演完了，没想到方琯德老师给我打来了电话：'吕中啊，我看了你这个戏，演得不错，人艺的演员，没什么毛病，我都激动了。'我当时特别感动，老演

员无私，渴望年轻演员有好的作品。

"北京人艺不主张演员轻易出去拍影视，因为曹禺先生讲过：'演员出去拍影视，拍出一身毛病回来，演舞台戏水不拉几的，不认真。'

"有人问，许多话剧演员带着范儿就出去了，吕中怎么挺自然地就转换了？我说，北京人艺讲的是真听、真看、真交流，是真的体验人物，影视和舞台没什么区别呀。只是舞台直接面对观众，影视则是剪辑好通过屏幕面对观众。艺术上两者没区别，都是创作人物，都要有深刻的体验，有鲜明的人物形象。但是表现形式不同，话剧要运用舞台，要观众听得见，看得懂，如果把握得不好，就夸大了，这是错误的。应该像照片一样是放大，把体验到的生活和理解在舞台上放大，通过体验的放大是不走形的。影视的表演是面对镜头，一帧帧地接起来，因此面对着镜头一定要回复到最真实的状况。而在舞台上和观众有段距离，所以一定要大，在真实基础上的放大而不是夸大。这就是北京人艺始终强调的体验生活的重要性。"

那时的吕中老师早已从一个初出茅庐的女学生成长为一个有演技、有自己主见的成熟演员了。她谈到了《海鸥》，谈到了《请君入瓮》，谈到了我熟悉的一个个剧目，也谈到了艺术风格和人物塑造的问题。

她说："现实主义的表演需要发展和改变，这样会更美，更好看。总用一种形式表现就僵化了。北京人艺不是故步自封的，1981年请了英国导演托比·罗伯森排了《请君入瓮》，1991年请苏联导演叶甫列莫夫排了《海鸥》，就是想通过各国艺术的方方面面来丰富人艺的舞台。

"北京人艺在演戏的过程中，一直歌颂真善美，扬弃假恶丑。因此在深入生活体验角色的过程中，戏里很多好的东西，不知不觉中，反过来就会教育演员。要演一个善良的人，只是做戏和演员真正动心地表演是截然不同的。试想观众的反应，你动情了观众就会动情。

"如果演假恶丑就需要真的做坏人吗？不对，演员对真善美有了深刻的体会时，自然就知道什么是假恶丑，由此产生深恶痛绝感。从宣扬真善美的角度再去创造假恶丑时，才会深刻。

"为什么说北京人艺的老演员们是学者型的，因为他们要演人物，要深刻地体会，必须不断地学习看书。在排演的过程中，不断地捕捉扮演的人物，因此心理学、美学、哲学，什么不懂？要表现各种人物，就要懂得人物的形式，因此琴棋书画都要精通。要和京剧院演员学京戏，和曲艺团的演员学曲艺，陶冶情操。

"1979年复排《雷雨》用了八个月，出去巡回演出的过程中继续排戏。郑榕、胡宗温、谢延宁等老师带着我们做小品。和演大少爷的张瞳做小品时，我说：'萍，你喜欢我吗？'在场的所有人'哗'的全笑了，这是繁漪吗？现代派的人物都来了。

"剧院组织十八人下乡体验生活，我们戏称'十八棵青松'。我和赵韫如住在大炕头的一端，我就和她谈心，说自己不漂亮，将来大、洋、古的戏演不上。赵韫如就讲：'千万不要这么想，一个演员最重要的是提高自己的素质，就是通过学习掌握知识，对人要理解。比如《巴黎圣母院》中的钟楼怪人卡西莫多就是美与丑的典范。你觉得长得不好看，但是在各个方面培养了艺术素养，这就是对美的感受，不知不觉中自己的气质就在长，这是拿钱买不来的，是做美容得不到的。我就不是好看的演员，但是从不气馁。美国好多演员也不漂亮，但是可以胜任特别好的角色，就是取决于自身的艺术修养，心灵的美才是第一位的。'

"做人本身就是哲学，如果演员不懂得人，拿什么东西创造人物。要知道自己老几，切忌装蒜。在演艺的平台上表现真善美，而不是表现自己。

"刚到河北省话，上台演《红旗谱》，我饰演一老太太，想在脸上画皱纹，满脸画上道子，结果把自己画成了大狸猫，大伙儿一见都笑了场。"

"哈哈哈……"我大笑起来。

如果不是桂苓叔叔和我先生从里屋出来，我真想听吕中老师就这样一直谈下去。我多么想知道他们那个时代的故事，多么想再看看他们如何排戏，如何演出，如何喝着小酒，如何哼京戏。台上台下，戏里戏外，朦胧之中灵魂出窍又回来，似我非我地晕着。只记着戏如人生，人生如戏。

　　吕中的讲话我不想删减，我甚至不想落下一个标点，因为这里有太多我需要学习的东西，太多我想让大家看的东西了。这才是无私的传帮带。

　　谢谢您！吕中老师！

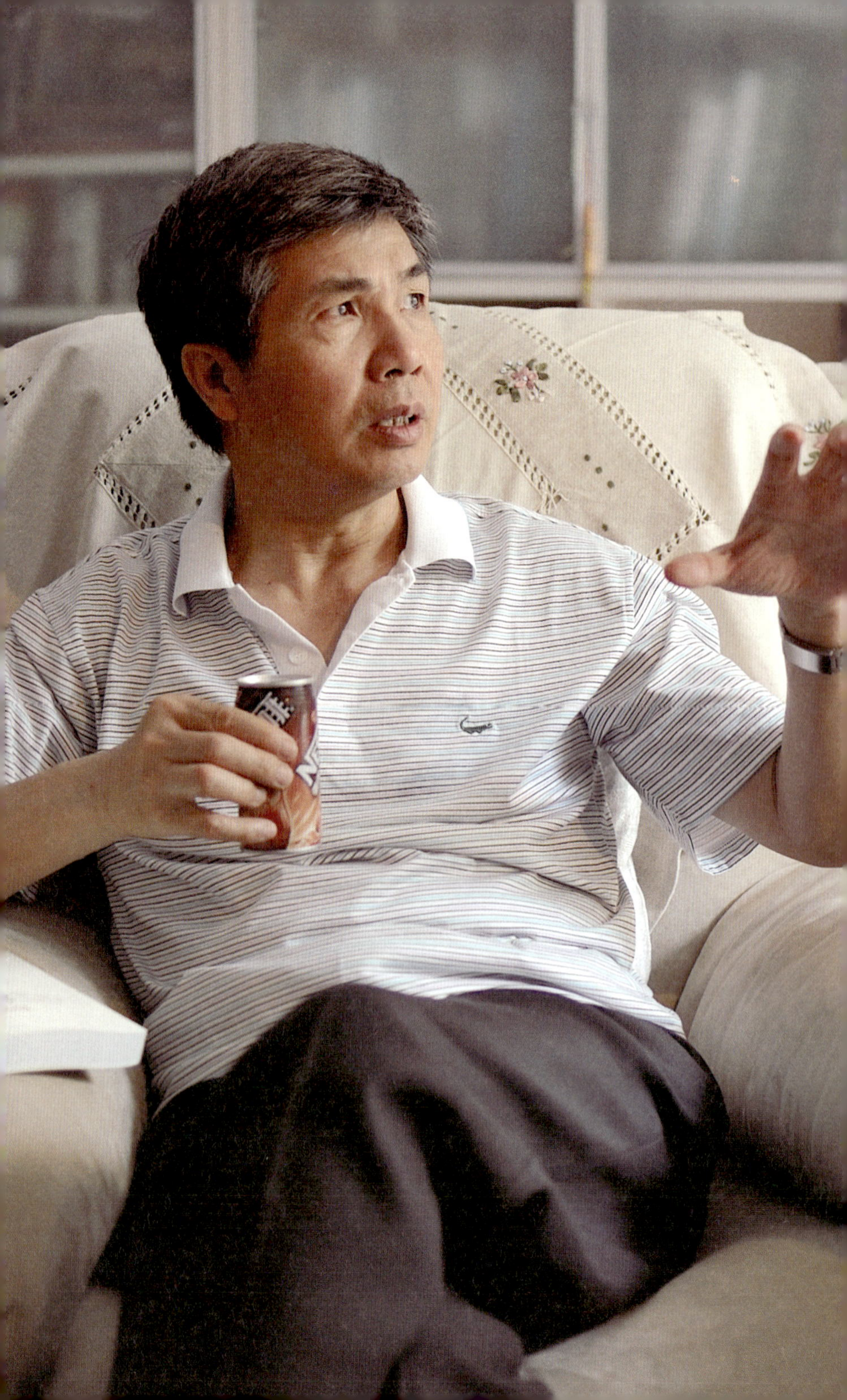

严燕生（1951— ）

"金字塔"中的一员

一棵菜——我眼中的北京人艺 BEIJING People's Art Theatre

燕生对我说,他这一生没有什么成绩。我笑了,什么叫成绩? 我认为只要没虚度年华,做着自己喜欢的事,退休之后还可以继续工作,这就算成功。艺术就好比"金字塔",那顶尖上能有几人? 但如果没有塔尖下的基石托着,塔早塌了。能成为人艺这个话剧界金字塔中的一员,也算是成功和幸福的。

我从未叫过严燕生的大名,他虽然比我大两岁,但几十年来我总是叫他小严。有人批评我,人家比你大,又当过人艺副院长,都好几十岁的人了,你还"小严,小严"地叫人家,是不是不合适?可我每次见到严燕生还是脱口而出叫他"小严",我就是觉得他亲。我对他的感情就像对自家大哥,他给我的感觉是那么谦和坦诚,那么让人信任。

我和他有几个共同点:一、来自基层,我进空政前在二轻局皮革公司宣传队,他进人艺前在北京木城涧煤矿宣传队;二、我们都没有上过专业院校,是从土台一步步走进专业团体的。对了,还有第三点,我们都很用功,都是为了演戏能吃苦头的人。

燕生,是1951年生人,其父亲在中国银行工作,属于新中国成立前的从旧职员中留下的老职工。燕生十七岁时被分配到京西木城涧煤矿挖煤,后来在矿务局业余宣传队当队长,那时没受过正规训练的他本来就是抱着玩玩的心态,没想到后来成事了。燕生个头虽矮,但嗓音条件好。从小爱好文艺,演群口词、对口词等节目,有什么演什么,不知不觉中提高了技能,在舞台上受到了锻炼,渐入佳境,成了宣传队里的"尖子生"。那时工人阶级占领文艺舞台,十一国庆节、五一劳动节,能在劳动人民文化宫参加大型演出是工人宣传队最大的骄傲。

我也在文化宫大殿演出过,打倒"四人帮"那年的五一劳动节,全国恢复举办游园活动,大殿作为游园活动主会场,全国的电视转播从这里开始。也就是说,在我那句"五一国际劳动节文艺演出现在开始"的带动下,全国的游园活动就拉开了帷幕。那时虽然只有黑白电视机,但能从我的画面开始这么大的活动,我可骄傲呢。

严燕生是在人艺招生组下到基层挑演员时,被人艺招生组看中的。

1976年,粉碎"四人帮"之前,木城涧煤矿宣传队演出了话剧《冲不垮的巷道》,严燕生演主角党支部段书记。田冲、董行佶、牛星丽和我父亲方琯德等看了这个戏,觉得不错,于是把他调入北京话剧团("文化大革命"中人艺被叫作"北京话剧团")的演员队,成了一名专业话剧演员。

初到人艺,他不知道怎么演话剧。当时工宣队还在剧院,他能进人艺靠的是工人身份来"掺沙子"的。同来的还有原部队业余宣传队的人。严燕生来到人艺后不久,"四人帮"被粉碎了,赶上了剧院排演《丹心谱》,恢复老戏《蔡文姬》等机会。艺术开始恢复青春,人艺的传统戏一个一个地上,这使他大开眼界,使他真正地一点点开始学习演戏了。当燕生推开了艺术之窗,感到艺术的博大精深,他既惊喜又自卑,自己是业余出身,又是作为"掺沙子"成分进剧院的,他深知差距。本分的他不躁不狂处处低调,保持了做人的朴实和以身作则的优良传统。几十年来不管身担什么职务,小严都抢着干活,不怕苦不怕累,对老同志尊重,对新同志热忱,以诚待人,勤勤恳恳。正是他事事以身作则,大家从没有看不起他。

这使我想起燕生与我在录音棚多年合作的经历。那些年,我时常做后期,组配音班子,我的班底中就有严燕生。他多年一贯的腿勤嘴勤，每天一进棚，不是帮着打开水，就是帮着张罗杂事，有时碰上男人戏，打仗啊，喊啊，一录群戏人家都往后退不想进棚，只有他依然快乐地带头往棚里走，用各个声道变化着音色对着话筒，喊着，叫着。他就是这么个让我处处感到心里坦实的人。

说到演戏，燕生总是说他也就演些小角色，和人艺的老演员没法比。严燕生十分清楚，演员是有局限性的。他心中铭记前辈的教导——"只有小演员，没有小角色"。他认真对待每一个要饰演的人物，在有限的表演空间中把人物表现到极致。当亲身体验过并和老演员接触多了之后，他深感小人物的可爱，也觉得能在有限的空间中演好小人物是件多不容易的事情。他勤奋好学，谦虚大度，不光演好了分配给他的人物，还积极去跑龙套、当剧务、做舞台监督。别人也许觉得他傻，他自己却说是为了学习。

《鸟人》剧照（摄于1993年），（后排右一站立者）严燕生饰陈博士

功夫不负有心人。严燕生等来了 1981 年上演的《谁是强者》，这个戏在全国影响较大，是粉碎"四人帮"后原创的话剧。吕齐主演，燕生饰某工厂供销社的赵科长。他的戏份不多，一共上场两到三次，又是个小人物。但他演得很生动，受到了观众的认可和老演员们的好评。《戏剧报》还专门写文章谈严燕生对这个小人物的创作。这对燕生启发很大，他深感在人艺的舞台上，后天不用功是不行的。其实，常说外行看热闹，内行看门道。外界如何看是次要的，最主要的是剧院本身对你的认可程度。

日子一天天过着，严燕生和剧院一同在成长。渐渐地，他从一个普通演员走上了领导岗位，从艺术调度室主任一直到副院长，主抓行政。严燕生是那种放在哪儿都放心的干部，他说在剧院这些年里，他从老同志身上学到了许多东西。有一个人对他影响很大，那就是我的公公宋垠。他从宋垠身上学到了如何当好干部和做好人。

宋垠有一句口头禅，就是"你去干，出了事我负责"，做领导要敢于担责任。燕生记得宋垠任秘书长时，带《推销员之死》去香港演出，他指定严燕生当副秘书长。一日，宋垠要求严燕生和另一个同志从北京用火车运景到广州。用火车运景在那个年代对从没干过的小严来说谈何容易。宋垠是个不多说话的人，只放下一句"你去干，出了事我负责"就走了。什么事都有第一次，不会干就学着干，有领导在后头撑腰，天塌不下来。

天是没塌下来，可到了广州，雨就下起来了。为了不让布景淋坏，保证香港的演出，小严他们两人在雨中把那么多的布景一件一件全部搬进大棚里，布景没有受损，可两人却被瓢泼大雨淋成了落汤鸡。他没有丝毫的怨言，他说自己适合干这些基础的工作。

严燕生谈完我公公，又把话题转到我父亲身上，那是我父亲生前的最后阶段。剧院派年轻同志轮流值班，一日，轮到燕生值夜班。他和我爸有了一次他终身不忘的谈话。我父亲是一个很早就参加革命的

《莲花》剧照（摄于 2008 年），(左起) 严燕生饰洪舅爷，谷智鑫饰天和

人，曾被捕入狱，在那个特殊的历史时期因各种客观原因造成了脱党。但是我父亲虽然在形式上离开了党，他的心、他的工作却一直在党的领导下。几十年来，方琯德一直认为他是党的人，党会原谅他。能在有生之年回到党的怀抱，是这个垂暮之人的心愿。在安贞医院我父亲的病榻前，燕生作为一个领导、一个父亲喜欢而信任的年轻人、一个知心朋友，和我父亲恳切地聊了几小时，严燕生深深地被这位病入膏肓的老人的经历和想法感动了。

我听到这儿鼻子酸酸的，我仿佛看到深夜的病榻前，月光洒在父亲那一头银发上，他吃力地对着精力饱满的燕生轻声讲述着多年的心事。其实，我最不能理解为了这件事，父亲吃了那么多苦，为什么他还对党这么忠心耿耿。后来听说父亲又重新入党，当我看到父亲因入党而眸子发亮时，我真的很诧异。燕生说他非常理解我父亲，也许这就是他和我的不同。

燕生对我说，他这一生没有什么成绩。我笑了，什么叫成绩？在一个久负盛名的大剧院中当过副院长，在许多名作中饰演过大小不同的角色，包括《茶馆》中饰庞太监、《谁是强者》中饰赵科长、《鸟人》中饰陈博士、《莲花》中饰洪舅爷，我认为这就是成绩。

什么是人生的成功？我认为只要没虚度年华，做着自己喜欢的事，退休之后还可以继续工作，这就算成功。艺术就好比"金字塔"，那顶尖上能有几人？但如果没有塔尖下的基石托着，塔早塌了。能成为人艺这个话剧界金字塔中的一员，也算是成功和幸福的。

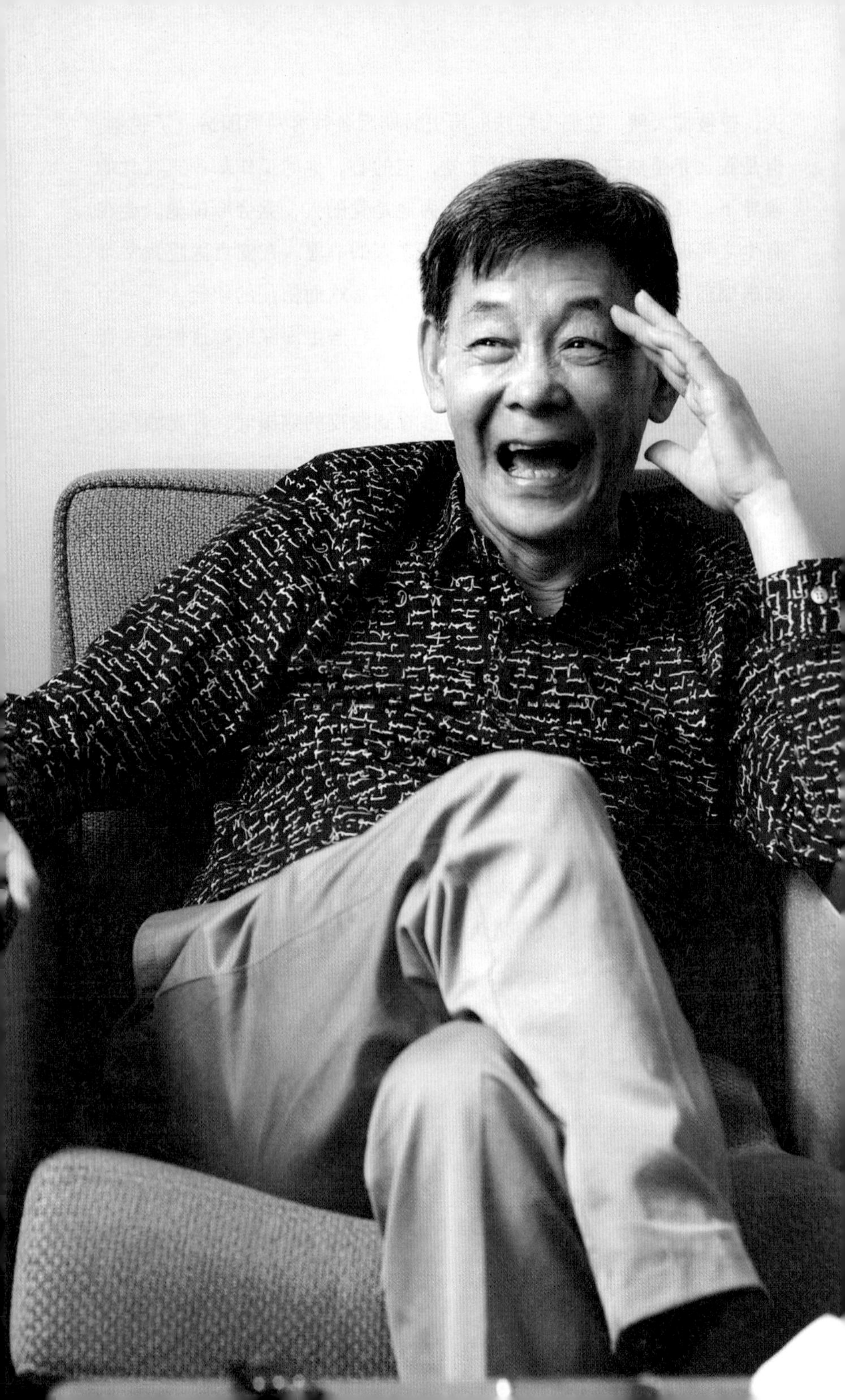

李光复（1946— ）
杂家老戏骨

一棵菜——我眼中的北京人艺 BEIJING People's Art Theatre

所以二哥说，我们要耐得住早期的寂寞，惜时如金，在生活积淀与文化素养上下足功夫，迎接机会的垂青。

我一直称李光复"二哥",这一叫就是五十年。为什么叫二哥呢?大家看着李光复晕晕乎乎有点儿"二",就起了"老二"的绰号。其实了解李光复的人都知道,他的"二"是表象,二哥心里明白着呢。孰轻孰重,权衡得一清二楚。二哥永远面带笑容,匆匆忙忙,当过大夫,做过导游,也卖过复印机……可他不管干什么,从没有离开过北京人艺,没有离开他终身为业的舞台。而以上这些经历,使二哥成了杂家,深厚的生活积淀为以后的角色塑造提供了丰沃的土壤。

李光复幼年住在北京东单,隔着中国儿艺两个门,再往西就是宁郡王府,那里是中国青年艺术剧院的排练场和宿舍,俗称"青艺大庙"。二哥从小就钻儿艺和青艺的排练场,看刀枪剑戟,猴兔鹿狼,什么都觉得非常好玩儿。

1960年北京人民艺术剧院和中国青年艺术剧院、中国儿童艺术剧院联合招生,举办了第二期话剧表演班,李光复报考了表演班,当年他才十三岁。老师说:"报名的最低年龄十五岁。"李光复回答老师:

"您怎么知道十五岁可以演戏,十三岁就不能演呢?"一犟嘴,老师反倒给他开了绿灯:"这小孩儿逗,给他报上"。当时报名费五毛钱,光复管家里要,并不富裕的妈妈一寻思:得了,参加个班不是坏事,五毛钱玩儿去吧。

报名考试在人艺二楼,内容有两项,朗诵和小品。当时十三岁的光复不懂什么是小品,只知道朗诵,不就是念首诗读篇作文嘛。他瞎翻乱找看到《北京晚报》上有首农民诗,背了下来:"朵朵白云天空飘,朵朵云上红旗摇,是不是天兵开了战,为啥云上红旗飘,仔细看,仔细瞧,嘿!社员垦荒在山腰,头顶蓝天手拿镐,驾着云雾满山跑,要和神仙比高低,喊声冲上九重霄,明天要去闹龙宫,夺取天河浇仙桃。"这首诗他至今不忘张口就来。

可小品怎么办呢?在考试期间做服务的人艺"大班学员"吴桂苓对李光复说:"做小品就是把一件事做得像真的一样。"直到今天李光复还是按照这个方法,戏不用表演,在舞台上或镜头前就跟真的一样,凡是穿帮的都是在演。于是,李光复根据在学校一次露营的生活体验编了个小故事,算是完成了小品。凭此,李光复经三试考取了北京人艺表训班。

录取报名后,老师再找李光复,咦,这孩子哪去了?没影了!心里正想着呢,有人就嚷嚷:"那烟囱上有个孩子!"老师一看,可不得了,那孩子正是李光复。当时剧场所有门都不上锁,李光复报完名就溜进了演出剧场。呵,这么大的台,真好玩儿,于是他顺着铁梯子爬一段走一段,一直爬到顶上,发现有一大铁坨挡住一道门,挪开铁坨一推门,哈,外边阳光灿烂!探头一瞧,哟,爬烟囱上来了。底下大家一个劲儿喊:"小同学快下来……危险!"哈,李光复从此开始,先是"占领"了北京人艺的制高点,后来又用钉子把所有的钢琴全都捅开了。就这样,好奇多动的李光复开始了在北京人艺的学习与生活。

初进学员班老师总是强调,学演戏学表演,但是将来拼的不是演

北京人艺"小班学员"合影（摄于1960年），前排右二为李光复

技，而是文化，鼓励大家多读书。修宗迪叫李光复看儒勒·凡尔纳的科幻作品，由浅入深。当时他年龄小贪玩儿，不愿坐那儿看书。十三岁的李光复就把拌了糖的油炒面撒在书页之间，翻一篇，吃一点儿，看一会儿书。小孩子虽不想看书，但想吃甜炒面呀，他看书吃甜炒面，很快就把图书馆的书弄成大油包了。管理员让他赔，他没钱呀，学员每月八块钱生活费，花六块，剩两块存起来，家里用钱，得拿回去给妈。

当年李光复这班学员可真学到东西了。英若诚的夫人吴世良教文学，于是之教诗歌，高凤山教数来宝，曹宝禄教单弦，北大历史系教授教历史，历史、音乐、京剧，聘的都是当时最好的老师授课。

北京人艺原有个"大班学员"班，所以称1960年开学的这班为"小班"，开办小班赶上了困难时期，因缩减经费，1962年就解散了。部分学员转入人艺改行做灯光、服、化、道等工作，有的同学去了西藏等外地文工团。只留了李光复、米铁增、王大年三人继续留在演员队跟着演戏。

也许是年龄比较接近，我对这三人比较熟，在我印象中李光复是最不安分的一个，这也许是家庭对他的影响。光复的父亲是山东的农民，十三岁扛上个铺盖卷闯到关东，只身一人，从扛麻包开始干起，后来跨境到了西伯利亚，转到波兰、法国又回到了俄罗斯。后因买卖兴隆且德高望重被推举为商会会长。1917年十月革命，布尔什维克要对资本家从肉体上进行消灭，他父亲被苏维埃政权抓了起来，关在一座孤岛上。幸亏俄语棒，人缘好，一天看守他的俄国大兵让他父亲快跑，说天亮就要枪毙你们了。不会游泳的光复父亲寻到一处较窄的水边，奋力一跳，抓住对面的树枝，侥幸活了下来。后经绥远回到了东北，此时一切家财化为乌有，只剩一颗大钻戒随身藏着。

回到东北没几年，光复的父亲在满洲里又开了三个电灯厂（今天的发电厂），县志上都记录了下来。日本入侵东三省时，将三个厂子抢走了，第二次一文不名的父亲回到关内，开始了第三次创业。1940年，父母中年时回山东老家，想修建发电厂。去了不到一星期，从烟台来了土匪将父母抓了去，关起来好吃好喝好招待，往外面写条赎人，后来家人包了许多金条才救出父母。从此他们再也不回老家了。中国的民族资产阶级上面没有代言人，没有军队，想靠自身的实力兴办实业却是报国无门，走过的路太艰辛了。后来他父亲又创业办了一个大陆橡胶厂和双合盛啤酒厂，还有一个福罗洋行，后来赶上公私合营，私人财产又都没了。在李光复上小学三年级的时候，64岁的父亲去世了。

李光复儿时家庭富裕，有几处房产。他还记得在北池子北口的一座小楼里，母亲把毯子铺在木地板上，拿出两箱金条让他当积木玩，光复把金积木堆得高高的，推不倒，坐地上用脚蹬塌，然后再重新摆。"文化大革命"时，李光复把金条装入一个大箱子，藏到了首都剧场后楼宿舍的床下。母亲害怕，金条没地儿换钱呀，万一被人发现了，担心影响孩子的前程，于是拿走金条，全部上交了。在俄国变卖工厂和大楼换回的那颗大钻戒,"文化大革命"时也不敢留着了。母亲拿到王府井路口的珠宝店,人家收货的懂行,"啪",往布袋里一扔,母亲说:"你给我打个收条呀!"那收货人特横:"你什么成分?"把老太太吓回来了,收条自然没开,历经千辛万苦带回的大钻戒从此不见踪影。

"文化大革命"时被红卫兵抄家前,母亲对光复讲:"听说红卫兵让孩子打资本家老子,若孩子不下手打父母,就打死孩子。如果真到那时候,你可得下得了手,那样咱娘俩就过去了,下不去手不知道会出什么事呢,孩子。"家产没了,金条钻戒没了。光复年轻,能挣,能养活妈。可母亲这些锥心的话让孝子李光复至今不忘,心绪难平。"文化大革命"后不久东单的院子也被房管局收走了,全家挤在偏房的一间小屋里,大院搬入十户人家,成了大杂院,家中此时已是一贫如洗。

从商会会长的儿子到住在大杂院偏房的城市贫民,李光复的身份落差之大可想而知,这时光复的妹妹也被强令去山西插队,家中只剩母子二人相依为命。但二哥并没有消沉,总是面带微笑,积极生活,也许这是因骨子里有父亲那与世抗争的血脉吧。

李光复以及他家庭的坎坷之路,并没让他怨气冲天,要不是这次采访,我真看不出整天乐呵呵的二哥经历了这么多苦难。然而"文化大革命"中,在他家受到灭顶之灾的情况下,他还能帮助我和万方(曹禺的女儿)脱离知青身份。当时我在保定地区安新县的白洋淀插队,正好保定地区文工团的赵连军团长来北京人艺学习话剧《云泉战歌》,李光复热情地给他找剧本,帮他录音,忙前忙后,关系处得不错。当时我父亲还没"解放",我四处考团无人录用。光复想起我父亲方琯德托他如有机会介绍我进文艺团体的事,就把我介绍进了保定地区文工团并饰演《云泉战歌》中的女主角永芳,从此我走进了专业文艺团体。李光复成了我的第一个伯乐,也是我事业上的贵人。剧院里张定华的儿子也是光复利用在医院学习的关系,帮助其检查并开了大病证明,调回北京,得以治病兼照顾母亲。全剧院都知道光复是个有求必应、不求回报的热心人。于是大家在"老二"的绰号前加了个爱称——"傻"。

同样，曹禺也在那个叫天天不应，叫地地不灵的年代为了女儿的出路四处求人。可人们在那个年代，对我们这些所谓"出身有问题的人"多是那种多一事不如少一事的态度。而李光复却伸出了援助的手。他认识沈阳军区文工团的人，他们到北京招生，光复就问人家："需要创作员吗？曹禺的女儿，写东西没问题。"招生的负责人让万方写篇东西，于是曹禺和李光复一合计，让万方写了篇《我见到了毛主席》，后来就被批准入伍了。万方入伍后，曹禺患着感冒来感谢李光复，挨得特近，谢个不停，结果传给了李光复一个重感冒，发高烧好几天。"傻老二"说，这就是回报，后又调侃道，让大文豪传染个流感，不是谁都有这个机会呢。后来曹禺送来一本书，包着绿纸，上面系个十字扣，打开一看，不是《雷雨》和《日出》（当时不敢送这类书籍），书名《科学小实验——种子发芽》，后来明白了，曹禺送这本书，一点儿毛病没有，这书与社会科学无关，是自然科学，资本主义的种子也得发芽啊。

说到这儿，光复想到一件现在听起来很可笑的"事件"。"文化大革命"中，大文豪曹禺被派在首都剧场看传达室，有好多观众听说后都去传达室看他，影响不好。于是就把他调到人艺56号宿舍看传达室，曹先生不管是拿着铁喇叭筒喊电话，还是分报纸都干得十分认真，报纸理得清楚，从不出错。不久，他也下放去了干校。

一天，大家起牛圈，吧唧，一块牛粪溅到曹禺的额头，眼神不好的他也没注意，收工后顶着回来了，吃晚饭时让军代表看见了。饭后讲评时，军代表就说："曹禺，是旧社会的大作家，现在头上粘着牛屎，说明知识分子的改造已经见成效了。"这么一说把曹禺吓着了，两天没敢洗脸。曹禺内心很矛盾啊，被表扬了，这牛粪洗还是不洗？洗了吧，怕被批评，于是只好顶着吧。这件事就能解释那个时代的知识

245

分子为什么出不了好的作品了。

干校，真锻炼人。因为李光复会打针，整天背个药箱，里面装些药，谁有个头疼脑热、小擦伤，都能发药治伤。需要打针，就不用去远处了，自己煮煮针头就办了。还有一个好处，可以逃避劳动，少干体力活儿。你千万别以为李光复是个偷奸耍滑之人，他不惜力，爱动脑子，遇事总能琢磨出招儿来。

在干校，去工厂，下部队，他与群众同吃、同住、同劳动。在农村鞭耪锄耙灌，去工厂车钳铆焊电，什么都学，什么都干。木城涧煤矿、轧钢厂、掌鞋、汽车上售票、朝阳菜场卖鱼都干过，所以对基层特了解。当年在干校，遇到晚上的紧急集合，还要打背包，李光复遇事好琢磨，他提早打好一个背包塞在床下，夜间一听吹哨集合，他纯出来就跑出去。可是那些老艺术家，曹禺胆小，焦菊隐瞎，方琯德胖，背包带拖出一丈长，忙里忙慌，笑话百出。

正是因为李光复的好学精神和灵活头脑，到了1970年，在干校背小药箱的李光复被送到协和医院学习去了。他和导师吴阶平坐对桌。那个时代看病，要找老大夫好大夫就到厕所找扫地刷厕所的，吴阶平先生刚从扫地队伍中解放出来。进来病人了，吴阶平大专家总是客气地对李光复说："李大夫，您先看。"有一天，一名患者撩帘进来，第一句话："臭王八蛋，是你呀！我夜里三点排队挂的号，早知道去家里掏你去。"原来是剧院的同事韩树茂。光复赶紧说："没事没事，这有大大夫。"从协和医院学习回剧院后，光复在医务室做首任医生，领导着老同志徐洗繁。凡是有人来要药，他就拉出药盒子让他们自己取。

"文化大革命"对每个人来说都是触及灵魂的一次革命。对李光复来说也是如此，但他没有消极，而是在各种"任务"中锻炼自己。这其中也有不少笑话。记得有一次在北京工人体育馆演出，那年月对老百姓来说，洗澡是件困难的事。工人体育馆能洗澡，于是李光复和田春奎、张剑躲进运动员更衣室猫着，痛快地洗了个澡。舒服！田春奎胖呀，洗完澡，穿上裤子没系带，一掖得了。出来买了个面包，吃下去，肚子鼓起来，裤腰自然撑住了。过后两人上台说天津快板，场内人山人海，热闹异常。演出中有一个动作，要蹦几下喊口号，这一蹦不要紧，田春奎的裤子出溜儿就掉了，体育场馆四面都是观众席，藏无处藏，躲没处躲，李光复和张剑赶忙用身体挡住田春奎，让他快把裤子提起来。可是田春奎还是没系好裤带，接着演，又掉了，把全场观众逗得要把屋顶掀翻了。最后田春奎只好一手提着裤子，一手挥拳，喊着口号，三人在万人的哄笑中狼狈不堪地下场。这在当年可是个大事。

李光复会写作。到基层去体验生活，总和王德立打前站，上午先过去做安排，下午大队才到。一到现场，看完材料就开始编写数来宝等小节目，到下午就写好了，晚上就能上台演出，写作技巧得到了极大的锻炼。那个时期李光复一直在坚持读原著，托尔斯泰、果戈理的小说，唐诗宋词，古代骈文都看。去房山东方红炼油厂体验生活时，路上坐车要好几小时，李光复不是傻看风景，而是利用这段时间背诵古文，以至于今天依然可以背诵大段的古文诗词。说着二哥流利地背出一段骆宾王的《讨武曌檄》："伪临朝武氏者，性非和顺，地实寒微。昔充太宗下陈，曾以更衣入侍。洎乎晚节，秽乱春宫。潜隐先帝之私，阴图后房之嬖。"后来他演《武媚娘传奇》中的魏徵，现找古人的感觉肯定来不及，但凭着日常学习古文的心得，加上在人艺看过老艺术家们演的"大、洋、古"，拿起来就是这人物。

我曾听说二哥结交甚广，包括认识"铁人"王进喜，我要他谈谈。光复笑眯眯地说："说说就说说。我天生好动，1966年10月4日上午，我十九岁那时在北京话剧团（原北京人民艺术剧院）上班，听说有先进事迹报告会，我就往后台溜达。一抬头，哎哟，这不是王进喜嘛，便高兴地凑过去问这问那给铁人来了个临时小采访，铁人耐心地回答着问题。于是我从身上掏出《毛主席语录》，请铁人签字留念。王进喜题写了'五讲'：'讲进步不要忘了党，讲本领不要忘了群众，讲成绩不

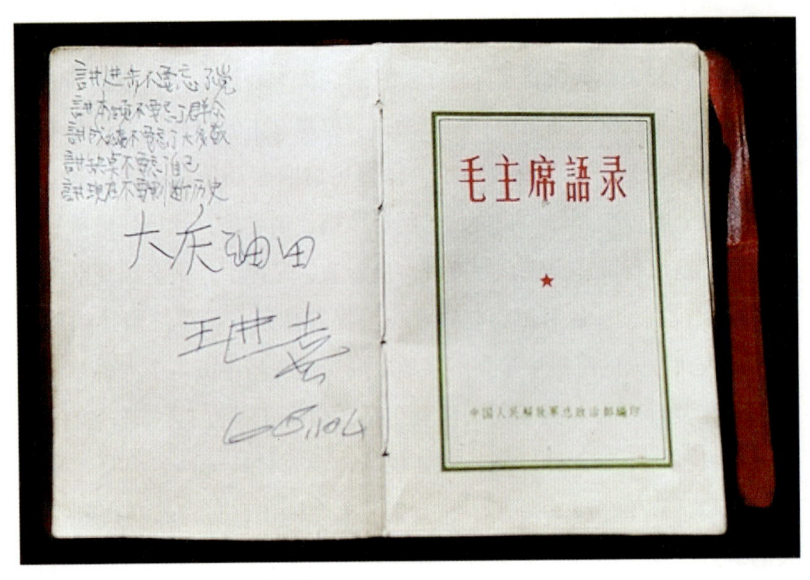

大庆铁人王进喜纪念馆馆藏（拍摄时间不详）

要忘了大多数，讲缺点不要忘了自己，讲现在不要割断历史。'"

后来剧院宿舍搬家，李光复不在，记录着铁人"五讲"的语录连同其他资料一起遗散，后来流散到潘家园，2007年被痴心收集石油方面、大庆题材历史资料的关彦良先生发现，花八万元购回，现收藏于大庆铁人王进喜纪念馆。后来，纪念馆邀请李光复前往大庆参观并讲述那段难忘的历史。

回京后，李光复难以平复激动的心情，给中华全国总工会主席王兆国写信，建议筹拍电影《铁人》，得到了支持。影片公映后，获得了第二十七届金鸡奖最佳影片奖，扮演铁人的吴刚还获得了最佳男演员奖。

虽然李光复一路走来摸爬滚打，样样不错了，但作为小班学员，在剧院挑大梁还是不太可能，上面有多少艺术家呀！1979年夏淳导演复排《茶馆》时，什么阵容呀，除去观众叫得出名字的人物以外，方琯德演黄胖子、董行佶演学生。光复告诉我，《茶馆》的开幕呀，是世

《茶馆》剧照（摄于2005年），（左起）梁冠华饰演王利发，李光复饰演巡警

界上最牛的戏剧开幕。焦菊隐有一个总谱，这桌怎么起来，那桌如何下去，灯光的分配，人物的调度，清清楚楚，十分讲究。李光复和平原、任宝贤坐中间桌，虽然一句词没有，可演的就是不对，被导演轰下去好几次。为此他一定要去体验生活，找找老北京老头的感觉，之后写出了4000字的人物自传。

1980年，三十多岁的李光复在《左邻右舍》中饰演造反派小杜，这是他在人艺舞台上表演的第一个角色，英若诚对他说："你想怎么演就怎么演，只要是生活中的人物就对了。"虽然是一小人物，但光复一下就摸到了人物的感觉，有了突破。有了厚重的生活基础，深刻的内心体验，鲜明的人物形象，所演的人物就鲜活了。现在很多演员停留在第二步，演得对，就是不感动观众，原因就是人物形象不鲜明。再后来，文化底子就起作用了。在《丹心谱》中，李光复饰演一个医生，就一句台词："庄大夫也有难言之隐啊。"医生是知识分子，有修养，要把人物的心理活动表达出来，这时他当医生的经历又用上了。

二哥是个思想活跃的人，从不甘于现状。很早二哥就开始做小生意，他是人艺最早有私家汽车的演员。李光复是从卖报纸开始挣钱的。20世纪70年代，他跟着李源和一帮演员在首都剧场门前卖报纸，那时演一场戏给两毛钱补助，开演前卖20分钟报纸可以挣一块一。

改革开放初期光复的儿子出生了，需要用钱，他感到收入太少，就帮助香港开旅行社的亲戚接待游客。到北京旅游的旅游团，指定住在华侨大厦，离剧院不远，李光复跑起来也方便。他联系饭店、租车、导游、买火车票，一人全干了。为了提高讲解水平，他学习了许多中国历史和北京景点的知识，从而挣了一笔钱。李光复曾经向学院的老师建议，放假时让学生去当导游。面对一车游客，背解说词效果不好，必须说人话，锻炼与人沟通的技巧，同时也体验了生活。

后来他又代理卖复印机。他见将一张报纸放在复印机上面，一按键，就出溜一张一模一样的纸出来，挺新鲜的，问这一张多少钱，说是一块钱一张。光复想，国内工资一个月38块5，请个人抄写，一天得抄多少，谁买这个呀。可没想到，随着办公现代化，复印机很快就普及应用了。李光复妈妈起了个营业执照，二哥成了北京第一位代理销售复印机的人。那时剧院排练不多，他利用别人侃大山、喝小酒、下棋打牌的工夫，干起了经营。

做生意不能耽误人艺的本职工作。这边拍着戏，王府饭店来电话："李经理，给我送箱墨粉。"李光复一算，有半个小时空闲，从四楼宿舍取出墨粉，绑在自行车上，"嗖嗖"的骑着，送了上去，拿上支票就往回跑，正好不误上场。

通过酒店的关系，代理复印机的事慢慢地做了起来。当时卖一台复印机可以挣一万块钱，"工人穷，农民富，地痞流氓万元户"，有一万块钱可是牛大了。为了方便运输，他买了人艺的第一台私家车，影响非常"不好"。后来郭冬临跟李光复讲："你的第一辆车，把我们心里闹得翻江倒海的，我和巍子商量，咱俩也挣点儿钱，合着买辆车，打酱油都开着，气死李光复。"

对于李光复这种行为，领导也说不了什么，他该演戏演戏，从不误场，还能塑造出许多光彩的小角色。能做到一个角色一个样，这既得益于读书，同样重要的是自己有丰富的生活经历。这和做导游、卖复印机有关系，是对改革开放有切身的体会和认识。光复进一步说："这和体验生活不同，体验生活是体验，我是真正扎在生活中，感受更加深刻。再学点儿政治经济学，知道了货币是什么，西方的经营管理模式和固有的上层体制的冲突在哪儿。将这些体会用在表演上极其有好处。"

1992年导演张艾嘉拍电影《梦醒时分》，巩俐、钟镇涛主演，想找一个会开车的演员，演北京的出租车司机，当时只有李光复合适。一天通知在故宫午门前集合拍戏，到了现场，导演跟李光复说，你给他们讲讲故宫。一般演员估计一听就傻了，剧本没词儿，怎么讲？

这时摄像拿着机器跟拍，只见李光复一路走一路讲，三大殿、九龙壁、御花园，将做导游时背下的词全用上了，拍了两本带子。张艾嘉高兴地说："没想到大陆演员有这么好的学问。"

这就叫艺多不压身，学的东西不知道什么时候就用上了，正是不要有特别强的功利目的，特意为演戏去学什么，而是完全在于积累。1960年刚到人艺，老师讲的"最后拼的是文化"，这会儿光复深有体会。演戏时如果只想"我要成名、成家，好不容易争来一个角色"就直奔着去了，这样绝对演不好戏。做生意也是如此，做买卖不就是为挣钱吗？如果这么想就错了，直奔着钱去，一定挣不到钱。要找到其中的规律，觉得好玩儿，喜欢干而且乐在其中，诚信地交了朋友，大家一帮你，生意自然就做好了。

当年，剧院发现了李光复的经营才能，委派他担任了剧院的综艺公司经理，然后二哥引进了北京的第一批三轮车。从天津拉了两辆大卡车的飞鸽牌三轮车，和王大年等人组装起来，卖得挺好。可是组装的手艺不行，车老是坏。一次，李光复正在剧院排练《夜店》，演小斗子，来了一个要修三轮的人一个劲儿地找经理。李光复排戏躺在景片后，那人就隔着景片央求："李经理，给我换个得了，我那车轱辘掉了。"光复只好小声回答："等着，我下场再说。"就这样也不会影响李光复创作人物，因为他获得了人物感觉，只有这样，无论小斗子躺着、站着，怎么都是他。

李光复的表演松弛自然，得益于生活，生活让他成了杂家。他在不断地下基层中摸爬滚打，才有了舞台上的光彩，才有了一个角色一个样儿。就拿在电视剧《人民的名义》中李光复扮演的工会主席来说，他给观众留下了深刻印象，得到好评，有人问他："您在人物上下了很大的功夫吧？"光复说回答："其实没有，只是将原来的生活经历倒出来就是了。如果接了角色现去体验生活，根本来不及，演员需要平时的积累和仔细地观察。"

李光复的表演得益于北京人艺的艺术理念，他说："在全国只有北京人艺形成了自己的演艺学派。"人艺独有的艺术学派的形成是由总导演焦菊隐创立，郭沫若、老舍、曹禺剧本做支撑，一大批优秀表演艺术家的实践，有着极高的历史价值。总结起来有三点：一、鲜明的民族风格。焦菊隐把斯坦尼斯拉夫斯基表演体系和法国的戏剧理论融入了北京人艺的戏中，从《龙须沟》《虎符》《蔡文姬》，最后在《茶馆》，达到了民族风格的顶峰。二、浓郁的地方特色。现在好多戏没有特色，地方特色不是狭指必须有北京味，指的是排哪儿的戏就要是哪儿的人，就要代表那个地方的文化。《红白喜事》反映河北保定地区的事，北京人艺演得非常好。《带枪的人》《伊索》《哗变》是外国戏，同样精彩。

三、和谐的整体创造。具体解释就是"一棵菜精神"，每一个人，每一个岗位都是为戏服务。这次《人民的名义》为什么火？其中一个重要的因素是有一帮"老戏骨"的出演，每个角色都对，这些演员凑在一起形成了一个气场，不是靠一两个"小鲜肉"支撑的。戏中李光复扮演的工会主席郑西坡，三度创作中加进了演员自己的生活态度和思想，这些都是从生活中汲取的。

《茶馆》里面全是小市民，但该剧是大作家写的，大导演导的，大演员演的，他们诠释的小市民其实已经不是我们见到的小市民了。深入理解社会学和哲学的演员，拿理论反过来关照生活，表现的人物充满深刻的内涵。

李光复2012年参与拍摄了京味儿文化戏《正阳门下》，饰演了收藏家"破烂侯"，那已经不是传统的收破烂儿，而是有品位的京城爷们儿了。播出后得到一片好评，这都得益于北京人艺演剧学派对李光复多年的影响。

听了光复的这番话，我知道他把人艺当作了自己的家，嘴上什么都没说，骨子里对人艺有着深厚的情感。不论他干什么，了解的是生活，眼里看的是戏，研究的是人。虽然他下海了，但是没有把脚全迈进去。他说，他从没有想过离开舞台，因为演戏是他的本职工作，他热爱这个工作。2000年与光复相依为命的老母亲病逝了，当时剧院在云南演出，而作为北京人的光复此时没有按老北方习俗安排母亲的丧事，他没有请假，没有告诉任何人，在母亲去世的当天出殡、火化、入土。之后强压悲痛从墓地直奔飞机场，他算好时间能赶上当晚的演出。虽然他在剧中不是什么离不了的主角，但开场第一句话是他的，绝不能耽误。"戏比天大"这四个字早已融入李光复的血液中。当他赶到后台就差十五分钟开幕，他没喝一口水，没吃一口饭，而是抓紧时间一笔一笔地化着装。同事们没有一人和他说话，有人默默地拍拍肩，端杯水，此时无言胜有声。北京人艺倡导的"只有小演员，没有小角色"在这里又一次得到体现，你能说此时的李光复不是伟大的演员吗？

最后我让李光复谈谈对财富的认识。李光复这个从家有万贯到一贫如洗，年过七旬却依然浑身朝气的人这样说："在年轻时都缺钱，但是年轻人能满足基本生活需要，可以培养孩子就可以了，应该有明确的生活方向，像宗教一样，在精神上要有追求。弘一法师李叔同的家产足以享受几生，他却散尽家财，成为中国话剧的引进者，在1907年演出的《茶花女》中扮演女主角玛格丽特，是在中国公演的第一部话剧。一首《送别》，'长亭外，古道边，芳草碧连天。晚风拂柳笛声残，夕阳山外山'传诵至今。大师圆寂时枕着胳膊，躺在一个木板床上，身下连单子都没有。"

李光复说他最崇尚竹子的精神，竹子用四年时间只长了三厘米，却在第五年开始以每天三十厘米的速度疯狂增长，六周时间就长到十五米。其实，前面四年竹已默默将根在土壤里延伸了数百米，所以二哥说，我们要耐得住早期的寂寞，惜时如金，在生活积淀与文化素养上下足功夫，迎接机会的垂青。

当我问到他的追求是什么时，二哥这样回答我："演不重复的、鲜明的、可以代表自己价值取向和文化选择的角色，所创造的人物形象可以在北京人艺博物馆的人物画廊中出现。"这话说得多好啊！

现在的李光复被观众称为"国民老爸"，他自己的目标是在人艺认真演好每个小角色。人艺著名表演艺术家舒绣文就演过一个没词的打字员，让许多演员深受教育，佩服之至。李光复在自己的演艺道路上一直学习这种精神，前后演过上百个不重样的角色。从历史上的大臣魏徵、曹刿、寇准，到高级知识分子、医生、乞丐、领袖、警察、公安局长……每个角色都力求有鲜明的形象。他希望大家记住这些形象，这是演员自己的,这是真正的财富。至于名气、钱财、豪车、宅院其实都没有价值,最后什么都不会留下。

这就是我心中的二哥——杂家李光复。

一棵菜 —— 我眼中的北京人艺

BEIJING People's Art Theatre

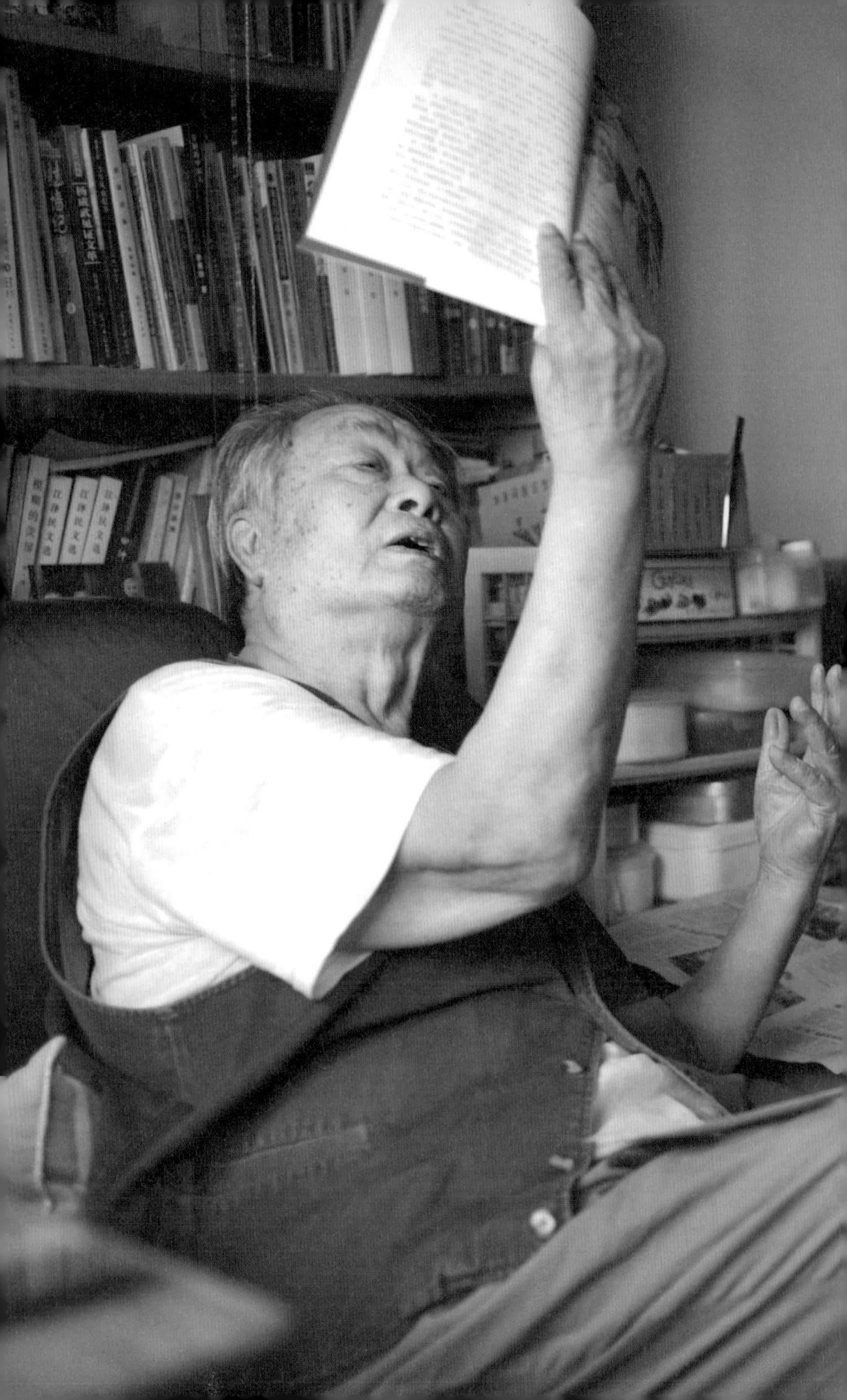

宋垠 灯光大师
（1924—2014）

一棵菜——我眼中的北京人艺 BEIJING People's Art Theatre

5、6、7，这三个数字对于他来说是刻在脑子里的，他可以忘记我女儿谷雨的爸妈是谁，可以忘记他住在哪里，可他绝忘不掉上台时间、开幕时间。这两位老人都是不善表达的人，他们嘴上从没说过"戏比天大"，但是他们用一生的工作态度告诉我们——戏大如天。

宋垠、刘涛，曾是我家多年来一墙之隔的邻居，后来拆不拆墙都成了一家人，因为他们成了我的公婆。我这辈子命好，也许世上最好的公婆让我遇到了，他们看着我长大，看我如何走进他们家门。说实话，当初我与先生结婚，很大原因是我对他们老夫妻的了解。

现在公公已经去世了，而他的晚年一直是八十多岁的婆婆在照顾。就连我和公公聊天，也是婆婆在帮着回忆。看着形影不离的他们，常让我想起《牵手》那首歌。

记得早年我们妯娌两个在公共浴室洗澡，无意中聊着家事，旁边一位老人家打断我们说："我听半天了，看着你们长得不像啊，请问你们说的妈，该不是婆婆吧？"当我们肯定地告诉她是在说婆婆时，老人家感慨道："我活了几十年，还是第一次听俩妯娌背后夸婆婆的呢。"我们笑了，异口同声地说："那是我们婆婆好。"

我进宋家只有公婆帮我，没有我帮他们的时候。记得我生孩子的时候，先生在日本，他们把我接到家中，让我和孩子住大屋，他们在小房间挤着,半夜孩子一有动静,他们马上冲过来一起帮我。那时又赶上人艺学员班要毕业,作为负责班内行政事务工作的婆婆又特别忙。等我先生回国时孩子已三个月大了,在这段日子里,婆婆没让我沾过一滴水,那段时间我又白又胖,而她居然累出三眼皮来。想到这些我就十分感动,我嫁到宋家三十多年,公公婆婆从没给我添过一点麻烦,倒是在我繁忙之时总能搭把手,让我安心工作,免除后顾之忧。

说到婆婆就要谈到公公,他们是一生相随的两个人。我公公宋垠自认是老北京,却说着一口贵州腔调的普通话,到现在还把"馅儿饼"说成"馅饼"。1952年北京人艺成立之前,他就到了北京,用他的话说:"怎么啦?在这几十年还不算老北京呀?"

老北京宋垠本是贵阳城里三大药铺的少爷,曾是一名经常逃学的学生,一天到晚就知道玩,什么生计、前途对他来讲似乎还是很遥远的事儿。

1941年秋天一个寒冷的早晨,十七岁的宋垠揣着他姐姐给他的信,

我的婆婆刘涛,公公宋垠(拍摄时间不详)

带着十几枚金戒指上了路,到四川万县抗敌演剧队六队找姐姐,去寻找他的理想,后来跟团一起到了汉口。从此以后,贵阳城里少了一个药铺少掌柜,话剧界里多了一个灯光大师。

1946年是演剧六队最困难的时期,也是宋垠最苦闷的日子。但是他没有彷徨,并拿出从家里带出来的钱物交给组织做经费、渡难关。

1947年宋垠经北平到解放区,到了演剧二队就待了下来,随队到天津演出。新中国成立前夕撤离北平,进入华北大学二团学习。

新中国成立后,宋垠被分到了戏剧学院话剧团,还当灯光师。1952年6月,他随中央戏剧学院话剧团并入刚刚成立的北京人民艺术剧院,担任剧院的灯光设计师。1953年他参与设计欧阳山尊导演的《春华秋实》,使舞台灯光走上更加专业的道路。他是个爱动脑子的人,20世纪50年代初,人艺没有自己的剧场,也没有足够的灯具,碰上大戏灯具不够时,就自己做,有时连街头砸洋铁壶的手艺人都得用上。1956年,首都剧场建成,宋垠也有了他想要的灯。

在《雷雨》中担任灯光设计师的是宋垠。最早的《雷雨》舞台灯光效果图也一直用到今天,成为人艺复排的依据。但是按宋垠的话讲,这是他的懒招,在每一部戏复排的时候,他都会随着对剧情逐渐深入的理解在原有的用光上不断地进行着细微调整,使灯光与剧情的结合更加紧密,更加完美。

舞台灯光并不是人们想象的那样,用个汽灯打亮就行了。这是一门很复杂的光学艺术,需要设计者对光有特殊的感受,而且要懂戏,懂导演意图,还要不断创新。对新的灯光器材也要了如指掌,知道光的性能,什么灯,多少瓦,在舞台的什么位置打出来是什么效果。1957年,人艺排演郭沫若的作品《虎符》,这一次导演焦菊隐要做话剧民族化的尝试,在舞美设计上选用了黑幕,这在中国的戏剧舞台上还是第一次。这对灯光设计宋垠也提出了新的课题。黑幕没有反射光,所以对台上人物的用光要更准确。太亮影响演员的表演,太暗不能达到预期的效果。

1984年，多年的老后台主任宋垠被任命为人艺副院长。他在工作上对事不对人并且极其较真儿，现在剧院还执行着一条他制定的规定：说明书上只有编剧、导演、设计的名字，其余主创一律无名。现今分工更加细致，主创部门那么多，不可能把名字都刊登在说明书上，可遗漏了谁都不好。宋垠多次作为秘书长带领《茶馆》剧组到世界各地演出。1986年，生性耿直的他又在工作中来了倔脾气，不搞阴谋诡计的他辞去了副院长职务。如果在副院长和灯光设计两个职务中让他选的话，宋垠更喜欢和那些绚丽夺目的五光十色打交道。

1986年10月，人艺排演了《狗儿爷涅槃》，这是宋垠离休前设计的最后一个戏。说来也巧，导演用的又是黑幕，和三十年前排演《虎符》所不同的是，灯光器材不断更新，而人却已经老了，对许多新的灯光器材有些陌生了。

《狗儿爷涅槃》场记（1987年）

263

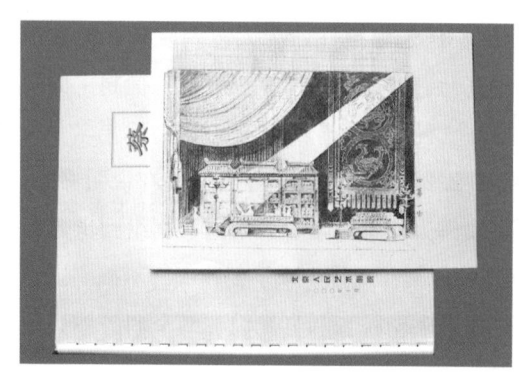

《蔡文姬》舞台灯光效果图（2000年）

    宋垠自己也没想到他在舞台灯光这个岗位上，一干就是一辈子。我听团里干灯光的同志这样形容我公公，听宋垠讲课是一种享受，他从来不拿稿，台上这几百号灯全刻在脑子里，他不光讲灯，还讲戏，讲戏与灯光的关系，他说没有灯光的烘托，很多戏是无法达到预期效果的。这话我信。我忘不了公公坐在书桌前画图的背影；忘不了他一边画图一边把我女儿放在图板上由她乱爬的样子；忘不了上了岁数的他在装台时自己从梯子上掉下来；更忘不了我才从外地拍戏回来，他就直接把我拉到首都剧场看演出，兴奋地告诉我此次用光的微小变化……

    晚年的他许多事想不起来，但一说到灯光，他全明白。当他打开自己保存的灯光图时，人一下子精神大增，指着这里、那里，讲得不差分毫。从1953年在人艺设计第一个戏《春华秋实》，到1991年的最后一个戏《李白》（离休后设计），近四十年他为人艺43台剧目设计了舞台灯光，仅1958年就设计了包括《茶馆》在内的九台剧目。

    他告诉我《蔡文姬》灯光很难搞，没有实景，都是用大小道具表示环境的变迁，花样很多。一个戏要用二三百个灯，灯的瓦数和灯的用法，散光、聚光都要想好，写出来，用号标定。焦菊隐导演要求的舞台上的气氛，人物活动时的感觉，这些完全靠灯光打出来。

他告诉我《伊索》灯光图画得好，这个戏没灯光图不行。台上都是台阶，没道具，也没景，没有支点，所以要有天桥光图。天幕上只表现一些气候，全剧靠灯光营造气氛。台上要用追光打出立体效果，用了追光台上就活动起来了，一活动画面就变了。颜色是光色，长短是范围。一个灯口写个数，一个数就是一个灯。《伊索》的灯光难搞就在于灯太多。

他还告诉我《茶馆》的设计他最下功夫，随着演出也有改进。主要是用颜色来表示气氛，他想好方案再经导演同意，共同完成。技术问题也要考虑好，比如，一个地点打三个灯，亮度和颜色的感觉要知道。灯光是有角度的，打到演员身上是什么感觉，就算是白光，也要有它的效果。生产灯的工厂不同，效果也不一样，作为一名设计者都要清楚……我常想，一个人如果能在自己热爱的单位，干一份自己喜欢的专业，真是一生的幸事。

谈到公公就要提到婆婆，她是一个办事稳当、性格安静、心地善良的人。婆婆生于天津，年轻时接触了蓝天野组织的祖国剧团，1948年化装出城经泊镇到了解放区，参加了革命，进入了华大文工三团。

她1952年前是演员，演过《红旗歌》里的金芳，也许是个太高，无法搭戏，转做场记。婆婆的文静与公公的豪爽有着很大的反差。婆婆在人艺人缘好，剧院的人提到她都会感慨地说："刘涛可是好人，开会敢说真话，那场记当的，今后不会再有喽。"是啊，导演身边有一个很重要的岗位——场记。人艺的场记文化水平要高，心要细，还要坐得住，他们为人艺的复排做出了不小的贡献。

外人也许不知道场记是一份多么重要的工作，它的重要不在今天而在明天。当今天成为昨天时，场记的作用和能力就都体现出来了——人们是靠场记的记录来复排。1958年场记被取消了，排的《悭吝人》就没有留下资料。刘涛就改行当舞台监督和剧务。

《伊索》是人艺的保留剧目，1959年组建剧组时，因为取消了场记专业，刘涛在组里做剧务。等"文化大革命"后复排时，人艺请陈颙回来导戏，可陈导手里什么资料都没有，此时刘涛拿出一份场记，陈导一看兴奋地说："可把我救了。"救了陈颙导演的这份记录其实不是当时在现场记的，刘涛是看陈颙戏排得挺好，就自己私下把排演实况记了下来，之后又在演出后根据记忆做了整理。她将人物调度用画笔记下，画中人各个活灵活现，令人过目不忘。

复排时刘涛已调到艺术处工作，可她还是常去看排戏，通过回忆慢慢整理出后来定稿的全部资料。这就要在下班后做大量的工作，我印象很深，有一次看到她在整理资料，那时没有电脑，因临时少个什么字，婆婆就在报纸上找，找到后剪下来贴在所需处。

我的公婆都是很早就参加革命的人，他们是那种干实事、不喜邀功、不爱张扬、不争名利的人。剧院分房，本可按级别分的房子，他们不要，说剧院房少，够住就好；合影照相，站在旁边就好；做事认真，办成就好……他们身上还有许多那代人的好品质、好作风，为了

《红大院》剧照（摄于1958年，刘涛饰周二嫂（前中），（后排左起）谢延宁饰敬莲、王志鸿饰群众、孟瑾饰王大嫂、肖榴饰小唐嫂、叶子饰徐四嫂、狄辛饰彭六嫂、秦在平饰崔大嫂

不显得自吹自擂我还是不写为好。总之，言传不如身教，有这样的公婆，我要努力做到真善美，学会孝。

公公在北京人艺是个说话有声的人，在大原则上挑不出任何毛病，尤其是在"文化大革命"中，是有原则有骨气的。听老人们说另一个有骨气的人是刁光覃叔叔。一场史无前例的"文化大革命"把不少人都打趴下了，但宋垠、刘涛没趴下，反而站得更直，因为他们敢说真话，勇于承担，在剧院很受人敬重。老一辈的事我并不想在此评说，但公婆对工作的态度一直让我深受教育。

公公晚年有脑软化，生活中常常颠三倒四闹出许多笑话，特别是每天到下午5点钟公公都会这样说："刘涛，5点钟了。""5点干吗呀？"公公听见我们反问，他会很奇怪地看着我们，高声说："5点钟啦，刘涛，快做饭，要晚了。"婆婆早已习以为常，不理他。6点钟时，公公又说："6点钟了，快走吧！"我们问："去哪儿呀？"公公有些不耐烦地说："去剧场啊！7点要到啦！""7和您没关系啦，您离休啦。"公公听到我们这样的回答，往往不再说话，愣愣地望着我们，一会儿自己不知所措地用拐杖使劲地敲敲这儿，打打那儿。我每次看到公公这样，脸上笑着，心里却总是酸酸的。

公公当了一辈子后台主任，下午5点、6点、7点这三个时间对他来说是何等的重要，几十年来他要在5点早早吃了饭，不管今晚台上演出什么剧目，他6点以前一定要上台，人艺的戏一般7点15分开演，7点5分打第一遍开场钟声。我不知道在7点钟之前，公公在台上、幕后、侧台、天桥、侧三的灯光楼子……台上台下甚至后台的犄角处转过多少圈，反正在他管理的几十年里没有出过一个问题。

5、6、7，这三个数字对于他来说是刻在脑子里的，他可以忘记我女儿谷雨的爸妈是谁，可以忘记他住在哪里，可他绝忘不掉上台时间、开幕时间。这两位老人都是不善表达的人，他们嘴上从没说过"戏比天大"，但是他们用一生的工作态度告诉我们——戏大如天。

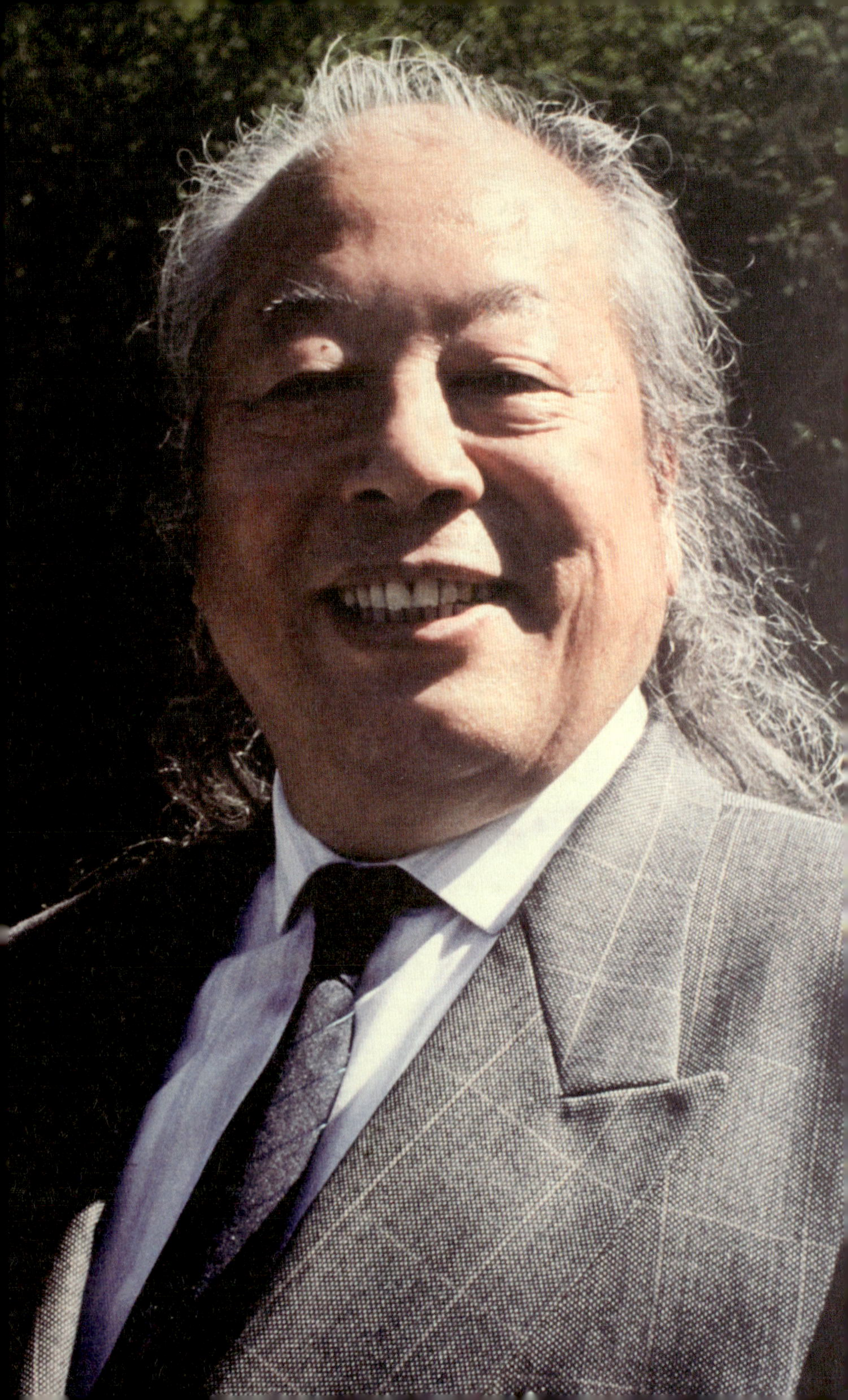

一棵菜——我眼中的北京人艺 BEIJING People's Art Theatre

王文冲
（1925—1993）

舞美大师

我熟悉他那一头略微蓬乱的长发和彬彬有礼、略带中气的声音，熟悉他站在硕大的天幕之中挥毫泼墨的大将风度，此时似乎又闻到他家那熟悉的、笔墨特有的香气……

文冲叔叔是演艺界有名的舞美大师，在人艺众多的优秀剧目中都能看到他的风采。小的时候，我常常跑到史家胡同西口马路对面的人艺大楼玩儿，那里是人艺的制景工厂。我靠在高大厚重的玻璃大门边，看文冲叔叔站在大白布上用一支用木条加长的排笔，蘸着染料盆中的各种颜色，在布上画着。他个子有1米78左右，是个胖子，有着不小的将军肚，身穿一件深蓝色的长款开胸工作服，工作服上沾染了各种颜料，色块、色条、色点把工作服搞成了花衣服。他头微低，身板直直地挺着绝不委屈了将军肚，认真地画着，时不时停下看看身旁木架上的小样儿，再眯着眼睛看一看画布。

有时他发现靠在大门口的我，会说："哟，小子春，你干吗来啦？进来，进来吧。"我想进去，可低头看看那铺满大厅的布又缩回了脚，对文冲叔叔摇着头笑笑。后来，我知道文冲叔叔画的大布名称叫"天幕"，是放在舞台最后好似一面墙的幕布。天幕也是文冲叔叔的大画卷，他用睿智的头脑和有力的臂膀把雪白的棉布变成五彩缤纷的世界。

我熟悉他那一头略微蓬乱的长发和彬彬有礼、略带中气的声音，熟悉他站在硕大的天幕之中挥毫泼墨的大将风度，此时似乎又闻到他家那熟悉的、笔墨特有的香气……我不禁放下手中的笔，合上湿润的双目，静静地靠在椅背上任自己冥想。侧目望望窗外，天暗暗的，院里没有一个人。我的思绪穿过时间的隧道来到人艺古朴的红砖楼，重回温梦的地方……

在三层的楼梯上响起了熟悉的拖鞋声，下午4点多钟，离吃晚饭还有一会儿，住在三层的文冲叔叔此时常会下到二层找父亲聊天。他们无话不谈，聊得既开心又热烈。有时住在一墙之隔的、后来成了我公公的宋垠也加入其中，那叫一个嗓门儿大，那叫一个开心。一次，我一句无意说出的话"得罪"了舞美大师，他"仇恨"了我很多年。我笑称此事为"有腰事件"。

说来也真怪，人艺几个胖子除不住史家胡同56号院的全集中住在老楼西门了。用我外甥的话说，姥爷是大肚老爷，住隔壁的我公公是小肚老爷，那住三楼的文冲叔叔肯定也是肚老爷一级的人物。想想，

《茶馆》第一幕设计图（1958年）

他们三人如此风度绝对和肚子有关，所以人们才称这种肚子为"将军肚"嘛。

话说一日午后，文冲叔叔照例在我家闲聊，父亲出出进进忙着什么，我和文冲叔叔有一搭没一搭地说着话。看到才转身出去的父亲，我不禁赞美起来，说："文冲叔叔，别看我爸比您胖，可他有腰……"我话还没说完就被叫停。只见文冲叔叔向我伸直胳膊，大手上上下下地点着我说："你等会儿，你说什么？你父亲有腰？啊？方胖有什么？腰？"看着他好像没听清的诧异样儿，我点着头自信地回答："啊！我爸比你们有腰，你看……"我的话再次被文冲叔叔打断，他又抬起大手频率更快地点着我说："你等会儿你等会儿，哎，方胖儿，你进来一下。"父亲走进来，未来的公公也跟了进来，屋里不大的空间一下子被三个胖人站满了。

文冲叔叔看当事人已到还多了个见证人，无法忍耐的"愤怒"爆发了，说："方胖，你知道你闺女说什么吗？她说，你有腰！听听，说什么不行？啊？说你爸有才，说你爸比我胖，我都承认。说你爸有腰！这，这口气我没法咽，还，还比我们，老宋，听听，比你我有腰……"

我看看"气"得几乎坐不住的文冲叔叔，又看看听到此话之后幸福无比和我甜蜜对着笑的胖父亲，再看看正对着我爸的身体从上到下打量着找腰的未来公公，我觉得很无奈。只听见证人用那一口贵阳普通话不停地问我："腰在哪儿啊？我怎么没看到？方子春同志，你说的腰在哪里？没有呀，哪里？"

看来我说了一句不该说的话，可说出去的话泼出去的水，收是收不回来了，只好指着我爸的腰间说："这不是腰嘛，你们的皮带系在肚子下边，裤子挂在胯上，我爸系在腰和肚子上，他当然有腰啦。"听我解释完，两位叔叔一同盯着我爸的腰部认真"鉴定"，父亲此时那个得意呀，一边说："看看，有腰吧，是有腰。"一边在两位胖子拥挤的空间中，仰首挺胸强走两步，摆一个小弧度的姿势，微笑地等待着二位的结论。

就看文冲叔叔夸张地从椅子上"跳"起,身体前倾,挤过乐呵呵的父亲和还在观察的见证人,合理冲撞"将军肚"的同时又甩出了一句:"哼,这也叫腰!受不了了,有这么护父亲的吗?"从此,文冲叔叔只要问起我爸,都会从眼角夹着我,那酸文假醋之词随着一半的鼻音慢悠悠地传到我耳朵里:"你那有腰的父亲在家吗?""你那有腰的父亲干吗呢?""你那有腰的父亲……"唉,写到这我不禁潸然泪下,我那有腰的父亲还有没腰的文冲叔叔都已离世很多年了。我好想我那有腰的父亲,想文冲叔叔,想那些快乐的时光!

我喜欢文冲叔叔,甚至视他为我的忘年交,他从来没有把我看成是一般的女孩子。他常说我很不容易,今后一定会有出息。其实,我没有什么特别的,"文化大革命"中我的遭遇同龄人都大同小异地受过,只不过我能咬紧牙关,从不放松学习。如果说现在我对书画有一些欣赏能力,其中就有文冲叔叔的功劳。

我喜欢字画,却看不懂它们。文冲叔叔家有许多字画,那时住房小,他家的墙上、地上摞着的镜框里、粗大的笔筒或大瓷缸里……凡是能放字画的地方,都满是画卷画轴。他高兴时会打开一两幅讲给我听:这幅画的作者是何方人氏,此画笔墨构图如何。他每谈及艺术马上会严肃起来,滔滔不绝。

记得,他卧室的墙上常年用玻璃框挂着一幅字,字是谁写的我忘了,只记得是幅行草,我很喜欢就向他讨要。文冲叔叔说道:"好哇!你什么时候把这上边的字全认出来,念明白了,你结婚时我就把它送给你。"从那以后我每到他家都要去读那幅字,可从没认全读顺过,当然我结婚时也没有得到它。可在讨要的过程中,他教会了我如何欣赏一幅字画,要如何看字的用墨、笔锋,要看字骨,看行笔是否得当一气呵成,布局是否相得益彰,等等。其中的学问可真大了去了。

改革开放之初,一位日本壁画大师在中国美术馆办画展。我们几个孩子簇拥着文冲叔叔走进人头攒动的展馆,听文冲大师分析一幅幅画作。他边看边谈,从作者的简历与绘画风格,中国画与日本画的不同,到每幅画的主题与特点,如此的手法要表现什么内容……讲得出神入化,滔滔不绝,知识之广博,条理之清晰,让早已领教过的我更加佩服得五体投地,睁大眼睛随着他的脚步向前移动。不知不觉中我们身后的人越来越多,很快听众围成了一个半圆,前来看画展的许多人被眼前这位风度翩翩的长者所吸引,听到他生动而专业的讲解,不由地加入我们的行列,目不转睛地看着,伸长耳朵听着,生怕落下一个字。

写到这,当我拿起桌上的水杯想喝口水时,目光无意间落在桌角的一个小盒上。放下水杯,拿起许久未动的长方形小盒轻轻拂拭,打开它,用废旧的八行纸包裹着的一枚方章出现在眼前,小心地打开纸片看着这方印上的字,我笑了。回想当年在外漂泊八载之后回京办手续的前一天晚上,已9点多了才有人通知我明天一早要带个人图章去办理各种事宜。根本没图章的我傻了,只好叩开文冲叔叔的房门说明来意。文冲叔叔一口答应让我放心,第二天一早,大师送来了救急的图章。我拿着自己的第一枚印章办理了回京的手续,又做回了北京人。许多年过去了,生活中几乎用不到图章了,可我还是把它小心收好,因为这是个念想。

把放进盒子的印章送回桌角处,我又躺靠在转椅上,闭上双眼,在冥想中收回思绪……

王文冲画作《白猿》(1990年)

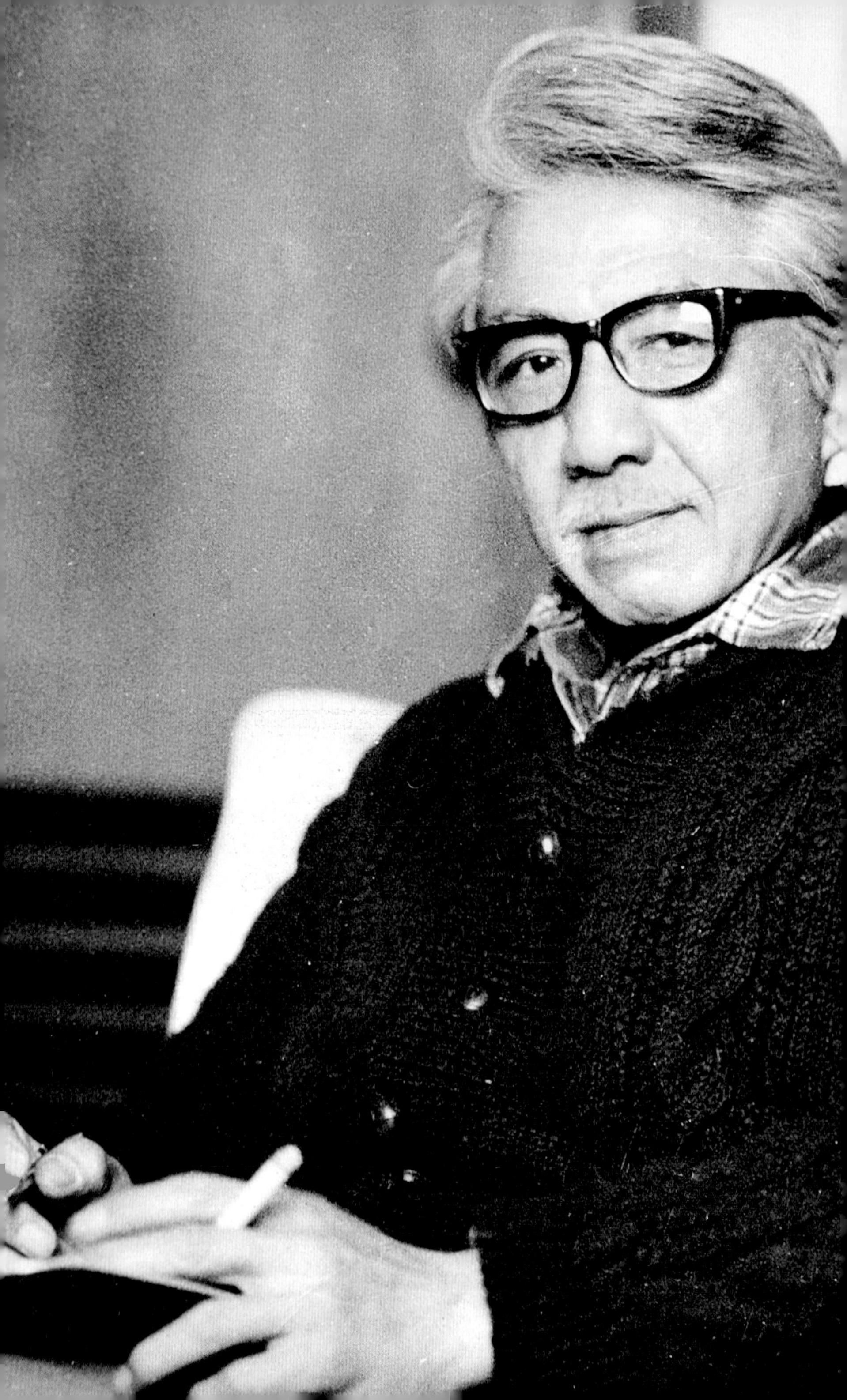

冯钦 音效大师

（1931—1997）

一棵菜——我眼中的北京人艺　BEIJING People's Art Theatre

冯钦叔叔一生有许多令他骄傲的事情，但在这些事情之中有一件不可不提，那就是在名著《茶馆》演出之后，导演焦菊隐先生对他说："《茶馆》这出戏一半看前台的演员，一半听幕后的效果。"这段话常常被冯钦叔叔引以为豪！因为导演肯定了他的努力，更让他看到了音效在戏剧中的重要性。

音效大师冯钦可称一"神人",他有好多好玩的故事,也是我心中最钦佩的人之一。他中等身材,偏瘦但干练,话不算多,但句句在点儿上,甚至有时有点儿损。从哪儿说起呢?咱们还是先说生活再谈工作,先讲从前再说后来吧。

之前我提到一只把金雅琴辫子当秋千打的猴,这猴不是别人养的,就是当年住人艺男宿舍的冯钦叔叔的宠物。它很漂亮,是一只金丝猴;它很聪明,知道人情世故;它很"流氓",专到女同志床上尿尿。因它多次胡作非为,冯钦叔叔只好忍痛把它送给了北京动物园。后来冯钦叔叔多次去看过他的小宝贝——北京动物园的第一只金丝猴。

北京人艺过去有支足球队。不少名人是足球队员,朱旭做过守门员,林连昆也当过主力,冯钦叔叔就是那个踢中锋的队员。我很早就知道,冯钦叔叔的爱人也是个体育迷,他们就是通过足球这条红线才结合到一起,共同走过几十年的。

冯钦叔叔不管生活上还是工作上都是有心人。他很细心,细致地观察生活，工作严谨，你不管去他家还是他的效果间，东西虽多却井井有条。否则，他也搞不出那个一下子走红的《老北京叫卖联唱》。更不可能在改革开放之初，林兆华在小剧场排《绝对信号》剧目时就能把舒伯特的《圣母颂》作为人物的背景音乐，使丛林饰演的"小号"这个人物这么动人贴切。从那以后，广大的中国观众对这首曲子才渐渐熟悉起来，成了耳熟能详的名曲。

冯钦叔叔一生有许多令他骄傲的事情，但在这些事情之中有一件不可不提，那就是在名著《茶馆》演出之后，导演焦菊隐先生对他说："《茶馆》这出戏一半看前台的演员，一半听幕后的效果。"这段话常常被冯钦叔叔引以为豪！因为导演肯定了他的努力，更让他看到了音效在戏剧中的重要性。人艺的老同志几乎人人身上都有一种对工作不惜余力的干劲，不管他是干什么行当的，那种对事业的追求，对艺术的热爱，那种走到哪儿谈到哪儿的氛围是我在现如今很难感受到的。

有一件事情我一想起来就觉得对不起他老人家。那一年我在做电视剧《天桥梦》的后期。这部戏的音频部分很难，往往在一个段落中要反复铺好几道，如一道对白、一道群杂、一道街景吆喝，还有大小动效，等等。说到老北京的吆喝，我首先想到冯钦叔叔，但这时冯钦叔叔已不太愿意出来干活了，主要是对圈内的风气有些看不惯。我是好说歹说总算把老人家说动了。冯钦叔叔不光给我面子，创作热情也调动起来了，一天到晚拿着几十集的剧本又是标又是画。听说我们开始在北影棚里录对白，那么远的路，老人家不用接送，一定要去感受一下。我特别高兴，连忙把这事儿和导演汇报。没想到，导演没和我沟通，早找了别人了！老天，我一下子为了难，冯钦叔叔准备了那么长时间，又画本子又找资料我怎么和人家说呀！

没想到冯钦叔叔听完来龙去脉不但没生气，反过来安慰无地自容的我。从此以后冯钦叔叔再也没接过外边的活儿，我们见面时谁也没提过这件事，可我心里一直不是滋味……就在这一年的春节，人艺照

冯钦工作照（拍摄时间不详）

例举办舞会。一辈子在舞会上只管放音乐而不跳舞的冯钦叔叔,却特意请我跳了一支舞。他在跳舞时悄声告诉我:"我可是一辈子都不跳舞的,今天破破例,请小子春跳个舞,只跳这一曲哟!"看着冯钦叔叔那一头漂亮的白发,我笑了。我明白,他这是让我知道,他理解我,我们之间没有隔阂。

而深深埋进心里的愧疚,我从未提起,只今天这一次,也许也是最后一次。冯钦叔叔带着他的才华离开了我们,而他那神奇的音效却永远回响在舞台上。

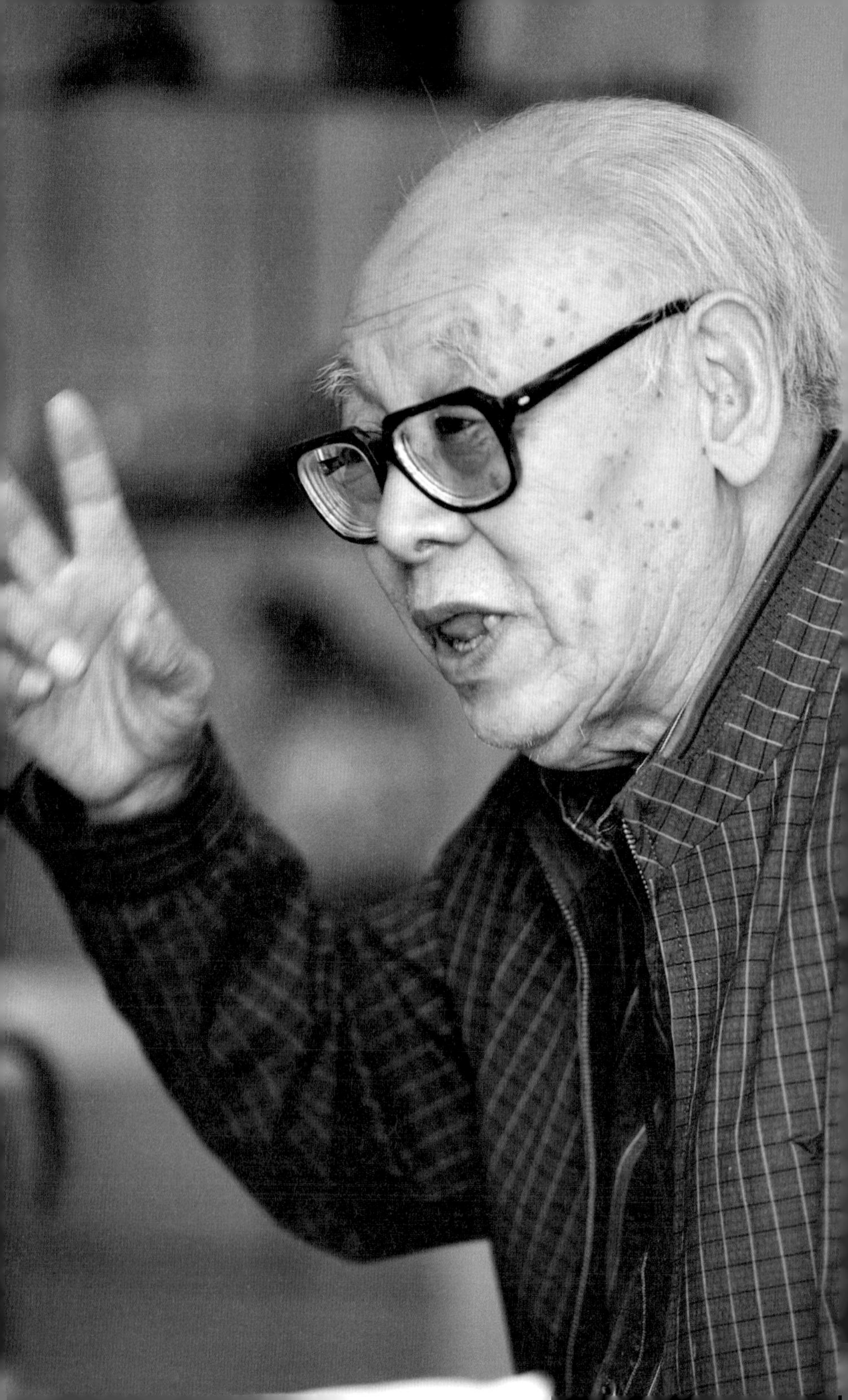

丁里
道具大师
(1927—)

一棵菜——我眼中的北京人艺 BEIJING People's Art Theatre

道具师一做几十年,他做了不知多少以假乱真的物件,积累了无数的经验。在他的手上,老报纸依然是竖排,洋火盒依然有年代。他那厚厚的镜片后有一双善于观察生活的眼睛,他那不起眼的双手能做出一片天地。总之,道具间就是个浓缩的小世界,古今中外的物件应有尽有,在这里,你能从每一件东西的纹路里看到出处,听到吸引人的故事。

丁里，一位曾住在人艺宿舍大院的老人儿。在我记忆中，丁里叔叔好像永远是同一副样子，从没觉得他年轻，也没觉得他老。他总是瘦瘦的，戴着个深色框的老式眼镜，背有些驼，行色从不慌张，从不主动与人搭讪，但要聊起来，您说什么吧，他又无所不知无所不晓。丁里叔叔在人艺干什么的？幕后大能人——道具师。

丁里叔叔的外号叫"皇上"，为什么人们叫他皇上呢？原来，院长欧阳山尊首先发现他与溥仪长得很像。每每丁里进排演场，山尊院长都会"皇上来了，皇上来了"地招呼。于是这个外号叫开了。加之作为老北京的曹家规矩太多，害得我一直以为他真的在旗，是皇亲国戚呢。

丁里叔叔家住人艺大院的前院，和刁光覃、朱琳家对门。他有三个孩子，两头是男孩中间是女儿。女儿曹小清（曹和清）与我同窗八载。您要问了，他姓丁，他女儿怎么姓曹呢？诸位看官如果读过我写的纪念李丁老师的文章就会记得，与李丁同去解放区的还有一位同志叫丁里,我说的丁里就是他。

话说丁里叔叔风华正茂之时与两位同样向往进步的热血青年奔赴解放区。在过国民党的封锁线时,为了安全起见,地下党的同志为每位过路的学生都起了假名字。人过的多了,名字越用越少,看着这三位同学实在想不出好名字来,于是决定盲指报纸,睁眼见到的第一个字为名。谁知,这个字竟是个"肉"字,可不能叫李肉、曹肉啊。那年月物价飞涨,年轻人缺肉啊,不能叫"肉"却从肉想到肉丁。"丁"这字好。

俩人又打了个赌,赢的以"丁"为名,输的以"丁"为姓。李同学赢了叫李丁,曹同学输了就叫丁里。多年后,李丁成了家喻户晓的表演艺术家,丁里成了业内响当当的道具师。

也许您不明白,一个道具师怎么还响当当啊?呵!道具师可不光要把物件儿做好做真,一个有水平的道具师要知道什么朝代用什么,怎么用,什么阶层什么时候用什么东西。摆不对用不好,让行家看出来丢人不说,自个儿也过不去。好的道具师,对每场戏、每个人物如何用道具,哪怕一条手帕、一个鼻烟壶都要有设计,要为戏添彩。也就是说,古人不能用现代玩意儿,该用红子绢儿你发个黄的,这就是找骂的事儿。再者说,清朝才有的东西你摆汉代去了,那不是把面儿丢姥姥家去啦。小玩意儿也一样啊,您比如要是连烟杆儿烟枪都整不明白,那还能叫道具师吗?那叫"管道具的",而且管都管不好。再者说了,大东西做得要像要真,要理解导演的意图,摆着要画龙点睛又不碍事儿。小玩意儿也一样,还要演员好拿,拿得顺手。

比如,《丹心谱》中有场包饺子的戏。生活中饺子怎么包都行,但戏里包饺子,一要包得漂亮,二要包时不能添乱把戏搅了,丁里叔叔就想办法了。他先把白布剪成一个个"饺子皮",皮边用搭扣粘连,用锯屑充当"饺子馅",一试,效果不佳。于是,他又用细铁丝给"饺子皮"顺了个边,"饺子馅"改用纸团儿,做成干炸丸子的模样。演员演戏时,随手一抆，正好可以把一个纸做的小丸子，放入"饺子皮"。再一折边上有细铁丝的"饺子皮"，不管怎么包怎么放，这些用不倒翁原理做成的饺子一个个立在算子上，那叫一个漂亮，成功了！嘿嘿，这活儿可不是想做就能做得了的。做道具要聪悟，要有灵气儿，要会琢磨。

年龄大些的人都记得《东方红》这出大型歌舞吧。其中有一场叫《星星之火可以燎原》，燎原需要用到火把，丁里叔叔接到任务之后便琢磨开了。大家都知道舞台上是不能用真火的，真着了怎么办？可不像也不行，这火把要是做不像效果会大减；太沉也不行，太沉了演员拿不动。想着想着，他想起儿时上课，他趁老师转身在黑板写题时，用小镜子对着太阳照，利用反射的原理使老师看不清黑板，搞得全班大笑。之后，他又想起过去理发店的店门前做幌子的法国三色旗旋转霓虹灯，立刻茅塞顿开。他用红布做成火苗，在底部把手里装上个小电机，利用光的折射原理，当红光打在火把上，火把里的电机一转红布飘起变成跳动的火苗，一个个鲜红的火把展现在观众眼前，让全场

道具组在工作（摄于1980年），中间坐者为丁里

气氛达到高潮！诸位，那时还没有迪斯科舞厅的旋转大球，也没有歌厅闪烁的霓虹灯光，只有丁里叔叔的聪明才智和灵巧的双手为舞台增光添彩。

丁里叔叔参加工作较早，新中国成立前他就开始演戏了。他和金雅琴阿姨曾有两次合作，这些合作已经过去几十年了，雅琴阿姨早已忘记演出的内容，却没忘记丁里叔叔的应变能力。一次雅琴阿姨饰演的角色要穿旗袍，腿上需要一双长筒袜，但临时去哪儿找长筒袜？丁里叔叔灵光一闪，不慌不忙地用一支咖啡色的毛笔在金雅琴阿姨的大腿后边从上至下直直地画了一条线，丝袜的感觉一下子就出来了，人人叫绝！

另一次是新中国成立初期，领导让丁里和金雅琴上街演活报剧，内容是宣传防治鼠疫。他们先到天安门，丁里出主意对金雅琴说："上台演完，咱俩在台下一问一答'吵架'，把防治鼠疫的重要性'吵'出来，这样的形式群众接受得快。"雅琴阿姨一听这主意不错，台上的戏一演完，她就放开嗓子说："谁家没耗子呀？也至于这么大惊小怪的？"丁里说："你这是什么话，耗子虽小可是能够传染病嘛。"阿姨说："我活这么大了，还没见过耗子能传染呢！"丁里："刚才剧团的同志不是演了吗？鼠疫就是耗子传染的。"雅琴大声答："他们演了又怎么样啊？我才不信呢！"

他们这一吵，看完戏的群众也不走了，围观并参战，直把金雅琴说得败下阵来，丁里叔叔好不得意。这边演完两位情绪依然高涨，又奔了东四，到那照着天安门版本再来一遍，不曾想遇着搅局的了。原来一闲人，在天安门看了演出，又骑着车逛东四来了，没想到刚在天安门的这俩人又在这一问一答地吵开了。嘿，这不是骗人嘛！想到这儿闲人大喊："这两人是骗子！别信他们的！"于是，丁里只好拉着金雅琴逃回剧院。

丁里叔叔虽很爱演戏，但因是个大近视眼，只好改行。他搞道具的天分也是因近视眼而被发现的。那还是年轻时演《民主青年进行曲》

积攒邮封是丁里一生的爱好（摄于 2012 年）

的时候，戏中有年轻学生把一沓子钱扔了一地，丁里扮演的工友帮助捡拾满台的法币，但因舞台太黑，他又是近视眼，看不清楚，每次捡得都很吃力，捡得太慢影响戏的节奏。于是他想了个小窍门，先用小小的珠子固定在每张法币上，再用一条细细的黑丝线把珠子穿起来。这样不管法币如何飞舞，他只要摸到一张法币，再做戏慢慢地拉捡，满台的法币尽收手中。导演看到很欣赏，于是丁里就此改行搞道具。

　　道具师一做几十年，他做了不知多少以假乱真的物件，积累了无数的经验。在他的手上，老报纸依然是竖排，洋火盒依然有年代。他那厚厚的镜片后有一双善于观察生活的眼睛，他那不起眼的双手能做出一片天地。总之，道具间就是个浓缩的小世界，古今中外的物件应有尽有，在这里，你能从每一件东西的纹路里看到出处，听到吸引人的故事。老人艺响当当的道具师——丁里，神啦！

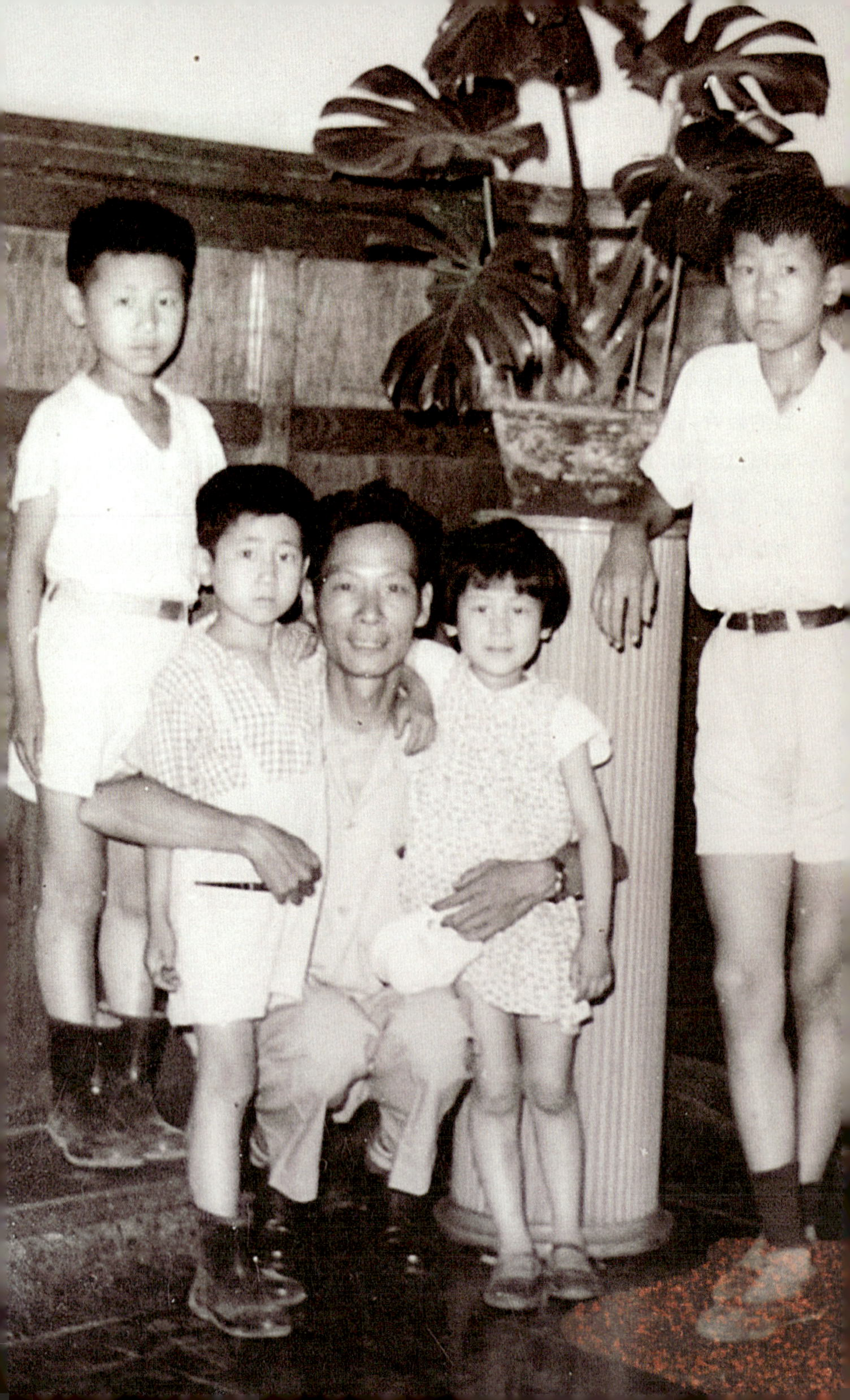

一棵菜——我眼中的北京人艺 BEIJING People's Art Theatre

陈宪武
(1917—1993)

他的孩子们和他传奇的一生

宪武大大有四个子女,他给孩子们起的名字合在一起就是他自己的人生信条:平凡朴素。

提起陈宪武，圈外人也许知之甚少，但在文艺界可谓鼎鼎有名。他的一生充满传奇，用我公公宋垠的一句话说："他的一生太多离奇，也很曲折，都可以写本书了。"

人们形容遇到意想不到的好事叫"天上掉馅饼"。可你听说过天上掉金子吗？没有吧。可就有这么一天，不知是飞机失事还是老天开眼，反正有一箱金子真的从天上掉到宪武大大面前！是真的金子！好多哟！于是他成了有钱人。他曾是上海一家银行的实习生，有着较高的收入，但是年轻的陈宪武内心一直有一个梦想：办一家剧院。他首先用天上掉下来的这些金子开了一家旅行社，边做生意边资助进步人士，为革命做贡献。随后走进了革命队伍，成为一名演剧队成员。金子也全部上交党组织，成为演剧队的活动经费。

再后来，他去了香港，他作为成功人士在香港任香港商会会长王宽成的顾问。中华人民共和国成立后，他被王宽成派到北京，参加了北京第一家合资企业——新侨饭店的筹建工作，并担任新侨饭店顾问。

20世纪50年代初北京人民艺术剧院成立，当时的院领导夏淳点名向组织上要了陈宪武，任人艺总务科长。宪武大大作为演剧队的老同志欣然同意，多年的夙愿终于实现了。

也许有些人不解，人艺总务科长这个职位，怎么能和大饭店，而且还是新侨饭店顾问的这个职位相比呢？这就是那个时代的人的可爱之处，组织让去哪儿就去哪儿，何况他又是那么热爱艺术的人！

宪武大大有四个子女，他给孩子们起的名字合在一起就是他自己的人生信条：平凡朴素。作为人艺的大管家，他不光参与建设了代表着艺术殿堂的首都剧场，还为人艺宿舍的第一座红砖楼出谋献策，并种上了爬山虎。远远望去，红砖楼在郁郁葱葱的绿叶间时隐时现，让人艺大院更加具有艺术魅力。不起眼的四层楼被宪武大大这么一打扮，就成了史家胡同美丽的一景。

宪武大大给我最深的印象是在《茶馆》中饰演的崔久峯，一位前国会议员，角色不大，只在《茶馆》第二幕中出现。但这个小角色却因为陈宪武的独特表现而成为该剧的一个亮点。为什么呢？首先是作者写得好，人物不分大小，一个是一个，再就是导演选演员选得好！宪武大大是福建人，体形偏瘦，声音是具有穿透性的男中音，普通话略带福建口音，加上他自身特有的海派气质，拿着个文明棍扮起崔久峯这个角色来，要多酸有多酸，简直把这个前国会议员演活了。后来扮演过这个角色的演员很少有人演得过他。你又该奇怪了，他不是总务科长吗？怎么演起戏来？这就是北京人艺，几乎人人能上台、个个能演戏。当然，也有极个别的人一上台就"晕菜"。

还有一件事让我对宪武大大佩服得五体投地——他能讲一口流利的英语，这在那个年代可不多见。"文化大革命"中他给不少孩子辅导过英语，如刁光覃之子刁小方、宋垠之子宋伟等等，对孩子们来说是莫大的帮助。

宪武大大和他在文联工作的夫人都很忙，每天总是步履匆匆，顾

《茶馆》剧照（摄于1958年），陈宪武饰崔久峰

不上照顾四个孩子，但孩子们长大后却个个有出息。老大陈小平，"文化大革命"中毕业于北京工业大学金属热处理专业，毕业后被分配到四川某小县城打铁铺，但后来他通过自身的努力调回北京，事业有成，现如今已是了不起的企业家；陈家老二名小凡，从小到大都热爱运动，当然也是学习成绩较好的学生，现在也颇有成就，是某研究所的领导；陈家三儿子名小朴，长大后是某报的记者；老四是个女儿名小素，曾是我国少有的女钢筋工，参与过北京饭店等标志性建筑的建设，后来成了一名有建树、有魄力的女领导。我脑海中有两段与平哥和小凡有关的回忆，至今都难以忘怀。

在我的心目中平哥是个天不怕地不怕的人。记得有一次，我好不容易得了一张永久二八的男自行车票，高高兴兴地到东四隆福大厦去买车。在买车的地方有好多倒车票的人，一位亲切的大爷对我说："姑娘买什么车？二八永久？把你车票给我看看，女孩家家的骑男车有危险，我能帮你换张女车票。"说着大爷一转身就与我的车票一同不见了。这可急坏了我。我一直等到中午，人们都四散了也没找到人，我心慌慌地跑回家。这时已是下午1点多了，家里偏偏没有人，我也没心思吃中饭，傻傻地坐在房里不知如何是好。突然我想起平哥，只有他能帮我，我三步并作两步，冲上东四楼砸开陈家的门。平哥正在午睡，我一见他，说话就带了哭腔，他一看不知出了什么事，蒙眬的睡眼也不惺忪了，一边哄我说"别急"，一边让我把事情说清楚。我不停顿地一口气把事情说完，只见他边穿衣服边带着我往楼下跑去。

他骑车特快，我蹬着一辆倒轮闸的车紧追，不一会儿回到隆福大厦，已有几个长年在那倒票的人吃完午饭回来了，小平哥上前跟他们攀谈起来。我只是紧跟着他，一句话也不敢说，小平哥说了："你听见什么也别说话！机灵点儿，腿跨车上，人别下车……"不一会儿，小平哥竟然打听到了老头的住址，他带我直奔老头家。老头家离东四不远，就在礼士胡同西口，还在午睡的老头万万没想到我们会找到那儿去，也许他怕邻居听见吧，就又随我们回到隆福大厦。一到地儿，老头态度一下子强硬了起来，他上午居然用我的车票换了一张飞鸽女车票和一张杂牌车票。我一听急了，一把拉着老头的衣服，嘴里直说："你是坏人！你就是坏人！还我车票！我要自己的车票……"小平哥一看我那熊样，把小眼儿一瞪说："别求他！让大伙儿说说，这么大岁数骗我妹妹也好意思，有种跟我回七处！"围拢的人们一下子静了下来。有人问："公安部七处的？"小平哥骑坐在自行车上一副不屑一顾的样子，也不搭理他。我心里一惊，天呀！一我不是他妹，二来他也不是什么七处的，万一人家知道他只是四川县城一打铁的可怎么办？我看着越来越多的人把平哥围在中间，大有动手之势。我真的害怕起来，于是一下子拉着小平哥的胳膊，使劲盯着他的后脑勺叫道："哥，咱回家吧，这车票咱不要了！"我因紧张，声音有些发颤。只见小平哥猛地一回头盯着我的眼睛小声说："别拉我呀，拉着我怎么打架？让你跑就快蹬，如果跑散了在礼士胡同等我。"说时迟，那时快，我刚放开小平哥的胳膊就听一声"快跑"，我连反应的时间都没有，紧蹬倒轮闸向礼士胡同冲去，背后传来了一片喊叫声。

我才到礼士胡同不一会儿，小平哥就从另一头骑过来，见我用奇怪的眼神看着他，便解释道："我从另一方向跑的，分散他们的兵力。嘿，你这会儿骑得不慢啊，没从倒轮闸上掉下来啊？"我瞪了他一眼，狠狠地说："幸灾乐祸！"说着没精打采地骑上车。小平哥也骑上车又带我在胡同里转了几道弯，确定没人追上来，我们的车速才降下来。他见我一直不说话，笑了笑说："哎，刚才那声'哥'怎么那么好听啊！我这辈子没听过那么好听的'哥'，再叫一声我听听。叫啊，不让你白叫，我给你个好东西。"我嘟着嘴说："不叫！自行车票都没了，我才不叫呢。"他看我一脸沮丧，忙说："你看这是什么？"我随着他的话音向他抬起的手中看去，天呀！自行车票！惊得我一下没蹬好，轮子一倒我差点儿从倒轮闸上掉下来。小平哥好不得意："怎么谢我？还不好好叫声'哥',这可是飞鸽女车哟!"我歪着头不信任地问:"你怎么知道是飞鸽女车?""嘿,我看准了才抢的。"他更加得意地答道。可还没得意多久自行车票就被我一把抢走了。当然,他从此也再没听我叫过那么好听的、带着颤音的"哥"了。事隔许多年,那惊心动魄的感觉我还没忘掉,一个个场景还历历在目。啊,我已经很久很久没看到小平大哥了,在这里我要好好地,带着颤音叫声"哥"!问一句,大哥,你好吗?

说完大哥说说二哥,陈小凡比我略大,是我小学至初中的老同学。他一直是我们班跑得最快的人,爱运动爱打乒乓球。他走过的人生之路并不平坦,但是他没有被命运所压倒。下面要讲一件对他,对人艺大院的孩子来说,都刻骨铭心的事情。

记得"文化大革命"中,小升初的学生被要求就近入学,我们全体毕业生集体升入七十二中(现合入北京二中)。一天,七十二中出了件轰动全校的大事,人艺大院的"反动学术权威"之子陈小凡、刁小方被关进学校一楼楼梯旁的小杂物间了!我听到此消息吓了一跳,要知道小凡和小方平日里都是不太爱说话的人,到底犯了什么错居然会被关起来?下课铃一响,我便立刻冲了过去。

教学楼一楼有两个对开的穿堂门,往常下课时,学生们都会在两个门之间穿梭。可那天却不同,学生们下楼梯时都刻意地放轻脚步,把平日叽叽喳喳的嘴闭起来,小心翼翼地走过装了木栏的楼梯间,回避着站岗的造反派和关在木栏里那两个十四五岁的"小流氓反革命"。我也同样放轻了脚步,努力避开造反派警惕的目光,但我还是控制不住揪着的心,眼睛悄悄瞟向木栏里,只见小凡和小方弯着腰(楼梯底下是斜顶,几乎站不直),低着头一动不动。我下意识地朝他们走去,却听到旁边传来严厉的呵斥声:"快走!干什么呢?"我只好匆匆走开,泪水却忍不住落了下来,一边难过,一边偷偷地抹眼泪,生怕被人发现。

几天过去了,又发生了一件更可怕的事!一天,我们到校后没有上课,而是让学生以班为单位,排队走出了校门。一路上,同学们一反常态,没人说话,甚至都不敢小声议论。我不知道这是要去哪儿,也不清楚要去干什么,最后跟着队伍拐进人艺大院后还是没明白。我们在许久没开过门的排演厅前排队站好,在老师的监督下静静地走进排演厅。好长时间没排戏的舞台上堆满了破旧的布景和道具,台下站满了同学。不一会儿,我吃惊地看到陈小凡、刁小方被押上了舞台,在他们身后是四位家长,打头是陈宪武及夫人杜继昆,随后是朱琳和刁光罩。原来这是要在人艺大院里开批斗会呀!

我的心好像被什么抓了一下,揪得我透不上气。偷偷环顾四周,发现人艺的孩子和一些平时与小凡、小方要好的同学,都悄悄溜到队伍后边围坐在一起,我也赶忙加入进去。台上的人说的什么,我一字也没听进去,只是紧盯着台上两位瘦弱的同学,他们站在台上始终没抬起过头……四位家长那时已不年轻,先是小杜阿姨提出身有不适,是否可以坐下来,回答她的是严厉的否决和一片口号声。就在这时,朱琳阿姨突然晕倒了,一下子倒在了小杜阿姨身上,小杜阿姨晃了几下,终又站好,而晕倒的朱琳阿姨被厉声喊醒,一直靠在刁光罩叔叔身上,惨白着脸在一片批斗声中继续陪斗。我,不,我们人艺的孩子没有一个跟着喊口号的。看到同院的长辈和好朋友遭受如此不堪的磨难,我的眼泪就止不住地在眼眶里打转,可我不能让泪水掉下来,所以我使劲低着头,怕人看见,怕……

学生里也有胆大的,比如夏钢,他在小凡被押进排演厅时,走到押送小凡的同学面前说:"你走开!我来押。"然后对小凡轻声说:"别怕,我在你身边,没事的。"后来,据说他们把小凡、小方和真正的地痞流氓一起关押在了史家胡同,夏钢还急着冲去和他们叫板。

批斗会终于开完了,我眼睁睁地看着他们被押出排演厅。宪武大大直挺挺地走着,没有被吓倒,刁叔叔把已经崩溃的朱琳阿姨几乎连拖带抱地架出会场。其实,叔叔阿姨们也参加过不少的批斗会,而这次是给自己儿子陪斗,其中滋味有谁知?那一定是一生的痛!

这些事情对我来说是刻骨铭心的。它们真是起到杀鸡给猴看,敲山震虎的作用了。事后的几十年,此情此景都一直是我的梦魇。要不是小凡鼓励我把这件事写出来,我甚至没有勇气写,因为直到现在,每提及此事,我的心就忍不住颤抖,泪如雨下。

陈家的故事暂时讲完了。这是我写作时间最长的一篇文章,因为写到小凡挨斗的事,几经提笔,却写不下去,所以放了又放。可如果再放,不知何时才能写完,只能写写表象,草草收笔。

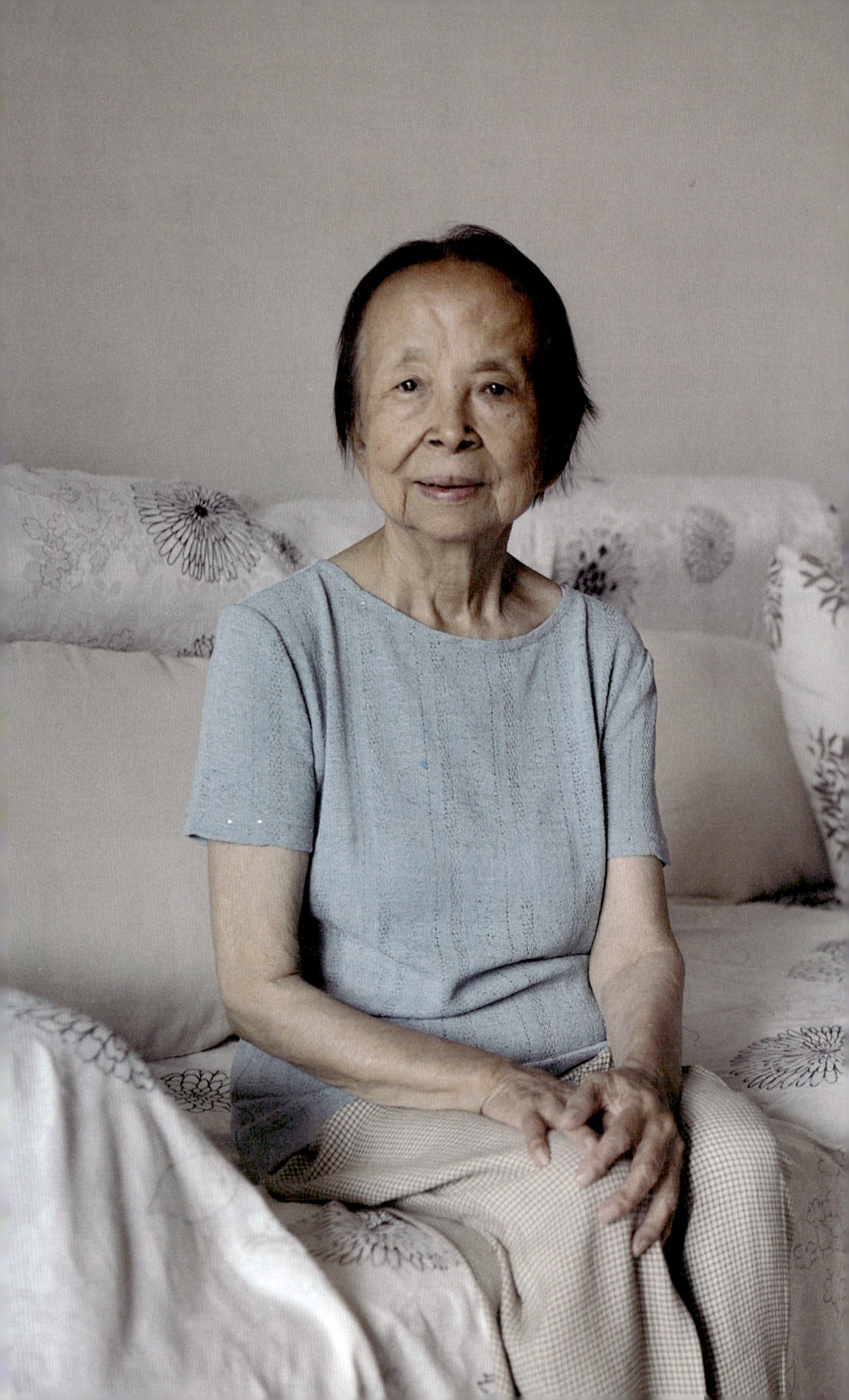

刘尔文（1933— ）
为人低调的副院长

尔文阿姨平日不爱笑，话也不多，姣好的面容，甜而亮的嗓子，虽不是演员，声音却很好听，特有穿透性。她的家是孩子们的据点，我们小孩在房间里怎么闹，也没看过她或焦叔叔对我们谁发火，顶多提醒我们去做功课，说话声小一点儿，别吵了邻居。

我有个同学叫焦小桐，也是人艺宿舍的孩子。她身材娇小，生性活泼，是个聪明的女生。上课时常把屁股离凳，身体微微前倾，手反拿眼镜对着黑板"认真细看"。老师大声问："焦小桐你在干什么？"她不慌不忙，用不大的小细嗓子说："我这镜片装反了。"同学们一阵大笑，她就是这么个蔫淘的人。

刘尔文阿姨是我这位同学的母亲。同学的父亲叫焦野，是学部（现为中国社会科学院）哲学所的研究员，他在20世纪60年代初提出"万有斥力"学说，认为牛顿的万有引力定律缺乏物质基础，尤其是第一推力完全是唯心主义的。小时候我什么也不懂，心里老想，焦叔干什么总跟牛顿过不去呀，反对牛顿不怕被抓起来？

焦叔是做学问的，一般很少出门，除了拿报纸时在院里溜达溜达，从未见他站院里高谈阔论。人艺这院的人说话声一个比一个大，院里有三人谈点屁事，四层楼都能听得真真的。人家焦叔不同，从来和颜悦色，不大怒不大喜，男中音的嗓子圆润好听。

幸福一家人（摄于1971年）

  他和我爸是好朋友，时不时想方胖了，就来我家小坐，俩人亲热交谈一番，屁股不沉也绝不失礼，尽兴了就起身告辞。若多日不来，我老爸还挺想他，说："去，上焦小桐家看看，焦野忙什么呢，怎么不来了？"说真的，我始终不明白，他们俩怎么这么好？在一起有说有笑一刻不停地聊什么呢？总之，焦叔和我胖父亲是好朋友，我和他女儿是同学，从小我一天不知往焦家串几趟，可很少见到小桐的母亲——刘尔文阿姨。

  阿姨很忙，也不知怎么那么忙，中午大人们都回家做饭了，她要不回来得比别人晚，要不就又回不来了。所以焦小桐和弟弟自理能力很强，很小就会自己做饭吃。记得那时，星期天是他们家最快乐的日子，尔文阿姨会变着花样儿给家人做好吃的，焦叔也会收起桌上那厚厚的大稿纸陪着孩子说笑，当然，他从不进厨房。什么拔丝山药、烧带鱼、木须肉、面筋烧白菜等等都出自尔文阿姨之手。面筋本身就是熟的，能拿起就吃还是尔文阿姨告诉我的呢。

唐山大地震那天，北京半夜时分也山摇地动，倾盆大雨下了整整三天三夜，平日不怎么起眼儿的尔文阿姨这时格外醒目。她个子不高，嗓子因疲劳而有些嘶哑，可依然响亮地给人们布置着各种任务，几天的劳累虽让她满眼血丝，可背还是挺挺的，一刻不停地安排着繁杂琐事。

很快，硕大的地震棚在院中的操场上搭好了，人们按名单有序地走进地震棚，这家的男人靠着那家的男人，那家的女人挨着这家的女人，人靠人的总算全安排完了。惊吓与忙碌过后的人们也很快进入梦乡，却很少有人发现这里没有刘尔文一家的身影。尔文阿姨这时已带几个人进楼挨户做安全检查，几天来她几乎没回过近在咫尺的家，没合过眼，也没时间想到自己的孩子。

当时看她果断地指挥着人们，我问大人她在剧院是什么官？有人告诉我，她是副院长，但什么官不重要，她说了："共产党员这时不站出来什么时候站出来？"我不知这话是不是尔文阿姨说的，但是从此时此刻开始，她在我心中的形象更加高大起来，她不只是剧院里的阿姨和同学的母亲，她还是我敬重的共产党员。几十年过去了，到现在我都说不准尔文阿姨在人艺的职务，可她那在地震中临危不惧、坚决果断地处理事情的形象，还是这样历历在目。

尔文阿姨平日不爱笑，话也不多，姣好的面容，甜而亮的嗓子，虽不是演员，声音却很好听，特有穿透性。她的家是孩子们的据点，我们小孩在房间里怎么闹，也没看过她或焦叔叔对我们谁发火，顶多提醒我们去做功课，说话声小一点儿，别吵了邻居。

"文化大革命"中，我们这批孩子长大了，不是插队就是去了兵团。一时间院里冷清了不少。焦小桐也长成了大姑娘，去掉了名字中间的"小"字，远赴兵团，难得回家。一日我顶着好大的西北风从插队的白洋淀回来，因火车晚点（那时火车基本没正点过），到家已是晚上10点多钟了，我爸妈被关，姐姐哥哥都在外地，一时拿不到钥匙。

怎么办？我站在传达室门前向楼上看，希望能得到一张让我马上躺下的床，我觉得人很不舒服就要倒了……就在传达室对面的一楼，一扇窗发出微微的光，是尔文阿姨家。我知道焦桐与弟弟都不在，只有她的小妹和看小妹的保姆在这个房间住，于是我顶着风冲进楼门，叩门进屋，一头倒在焦桐的床上动也不动了。

半夜我吐了，发起高烧，这一下搅得焦桐家的保姆刘淑敏阿姨半宿没睡，又是拖地又是找药。早晨，淑敏阿姨照例起床做着家务，我浑身无力半醒半睡地闭目躺着。听见有人进屋轻声问："焦桐回来啦？"淑敏阿姨答道："哪儿呀，是子春。孩子可怜，回来没钥匙先睡这了，许是受了风寒，昨儿半夜又吐又烧。"尔文阿姨一听，"哦"了一声说："别叫她了，煮上粥

曹禺赠刘尔文书法作品（1992年）

吧，醒了给她喝点儿粥，不行中午陪她去协和看看……"听着听着，泪水顺眼角无声地流下，不觉中我又睡着了。也许是到家了心里踏实，也许是阵阵米香让我温暖，我睡得很死很沉。

前不久，我和焦桐提起在她家住的事情，她说不知道，我笑着说："你要在家，我在哪儿睡？"我们都笑了。

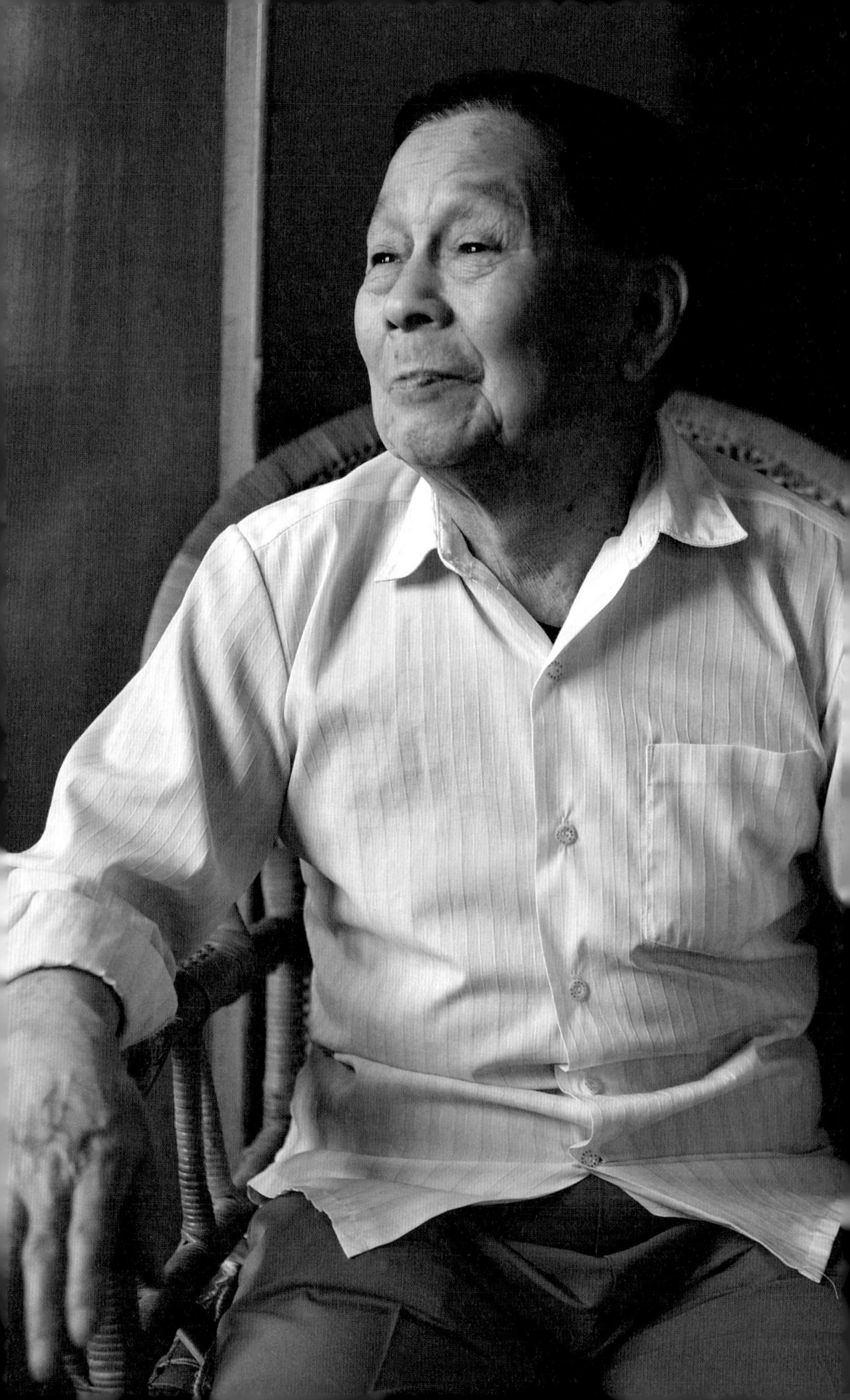

一棵菜——我眼中的北京人艺 BEIJING People's Art Theatre

杨青
（1929— ）

首都剧场的守护人

一个"剧场守护人"几十年来守场如家，日复一日骑着个自行车往返于东四和首都剧场之间，可真是早出晚归，剧院常年有演出，他哪天晚上10点回家就算是早的了。看着眼前的杨青叔叔，我有一种亲切而陌生的感觉。他是默默无闻却至关重要的一个人，做着一份费心费力、不得有一点闪失的工作。

提起杨青叔叔，我脑海中马上浮现那个个头不高、瘦削干练的形象。从小到大，不管我什么时候走进首都剧场，都会看见这个着装干净、不苟言笑的小老头站在售票的大门旁。在我的印象中，好像他从没年轻过，也从未老过，从不大声说笑，也不喝五吆六、架子哄哄的。当我和这位老人促膝谈心时，才发现他这么能说，甚至我们相识几十年也没有今天说的话多。

杨青原籍是湖南，1929年生于北平，今年是八十八岁高龄。他父亲参加过京汉铁路的建设，是旧社会的帮会人物，生活无忧。他小时候赶上日本侵华战争，在特务部队管理的学校上学，学过日语，毕业后在市政府工作。因父亲的问题曾被捕入狱。经审查，他自己并未参加过洪帮组织，不算帮会分子，才躲过了一劫。此后，一家三口回到了北平。一年后北平解放，他参加了革命，考入了华北大学，毕业后分配到革命大学文工团。在那里他作为演员与戏剧结缘，参加了不少演出，在曹禺名剧《雷雨》中，杨青饰演过二少爷周冲。当时的团里还有杜彭、梅熹等著名演员。中国青年艺术剧院成立时，这个团被归到青艺，只有杨青一人去了首都剧场。修建人民剧场时，杨青代表剧团成为甲方代表，天天吃住在工地。自从1955年5月3日人民剧场开幕以来，他就与剧场结下了一生的不解之缘。

人民剧场一开始归文化部管理。先是分给梅兰芳的中国京剧院使用，那杨青也就是属于京剧院的人了。两三个月后人民剧场又归属于中央实验歌剧院，他又成了中央实验歌剧院的人。1955年国庆节放假后，人民剧场的经理找杨青谈话，传达文化部的决定，让他第二天到首都剧场报到。那个年代的人头脑简单，党让干啥就干啥，组织让去首都剧场，杨青第二天就到王府井西街去报到了，由此成就了这位一生管理剧场和票务工作的专业人才。总之，不管他在哪个剧场，在杨青的一生中，剧场都是第一位的。

1955年首都剧场建成后，11月开幕。第一场戏是苏联芭蕾舞团演的芭蕾舞《曙光照耀着莫斯科》。谈起剧场，我仿佛能看到老人眼里闪烁的光芒，他眸子里充满了一种超越年龄的自信。说起首都剧场就如数家珍，从建造首都剧场是欧阳山尊提议、曹禺向周恩来总理提出并批准立项，到1956年3月周总理在北京剧场看人艺的演出……无所不知。听他讲，我才知道人艺那时还没有专属自己的剧场，1956年8月首都剧场才正式归属北京人艺使用。有了自己的剧场，有了专业的剧院，人艺团队如虎添翼，从上到下都欢欣鼓舞。

说到这，我想起一件好玩的事儿。那时国家困难，首都剧场的人为了创收，就自己进山买山楂做糖葫芦，在演出前卖给观众。一日，时任后台主任的宋垠去前台找杨青叔叔谈事，他女儿和我也跟了去。两个大人在前厅说话，我们俩见旁边有人正在串糖葫芦，就一人抓了一大把山楂转身就跑，大人也不真追，只是厉声地吓唬。我们逃出剧场，顺着墙边来到剧场墙外长长的通风口上边，那里的风可大呢，一个劲儿地发出很响的嗡嗡声，风从剧场里吹出来，还带有一股潮潮的霉味。夏天小孩子经过那里，都喜欢在通风口上走，风大得能把裙子吹得鼓起来，十分凉快。我们就坐在那里，把抢来的大山楂全掏出来放在裙子上，很快就把它们吃光了。

现在想起来有些奇怪，老北京人只在冬天做冰糖葫芦，而首都剧场为什么夏天也做？也许是做得少，剧院里有冷气，不怕山楂上粘的冰糖融化吧。想到这些事我不觉地嘴角上扬，不知现在首都剧场的通风口还在不在？好想念童年的时光。

"说到首都剧场和人艺的名气，这是和周总理分不开的。"杨叔的

"首都剧场是我一生的难忘记忆生命"（摄于2012年）

声音拉回了我的思绪。在首都剧场工作的初期，杨青是前台主任。后来杨青主要负责演出和票务工作，任演出处处长。那时周恩来总理经常来首都剧场看戏，平均一个月就来一次。作为前台主任，只要有重要观众到场都是杨青接待。总理看戏有时打个电话就来了，临时来没票怎么办，为了不影响观众看戏，杨青就把总理先临时安排在最后的22排坐下，再根据票务分配情况赶紧调位子，幕间休息时再请总理到前排就座。首都剧场的座位共有1200个，每场都会预留20张票（包括警卫席），不到开场演出时不卖。票务组长拿着，由杨青决定可否售

送。有时开演了，确认不会有人来了方可出手。

在我与老人的交谈中，杨青叔叔反复提到周总理，提到周总理的谦和，提到周总理对北京人艺的关怀。而正因为接待总理、热爱总理的关系，"文化大革命"时他成为备受打击的对象。说来有意思，这位有帮会家庭背景的前台主任，在"文化大革命"的十年里竟没有和大家一起下放劳动过，他从没有离开过首都剧场，只是不当头儿了而已。1977年，他是第一批被落实政策，得到重新起用，官复原职的人。

为什么呢？因为干了几十年剧场，北京乃至全国的各大剧场没有不认识他的，到哪个剧场协调演出事宜，杨青出马准管用。从北京人艺建院以来，演出日程都是全年计划。也就是说，根据演出的上座率，人艺要将下年的计划全都排出，当时在国内有这种全年大计划的单位是不多的。遇到国际性的文化交流等临时演出任务时，杨叔就会从中协调、计划。在他当主任的几十年里，首都剧场从未出过什么事儿，什么观众吵架、台上冒火星之类的事儿从未发生过，就连最容易发生的前台与后台的矛盾都未在首都剧场发生过。

听到这我笑了，我这篇回忆杨叔的文章还真不好写，没事件，没矛盾。一个"剧场守护人"几十年来守场如家，日复一日骑着个自行车往返于东四和首都剧场之间，可真是早出晚归，剧院常年有演出，他哪天晚上10点回家就算是早的了。看着眼前的杨青叔叔，我有一种亲切而陌生的感觉。他是默默无闻却至关重要的一个人，做着一份费心费力、不得有一点闪失的工作。一个剧场在他的带领下能几十年大小事全无，是多么了不起呀！可杨青叔叔却淡淡地说："到首都剧场来看戏的观众，素质都高。我和你公公宋先生配合得很好，不可能出事。"我无言了，只剩钦佩！

每次走进首都剧场，就给人一种心静的感觉。为了不影响演出，剧场一般只在星期天安排放电影（"文化大革命"时期除外）。首都剧场里只开过两次纪念会，一次是纪念欧阳予倩，另一次是纪念梅兰芳。

能在首都剧场办纪念会是一种荣誉。

　　杨青,这个只要有演出就没有休息日的人,总是在华灯初上时,为观众打开剧场大门,迎接四方来客。他总是不起眼儿地站在首都剧场那高高的阶梯上,默默地观察着每一个进出剧场的人,好似一位守护者在为这座剧场站岗放哨。此时他是幸福的。

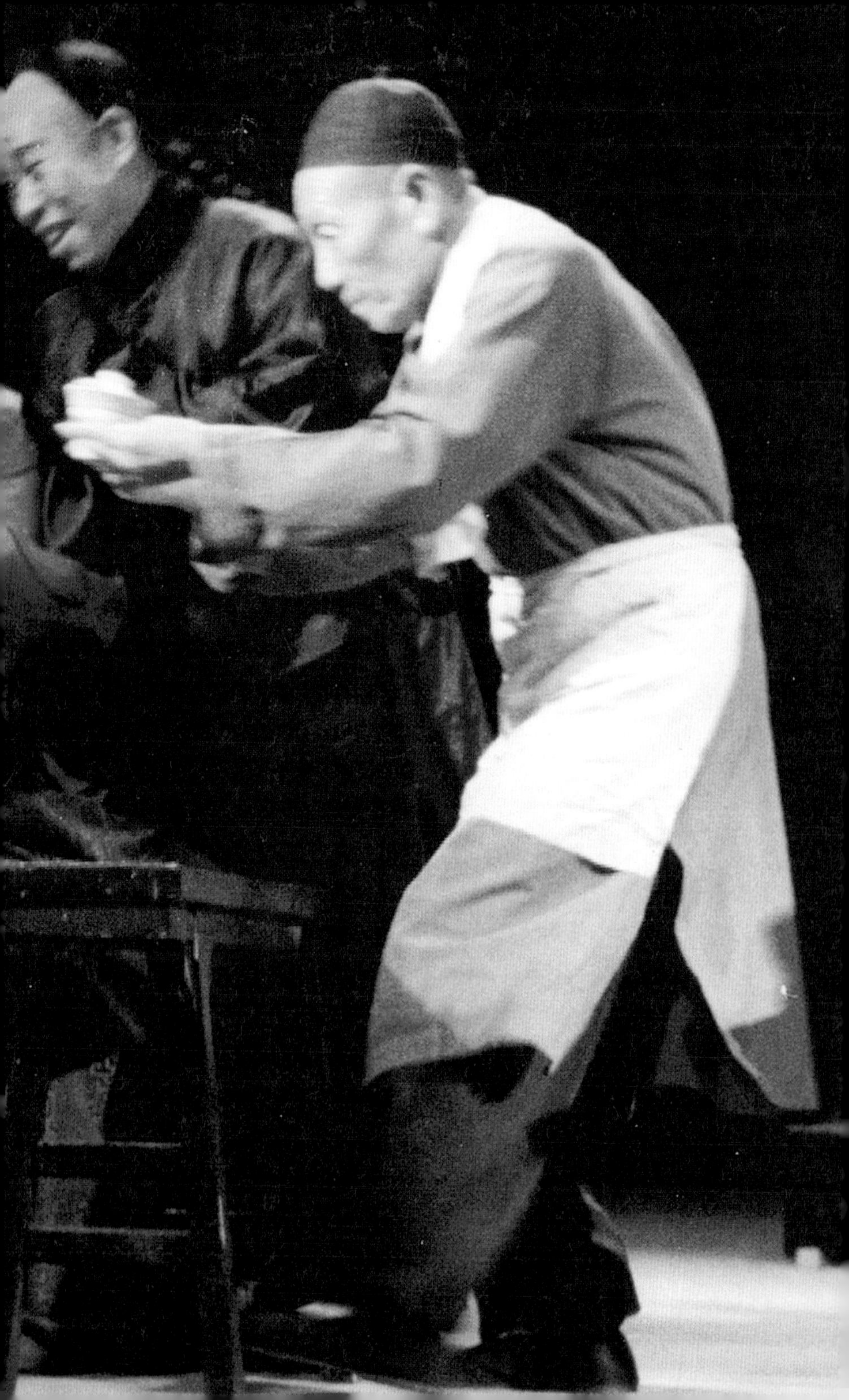

杜广沛

(1927—2005)

老戏单

一棵菜——我眼中的北京人艺 BEIJING People's Art Theatre

在舞台上，杜广沛时不时从幕后走到台前露上一脸。诸位都知道老舍先生的名著《茶馆》吧？在剧中有一收电灯费的巡警，就是杜广沛演的。《茶馆》演了多少年，主角老了、换了，但他没换，就他没B角。

我在翻找一张名片，一张有个性的名片，它的主人叫杜广沛。可是，我怎么也找不到，它就像杜广沛叔叔一样从我眼前永远地消失了。

杜广沛在人艺这个大腕儿云集之地是数不上的。一个舞美队的装置工人，一个说话声不响亮，站那儿用地儿也不大的人，可听说他已去世为何让我如此动容？为何他的身影、他对我说话的样子老在我眼前晃动？昨晚在电影《天下无贼》中看到他的一个近景——一位老人在火车行李架旁回眸一笑，杜广沛把那一笑表演得多松弛、多纯朴，那一笑好似是对着我在笑，一直笑到我心里！啊——心啊，难过，我长出一口气！

回想起很多年前，在首都剧场前厅，我在看剧场展出杜广沛收藏的老戏单儿，现而今的学名改叫"说明书"。在京城的收藏界，杜广沛也算一位颇有名气的戏单收藏家，为了收藏戏单，他老人家几乎用去了大半生的精力。他收藏的戏单大约有几十种、数千张，其中以戏曲和话剧的居多，尤以京剧的品种齐全而且珍贵，最早的一张是清朝宣

20世纪50年代《雷雨》说明书（摄于2012年）

统元年（1909年）广德楼的戏单。

有一次在剧场前厅，他看见我很高兴，说："哎呀，今天看见子春我太高兴了。这下好了，你可要想着我。"我听得有点愣，想着他？什么意思？我还没反应过来，一张名片出现在我眼前。那是一张经过设计的名片，方寸之间写着他参与过的许多与艺术有关的内容。我看着名片，寒暄而去，走出几步之外还听见杜叔的声音："你一定想着啊，有戏带着我。"虽然我从没有带过他，但他自己却演了不少戏。

杜广沛只是北京人艺的一个舞台装置组工人，怎么又是拍电影，又是办展览？这要说说北京人艺的宗旨："一棵菜精神"。北京人民艺术剧院自创院以来一直提倡一棵菜精神。焦菊隐先生认为，艺术好比一棵菜，不论你是干什么的，都要围绕艺术这个根、这个中心，去做好自己的工作，不管你是叶子还是菜心，缺一不可！在老人艺这个大家庭中看不到做工人的自卑，也看不到当名人的自大。人人为艺术，"戏比天大"绝不是一句空话。下边我就讲杜广沛两个生动的故事吧。

先说说杜广沛的主管工作——拉大幕。拉大幕的学问能有多大？

不就是到点该开演了，把大幕打开，演出完了把大幕关上？外行有所不知，这里的学问可大呢！过去拉大幕要有力气，要一下一下稳稳地拉，用力要均匀，那幕走得要匀速，不能一跳一跳的。现在是电脑控制了，虽说不用下大力气，也要十分注意，太快怕搅线，太慢换场的人上台了幕还没合上就穿帮了。所以必须有俩跟幕的，一边一人跟着幕边走，看着有什么地方不顺了，就伸手拉一拉，动一动，什么也没人好用不是？

杜广沛的大幕拉得可不一般。他懂戏，他认为大幕是全剧的一个组成部分，大幕的开启和闭合不能山摇地动，不能搅了戏。朱琳阿姨给我讲过这么件事，说杜广沛的幕拉得震惊了上海滩。我看看老太太笑了笑，不置可否。朱琳阿姨看出来了说："你不信，真是这样！那年我们到上海演《蔡文姬》，第一幕结束时，让我从台深处向前走。我的内心啊，在翻腾，充满了对孩子对家乡的思念。这个时候，焦菊隐导演要求大幕代表我的心声，杜广沛做得非常好。我往前走，大幕缓缓地徐徐跟上，到最后'哗'的一下急闭。在这之前没人这样做过，上海震惊呀。"

1957年人艺上演郭沫若编剧、焦菊隐导演的《虎符》。一次演出时台上的树意外断了，参加换景的杜广沛二话不说，两手紧握树根，让人在他身上盖了块黑布，往地上一趴。大幕按时再次拉开，戏继续演着，观众没有人发现台上出了问题，只有大幕两侧站着的人们为扶树的杜广沛揪着一份心。近20分钟过去了，当大幕再次关闭之后，大家冲上台掀开黑布，扶起杜广沛时发现他人已麻木得不会动了。

杜广沛不光有勇也有谋。一次演出中，换景时一不小心作为墙体的景片被划破了一个大口子，观众眼里不揉沙子，戏也不能中途停下，时间不等人啊，怎么办？这时只见杜广沛拿来一个簸箕，随手挂在破"墙"上，把口子挡住了，看上去浑然天成。这说明艺术工作不分大小，一切为舞台服务。

《茶馆》剧照（摄于1992年），杜广沛饰伙计（右一）

在舞台上，杜广沛时不时从幕后走到台前露上一脸。诸位都知道老舍先生的名著《茶馆》吧？在剧中有一收电灯费的巡警，就是杜广沛演的。《茶馆》演了多少年，主角老了、换了，但他没换，就他没B角。大《茶馆》开幕了，永远见他早早候场，身穿黄皮手拿一公文夹，准时准点从大茶馆的门口不紧不慢地进来。他本人是旗人，说一口纯正京腔，与王掌柜你来我往的，不急不慌，不洒汤不漏水儿地把那台词送到观众的耳朵里。谁也不会想到这个人的本职不是演员，只是人艺的一个装置工人。

杜广沛也算个三栖演员了，在舞台上、影视、广告中扮演过不少小角色。退休后他对我说过，钱不钱的放一边，就是爱演戏找乐子，爱和人聊聊他那老戏单上的故事，说说幕后说不完的趣事。杜广沛叔叔去世的具体时间我并不知道，也没有赶去送他。但我觉得，他一生干着自己热爱的工作，沉浸在艺术世界里，快乐地走完七十多年的人生路，去而无憾了！

收发室

一棵菜——我眼中的北京人艺 BEIJING People's Art Theatre

人艺大院的『镇宅之宝』

张大爷
（1907—1972）

传达室的门不比城门差，一天到晚你进我出，几乎关不上。人们上班路过传达室，打招呼的、交代事的、给孩子留个午饭放个钥匙等等全是传达室的事。别看人艺大院几百口子人，回想起来没听说传达室给谁家办错过什么事儿。

"老张，老张，老张的媳妇会打枪。枪对枪，杆对杆，不多不少十六点……"这是早年北京人艺宿舍院里孩子们必唱的儿歌。我也唱，边唱边跺脚，边跺脚边前行，用眼睛紧紧盯着我们一群孩子紧跟着的高大背影，手拍节奏拍得生疼，心嗵嗵跳，情绪兴奋而紧张。我们与他保持一定距离，怕那背影转过来，可又盼那背影转过来，好在他转身的瞬间第一个尖叫，第一个逃跑。而且，只要有小孩儿看到这一幕，都会加入进来，常常是一片尖叫、一起快逃。

高大的背影从来不会真的追孩子，就算是抓住跑得慢的倒霉鬼也会很快放掉，吓得变了脸色的小淘气在这一刻定是头晕腿软没了刚才的嚣张。那个孩子们的克星叫什么名字我不知道，只知道他姓张，通称张大爷。他和老伴就住在传达室旁边的小屋，歌中能打十六点的媳妇就是张大妈了。张大妈能不能打十六点儿我不知道，为什么这么唱，我也不知道，只知道传达室的这夫妻俩，对我们这些孩子来说有着巨大的威慑力。这威慑力之大您也许想象不出来，跟您这么说吧，从记事儿起,我没被拍花子、大灰狼吓着过,只要大人一说:"别闹了啊,再闹,老张来了。老——张——来——了!"就是拍花子、大灰狼让我闹,我也不敢呀,老张来了,老张多厉害呀!

张大爷和大妈每天可忙呢,除了收发报纸信件,还要管许多杂事:什么牛奶别拿错了、闲杂人等不得入院、防火防盗、谁又上墙头了等等。人艺宿舍有自己的规矩,规矩是剧院定的,由张大爷张大妈监督执行,权力大了去了。所以,这几进院子的大事小情、繁难杂事统统归传达室管。张大爷从来一身深色中式衣裤,那张有棱有角并不英俊的长脸很少有笑容,不管什么事只要他一出面准解决。我喜欢张大爷和大妈,从心里敬畏他们。

每天上午都是这十几平方米大的传达室最忙的时候。送牛奶的搬进几箱牛奶,点过空瓶再搬出几箱,要是有个送错的、破瓶的还得费些子话。伴着淡淡的奶腥味,送奶工说了声"得嘞,您受累"便关上了门,不,传达室的门不比城门差,一天到晚你进我出,几乎关不上。人们上班路过传达室,打招呼的、交代事的、给孩子留个午饭放个钥匙等等全是传达室的事。别看人艺大院几百口子人,回想起来没听说传达室给谁家办错过什么事儿。

我喜欢看大爷大妈麻利地分拣报纸,也喜欢看他们在传达室对面,在用白铁皮挡着风的煤火炉上做吃的,更喜欢紧跟张大爷后头看着他背着手威风凛凛地去处理各种事情。呵呵,有点狐假虎威的意思。

早年邮局送报和现在不一样,人艺大院住户多,报纸有一大沓,邮递员把报纸及汇款单或挂号信一起从绿漆的小窗口递进来,张大爷签过字,把该锁的小心地锁在抽屉里。等着拿报纸的大人孩子这时早就围在大爷的椅子后头,盯着大爷用粗大的手不慌不忙地打开报纸。他先把夹在中间的信件期刊拿出来,一边起身一边用山东腔宽嗓大声地吆喝:"起开,起开,别围着。"人们一起簇拥着大爷来到离椅子几步远的窗前,随着他把信件一封封插到玻璃窗里的信格上,传达室的门就不停地被打开，心急的人们从门外向窗里看，寻找着自己的来信。

信找过了，人们又回到椅子后头，看着大爷把两张夹在一起的正刊报纸依次抽出来，又重新戳整齐，再把副刊夹在正刊里头。全夹完了，用大手在报纸上一捻，报纸听话地被摆成扇面形，他不管周围人有多急，认真点数。一切就绪开始用一支秃铅笔在报纸左上角写号头，有人看到自己的号码就着急抽报。这时他会老大不乐意地嘟囔着："着什么急呀，这么会儿就等不了啦？错了找谁？天下就你忙……"

忙完了分报这宗大事儿，过不了多会儿张大妈就要开炉门儿准备午饭了。他们山东人特别会做面食，什么擀面条、蒸馒头、贴饼子、蒸窝窝、包饺子、蒸大包子……如果有人正好从那路过，赶上张大妈做饭就短不了止步观看。大妈这会儿根本不看围观的人，胸有成竹地做这弄那，她知道不管她做什么，做完看客们肯定一片称赞。张大妈一脸得意，一直紧闭的嘴这会儿却说："哟，这有什么呀！粗茶淡饭

史家胡同56号收发室（摄于2008年）

呗，是人都会做。"

中午，大爷吃着饭工作却不能耽搁，排了一上午戏的人们三三两两推着人艺人手一辆的破自行车回来了，就算是腕儿们也不例外。有人意犹未尽还在高声探讨着排练中的某个问题，站在传达室门口不停争论着。后进院儿的人听见了争论声，旁边插上两句，进传达室拿报纸或者问有什么事儿没有，出门见争论的人已拿出车筐里的大茶瓶（用罐头玻璃杯改制的）饮开了，便又站住插几句，也不管专注讨论的人们听没听见，说完推上破自行车回家喂肚子去了。

从下午1点开始至3点半大院静悄悄的几乎没人走动，这时也是传达室一天最清闲的时候。这期间不传电话，院内小孩不得乱跑，大人不得高声说话。要保证演员午休，晚上才能精力充沛，演出时做到万无一失。

总之，在人艺宿舍人人都知道"戏比天大"，一切为演出服务。

4点过后，先是舞台工作人员蹬上破自行车和传达室打着招呼向首都剧场进发，做演出前的准备。随后各家大人鱼贯而出，去那神圣的艺术殿堂准备隆重登场了。孩子们背着书包放学了，嬉笑着冲进院门，从大斜坡滑进院里。家属们也匆匆地回来了，准备晚饭，叫孩子回家。几乎每个人经过传达室都会习惯性地进去转转，看看晚报来没来，是否有人留话。张大爷和大妈一脸严肃有问必答，回想起来我好像很少见他们笑，神气大了。

春夏秋三季的晚上，传达室外边格外热闹。大人们有聊天的、拉二胡的、唱戏的、下棋的……孩子们跑来跑去，玩逮人、踢毽子、玩打仗、跳舞、学大人演戏……记得每天朱旭叔叔几个人在传达室外边，就在那个有绿漆灯罩的灯泡下下象棋，不到夜里11、12点都不散。史家胡同深宅大院多，那年月又没有什么夜生活，人们早早就睡了，只有北京人艺56号宿舍院灯火通明，干文艺的夜猫子们还在兴奋之中。

生活一天天过着，剧目不停地排练上演。一个夏天的晚上，出事儿了！我母亲那年也就三十岁出头，是个大美人，有一天，演完戏洗了个澡，10点多钟才回家。一进史家胡同西口，路灯昏暗，心里不免有些紧张。突然她看见前边有个人影很像舞美大师王文冲，于是高声招呼，快蹬几下自行车赶上了他。骑到身边一看不是文冲叔叔，母亲道了声"对不起，认错人了"，继续向前蹬。那人也不说话就在他与母亲交错的一刹那，母亲觉得手腕被轻轻碰了一下，再一看手表没了！"哎，你干吗拿我手表？"母亲大声问。那人不回答，把自行车往母亲前面一横，拔出刀子说："敢喊，喊我杀了你。"说完骑上车向东口蹬去。

我母亲没有害怕，用力大喊："救命啊，有人抢劫啦！"那人一听，一阵猛蹬，母亲紧追，她知道胡同中部正好是一个武警中队的驻地，可当母亲追到那里才发现，白天有人站岗的地方此时竟然一个人也没有！这可怎么办？母亲慌了。可她哪里想到，话剧演员穿透性的喊声，早已在夜深人静之时传遍了半条胡同，人艺乘凉的人早已涌向了大门外。那人疯了一样地向前猛骑，眼看就要到宿舍门口了，突然一个高大的黑影对着飞快的自行车扑了过去，死死地抱住骑车人，车子太快两人与车一起飞出去八丈远，翻滚着倒在墙边。这时众人赶上来，一起动手抓住坏人，扶起那个英勇的高大身影。这时人们才看清是张大爷！只见他头上、身上好多处都破了，流着鲜血，再看我母亲，刚才的勇气在见到亲人的瞬间离开了身体，瘫软地被人扶到小凳上半天起不来。后来得知坏人是惯犯，前一天才刑满释放，先偷了一辆自行车后，又抢了母亲的手表。他在派出所说，没想到母亲敢喊，更没想到张大爷敢扑向骑得那么快的自行车。服了！

第二天，张大爷带着满脸满身的红药水紫药水，裹着白纱布照常坐在了传达室里，干着日常琐碎的工作。那几天孩子们没有高唱《老张之歌》，我们心里更加佩服张大爷，尤其是我，觉得他特棒，是个大英雄！

张大爷的故事说也说不完，不信您问问大院里出来的孩子，虽然早已长大成人、年过半百，可谁会忘记这"镇宅之宝"——张大爷？谁会忘记那首《老张之歌》？

"老张，老张，老张的媳妇会打枪。枪对枪，杆对杆，不多不少十六点儿……"

多年后，我打开北京人艺人名录，当我看到这张熟悉的面容时，才知道，张大爷的大名叫——张明振。

一棵菜——我眼中的北京人艺

BEIJING People's Art Theatre

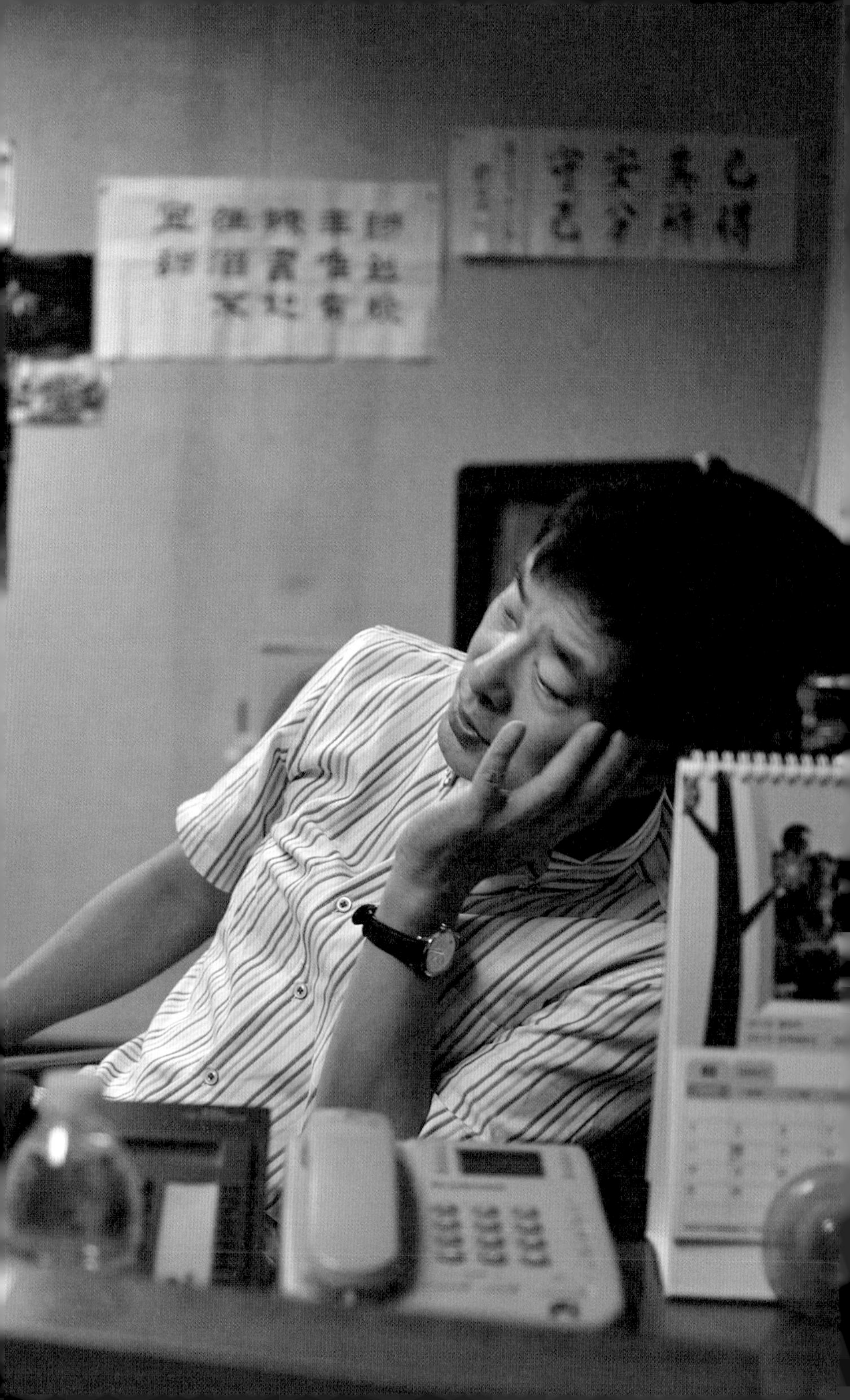

一棵菜——我眼中的北京人艺 BEIJING People's Art Theatre

濮存昕
(1953—)

我终生的挚友

我们继承老戏,复排老一辈创作的角色,也像在追慕自己的祖先。我们完成的是向前辈学习,然后摸索着找到自己演戏的方法。有些地方脱胎出来了,但是他们身上好的东西还是让你目瞪口呆。

要出书，出版社说请人写个序。请谁呢？人家说，当然请你的老同学濮存昕了。说实话，我很不想找濮存昕，他很忙，我知道只要找他，他再忙也会写，但这不是添乱嘛。左思右想还是拿起了电话。人，有的时候就这么自私。

从 2012 年北京人艺建院六十周年大庆前我就开始和他约稿，他忙得四脚朝天根本没戏。直到我要结稿了，在这期间我隔三岔五地发个信息，提醒他不要忘记这件事。倒是小濮从南京来了个电话，把他的日程告诉了我，听着他那疲劳的嗓音，我内心充满歉意。哦，我不该叫他小濮了，我们认识有六十多年了，大家姓氏前的"小"字该改成"老"字，变成老濮、老方了。

那天老濮如约来到首都剧场，我跟在他身后第一次走进他的办公室。记得很久很久以前我曾来过这个房间，那时这里还是资料室。对，应该是 1977 年，我还在二轻局的皮革宣传队，队里让我演《兄妹开荒》，我来这儿查资料，资料没查到，在排练场学了完整的动作，借了道具走的。奇怪，现在想想，学《兄妹开荒》不上歌舞团，跑人艺学什么？真是，不论什么事，人艺的孩子总先想到剧院，好像这里是我们的家。

小濮，哦，又错了，老濮一进办公室就开始把桌上的书和各种牛皮纸袋搬开，他翻看着，低沉着嗓子嘟囔着："序我早就写好了，可不知放哪儿了，刚在家里找半天，没有，夹哪儿了？"我看得出，长期的疲劳挂在他脸上。"咳，改了好多遍，我都能背下来了。"听他这么一说我赶忙劝道："都能背还找什么，算了，快坐下聊吧。"

我写东西一般动笔较快，可濮存昕这篇文章却迟迟没有下笔。老濮说他给我写序改了好几回，最后落笔时内容都能背下来了。现在该我写他了，也突然觉得很难，几十年的交往不知从何着手。

我又一次打开录音，从采访的开头听起，越听越不满意，虽然老濮谈得还算本真，但和我认识的他似乎还是有距离。我不想写人们知道的他或已写过的他，我想写一个别样的濮存昕。哪样的？哪样的呢？嗯……这么说吧，就是一个我眼中再熟悉不过的老同学、老战友、老邻居。

1953年我们同年出生，他比我小四个月。我们的父辈同是人艺艺委会成员，同在演员二队任正副队长很多年。用苏民叔叔的话说："我和瑄德很好，从不吵架。"七岁，我和濮存昕在史家小学相遇了，开始了延续至今的交往。小学同窗六载，因"文化大革命"又在小学多待了一年半。中学就近分配，我们同校不同班一年。之后我插队，他去了兵团。

在"文化大革命"中，人们为改变命运四处奔走，我开始考文工团，这期间我又时不时遇到他。记得我在中国歌剧舞剧院的王稼祥老师家学习咽音发声法，见过他；在济南军区前卫文工团的考场上遇到过他，后来他和我，还有一个小伙子又一同坐夜车去济南参加三试。那天我们在硬座车厢整整坐了一宿，我困得东倒西歪的，这时小濮特仗义，他说："你靠我肩膀睡吧，我不困。"老同学就是老同学，我就真靠他肩上一直睡到济南。现在回想起来，那一晚，小濮的肩膀让我压得不定多酸痛呢！

濮存昕小时候属于那种扎人堆里能被埋没的小孩儿，内秀，又有点小聪明、小淘气。我呢，属于那种风风火火、大大咧咧的人。说实话，同班的前几年，我几乎都没注意到他，直到三年级的一天，他跛着腿乐颠颠地走到我跟前，叫我一声"姑妈"。"谁？谁是你姑妈？！"年幼的我又羞又恼地斜睖着一脸憨笑的他。"嗯，昨天你没看《智者千虑，必有一失》呀，我爸在台上叫你爸'舅舅'，那我不是该叫你'姑妈'吗？"嘿！这弯儿绕的！"我昨天也看了，那……那……那……也不许你叫我姑妈，再叫我，我给你告……告老师！"有口吃的我一着急更结巴了。他一看没讨成好，我反倒急了，只好自己踮着脚讪讪离去。

从此以后我才注意到他，原来他也是人艺的小孩，就住在学校一墙之隔的内务部街胡同36号，那是他母亲的银行宿舍，他上学晚了就从墙上翻过来。他爱画画，常写板报到很晚才回家。他还和女生跳皮筋，腿不好吧，还抬得特高。

我还发现他是个有梦的孩子，常常活在自己的梦幻中。他这种时不时产生的云里雾里的感觉持续了很多年，就是现在也能感觉到，让人琢磨不透。也许这就是人们说的艺术气质吧。

我是个结巴磕子，他有小儿麻痹，我们在班上实在都算不上优等生，可没想到，许多年后，我在空政话剧团又遇到了濮存昕。此时他与李雪健等人已是学员班的学员了，我因是从单位调过来的，所以按调干待遇，直接算演员。初到空政三年，我们各在演员一队和二队，接触不多，但只要见面都会很亲切。

一日，濮存昕认真地来找我，告诉我他与空政歌舞团的舞蹈演员宛萍恋爱了，从此，宛萍从歌舞团过来总要到我这坐坐。后来我准备结婚，演出又忙，布置新房时老同学自然搭把手。我怀孩子时，我先生又去了广州学习，拉小床、扛米面又是老同学的事情。后来大家分了房子，做了邻居，正赶上小濮下部队，宛萍怀孕，两家刷房子、油地板的活儿，我自然统一办理了。

我们做了许多年邻居，这期间在台上我们只合作过一次，就是《周郎拜帅》。他与王学圻演周瑜 AB 制，我饰小乔。也就是因为蓝天野看了他的周瑜，才把他要到了人艺。而我那个正当副院长的公公宋垠为避嫌，拒绝了让我进人艺演员队的要求，我被迫去了中国儿艺。我们工作分开了，邻居却又多做了几年。

2010 年，我们的母校史家胡同小学七十年校庆，我们 1966 年六（一）班的同学准备出本书，写写自己在史小的成长故事。濮存昕问我："你给我一个写稿的理由。"当时，我不假思索地说："濮存昕，不管你承不承认，我们前半生几乎一直在一起，同学们身上都有相互的影子……""别说了，我写。"没过几天濮存昕交来了稿子。

人们总以为濮存昕是个风度翩翩、文质彬彬的人。其实他还是个很勤快、很细致、很有激情的人。那时我先生上班远，平时我家里换个煤气或是什么重活儿都是他。每年开春了，小院里清理尘灰败叶的也是他。有时我房间钥匙忘了带，撬开窗子爬进去开门的还是他。我们有事互相谦让，两个女儿一起玩耍，一起长大。说真的，和小濮一家做邻居真是幸事。哎，你可别以为他是个温和的人，他冷不丁干的事，你想都想不到。

一天濮存昕来了，进门就问："哎，前几天你们家油地板的漆还有没有？"我也没问他干什么用就把剩的半罐漆给了他。不一会儿，我就听见院里有人喊："快去看，大门口有人写标语啦。"写标语？"文化大革命"早过了，写什么标语呀？我也没理会。过了一会儿，我去买东西走到空政大门口，看见在大门的对面墙上，用暗枣红的油漆刷着几个大字："拥什么军，爱什么民，修路是真的！"这几个醒目的大字与我们大院门楣上为八一建军节拉起的横幅"拥军爱民"正对着，特显眼。这时有人议论："本来嘛，看看这路，你挖完他挖，好好的路挖成这样。这一下雨,看看,有人挖没人修。"

我们住的这同福夹道是个半截的死胡同。最里边是第一六六中学,拐过来是妇联宿舍、空军干休所和空政话剧团。本来人就多,这路又跟安了拉链似的,今儿这个单位挖开合上,明儿那个单位挖开合上。不长的路,却坑坑洼洼的不成样子。平日里还凑合,7月正是北京雨水多的时候,泥泞难走,苦不堪言。人们从这里路过唠叨几句也就完了,谁想今天来了这么条大标语,够胆大的。正当人们议论纷纷时,我悄悄走了。我心里清楚这一定是濮存昕干的,那刷标语的油漆我认识啊!

濮存昕进北京人艺后,我们的接触渐渐少了,他忙我也忙。在儿艺和人艺两个完全不同风格的剧院里,互相的了解少了许多。这次探访是多年后我们第一次这么认真地坐在一起聊戏,聊对人艺方方面面的感受。我发现他变化很大,但是与人为善的本质没有变。

说实话,我挺忌妒濮存昕的,他在空政话剧团时戏演得没我多,表演水平也并不突出,可到北京人艺后各个方面有很大提高。记得有一次在同学聚会上,我当着同学们的面认真地对他说:"小濮,过去我不服你,现在我还真服气了。"为什么服气了?是因为人艺有太多的好老师,有良好的艺术氛围,让他拔高了,有了明显的进步。

我一直以为老濮到人艺会春风得意,没想到,就是坚决借调他入人艺的蓝天野叔叔,就首先让他感觉到了演戏的难。而在他面对困难时又有那么多老同志及时伸手帮他,这是多大的幸事啊!

拿他在人艺排的第一个戏《秦皇父子》来说吧——东临碣石巡游时,扶苏站在渤海之滨,面对大海,有一大段独白。当时作为导演的蓝天野老师提示了好几次:面对大海,心中想着秦王朝的伟业。可小濮绷着个劲儿就是不过关。蓝天野说他:"你怎么这么情绪化,'假大空'地演戏。"再看他,还是没改变,导演就用重复排练十多遍的办法来要求濮存昕,也可以解释成这是对演员的惩治。一遍,两遍,最

《秦皇父子》剧照（摄于1986年），（左起）郑榕饰秦始皇，濮存昕饰扶苏

后导演连看都不看，直接喊"再来一遍"。于是再来一遍。还是不看，"再来一遍"。当时所有场边的人都在看，在议论，濮存昕脸上就挂不住了。可不行就是不行，假的表演怎么能过关呢？

十多遍之后，休息。濮存昕都不好意思回座位，拿着水杯在一旁发呆。这时郑榕老师悄悄一招手："小濮过来。"濮存昕就像落水时有人搭救一般向郑榕老师走去。"小濮，说话别那么说，放松。先解决放松，这是最基本的。为什么你不放松？是因为你没动作。不是词儿，而是事儿，是意思的事儿。"郑榕老师把小濮叫到门外，轻声告诉他。郑榕老师看濮存昕当时还是不理解，接着又用一个生活的例子演示了一遍。通过郑榕老师的点拨，小濮茅塞顿开，明白之后赶紧回家练习。老一辈就是这样真心真意地帮助年轻一代的。

337

其实濮存昕往台上一站，同台的郑榕老师就知道濮存昕在表演上有什么样的问题，就想着要如何帮助他了。郑榕老师最会辅导孩子们的小品或朗诵，他教人时总是讲自己走过什么弯路，吃过什么亏，用自己的失败教训教导年轻的演员。

苏民、濮存昕父子都演过曹禺名剧《雷雨》中的大少爷周萍。我很想知道父子同演一个角色是什么感觉。濮存昕谈道："演周萍这个人物基本上是按我父亲的方法演的，是学习，不是创作，只有自我条件上的区别。一天，任宝贤在排练厅门口看了一会儿，对我讲：'你演得太明白了。'就这一句话点醒了我，你按照创意和理解去演，按照设计好的安排去演，和用自己的体会转化成生活在舞台上的人去演，这是不同的。"

"嗯，父子同演一个角色是这样的，那父亲当导演、儿子是主演时，感觉又是什么样的呢？"我的问题一提出，老濮自然就谈到了他成功饰演的李白。

他说："现在演《李白》时，自我感觉化开了。在台上，不是按照安排演戏，要八九不离十，在这个弹性幅度内晃，每天虽然不一样，有高有低，有大有小，但怎么也跑不出一定的幅度，阴阳两极的量是相辅相成的。这就是任宝贤老师点到的精髓。

"影视表演上要追求自然，舞台上不需要自然主义。在《李白》的创作中，我和父亲在创作上曾有分歧。他要求我义愤、慷慨激昂多一些，而我认为从头到尾全都慷慨激昂也不成呀。我说不上来，但觉得不对，想把李白演得自然些。

"比如第三幕，李白银铛入狱，一个人在读庄子的《逍遥游》，抒发自己情感的那段情节。他在监狱里，在空寂的环境里生活，一个多月没人理，读'北冥有鱼，其名为鲲，鲲之大，不知其几千里也'，我感觉，这里应该松一些。老是慷慨激昂，几场下来嗓子就哑了。老人就觉得，我这是电视剧演坏了，（才想要）追求自然。我说，自然不是

《李白》剧照（摄于 1991 年）

苍白和平淡，自然是上天入地、张弛自如，宁静如弱草，奔放如惊涛。

"再说二十年前排《李白》时，是改革开放初期，社会问题突出，当时'脑体倒挂'，出租司机都比知识分子挣钱多，知识分子想通过李白这个角色来呐喊，作者郭启宏也是想通过李白宣泄中国知识分子抑郁多年的心情。今天不用拿李白说事，还原到角色本身，演了一个真实的、出入自由的李白，像孩子一样天真，不高兴时破口大骂，高兴起来喜笑颜开、忘乎所以，喝起酒来一醉方休，唱起歌来无拘无束。"

老濮这段话讲得多好啊，知己知彼，切中时弊。塑造人物，要走进人物的内心，也要走出来，运用激情与技巧去完成角色。

《窝头会馆》（摄于2009年），导演林兆华（前排右四）和演员合影

老濮在影视舞台三栖上都有不俗的表现。他总结道："影视方面学来的东西要正确地运用到舞台，郑榕老师和董行佶老师在触电以后返回舞台，再反省自己的舞台表演，都有一定的突破。其实就是一个表演空间的问题。在舞台上就是小声说话，也要用腹腔的气息推出台词，观众才能听到。同理，李雪健在《横空出世》中表演，当时没有麦克风，在大戈壁上对着一个师的官兵讲话也要大声喊。

"我们完成的是向前辈学习，然后摸索着找到自己演戏的方法。有些地方脱胎出来了，但是他们身上好的东西还是让你目瞪口呆。要说创作方法，《甲子园》刚建组，朱旭老师早就拿着《易经》在读了，领会角色。因为老艺术家生活中只有这一件事情。我们能做到吗？能把周围的事全放下？不可能。什么都想得到，钱要挣、戏要演、名要有。

"林兆华让演员放掉自己已经形成的东西，演员找到的办法和感觉，你先放下，只有放下后再生成的感觉，才是真。从排练场的第一天开始，演员艰难地找到了办法，每天执着这个方法，戏就演死了。找到了，好，已经储存在演员的心中，每天再用真实的生活状态调动它，这才是最后的结果。

"很多演员不喜欢林兆华，因为他要打掉演员自有的习惯，我跟他排戏，每次都能回到原点，可每次都不一样。他排的所有写实的戏全都卖座，比如最近的《窝头会馆》，而实验剧目全都赔钱。他仍旧执着地探索，他是学者型的导演，是位前卫观众的导演。"

"他该调到实验话剧院去，"我插嘴道，"戏剧实验没错，但不能把人艺的风格改变了，不能搞一家之言，似乎谁都不如他。"

老濮嘴角一撇，笑了一下，没理我，接着说："在戏剧专业上，想要为更多观众服务就要通俗一些，林兆华就是不认同。什么是俗？艺是俗，文是雅，文艺就是雅俗共赏。他排生活剧手拿把掐①，《窝头会

---

① 手拿把掐：北京地方俗语，比喻对某事的处理很有把握。

濮存昕生日自题（2009年）

馆》让大家自己来，到关键时一停，指点一下。新的戏一定不能只停留在《雷雨》和《茶馆》上，有太多的可能性。今天我没落伍，真是从林兆华那收获到的。排现代戏我也成，排古装戏和荒诞戏也成。空着台，不看对手，'哇啦哇啦'的和观众说话，实际上是和对手说话，全世界都这么演了，这是林兆华告诉我的。"

我没有打断老濮，心想，不看对手，"哇啦哇啦"的和观众说话的表演方式，早在莎士比亚的剧目和许多使用间离效果的表现手法上就屡见不鲜了。在空政话剧团时王贵导演就用过多次，老濮有些忘了。

谈话还在继续："这次排《蔡文姬》，向刁光覃老师学曹操，兴趣盎然，每天演出化装时曹操的一句台词老在嘴里念叨：'那他是在追慕他们的祖先吧。'我们继承老戏，复排老一辈创作的角色，也像在追慕自己的祖先。我们是经过人艺老前辈们的培养，也在追慕，但是我们也出去玩儿，演现代戏和实验戏，玩完了又回来。

"有矛盾没关系，和老一代的演法不同也不怕，我要判断和我同时代的观众需要的是什么，我和他们有什么关系，是否产生共鸣。我代表观众，演他们的人生。不仅在戏，在动作表面，而要在心理、精神、生活中，有台上台下的交往，才能成为观众喜爱的演员，这就是传承和发展的关系……"

老濮还在絮絮叨叨地讲着，早已过了预定的时间。他谈的东西有些我赞同，有些我反对，有些我还需要思考。但有一点是肯定的：这许多年，濮存昕一直在认真领悟演戏的真谛，做人的本真。认真演戏，清白做人——本着这个原则无论何时也错不了。

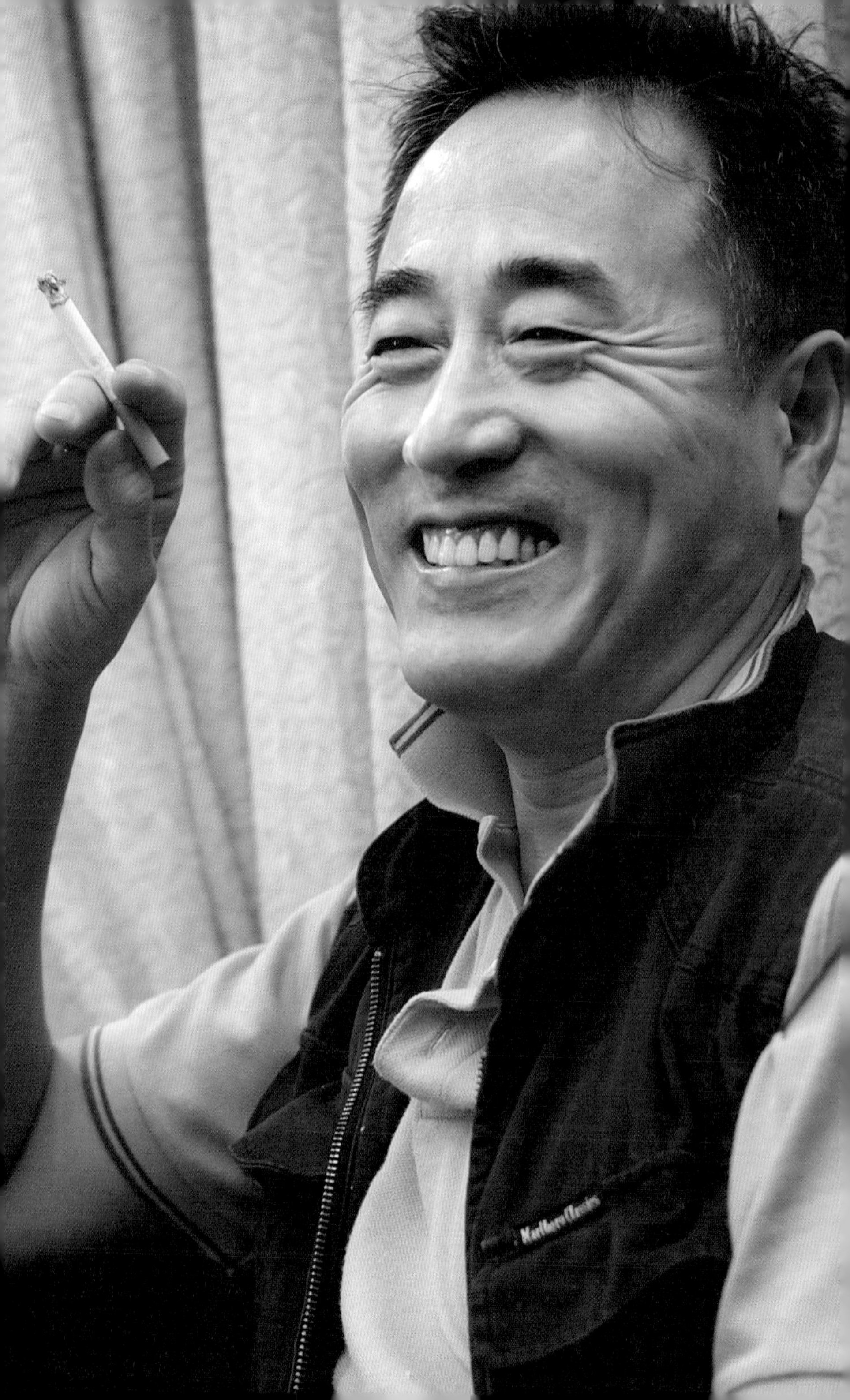

杨立新 (1957—)
自强不息

一棵菜——我眼中的北京人艺 BEIJING People's Art Theatre

没戏演不见得永远没戏演，有戏演不见得永远有戏演。如果把演戏当成一辈子的事去做，你就会干下去，不见得当时就得成功，而且成功与不成功是客观的评价，与己无关。成功就干，不成功就改行，作为爱戏之人是说改就改得了的吗？

杨立新和我很熟，熟到去他们家不用提前打招呼，可以随便着装，不施粉黛。我们住得不远，我和他夫人关系甚好，平日里有来有往。立新很忙，他在家时我反倒少去，怕打扰他。

　　自从我有了出书的想法后，我又像平日那样去他们家讨主意，两口子也像往常那样为我出谋划策，使我本无目标的写作有了明确的方向。只是我有一点没说，就是也想好好写写他，写写这个聊起戏来充满激情的人。

　　我常说自己是演艺圈一农民，平时很少应酬，基本不参与什么大吃大喝的事儿，晚9点就上床睡觉了。杨立新却是个夜猫子，越晚越精神，加上他最近要拍电视剧还要排戏，当我为组稿走进他家时已是晚上9点，正是我平时睡觉的时间。本以为我会犯困，没想到我们一口气聊了四个半小时却全无睡意。言归正传，听听是什么把我的瞌睡虫赶走且夜半时分还让我意犹未尽的吧。

　　写人艺首先要谈人艺在杨立新心里的定位。立新说："一个剧院要有自己的风格。北京人艺的土腥味儿绝不能丢，人艺如果丢了土腥味儿，就没北京人艺了。人艺绝不是斯坦尼，也不是欧美电影，不是实验话剧院，也不是青艺，人艺就是自己。

"人艺如果全都从理论出发，到理论的结果，再到理论的演出，人艺就没了。所以人艺的演员特别注重体验生活，生活在人物之中，要做到'像不像，三分样'。例如黄宗洛老师排《龙须沟》时，他在排练厅门口弄堆泥，要进排练厅排戏了，先在泥上踩吧踩吧，带着人物的感觉再走进排练场。"

他又谈到了首都剧场："北京人艺建立于1952年，首都剧场建成于1956年，剧场的风格和剧院的风格是统一的。如果你坐在首都剧场的22排（最后一排），你会发现首都剧场的台口像是镶着个宽宽的金边，像一个相框的边，如果相框中放入列宾的《伏尔加河上的纤夫》，就是一幅漂亮的油画。由此不难看出从剧场的设计上就奠定了人艺的现实主义基础。演员出现在舞台上定住格，应该是一幅幅画。每一个插画应该是有动作性的、有欲望的、有人物行为的、冲动的、有可看画面的，所以这是一个现实主义的剧院。"

我理解杨立新在这里所说的"可看的画面"就是戏剧。他说："演戏归根到底就是剧作者内心有的那点冲动，原汁原味地将其写成了文字，当读者读到这些文字又能感受到这点冲动时，就是一个好的文学创作。同样的道理，演员读出了编剧的写作冲动，演员在舞台上把这份冲动传递给了观众，观众接受的同时，根据自己的生活阅历有着不同感受，把感受升华扩大，形成整个剧场的冲动，这就是戏剧。你把内心要写、想写的东西记录下来，读者一定会有冲动。鲁迅有部作品叫作《呐喊》，你连'呐喊'的欲望都没有，只是写'你滚，痛苦死了'，这没用，读者感受不到。一定要呐喊，你拿文字记录下来，喊出来，这就是激情。

"不论什么故事，拿'二为'尺子一量，是为人民服务吗？是为社会主义服务吗？那就无法写了，没有按照方针写东西这样的规矩。当然，也别把话剧说得那么神，说多了就复杂了，理论多了就绕了。北京人艺就是这么土，排《雷雨》时，朱琳就经常问曹禺，您这段戏什么意思啊。曹禺一个二十三岁的青年，把自己内心那么多的愤懑、痛苦全都写了进去，绝不是梳理成章后才落笔。这是激情，不是理论的作品。"

谈到对戏剧的理解，我想杨立新年轻时并不是个文艺青年，他也没有拿着考生号牌考中央戏剧学院那样的经历。在去人艺之前，他甚至没看过话剧，只是被人拉着上过台，仅仅在台上不害怕而已。他说自己是在北京南城珠市口长大的，那里的剧场、戏园子、电影院比较多，光剧场就有前门肉市的广和剧场、鲜鱼口的大众剧场、粮食店的中和剧场、天桥的万盛剧场、陶然亭的中国戏校排演场、虎坊桥的北京市工人俱乐部等等。直到新中国成立以后这种剧场环绕的特色依然很明显。

杨立新跟随家长看的第一出戏是河北梆子《八大锤》。当时的他只有四五岁，小孩最纯真的时候看戏，很容易当真，他把台口的框给忘了，被台上的大花脸吓得直往后躲。"文化大革命"时，他经常踮脚趴在台沿上看《红灯记》，后来还有电影《沙家浜》《红灯记》《智取威虎山》，这些戏都非常经典考究。他就这样不停地看，从电影看到舞台，逐渐得到了熏陶。其中，戏曲的节奏、韵律，以及剧情，无形中为他后来的话剧生涯做好了前期准备。

"我看的第一出国内话剧是20世纪70年代在青艺演的，内容好像是当时林彪的一号通令刚刚下来，全国人民都在为执行党中央的紧急命令像打了鸡血一样地努力工作着。那个戏就是表现一个印刷厂为了赶印中央文件而连夜工作的故事。戏中具体的情节内容都已经记不住了，只记得当初的印象非常强烈：话剧怎么这么难看啊！

"所以当70年代中期，我调到北京话剧团后，也就是有了一份糊口的工作，没有激情，没有新意。不来话剧团，没有这份工作，那就得去插队。到剧团总比插队强吧？于是1975年，我与丛林、张万昆、张华、刘章春等人就这样懵懂地撞进了人艺。抱着这样的心态，没有太多的欲望，内心当然不会浮躁，反而打下了一个很好的基础。

"北京人艺有句话：毕业就演大主角是一大灾难。你没那能耐，站在台上会哆嗦，私心杂念太多，肩膀扛不起这大梁。"他看我不解地看着他，便不慌不忙娓娓道来，阐述他的观点。

他提到了一部那个时代人都很熟悉的戏《万水千山》。这是一部以总政话剧团的演员为基础，又借调了好几个部队文工团的力量，排练的一部反映红军长征的史诗级话剧。正是通过这个戏，杨立新扭转了对话剧的看法，他第一次觉得话剧怎么这么好看。1976年"四人帮"被打倒，杨立新与剧院的同志们打着腰鼓从剧场一路出发，穿过王府井，走到天安门。年底，剧院无戏可演，就移植了总政话剧团的话剧《万水千山》。童弟演李有国，朱旭演国民党刘军长，杨立新演敌副官。当时有老同志讲，这个戏不是人艺的风格，地方剧团演军人的戏不如部队文工团，有位老师在草地上有段歌唱得直跑调。而杨立新却通过这个戏得到了很好的锻炼，他身兼数职跟众人扛着枪跑场、站场，这是一个特好的实践过程。有了演小角色的经验在台上就不紧张了。他觉得别把演戏说得多神秘，说得神秘了就把所有的人都吓死了。

"刚上台的人，一定得给他一个简单的东西，让他去完成。告诉他不要考虑得太复杂，待到完成了，再加一点儿，千万别把他吓着。告诉他有这么多的思想内容，这么大的主题，这么大的任务，谁都接受不了，做不到。进门就是进门，一步步地迈步。上来就给个大主角没好处，弄不好把好坯子给毁了。

"任何事情都是有一定时长的。在讲台上当老师，被学生盯的时间到了一定程度，你就不慌了，会笃定了。在台上也是一样，站的时间也有长短，马尔科姆·格拉德威尔在《异类》一书中指出：'人们眼中的天才之所以卓越非凡，并非天资超人一等，而是付出了持续不断的努力。只要经过一万小时的锤炼，任何人都能从平凡变成超凡。'他将此称为'一万小时定律'。要成为某个领域的专家，需要一万小时。计算一下就是：如果每天工作八个小时，一周工作五天，那么成为一个领域的专家至少需要五年。这就是所谓的一万小时定律。用到话剧领域，排戏和演戏的时间要大打折扣，没有三十年的磨炼，怎能成大器。时间够了，实践够了，你站在舞台上不害怕了，就有时间品别人的戏，就可以琢磨别人的戏了，就能看出来戏的好坏了。

"我在三十岁前没演过重要角色，在剧院就是踏实地学戏、演戏。跑龙套，看别人分析剧本、排练，听别人谈角色，带着疑问到排练场看人家怎么试戏，比较看有什么不同，实际排练时他们扔掉了什么加强了什么，最后看人家上台表演时的效果如何。整个过程都是特别利于学习的。我在《蔡文姬》里饰卫兵，拄着大杆在台上一站就是一场戏。排《王昭君》时，主要角色谈人物，谈剧本，通知群众演员可以不来，我照样去了。这一礼拜的旁听让我兴趣盎然，因为我们这代人缺课！我深知缺什么就要补什么。

"1976年前后，当得知解禁了一些图书时，我起大早，顶着星星到大栅栏新华书店排队买《唐诗三百首》和郭沫若的《棠棣之花》，求学若渴。那时，每周骑自行车回家，把诗词抄在卡片上，等红灯时掏出来念上一两句，骑上车再默诵，如同在脑子里拿一小刀刻道儿。当时想把《唐诗三百首》都背下来。甚至在去山东演出的火车上给《红楼梦》拉家谱，现在回想这些瞎功夫没白费。

"从1975年到1977年排《蔡文姬》，到1979年排《王昭君》，1983年排《小井胡同》，到80年代初拍电视，我始终都是这样做的。通过不懈努力，就会看出些门道。当看到同时有两三个人演同一个角色，而有人演得好有人演得不行时，就思考一下为什么？从观看到看明白，从吃到品，再到咂摸咂摸，这方法论就出来了——哦，原来老一辈演员并不人人都是艺术家，我得跟着演得好的大师去学。"

《日出》剧照（摄于1981年），严敏求饰陈白露，杨立新饰方达生

有了收获，有了踏踏实实的积累，功夫不负有心人，三十岁以后杨立新就开始了他一步一个脚印的实践。

1981年杨立新有过一次失败的经历。刁光覃排《日出》，让二十四岁的他演方达生，比他大十七岁的严敏求饰陈白露。这个对手戏比较难演，杨立新很不自信，那时他不论从演技上还是能力上都实在是太弱了。在这出戏里，共产党进城后，把官僚资本家彻底打倒，还有一部分人叫"民族资本家""产业资本家"，像荣毅仁、乐松生。现在知道股票是怎么一回事儿，可当时杨立新这代人根本不了解股票是怎么回事，潘月亭是怎么回事，银行是怎么回事。他们概念中的银行是中国人民银行，哪懂什么私人银行、股票。中年演员不懂，年轻的杨立新就更完蛋，其他演员还有一些舞台经验，而杨立新什么都没有。所以那个戏他自认演得极其失败。

然而，此时的杨立新早已深深地爱上了话剧。1977年至1978年《茶馆》《蔡文姬》的演出和《王昭君》的排练，都让他觉得舞台是那么的好看，那样的有魅力。

"当时有这么个小细节，《茶馆》演出时，我在台下看得十分兴奋，在演出中从台下看台上《茶馆》的景，简直就是西安门大街上的某一处，周围的环境都是如此的逼真。第二天上午我就自己溜到后台，此时空无一人，我走到没有灯光的舞台上，站在搭着的布景内，发现那曾五彩斑斓的一切原来什么都不是，跟在台下看的完全是两回事。在台下看时，当大幕拉开，舞台上呈现的这个大茶馆，每一个人物，甚至舞台这第四堵墙，这无形的一面你都想象得出来，你的信念、信仰、对戏的激动是真实的。但此时我站在台上，景片子后面都是布，是木头框架。站在台上除了自己是真实的，其他什么都没有，全是纸、布，一切全是假的。再回头看观众席，黑漆漆的全是一排排的空座椅。我心中顿悟，演戏太难了。要想干好这事，要想旁人不笑话，能够在台上站住，二十几岁的我还早着呢。从那时开始，我要在艺术道路上一步步地、稳稳地向前走，我还年轻，要想成功，路还很长。"

我也是名演员，我也曾在演出前或散场后站在无灯光的舞台上静思过，因而我特别理解他说的这种感受。我不想打断他的思绪，立新小有停顿接着说："刚进入演员这行，别给他们太大压力。戏剧学院三年级就排《哈姆雷特》，我觉得是件特别可怕的事。应该从最容易理解的戏演起，从最容易模仿的角色演起，从最容易想象的事演起。打好基本功，不要给他太远、太大、太深、太重的东西。"

杨立新人生中真正的艺术开端是从1985年的《小井胡同》开始的，他演小力笨。这个人物是真实的，是生活中能见到的。戏的排练和演出都很顺利，从而逐步建立了他的自信心。演员的自信心很重要，台下的一千多双眼睛，除了赞扬你、欣赏你、崇拜你的以外，还有另外一面，批判你、唾弃你、仇恨你。当你演的什么都不是的时候，可能完全是另外一种眼光了，那是不得了的。

这又回到了北京人艺的老话——毕业就演大主角真是一大灾难。就算还没演大主角，演个配角或几个人撑起这一台戏，都能给你莫大的压力。要从小角色一点一点演，就像年轻人的成长，稚嫩的肩膀还没有担一百斤的能力时，那就从二十斤开始，随着年龄的增长，身体肌肉的发育，逐步加重担子。不让你没追求，又不能压垮你。

"1988年的《天下第一楼》，对我来讲是非常重要的一个戏，当时何冀平拿出剧本给大家读后，我就觉得大少爷唐茂昌这个角色就是给我写的。于是我给导演夏淳写了个条：'我申请演戏中的大少爷，我可以演好。'"

演员的自信来自对人物的理解。因杨立新是在北京南城煤市街长大的，自幼听河北梆子、评戏、京东大鼓、京韵大鼓、京戏，他对戏剧和曲艺有一种天生的驾驭能力。夏淳导演终于给了他展示的机会，分配杨立新饰演大少爷的B角。由此可见，角色不是等来的，而是争取来的。

杨立新对争取来的大少爷这个角色很是上心。他是个好琢磨的人，且不去想什么A角B角，机会有了就要把心全用在戏上。他饰演的大少爷，一上场要唱两句西皮慢板——"杨延辉坐宫院自思自叹，想起了当年事好不惨然"。大少爷心中很复杂：今天我要把这几位名角都请来，他们来不来？杨立新想到这儿就和导演说："这两句的下句是'我好比笼中鸟有翅难展'，如果延上这半句，正好对应大少爷的这种心态：我是艺术家呀！这么个饭馆牵坠得我无奈啊。"夏淳导演欣然同意了立新的方案。

"从戏的主题上说，该戏是从饭馆的兴亡盛衰写起的，不是从大少爷是不是一个艺术家写起的，如果换个角度，写的是梨园行的故事，开饭馆耽误了大少爷学戏就是俗事了。但这是写饭馆，大少爷只是这饭馆中的一个配角，但是不管戏从哪个角度写，角色都不分大小，演员都要从人物的角度去演。观众眼里的配角却是一个演员身心的全部，演员要捋着脉络找人物，要想把人物的喜怒哀乐表现得淋漓尽致就要寻找人物的根，人物一言一行的出处。

"大少爷这个人物是有一定艺术气质和才能的人，但大少爷终究成不了大家，如最后是谭鑫培、谭富英那另当别论，大少爷终究只是个有水平的票友。所以我就要求自己，要把这个人物演得像模像样，唱戏要具有一定的水平。尤其到第二幕时，在拜师的过程中，我必须自己唱。

"原来剧本写的：顺手拿过伙计送菜的盘子，唱了段《红娘》里的'叫张生隐藏在棋盘之下，我步步行来你步步爬，放大胆忍气吞声休害怕，这件事例叫我心乱如麻，可算得是一段风流佳话，听号令且莫要惊动了她'。这段戏都弄下来了，有人指出这《红娘》可是新中国成立

《天下第一楼》剧照（摄于2001年），岳秀清饰玉雏，杨立新饰卢孟实

《哗变》剧照（摄于1988年），（左起）任宝贤饰格林渥，杨立新饰伯德

后重新写的。仔细一想，这还真是，新中国成立前只有《西厢记》，于是为了保险起见就改成了《苏三起解》。如果要是能用那段棋盘舞，会很有彩，特别俏。

"《天下第一楼》的演出是一周六场，A角、B角一人三场，常贵也安排了B制，请林连昆演四场。结果有些人请人看戏专买第四场，也就是我和林连昆同场戏的场次。演到第四十场以后，院里就决定取消AB制了，到上海演出也是我出演了。"

这真是，机会对每个人都是公平的，只有你负机会，没有机会负你。当机会来到面前，是否能驾驭不光要用功，也要有天赋。杨立新天生有副好嗓子，开口就有几处彩儿，这大少爷一唱，观众先是一静，疑惑下是演员本人唱的吗？确定之后接着是"哄"的一阵掌声。每天只要这里有掌声，林连昆老师后面的喜歌就格外地卖劲，他得拿下来。

舞台上就是这样叫场。叫上场了,戏才好看。

没戏演不见得永远没戏演,有戏演不见得永远有戏演。如果把演戏当成一辈子的事去做,你就会干下去,不见得当时就得成功,而且成功与不成功是客观的评价,与己无关。成功就干,不成功就改行,作为爱戏之人是说改就改得了的吗?杨立新回想自己的演艺之路,他说:"我的每个角色都可以这样捋。可以说,有的人是剧院培养的,我是自己干出来的。演员就是四个字——个人奋斗。《天下第一楼》的角色是我争取来的,上面压着一个巨大的A角,自己是像竹笋拱石板一样拱出来的;《哗变》别人不演了,才轮到我;1989年排《田野》,初期安排我是群众,到六月份时却暂停了,年底复排时任宝贤去新加坡讲学,七老爷子这个八十岁老头的角色让我来演……我的角色就是这么一路替过来的。

"20世纪90年代院长让我出去拍电视剧,使我有了更多实践的机会。之后让我回来排《茶馆》,开始派演的是庞太监,记者就问我:'您演庞太监怎么演呢?'我说:'我不知道,往前摸着走,相信结果不会让你失望。'"

是啊,每个演员因为自身条件不同,不会套用前辈的演法。

"排练开始后才排了第一幕就停了,说是要开会讨论。那天我正好去打水,碰到李导,我对李导说:'时间这么紧,不排练,瞎研究什么呀?'李导说:'你不知道呀?常四爷的戏得换人呀。'我应声道:'要是必须换,是谁就是谁,换就是了。'李导接着说:'你不知道呀,小濮想演常四爷。'"

"一听此话我这个气呀,心想,我可以演常四爷,也可以演秦二爷,你们却让我演庞太监,现在你们反而在考虑小濮能不能演常四爷。这就是我在剧院的状态吗?此时母亲的谆谆教导在我耳边响起:'人啊,两肩膀扛个脑袋,人与人之间没有区别,心比天高,命比纸薄。告诉你,小子哎,自己努力去,没有人宠着你把你当宝贝儿。'

《茶馆》剧照（摄于1999年），（左起）杨立新饰秦仲义，梁冠华饰王利发，濮存昕饰常四爷

"母亲的话没错！人，要有个人奋斗的精神，要靠自己混出人样儿来，别人才会把你当回事。吃演员这碗饭更是这样！我又想到一次次给我机会的刁光覃老师。这一辈子，我感谢刁光覃，他能把我当回事儿，给我那么重一个角色（《日出》中的方达生），我没演好，后面照样锲而不舍地用我。这俩角色（方达生和小力笨）就奠定了我继续做演员的信心，以后全都是凭个人奋斗。"凭个人奋斗的杨立新最终饰演了《茶馆》中的秦二爷。他扮相英俊、形体挺拔，一亮相便满堂彩。

我看着杨立新，认真地听着他对其他人物这么具体的分析。我们都知道，演戏，演戏，就是演人物关系。不吃透对手，不了解台上的每一个人物，就把握不准分寸，演不好人物关系。杨立新就《茶馆》

这部戏，没有因一瞬间的不愉快而影响对人物的创作。其实这种情况，演员常会遇到，正是他的戏路子宽，领导才会对他放心。他还因此写过三个角色（庞太监、常四爷、秦二爷）的人物小传，这对把握人物大有好处。

我们话锋转到杨立新在《雷雨》中饰演的周朴园。他第一句就是："太难演了。"

仔细想想确实是很难演，前边有郑榕老爷子、顾威前辈，底下有180人，就有179双眼睛在盯着你，这个戏不好接呀。但是，杨立新也有这么多年的实践了，已经有些经验了，他是个非常虚心的人，会听取所有意见，全都搁在肚子里，但他绝不会照搬，否则永远是在模仿，要把人物真正演到位就要找准自己的切入点。

在排练《雷雨》时，杨立新就提出了异议："五十年来大讲这个戏是反映阶级斗争，但对于周家，阶级斗争是胡说八道、牵强附会。曹禺二十三岁写的《雷雨》，之前没有读过《在延安文艺座谈会上的讲话》，没有学过《中国社会各阶级的分析》，所以必须按照作者的创作思路去捋。这个家庭里面，不可回避的就是一个乱伦的问题，没有过去那场以性为基础的故事，就没有后来这么复杂的关系。如果后来这个复杂的关系中没有乱伦的发生，这个戏就不成立。

"《中国百年戏剧精华》中对《雷雨》的介绍有这么句话：'三十年前周朴园对鲁侍萍的始乱终弃，造成了三十年之后的悲剧。'所以我就寻找这个点，周朴园当时是否对鲁侍萍始乱终弃？所谓始乱终弃就是在无锡的大宅中，一个少爷玩弄使唤丫头，如果手下有五个丫头，其中有两个漂亮的，他就玩弄俩，玩弄一个抛弃一个。如果发现怀孕了怎么办？绝对不会让她生下来。要是生下来也罢，将孩子留下，把大人轰出大宅。这是旧社会大宅门里一贯的做法。

"鲁侍萍生了第二个孩子，这个过程是一年多。鲁妈说过，周朴园为了娶门当户对的小姐，让她抱着刚满三天的孩子离开了周家。据此

《雷雨》剧照（摄于2004年），龚丽君饰繁漪，杨立新饰周朴园

可以推测周家上下是同意鲁侍萍和周朴园的关系的，而且两人之间是有真正感情的。"

分析人物时，杨立新就是死心眼，其实这样费功费力，不是为了给别人带来多大的说服力，而是要让自己自信。

"北京人艺《雷雨》的演出本里故事的开始时间是1925年周朴园五十五岁时，然后进行倒叙，推算周朴园出生在1870年，去德国留学的时间应在二十岁左右。

"当年无锡经济交通很不发达，一个财主家的孩子能去全世界资本主义的先驱德国留学，理应非常的优秀且有志向。学成归来后大约是1894年，在家中待了两年。为什么没有马上出去做事？必须找个理由，这就是甲午海战。甲午海战用的是德国的军舰，这对一心想技术报国的周朴园是一个打击。对这样的青年打击太大了，不巧他在家这两年与鲁侍萍经历了一场爱情，有了大少爷周萍，又有了第二个孩子鲁大海。

"戏里有句台词：'你在哈尔滨包修江桥，故意让江堤出险，淹死了300多个小工，一个小工你克扣30块现大洋。'又有：'你们家让我抱着刚生下三天的孩子，把我赶出了周家的门。'曹禺写的是'你们家'，没有说'你'。剧本透露给我们的信息是：周朴园当时没在家，他在哈尔滨包修江桥呢。但按中国的习俗，周朴园过年必定要回家，从哈尔滨赶到无锡，年三十晚上才到家，这个推理说得过去。所以周家在周朴园到家前把刚生完孩子三天的鲁侍萍赶出家门就很自然了。这绝不是周朴园干的，他回来一看鲁侍萍不在了，马上追出去，到河边见到了衣服，里面有封绝命书，但人已跳河，没办法了。所以，这场爱情悲剧其实是周家其他人造成的，而周朴园和鲁侍萍之间是有着真感情的。

"后来周家又安排给周朴园娶了媳妇，剧本定论此人不知所终。按照繁漪的台词：'你那恶魔般的父亲把我骗进你家，只让我生了冲儿，再也不理我了。'我又一次找到了周朴园对鲁侍萍的爱情依据。周冲十六岁，他和二十七岁的周萍、二十六岁的鲁大海之间年纪相差八九岁，这段时间里繁漪这个媳妇在周家杳无痕迹。戏一开始，屋内的陈设还是鲁侍萍走时的样子，满腔抱怨、恶魔般的周朴园逼着繁漪喝药。通过繁漪对鲁侍萍的嫉妒，可以看出周朴园对鲁侍萍的爱，三十年来对鲁侍萍的纪念呀。"

从下面的分析更进一步看到杨立新对人物剖析的深刻程度："周朴园回来干什么来了？因为矿上出事了。故事发生在北方一城市，四凤有句话：'老爷从前天回来，就不停地在省政府开会。'当时的省政府在保定。第四幕有个说法：'从矿上回来，2点半有趟火车，天亮4点可以到。'这个距离应该是开滦。

"第一幕,周朴园回来的三天后,曹禺通过繁漪的台词告诉观众:周朴园在客厅会客,会见了包括警察局长在内的三拨人。曹禺是暗示这件事的背后跟公检法有关系。周朴园回来是平息矿上开枪打死工人的事情,矿上已经罢工了。头天晚上,他把追到省政府的三个工人代表打发走了,只剩鲁大海一个了。第二天便轻松了,问问孩子们的情况,关心繁漪的病情。"

时钟已指向半夜一点半。我边听边站起来舒展久坐的身体往门口走,准备告辞。立新话却没停:"周朴园是实业家,是从德国留学回来的乡绅,他见事做事,见招拆招……"

我知道,杨立新一聊起戏来就两眼发亮,三天三夜也说不完。一个演员能如此这般地分析人物,能对角色充满激情,他能不成功吗?我不知道在现如今这个浮躁的社会里,在我们下几代的演员中,是否还有这般认真的人。对戏能如此较真的好演员,是称得上艺术家的人。

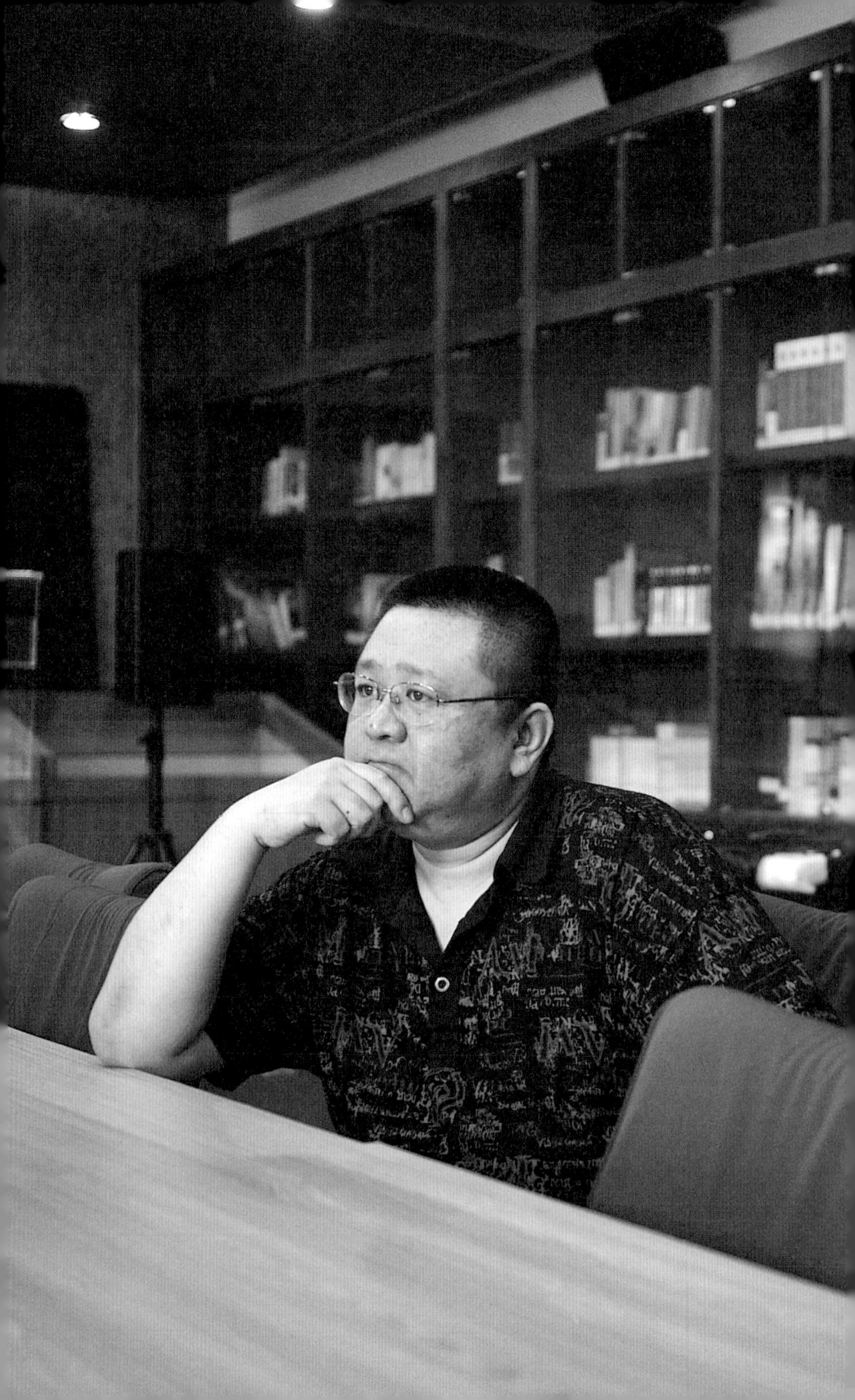

一棵菜——我眼中的北京人艺 BEIJING People's Art Theatre

梁冠华
（1964— ）

承上启下

"在外面拍影视全是北京人艺给我的东西，不论创作人物，读剧本，挖掘人物关系，用的一切方法全是人艺老先生们教我的。不像在北京人艺抽着烟喝着茶，在外边工作可能紧张些，但是案头的功课都没有改变。没有这条根本，外面的戏也不会出来。"

约了梁冠华多次，忙，好在我计划探访的中年演员不多，否则真要交不了稿了，大家都太忙。为了能按时完成书稿，我只有见缝插针，才能找到刚在剧院演完《茶馆》又在外边拍电视剧的梁冠华。冠华人特好，我常说胖人厚道，加上冠华那一双小笑眼，看见他我就高兴。多年前我们这俩胖子曾试图演一把姐弟，可事与愿违，至今也没演成。演没演成姐弟没关系，姐弟情分在这，老姐找他，弟弟在所不辞。

那一日很晚了，接到冠华的信息："姐，睡了吧？明天下午我有点儿空，吃饭就免了来不及，下午1点半赶到首都剧场，咱在后台找个化装间，那儿凉快，好好聊聊。"

当冠华顶着烈日，从顺义赶到首都剧场，正好是一天最热的时候，后台又有别的单位在演出，我们又"噔噔噔"上四楼另寻他处。大夏天，胖子中午定没吃好饭，从顺义赶来还楼上楼下地被我这么折腾。咳，真是感动不已。

时间真快，算算我们有好几年没见了。我们脸儿对脸儿地坐下，我仔细端详冠华兄弟，嗯，他还是那个样子，胖胖的，穿着普通，一双笑眼真诚地直视着你。按说咱兄弟也早已成名了，可在他嘴里我依然听不到豪言壮语，在他身上还是看不到大腕的派头。梁冠华一开口就给人实诚的感觉："我这人逻辑思维差啊，都不知道该说什么。"听听，"逻辑思维差"，"逻辑思维差"能长成这么个形象，胖墩墩的，还站在人艺的台中间？你站台中间可不是靠形象，靠的是戏，靠的是戏好！逻辑思维差能行吗？

"就聊聊你，聊聊你和剧院。"我启发着。梁冠华是我采访的倒数第二个人，我又像祥林嫂似的把我对每一位被采访者说明的情况和要求再向冠华讲了一遍。他看着我，思索片刻，打开了话匣。

"我们这班学员正好是苏民老师和你婆婆刘涛老师带的班。从年龄上讲我们离杨立新那班近些，和濮存昕远些，濮存昕属蛇，比我大十一岁。我们是第五届演员学员班，是1981年进北京人艺的，那时'文化大革命'过后不久，正是人艺老先生们最活跃的时候，也是最健康最健谈，愿意把自己的东西掏出来的阶段。

"所有老演员都给我们上过课，虽然吴刚、岳秀清那班比我们只晚三年，但那段时间好些老人就离休退休不来剧院了。所以讲我们班空前绝后了，这是我们的幸运，同时又是悲壮的，我们受的是这些老先生的教育，再往后，状况一年和一年相差很多。老一辈教诲的东西在日后越来越走样了，心里着急，但是无能为力。

"常说教书育人。当时我们班要求写日记，每周交给老师，苏民老师认认真真地看，拿红笔批改。我们班跟着剧院排《吴王金戈越王剑》，有几个人演了小角色，没我什么事，想不通，我就抓耳挠腮，思想联翩，我就把真实想法写进了日记。苏民老师看了后，告诉我说：'挑上别人，可能是形象合适，作为一个演员都有局限性，要有准备，不能患得患失。'这'患得患失'四个字我记得非常清楚，时至今日都大有用处。人艺不光教会我们演戏，还教会我们做人。

第五届演员学员班合照（摄于1981年）。
前排 郑天玮（左二）罗历歌（左三）李珍（左四）宋丹丹（左五）王姬（左六）
后排 马星耀（左一）老师张我威（左二）老师童弟（左四）于长利（左五）张永强（左六）老师芳民（左八）鲍大志（左十）老师刘涛（右三）梁冠华（右二）

"我们班的学员认识北京人艺是从入院第二年，随《蔡文姬》西南演出开始的。最先熟悉的不是老艺术家，而是工作人员。我们参加舞台工作，在长沙，吊杆不够，跟着杜广沛装滑轮安装软景片。舞台顶上几米高，我肉大身沉的在上边直哆嗦。装车卸车、装台拆台都干，虽说累吧，但是对年轻演员是个锻炼，不经过这些体验，对舞台缺少了解，就不全面。"

梁冠华第一个戏是毕业演出《王建设当官》。

"给你讲个小故事，装台的时候，装置组组长杨金良指挥，在下面叫：'李……李……李……'李志良探出头来，李春发走了出来，等姓李的全出来了，最后他结巴着'篱……篱……篱笆栅儿'。"

哈哈哈……梁冠华就是这样，冷幽默。抽冷子插科打诨的他不大笑，你却能乐弯了腰。下午人容易犯困，这一笑精神了。"逻辑思维差的，接着说。"笑完了，再喝口水，我督着他快说。

"哎，说，"冠华想想问，"说到哪儿了？""嘿！说完学员班，聊传承与发展。"

"传承与发展……"梁冠华小声重复着我的话，眼神从愉悦转向严肃。

"从时间上，我们是承上启下的，但从能力上是力不从心的。上面是承了，但向下的启，不知道结果，有时只能逃避。人艺的宗旨和艺术的理念不应改变。继承和传承都是我们的责任。"梁冠华的一席话外

《王建设当官》剧照（摄于1983年），
（左起）罗丽歌饰王慧贤，崔麟饰李厂长，宋丹丹饰漂亮姐，钱波饰小赵，梁冠华饰王建设

《蔡文姬》剧照（摄于2001年），（左起）梁冠华饰曹操，杨立新饰周近

人听不出什么，可同是演员的行里人，我听出太多的希望与无奈，甚至隐隐感觉大有爱之深、责之切的味道。在我采访三位人艺骨干——杨立新、梁冠华、顾威的时候，让我感受到不同程度、不同角度的担忧，他们内心都有一个疑问：北京人艺这面现实主义的大旗还能打多久？靠谁来传承发展？

梁冠华是幸运的，在人艺的舞台上他演过几个戏。他在现代戏中演了许多大主角，有《鸟人》《鱼人》《红白喜事》等等，但名气不大。在观众熟悉的保留大戏中出演的人物，如《茶馆》中的王利发，《蔡文姬》中的曹操，《狗儿爷涅槃》中的狗儿爷，但毕竟都是别人演过的戏，让人感觉不到自己独立创作人物的味道。在宣传方面，剧院也没有为年轻一代的演员专门做过什么。

有一件事对梁冠华的内心冲击比较大。那是在2008年演《茶馆》的时候，因为车号限制，梁冠华打车到剧场演出。在出租车上，无意间看到人艺演出《茶馆》的宣传广告，定睛一看剧照：于是之、英若诚、郑榕、黄宗洛。可演出的早已是自己，在台上台下用功、流汗的是自己，宣传的却永远是上一版，这种不受肯定的状况让他心情挺难受的。

他拿手机照了下来，给有关人员看，问道："演出是他们演吗？首先误导观众，其次对现在演出的人不尊重。我不争什么，但是要获得肯定，毕竟做了贡献。"此时，冠华的脸上看不到一丝笑容，眸子里有太多的东西。我很理解，其实人有时就是一句话的事，我不要你夸我什么，我演时写我名字就行。

冠华接着说："如果这样的话，后来的人是否还愿意继承北京人艺的东西？还是自己出去发展？有这么一句话：'应该是欺老不欺小。'因为小的是要继续你的事情，会打心眼儿里为剧院的发展着急。我感恩是肯定的，没有北京人艺就没我梁冠华的今天，我们是最幸运的一批学员，后来就没有了。人艺曾经对我不薄，我们毕业时大部分学员是文艺十六级，只有我和宋丹丹、王姬文艺十五级。后来改四级评定时，我也很快就是一级演员了。"

"在纪念中国话剧百年的时候，剧协有一个评选'话剧百年百人贡献'的一个表彰活动。我是两届梅花奖得主，舞台上的奖项几乎也拿遍了，可在这百人名单中前面三十名我算不上，后面七十名也没有我，这当中是有剧院推荐提名的问题。很多人问我：'你就演一个《茶馆》，北京人艺你不干了？'让我感觉到以前的努力毫无意义。在剧院我可是参演了三十多部戏啊。"

我算是伶牙俐齿之人，可此刻我竟不知说什么。房间很大，也很凉快，却让我感觉有些发闷。我有个原则，就是在我这本书中尽量不碰尖锐的、矛盾的、令人不快的问题。因为我到底是外人，是人艺大院走出去的人。我们静静地小坐了片刻，我话锋一转，请他聊聊后楼那些曾经快乐的时光。

一提后楼梁冠华笑了："记忆中最深刻的是没成家前在剧院后楼的生活。我们班都是北京户口，在剧院没分宿舍，但是有排练厅，基本上大家都不回家。当时上课忙，一周要交一个观察生活的小品，所以基本吃住在剧院。相互之间纯真得不得了，那是一段美好的时光。

"在后楼，杨立新、丛林已经成家。那时上下午都排戏，经常买点

提起后楼的生活，梁冠华笑了（摄于2012年）

杨立新的儿子杨玏（摄于1989年）

吃的就去他们那蹭饭。杨立新已经有了儿子，中午要睡觉。我们这帮小子一高兴就又说又闹，动静大了点儿，杨立新就从三楼的小屋出来了，打楼梯尽头就'嘘'着过来了。'嘘——'这一嘘好嘛！能嘘出一分钟。大伙问：'怎么啦？''我儿子睡觉呐。'他目光严肃地回答，别人就不敢吱声了。

"没过几天，杨立新给儿子买了个蝈蝈，不分时辰'嘟嘟嘟嘟'叫个不停。大伙儿晚上演出，白天起得晚，这蝈蝈叫得真叫一个烦。李果就和杨立新说：'你能不能……'杨立新立马打断：'我儿子得要这个。''行！合着你儿子睡觉我们不能说话，我们睡觉你弄个蝈蝈来叫？'

"毛毛那几个坏小子找来'必扑'杀虫剂，等杨家没人时，对着蝈蝈噗噗两下，走了。晚上，杨立新回来，问儿子：'杨玏，怎么样啊？你的蝈蝈呢？'杨玏睁着无辜的大眼睛说：'使（死）了。'那帮坏小子那个偷着乐呀！

"后楼屋子小，大家做饭都在楼道，自家的门口摆上炉灶，再支个桌子，放些油盐酱醋，还有暖壶。那时打热水都要去楼下锅炉房，杨立新为了晚上给孩子热奶,把几个暖壶都灌得满满的。这帮小伙子下戏回来泡个方便面,不愿下楼打水,抓起杨立新的暖壶,咚咚咚全倒光了。

"杨立新到夜里给孩子热奶就没水了。于是想了个办法,将四把暖壶的把放到一起,用一铁链子拴住,用锁锁住。心想,我看你们怎么倒。晚上,就听屋外有动静,铁链子'哗哗'的响,立新悄悄地拉开门缝一看,俩人捧着四个壶一起往外倒水。"

"哈哈哈……再讲一个。"我没听够。

"得!那咱还说杨立新。"

可不,这是哥们儿,不说他说谁呀。

"杨立新当时不富裕,想攒钱让孩子学钢琴,夫妇俩就吃了四个月挂面。北京文化系统开运动会,北京人艺有一广播操的项目,只要正确地做下来就有奖励,一人一套运动服。杨立新惦记着这身运动服,就参加了。他做事认真啊,在门口墙上贴了一张广播体操的动作图解,不管做饭烧水,干着活也不忘做操,日日看、天天练。第一个动作立正,然后伸展、转体等等,最后动作回到立正,每节如此。李果几人又犯坏了,他想弄运动服,那可不行。趁着晚上,把所有带动作的图像全抠掉。第二天早上,杨立新照常对图练习各种动作,一看,全剩下立正动作的图像了,随口一说:'立正谁他妈不会呀。'"

"哈哈哈……再讲一个,就一个。"我央求着梁冠华。

"那还说杨立新呗。那时水房没人管,吃饭后的饭碗放一大盆里,用水'哗'地冲着。结果地漏堵了,水跑了出来流了一楼道。杨立新家不是正对着水房,还隔了两三个门,说来奇怪,谁家都没事只有他家被淹了。鞋盒子都在床底下呀,一拿噗的一下,鞋全掉进了水里。"

提起后楼,提起好友,提起他们艰苦却单纯的青年时代,我们的笑声一阵高过一阵,把我的肚子笑疼了,眼泪都笑出来了。说了幕后的趣事,再聊聊台上的意外。

"一次演《茶馆》,演到第二幕时,整个门倒了,关了幕。是这样,唐铁嘴偷了一张报纸下场时,扶了一下门框,他人一出去,门啪的一下就拍在了地上。观众居然没反应,以为是剧情呢。后面常四爷就要上场了,没有门框也行,空着进来。可是门框立着,门在地上,不能踩着门进屋呀。我想和扮演李三的李士龙把门给弄起来,就对着侧台招呼:'三爷,三爷,赶紧把门弄起来,这门怎么的事儿?'可这会儿没三爷的戏,人家就到后面喝水去了。我自己在台上还编词呢:'打仗,打仗,把门都打掉了。'可实在不行我一人弄不了,演不下去了,我只好下去招呼赶紧关幕。"

听梁冠华聊到这儿,我问了个挑事的问题:"兄弟,两版《茶馆》你都演了,作为其中的演员,新版、老版,你更喜欢哪个?"

梁冠华想了想:"两版《茶馆》的对比,焦菊隐的老版很舒服流畅,从受教育时看的就是这版。我也理解新版,林兆华肯定要出新,不甘心只传承接受。我个人体会啊,这新版的景四边都是门,漏空的,演员被压了,布景太吃人。"

梁冠华毕业后在剧院上的戏90%都是林兆华排的,包括《茶馆》,也是林兆华和刘锦云一起定让他来演的,他感谢林兆华。

之后梁冠华又谈道:"我佩服林兆华一点,年龄比咱们大,还能敢于创新。一开始刚有小剧场,我们年轻演员一演觉得好玩儿,很热情,投身于实验剧中,排了很多,如《二次大战中的帅克》。随着年龄的增长,感觉实验和先锋没错,但只是小众。想让观众有共鸣,主流的东西还是现实主义的,尤其在北京人艺。

"十年后的今天,跳出北京人艺的圈儿,从外面看它是另外的样子。说实话,有个戏都是明星,剧院内热火朝天,我在外面一问,人家说,没听说过,不知道。人不要再做井底之蛙了。"我同意冠华的观点,觉得他谈得很客观,这是演员成熟的表现。

"在外面拍影视全是北京人艺给我的东西,不论创作人物、读剧本，还是挖掘人物关系，用的一切方法全是人艺老先生们教我的。不像在北京人艺抽着烟喝着茶，在外边工作可能紧张些，但是案头的功课都没有改变。没有这条根本，外面的戏也不会出来。"

冠华这话有理，走到哪儿也不能忘了根本。他现在是腕儿了，却处处以身作则，和演戏有关的事绝对亲力亲为。他告诉我："现在我也没有助理，自己可以活动，要助理干什么。有些人画台词都用助理，其实看剧本也是对人物再理解的一个过程。看剧本上别人说什么，我回答什么，画剧本又熟悉了一次人物，这事儿不能交给别人。

"外头拿我当榜样——'您怎么能不用助理？'有点名气的不用助理好像就活不下去。你不会擀饺子皮，不会干活，怎么会演戏？

"我在外边演了二十几部影视作品，其中《贫嘴张大民的幸福生活》和《神探狄仁杰》最被观众认可。常说一戏一格，对于不同人物和题材用不同方法表现。张大民就是生活戏，狄仁杰是古装，在语言上要有区别。后来大家分析，古代的服饰为什么宽袍大袖，古代人的做派就是要把衣服撑起来，这些也是人艺潜移默化的教育。一个是剧院的风格，一个是整个社会对表演艺术的要求。可能有些难，但必定要有。

"人艺不光教会我们演戏，还教会我们如何做人。现在听起来好像挺'左'的，可回过头看真是这样。演戏是一大块儿，但是很多东西真是从做人开始的。老先生们之间有什么矛盾咱不管，但是他们没有把不好的教给我们，只把做人的好品格教给了我们。对人艺的孩子也一样，父辈有什么矛盾，对孩子没有影响。同学几年，直至长大成人，都是朋友。这是北京人艺深沉的一面。"

是啊，我完全同意梁冠华所讲的。他谈得很客观，有人的地方就会有矛盾，北京人艺的艺术家们真是这样，老辈人有多大矛盾，从来不和孩子们说，更不会把矛盾转嫁到下一代身上，这一点我深有体会。

说实话，我没想到梁冠华谈得这么坦诚。他没有回避矛盾，而是客观地站在一个高度，跳出来谈这些问题。在他身上，我看到了北京人艺的优良传统。梁冠华在我心里的形象又拔高了。

看着他钻进被阳光晒透了的汽车，流着汗再次向片场匆匆驰去，我默默地祝愿我的兄弟：一切都好！

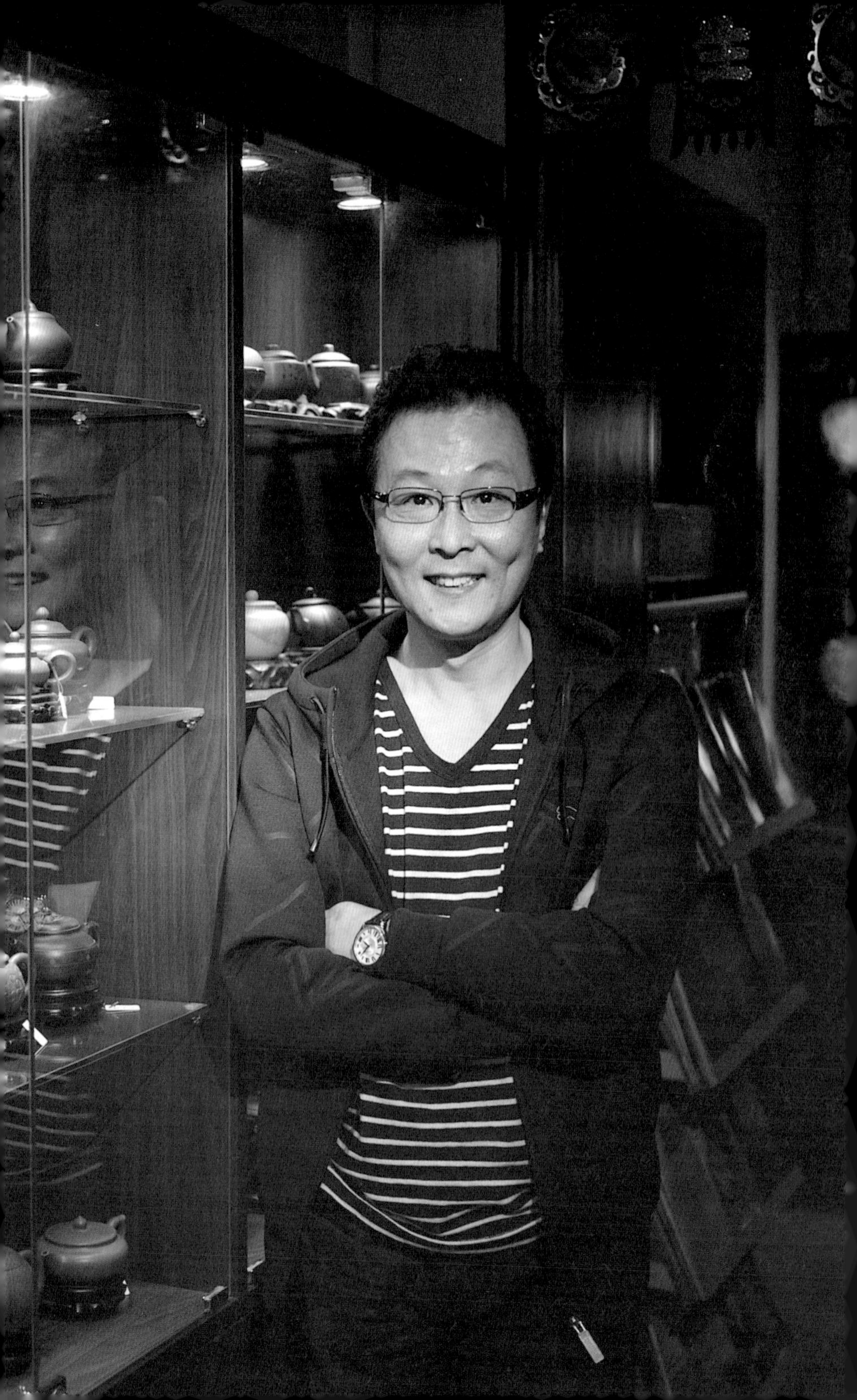

钱波 (1963—)

有心人

一棵菜——我眼中的北京人艺 BEIJING People's Art Theatre

钱波认为,要演好这类人物,只有把戏放在人物身上,不是在演而是真实地进入到戏中人物的情感里,才能让观众接受。人艺的老师们教导钱波,扮演一个角色关键在于"真"到什么程度,细微的表现决定了创作的成败。

认识钱波是从电视剧《茶馆》开始。饰演唐铁嘴的演员使我眼前一亮。这人是哪儿的？这部剧里优秀演员云集，怎么就轮到从日本回来不久的钱波扮演唐铁嘴呢？

1981年，十七岁的钱波考入北京人民艺术剧院第五届学员班，和宋丹丹、梁冠华、王姬是同学，他们属于闻着布景味儿长大的孩子。那时家在北京的钱波一天到晚像长在剧院似的，他和男同学们在首都剧场四楼排练厅，用废弃的布景一搭，就住在那儿了。用他的话说，早晨醒来直接把杆压腿，天天琢磨的都是小品，每天十分充实。

他们班的毕业演出剧目是《王建设当官》和《家》。说来有缘，他们班与我父亲合作过的人不算太多，而钱波却参加了我父亲方琯德执导的《流浪艺人》。

钱波在同学中是第一个登台演出的。当时《蔡文姬》赴西南巡回演出，他饰演伊屠知牙师，有机会和朱琳、刁光覃、童超、苏民、蓝天野等大师级的前辈同台演出。其他的男同学都在戏中撑大杆，女同学演宫女，只有他是有台词的。许多年过去了，钱波提起当年情景依然自豪，用行话来说，他这也算得到大师们的真传了。

常说，年轻靠形象，三十过后靠内涵。对艺术充满激情的钱波，在进入日本大学艺术学院学习戏剧文学为自己补充能量之时依然忘不了演戏，演员这行要想干得长远，理论与实践缺一不可。2005年借拍电影《无极》的机会，他回来了。中国的话剧演员不同于其他艺术人才，他的根还是在国内，在有豆汁儿的北京城才能找到纯粹的京味儿，才能去充分吸收各种创作上的营养。

钱波出身于医生之家，20世纪70年代，钱波小学一年级时进入了银河艺术团，当时由少年演出队和少年合唱队组成。他在那里的小伙伴，如吴刚、许亚军、祝新运等，大家的艺术之路纷纷从此展开。到了初中钱波还想上台演戏，就又去了宣武少年宫话剧班学习。

母亲虽然是北京人艺的忠实观众，也曾有过裹着棉被在首都剧场连夜排队买票的经历，但还是对钱波专业学习表演持反对意见，认为作为爱好玩儿玩儿可以，本职应该按部就班地完成学业，长大子承父业能当个医生。可一心想演戏的钱波认准了北京人艺，他不顾母亲最初的反对，通过自己的努力，再加上有幸得到恩师董行佶老师的多次辅导，最终顺利考上北京人艺的学员班，从此干上了自己热爱的职业。

多年来，不管钱波走到哪儿，他心里总有一个声音在说："不演戏对不起教我的先生们，现在他们一位接一位地走了……我要好好儿干下去。"

电视剧《茶馆》选演员时，钱波正好留着胡子，也许与唐铁嘴的外形有几分相似，被何群一眼相中。那时两人并不熟，仅仅有一面之缘，甚至连名字都叫不上来。何导对经纪公司讲："就定你们公司那个留小胡子的人了！"当时，有四五位演员想演唐铁嘴这个角色，最后定了钱波实属不易。

钱波在北京人艺学员班时，吃在食堂，住在后楼，天天晚上看

电视剧《茶馆》剧照（首播于 2010 年），钱波饰唐铁嘴

《茶馆》的演出，戏中的每个人物都深深地刻在了脑中。但是，接到电视剧《茶馆》中的唐铁嘴一角压力还是很大的。如何做到从形似到神似，虽说只有 80 多场戏，还是要不断地揣摩，将人物有光彩地立起来。

当时的拍摄地在河北涿州影视城。钱波在屋内贴满了老北京的照片，营造出一个氛围。冬季的影视城，一片萧瑟，十分荒凉。不分早晚，人们总能看见一人，穿着剧中服装，趿拉着不跟脚的鞋子，在搭设的四九城中溜达。他就是钱波。钱波认为，唐铁嘴当年总会在四九城满大街的犄角旮旯转悠，无孔不入地寻觅着来钱的机会。所以，自己也得在四处溜达的过程中，设身处地、自外而内地去寻找唐铁嘴的自我感觉与典型动作。虽说这带着目的的溜达是个体力活，可在天寒地冻中的一来二去，人物的心理和形体的感觉就找到了。

这种创作态度就是人艺的传统。老一辈演员，一接到饰演的角色，就开始从里到外找感觉了。甚至上午排完戏，中午回家吃饭的时候服装都不换，完全生活在角色之中，从而找到生活和角色的契合。

话剧《茶馆》中，唐铁嘴先由张瞳老师出演，表现出些许落魄文人的书卷气。钱波在创作这个人物时，揣摩到再坏的人也有善良的一面。唐铁嘴活在自我自在的当下，有滋有味无比幸福。因为拖家带口，不得已行骗为生。听说洋人在京城烧杀抢掠三天，他兴奋不已，可以捡洋落儿了。而小寡妇投河自杀时，唐铁嘴去给王掌柜报信儿，钱波在"挺俊的一人遭劫了"的原词后，加了句话，变成："挺俊的一人遭劫了，我又不会水。"以此显现出坏人心底里的一丝善良，从而丰富了人物。由此看出，钱波不是一个照猫画虎式的演员，他尊重前辈，在借鉴的同时有自己对人物的诠释。

钱波曾在自己的博客中这样写道："要说唐铁嘴，耍了一辈子嘴皮子，但末了还是祸从口出，连自个儿是怎么死的都不知道。他早年丧偶，亲手把儿子养大。碰见要饭的，他绝不给钱，但偶尔也动动心。他虽不走正道儿，但也是步履蹒跚……他喜欢那个世道，因为他能大显身手、滋润无比；他喜欢裕泰茶馆，因为对他来说，那儿就是免费餐厅、网吧、足疗店……他喜欢王掌柜，因为王掌柜太了解他了，这么多年发善心让他赊账，这要在别的茶馆，早被人一脚踢出去了。他虽坏，但不恶。他坑、蒙、骗，但绝不拐。他不敢把人害死，也怕见血，更不会干那种断子绝孙的事儿。您别说，他也许还剩下了那么一丁点儿'良心'，还有他自个儿的'道德底线'呢。"

成功地塑造一个角色，演员要下功夫，流汗水，平日对生活的观察、文化知识的积累等等，缺一不可。常说冰冻三尺，非一日之寒，就是这个道理。

说完《茶馆》中的唐铁嘴，我们再聊聊前几年热播的电视剧《全家福》。

钱波在电视剧《全家福》中饰演老萧，又是一个不在戏轴上的人物。钱波认为，要演好这类人物，只有把戏放在人物身上，不是在演而是真实地进入到戏中人物的情感里，才能让观众接受。人艺的老师们教导钱波，扮演一个角色关键在于"真"到什么程度，细微的表现决定了创作的成败。

电视剧《全家福》剧照（首播于 2013 年），钱波饰老萧

好的演员，起码可以演四种以上的人物，让观众看人物而不是演员的本色。钱波享受的是创作人物的过程。在接到饰演的角色后，一定要查找大量当时人物和事件的资料与照片，为准确把握角色找到可靠的依据。

说完《全家福》，我们又讲到《鸽子哨》《大风歌》……那些凭演技，动真情，用全身心去认真创作完成的剧目。

回想当年，人艺的老一辈年龄在五十岁上下，正是年富力强之时。那时，当演员演戏和名利无关，所有人都是好这口，如痴如醉，喜欢创作人物。什么是"本"，这就是本。本就是初衷，就是爱戏！钱波自幼追求的目标是当演员，现在能从自己创作的角色中找到乐趣，心满意足。"今后，当自己演不动戏时，回味起自己创作的一个个人物，是多么惬意的事呀，是一乐。"

钱波始终不忘，搞文化事业的，没文化不行。人艺老人讲："演戏最后就是拼修养。"文化离修养还远着呢。所以钱波不管在何时何地一

电视剧《鸽子哨》剧照（首播于2009年），钱波饰唐爷爷

直以"人人为我师，处处是课堂"的心态，做到三人行必有我师。人艺博物馆至今还收藏着于是之先生写给他的一封信。

钱波热爱事业，同样热爱生活。他有一颗善良的心，对小动物格外喜欢。他养了两只狗，叫黄豆和黑豆。每当闲暇之时钱波就和狗聊天儿，陪它们玩耍，他视小家伙们如同家人。聊起黄豆黑豆，钱波那叫一个得意，给我讲了一个小故事。

有一次，钱波到外地拍戏去了，黄豆除了蹲在门口等，还常去洗衣机旁转。后来才发现，原来里面有他一件还没洗的衣服。拿出来洗时，黄豆竟然又追着衣服钻进了洗衣袋，幸福地躺在里面，用脸蹭来蹭去，以示对主人的思念，怎么拉也不出来……

走下荧屏的钱波，温文尔雅，低调真诚。他不是唐钱嘴，不是老萧，可他与他们又是那么密不可分，因为他塑造了他们。一个用心演戏的好演员——钱波。

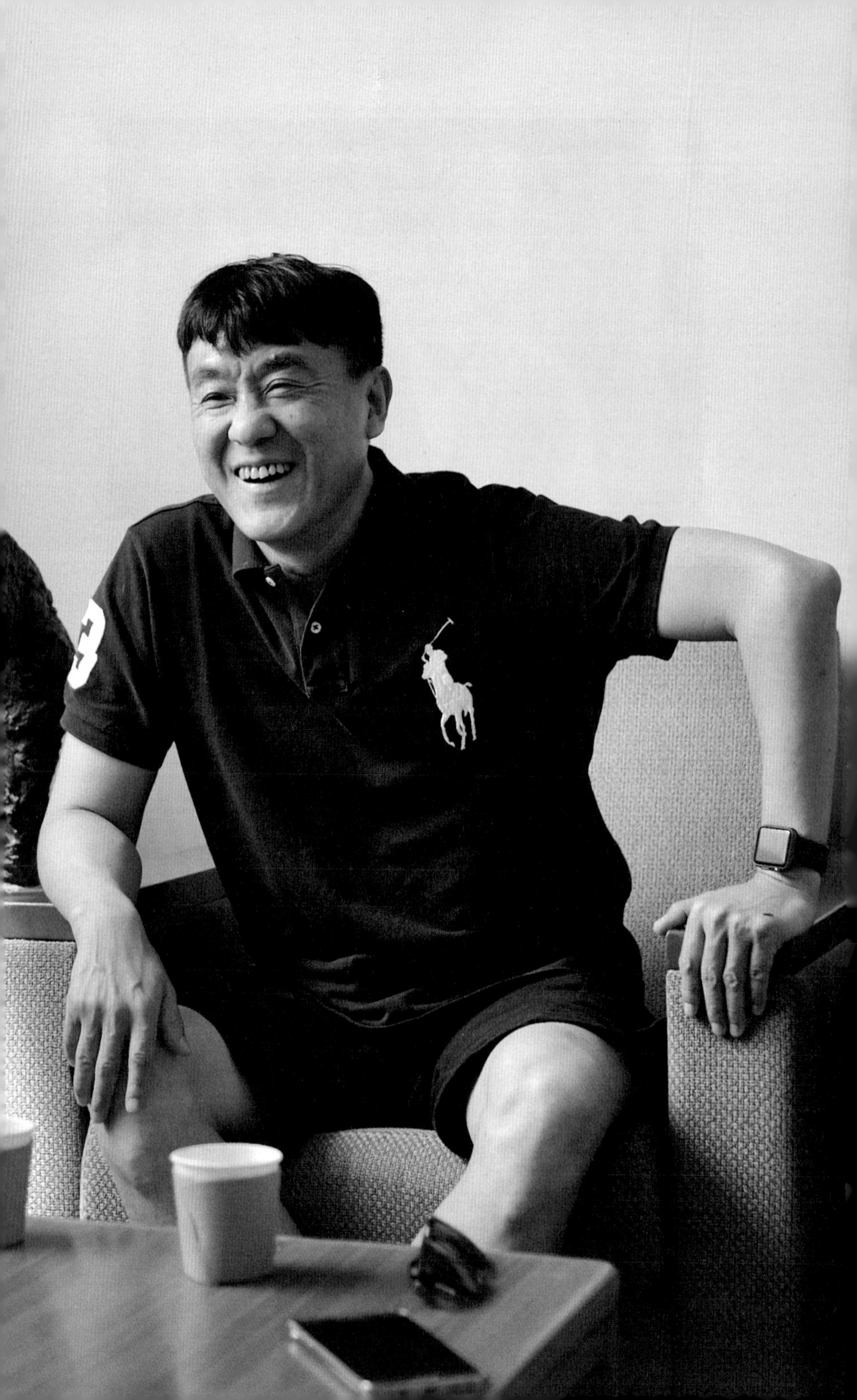

何冰

（1968— ）

勇攀高峰

一棵菜——我眼中的北京人艺 BEIJING People's Art Theatre

何冰忘不了初上舞台的感觉。他站上舞台，就脚下一块儿是亮的，面对着台下黑乎乎的一片，好像一个大黑窟窿似的。窟窿里有一千多张脸，静静地坐着，用一千多双眼盯着你，审视着台上的自己。他怎么想都觉得不公平，这太可怕了。好似一个人孤单地来到这个世界上，你要开始自己生活了。

何冰，认识多年，他与我哥和我都合作过。快人快语，能说能侃，笑声爽朗。1968年出生的他，从小就喜欢表演这个行当，八九岁时就想当演员。1987年考入人艺在中央戏剧学院的代培班。同学有徐帆、陈小艺、胡军等人，此班由人艺的苏民、童弟等艺术家授课，为剧院培养定向人才。1991年毕业时有10名学生分到了北京人艺。当时的何冰内心充满了阳光，考上了大学，也找到了工作，而且是进入北京人艺工作，要知道北京人艺门槛有多高呀！比如林连昆先生，在他人生后来的阶段是多大牌呀，可在剧院内还是被称作"小林"。董行佶先生，那是大师级的人物，到死也叫"小董"。黄宗洛先生的夫人尚梦初至今八九十岁了，人们还是叫她"小尚"。还有灯光专家方堃林"小方"了一辈子……总之，人艺谱大啊，人才济济，初进人艺的小青年除了仰视，头都是懵的，能和大师们一起工作是何等的幸福与自豪。

何冰说，当年刚毕业后最想干的是把老师教的知识快点儿变成人民币。要先吃饭呀！实际上，老师所教授的内容暂时用不上，那是原理，要用很长时间才能悟透。像播种一样，需要在心中有一个生发成长的过程。吃饭问题和得到社会的认可是矛盾的。何冰也曾怀疑过，学校的教法对吗？这么多年过来，才算真正体会到学与用的内在联系。

急于求成的何冰和所有演员一样，进剧院先跑龙套。他在舞台上猛"戳大杆儿"四年（在《蔡文姬》中演群众，站在台上举旗杆，俗称"戳大杆儿"）。此时在院外他已演了一些电影和电视剧，在学校时也是班上数一数二的好学生。自我感觉还不错的何冰在剧院这样的境况里还真有点儿想不开。那时龚丽君已经是《北京人》的主演了，徐帆、陈小艺也担任了重要角色，虽说女生容易比男生早出头，自己还是不免有些想法，觉得老天爷待自己不公平，觉得剧院领导难为自己，觉得导演看不起自己。戳了四年大杆儿也让踌躇满志的他从内心一团火的青年变成了满肚子牢骚的怨妇。现如今何冰不这么想了，回头看看，这是一个演员成长的正常过程。

何冰平静地告诉我："人呀，不到四十总是觉得自己卓尔不群很了不起。只有用岁月、用时间来打磨一遍，有了经历，见过人，见过事，见过自己的内心，再看看别人，你才知道自己冤不冤。"何冰感慨地接着说："我们这一代人太不冤了，我们是时代的宠儿。"是啊，看看人艺培养出来的这些青年演员，现在活跃在舞台和影视界的，都是给点儿阳光就灿烂，能挑得起大梁的人。我深深地体会到"我们不冤"这四个字的分量。

人艺对何冰影响最大的是"二林"：导演林兆华和演员林连昆。在台上何冰和林连昆老师演了好几百场戏，《鸟人》和《北京大爷》。同台演出时，何冰看到了高度，学到了林先生在舞台上的走路、喘息、语言、组织等一整套表演方法，不是模仿，是方法。在北京人艺没有特定跟某位艺术家学戏的制度，在和众多老一辈艺术家排戏、演出、日常生活中，要自己有心默默地学习。何冰明白，你不用看各位艺术家的高度，衡量的是青年演员自己内心的高度，你拿谁作为学习的高度，这是最要紧的。比如和朱旭老师演《北街南院》，那时正是非典时期，全北京都"关张"了，只有北京人艺演出。那戏演得空前成功，剧场内人声鼎沸，知道是看戏，不知道以为看球呢。这里就有艺术的高度，没有高度怎么可能有这番景象。

何冰在人艺演过许多部戏，经历过四位话剧导演，除排演过任鸣、李六乙、徐昂三位导演的四部话剧之外，其余的话剧都是由林兆华导演的。是林兆华导演帮助何冰拆掉了内心中的"第四堵墙"。在舞台上，室内布景只有三面墙，将台口称为并不存在的第四堵墙，它试图将演员与观众隔开，使演员忘记观众的存在。一个优秀的导演要帮助演员拆墙，启发演员做到心无杂念，演无痕迹，进入人物角色，从而感动观众。

何冰忘不了初上舞台的感觉。他站上舞台，就脚下一块儿是亮的，面对着台下黑乎乎的一片，好像一个大黑窟窿似的。窟窿里有一千多张脸，静静地坐着，用一千多双眼盯着你，审视着台上的自己。他怎么想都觉得不公平，这太可怕了。好似一个人孤单地来到这个世界上，你要开始自己生活了。生活中可能会有家长站在你身后，对你说："走吧，孩子，没问题，哭了回家来，妈给你做饭吃。"有的人有这种幸福，有的人没有。在舞台上，林兆华永远是何冰的天使，大导永远是在默默地说："孩子，去吧！安全，勇敢地站在那。"何冰的内心在问："您给我预备了什么？"大导指指舞台，可此时台上什么都没有，台上是空的。林大导这样做是为了让演员不要靠外部的东西去建立，完全靠演员自己的内心去建立，从而历练了演员的胆量。何冰经过几番磨砺，从对舞台虚无的恐惧到内心的丰满，再和其他人演戏就太简单了。

林兆华排的戏完全和老先生们不一样，有大的审美样式，完美的舞台呈现。对演员在方向性上有要求，美学样式上有把控，但落到表演上比较自由。好比初学游泳，到池边后，将你一脚踹了下去，要么

《狗儿爷涅槃》剧照（摄于1986年），（右起）林连昆饰狗儿爷，马恩然饰祁永年

淹死，要么学个狗刨，先活下来。

　　这段时间，有了林兆华的指导，又有幸近距离观察林连昆老师的表演，何冰把学校的知识附着在具体的角色上，理论和实践在舞台上有机地结合，自身慢慢地产生了变化，得到了升华，达到了一个新高度。

　　在我采访的过程中，几乎每个人都会对我说："北京人艺是我第二个家。"同是家里的孩子，北京人艺是不会埋没人才的。何冰曾在北京人艺的话剧《李白》里跑龙套，只有一句台词，喊一嗓子"报——"；在人艺经典剧目《鸟人》中的饰演黄毛，仅仅7分钟。可就这7分钟让人艺的老前辈发现"这孩子会演戏"。应了那句话：机会总是留给有准备的人。到了1996年，何冰熬到工夫了，机会自然也就来了。

1998年，何冰因小剧场话剧《雨过天晴》获得第十六届中国戏剧梅花奖。用何冰的话讲："给我机会，我就得奖。"得奖后，就像小孩得了三好学生，多高兴呀，一心想去领奖，天天就等着剧院的通知。他遐想着院办的人拿着机票跟自己说："何老师您住哪，到那和谁联系⋯⋯"光荣地穿着新衣服上台去领奖。结果今天没有，明天不来，最后就一天时间了，剧院也没人搭理他。何冰终于忍不住了，找到院长刘锦云说："请一天假行吗？""你干吗去？"院长问。"我领奖去。"何冰回答。院长奇怪地看着何冰问："你还去吗？""什么意思？"何冰心想，我获戏剧最高奖了呀！但他没说出口。沉默了一会儿，院长低声说："哦，去吧，去吧⋯⋯"他理解年轻人初次获奖的兴奋。不让去吧，对个人讲有所失落，谁得点儿成绩不都想让别人夸夸嘛，得。"去吧，就一天，回来排戏。"后来何冰咂摸出味儿来了，历来北京人艺就拿得奖不当一回事，太多啦。在别的地方，得个梅花奖就不得了了，在北京人艺是极正常的普通事。之后的十几年当中，何冰在三十六岁之前，把中国所有的话剧奖都拿到了，梅花奖当时已得了两回。这是他不断进取，努力学习的结果。他却再没有为领奖分过心。

1991年，何冰进剧院时，赶上《李白》上演。观看吕齐老师排练道士吴筠，老师从对完词儿，"下地"的那一刻，到第一次走上舞台，无论演出多少场，那人物把握的，好比射箭"嗖"的一箭就是红心，自始至终在人物的准确性上没有任何偏差。说排练，那就是等着你，在排你，不是排他。何冰当时看得目瞪口呆，真神了，这怎么可能？下场子就能有人物的东西？可老演员就是能做到一开始就牢牢地拿住人物核心的东西，可见"台上一分钟，台下十年功"的说法一点儿不假。年轻演员背词就要半个月，对词磕磕巴巴，下了地再找调度，戏都演了几十场了还稀里糊涂没找到北呢。人家老先生不是，一上台就来啦，活灵活现。何冰说这一手，自己今天也没做到。

后来发现，这事儿不光吕齐先生会，林连昆先生也会。1993年排《鸟人》，等"二林"来排戏。先等导演林兆华，后等在外拍电影的林连昆，一等就是两个月。何冰在戏中饰演黄毛，副导演带着住宿舍吃食堂的孩子们先行排练，对词走位动起来。林连昆先生来后他要怎么演谁也不知道，孩子们就这样大致把第一幕先排出来了。终于有一天，林连昆老师回来了，导演说："老爷子，我们给您走一遍，您瞧瞧，跟您没关系啊，我们是这么弄的……"给先生走了一遍他们排的戏，先生抽了颗烟，导演说："老爷子，来都来了，比画比画吧？"林老师客气地说："我这岁数了……这词儿呀……错了可……那就比画比画。"只听导演一声"开始"，就听后面"呵——"的一声，整个排练厅内就愣了，哑然无声，就是后来观众见到的三爷出场了。下地人家就有！

《鸟人》剧照（摄于2009年），
（露脸者左起）徐白晓饰马料儿，王磐饰朱点儿，马星耀饰黄胆，何冰饰三爷，张福元饰百灵张

您所有的调度？"呸"，不管你排的那个，在场上他想上哪儿就上哪儿，就像一盘磨一样，"嘎吱"一下，就转起来了。就像观众看到的首演，戏活了起来，要人物有人物，要节奏有节奏，这是何冰记忆中一次伟大的排练。

同样是《鸟人》这部戏，三爷给杨立新饰演的查理讲京戏，连昆老师开始的表演是大开大合，站丁字步、拉山膀、收腹立腰，站有站相，坐有坐相，有板有眼。明眼人一看这几下子，就知道演员有功夫。后来林先生不这么演了，冲着查理耐着心烦儿，小动胳膊，仔细道来："坐可有个坐相，乱来可不成。"何冰就问林先生，"为什么不那么演了？怎么差这么些呀？"林先生向何冰招招手，"来来来"，把他带到一旁，轻声说："那样演，不对。打比方，如果是个小孩儿，四岁，问你话剧是个什么呀？你是跟他说声、台、形、表，还是跟他说装猫像猫，装狗像狗呢？"先生说着，好像何冰是那四岁的孩童，他装作猫装狗地逗着。何冰答："肯定说装猫像猫了，他是小孩儿呀。"林连昆先生说："对呀，查理是个外国人，他哪懂什么是京剧呀，戏里我是京剧大师，还犯得上跟他使那么大劲吗？"这一下，让何冰记了一辈子。如果大开大合站丁字步拉山膀，这一刻的演员是在演自己的手艺，不是演这个人物。如果演的是这个人物的话，就会放弃在观众面前秀的机会。稳稳地站在人物上演，褪去一切哗众取宠的念头，这就是艺术大师的胸怀与高度。

随着老先生们的年龄渐渐大了，年轻演员经过多年的历练，从演戏到做人都趋于成熟，逐渐从舞台的边上往中间蹭，最终站到了舞台中央。当何冰真正在人艺舞台上挑大梁已到了2003年，在话剧《赵氏孤儿》中饰演主要角色程婴，此时何冰到剧院已有十多年了。对他来说，舞台上新的挑战是如何在角色创作的过程中，寻找忘掉自我，诠释角色的高度。

何冰回忆，2009年，他接演了《鸟人》中林先生饰演过的三爷一角。在首演的前夜，何冰真的在黑暗中看见林连昆老师出现在他眼前，反反复复就是一个画面，老师穿着包公的衣服——一身官袍，带着官帽，独自站在舞台上，静静地看着坐在观众席的何冰，两人默默地相对，一言未发。第二天，何冰穿上了写有"林连昆"三字的戏服，登台扮演三爷，从这一刻起，何冰正式迈进了北京人艺主演的名单。

我被何冰这位北京大爷连说带比画地侃晕了，听他"呵""叭"出着响动的描述好似听书。排练场加舞台，熟悉的人和地儿在我眼前活起来，大有身临其境之感。接下来何冰聊得更生动。

他说，剧场的考验对演员来说太极端了，几乎让人无处可逃。你站在舞台上，今儿有千儿八百的人在底下坐着呢，一是不容出错，二是观众冲您来的。这时候，您装，您往哪儿装啊？您还能回后台是怎么着，大幕徐徐拉开，光渐渐地亮起来，演员往那儿一戳，为什么一

《窝头会馆》剧照（摄于2009年），何冰饰苑国钟

戳？上台那会儿是一个极限状态，得把戏奔下来呀，演戏需要技巧，演员可以躲在技巧的后面。北京人艺不是这样的，她把演员放到舞台上，那是最危险的地方，一招一式，一言一语，都瞒不过观众。你必须把自己掏出来搁在舞台上，那才是安全的。

2009年演出《窝头会馆》，有一天何冰受伤了。《窝头会馆》集中了北京人艺五位重要的演员，何冰、濮存昕、宋丹丹、杨立新和徐帆，何冰饰演苑国钟（苑大头）。戏中有一段戏要扔酒瓶子，基本是五场碎一个。那天何冰估摸瓶子该碎了，想着扔远点儿，没想到一出手瓶子就碎了，血立马就下来了。他赶忙用棉袄一捂，袖口一攥，里面的血立马满了，再转身，血泼了出去。一下子血流得太多了。对面的宋丹丹一激灵，瞬间就出戏了，她感觉到了危险，担心何冰站不住，只要一晕倒，就关大幕不演了。何冰此时插了句题外话，说："丹丹真是好人，突发事件的一刹那，就看出人内心的善良。"他接着讲述。台上的何冰定下神，体会了一下，感觉自己没问题，用眼睛告诉宋丹丹没事。之后他坐在皮箱边接着演，边幕站满担心的人。后面四五分钟的独角戏何冰集中精力地演完了。谢幕后，到医院去缝针。回到家已是午夜时分。他回味起刚才四五分钟的戏，感觉太美妙了，怎么演这么好呀……心里怎么这么干净呀……想了一会儿他知道了，因为当时心中没有跟观众抖机灵的杂念，没有逗观众笑、没有自我表现的想法，既不巴结观众，也不巴结戏，只想着静悄悄踏踏实实地把戏演完。这是非常美妙的时刻，是禅修的境界，心静如水，所以浮在上面的心火和情绪全部落了下去。因为你受伤了，害怕了，没有产生杂念的机会了。此刻何冰才理解于是之、林连昆在台上的荣辱不惊，原来心里是这么一种状态。他想明天一定还这么演，可第二天上台再找状态，结果是该怎么还怎么，什么也没找到，昨天的感觉没有了！于是他明白了，因为昨天有外力，如果可以主动做到那种状态就厉害了，原来修为的道路还有那么远，表演的境界还需要修炼。

何冰认为，他现在有的功夫是嗓门能听见了，舞台调度极其合理，演技娴熟，人物清晰，该有包袱有包袱，该动情动情，都做到了，可这不是最高峰。最高峰是心如止水，荣辱不惊。我看着何冰，静静地听着，体会着，没想到，一个表面不拘小节的人，内心竟是这么丰富。

何冰想继续说明这个问题，话锋一转，谈到1992于是之先生主演《茶馆》，最后一次登上人艺舞台的情景。当时是之先生的手是抖的，腿也在抖，演着演着，他卡壳了，说不出台词，蓝天野老师巧妙地接了下去。是之先生望着已出场的郑榕老师，叫不出"常四爷"，郑榕老师看见是之先生脑门子上的汗呀，"哗哗"往下流。是之先生还在第一场就把第三场的词说了，可观众还是看得如醉如痴，何冰想，于先生怎么拿得住观众的？怎么那么好呀。

通过这一个个鲜明生动的事例，何冰深有体会地说，演戏的未来不是对技巧和理解力的要求，而是对自己的打磨，你自己可以活到什么份儿上，技术解决不了。活得好，才能演得好。犹如大书法家写字，烟火气全无，静静的。我那天是在首都剧场二层的一间小贵宾室采访何冰的，晚上要演出《白鹿原》，下午剧场里空无一人静悄悄，我被他的话感动着，回想着那场于是之先生在舞台上的绝唱。

我问何冰："你在外边有那么多机会，收入也多许多，你觉得干演员，在舞台上值吗？"他看着我，说："影视的表演，全部的营养来自舞台。没有舞台的锻炼，是不可想象的，说话剧过瘾，就在这儿。"接着他讲了两个小故事，通过这两个小故事让我从另一个角度看到了戏剧的魅力。

话说2011年演《喜剧的忧伤》，何冰饰编剧，陈道明饰审查官。一天，演出结束后走出剧场就看见几辆警车停在那儿，闪着灯，不知是怎么了。第二天一问，原来全剧两个多小时的演出中，在第四幕第50分钟的时候，一位观众正看戏，旁边坐着一小偷偷东西，被偷者"梆"的一把将小偷抓住，对小偷说"你不许走"，随即请场务员报了警，两

《喜剧的忧伤》剧照（摄于2011年），（左起）何冰饰编剧，陈道明饰审查官

人接着看戏。一个被偷的，一个贼，两人手拉手看着戏，还一块儿乐，一直到把戏看完后，警车接走。

再有一次，在天津演《窝头会馆》，第一幕刚开始，台上就觉得台下怎么这么乱呀，转身用眼偷着一扫，只见在剧院两阶之间，俩爷们儿在地上滚着抡上拳头了。边上的观众还小声地劝阻："别出声，别出声。"俩人应了"好好好"，憋着声继续打。

何冰回想着当时的情况，一边笑，一边说："一个演员面对这样的观众，难道不值得吗？怎能不玩儿命地表演呢？"

还有一次，何冰陪弟弟考解放军艺术学院，考完试后没事了，那时又没在外面吃饭的钱，晚上何冰还有演出，就到食堂吃饭吧。下午就一起来到了剧院，当时是4点45左右。何冰随口对弟弟讲，干文艺这行不容易，这会儿，可能有的老先生已经来了。弟弟不信："7点半开戏，这会儿还差着三小时呢！你说得过了吧。"何冰拉上弟弟到后台一瞧，林连昆先生已在那儿了，沏了碗茶，点了根烟，抽几口，喝口水，慢慢地默戏找人物的状态呢。你说和这样的先生同台演戏怎么能不进步，怎么能不努力嘛。二十多岁的孩子本就想学好，很快就会归到剧院的传统里。演戏，好好排练，演好点儿。做人，实实在在，真诚点儿。两个都做到了，再加上勇敢地面对观众和自己，怎么会不成为好演员？

人在世上生存，都会掩饰，不会全部袒露自己的内心。在人艺的舞台上不是，真诚是光荣是尊严，在这个团体里生活，演戏和做人一样，需要真诚，再真诚。你会发现，真诚的人在人艺受欢迎。

何冰说："你问我在剧院演话剧，值不值？我愿意回剧院演戏，只是希望剧本难些，更艰涩点儿。年轻时害怕困难，中年是渴望困难。现在终于明白了一个道理，困难是让我前进的真正原因。"他非常热爱这行，总念叨没干够，没干够。期望只要身体还好的情况下，永远在舞台上。如果有一天两个小时顶不下来，希望表演的密度越大越好。如果第一幕有半小时，只要占几分钟的集中表演，就不错了。做到能享受心如止水平平静静的表演，和观众一起共赴"戏剧天堂"。从这一点来说，一辈子也不应该对生活有所抱怨。谋生手段和自己的精神境界完美地合一，这是多大的福分。

何冰最高兴的时候是拿到剧本的一刻，话也密了，走路也快了，事儿也多了，媳妇一眼就能瞧出来。何冰认为，目前来说，北京人艺还是离表演真理最近的地方。现在演出通用的手段是商业，是资本运作。社会多元的文化，使得剧院不能一家独大。可是作为一个剧院来讲，北京人艺依然是非常棒的。何冰说，回过头看自己，就是喜爱舞台，舞台表演最上心，他有站在舞台上表演终生的冲动。

我又问他："你不光在舞台上，在镜头前，在影视圈的成绩也很突出，你谈谈这个过程好吗？"何冰想都没想答道："演员经过舞台的历练，再到镜头前表演，太安全了。影视可以重来，戏一遍遍地拍。只是需要卸掉演员自身的一切伪装,从舞台到影视,表演上就像扒层皮一样。"

我又问:"你一定有许多难忘的经历,举个例子吧。"何冰想了想:"例子嘛……就说说1996年吧。"

1996年拍电影《红棉袄红棉裤》,当年何冰不到三十岁。农历大年初六,寒风刺骨,滴水成冰,剧组来到北京斋堂,20多天后拍最后一场戏。夕阳西下,机器架在对面山头上,拍这边山路上日本兵骑着马,马后面用杆子拉着双手被绑着的何冰扮演的队长一路前行的一队剪影。那时还没有什么抠像啊,借位啊,甚至替身,一切全来真的。那天从这山头拍到那个山头,拍摄距离相当的远。又是剪影,其实什么服装都不穿也看不出来,可那会儿不行,要的是真实。开始造型。服装师先把何冰身上的服装撕吧撕吧,撕成片儿似的,这还不够,还要有从死人堆中拽出来的效果,要用"血浆"做效果。化装师上前说:"兄弟,对不住啦。我只能保证血浆没毒,到嘴里随便吃,用箩筛过的细土不会把你划伤,哥哥只能做到这了。"说完,三个化装师拿了几瓶血浆"咚咚咚"从头上往身上淋,旁边有人"哗哗"的往头上、脸上、身上攘细土,然后用报纸在身上来回抹。数九严冬,山里的黄昏,气温零下二十几度,身上立马儿挂满了冰碴子。那真是"傻小子睡凉炕,全凭火力壮",何冰笑着回忆说,要赶是现在这岁数,还不弯回去了。

那日,天色已暗,大队都走了,去对面山头上拍摄去了,只剩何冰跟群众演员在这边山头上灌冷风,从下午4点拍了四个小时。当兄弟们回来营救时,人已经冻得没戏了。制片打着电话高喊:"烧水!烧水!赶快救救这'孙子'吧。"何冰说起这段事儿,我听着都冷,可他却一直开怀大笑着,称自己是"傻小子",笑谈救救这"孙子"吧。可我却笑不出来,我知道斋堂的冷。我也大冬天在那里拍过大夜的戏,就在过了一线天的山坳里,跑了一夜的旱船。每当导演喊停时,我的头上直冒热气好像戴了个蒸气帽,周围的人看着我一阵哄笑,笑声未落,汗水又结成水珠挂在头发上成了冰碴，湿头发成了小冰柱，而里边贴身的衣服被汗水湿透，冷风一吹，全贴在身上，外面的棉袄结了霜，寒气入骨浑身打哆嗦，当晚戏没拍完我就发高烧了。

想想何冰，他不是在山坳而是在山顶上，浑身无棉，又被沙子、血浆弄得没人样儿，又绑了四个小时……我除了心疼，只能说，他不成功谁成功！这不能不说是北京人艺给他打下的认真演戏的基础。

北京人艺对人艺人来说，是个家。在外边再风光的人也愿意常回家看看。人们常说北京人艺是京腔京韵，其实不然：马恩然一辈子没改过来大葱味，朱旭是沈阳普通话，刁光覃的曹操、方琯德演的伊索讲的是安徽音……拿北京话作为北京人艺的标签何冰觉得是不恰当的。北京人艺的演员是来自五湖四海的，包容了很多文化元素在其中。有延安来的欧阳山尊、赵起扬，有上海来的舒绣文、吕恩、方琯德，有香港回来的杨薇和平原，还有从敌后演剧队来的田冲、刁光覃、朱琳、胡宗温，有北京的地下工作者蓝天野、苏民，等等，他们都说着南腔北调，是焦菊隐先生把这些人聚在了一起。焦先生说："剧院的名字一定要有'人民'两字。我们要建立一个北京人民艺术剧院。"他提出的"一棵菜精神"，带领来自五湖四海为艺术走到一起的人们下生活、走基层，演观众喜闻乐见的好戏。

何冰动情地说，北京人艺就像家一样，"父亲"就是焦菊隐，"母亲"是老舍，他们哺育出一批艺术家，他们给予的财富直到今天还在花。下面就要看谁能真正地带领大家继续向前冲。现在，人艺天天在演戏，但都是北京话、京味，就都那么好吗？我看也有不好的地方，要是成为一种壳，刻意地去追北京味就错了。京味不解决问题，真正话剧里的内容应该是理解，是人情链，是对生命的体会，用最真实的方式传递给观众。在这个大家庭中，让何冰感受到的不光是艺术上的不断升华，还有亲人般的感情。人们每天一起工作、吃饭、外出演戏，还要一起生活。吵过、闹过、恨过、爱过，人与人之间有几十年割舍不断的情感。

记得，一次去南方演《古玩》，因谭宗尧病了，何冰替演金鹤鑫这个角色，穿戴都是谭宗尧的戏装。剧组到了深圳，大家在屋里打牌，其中有任鸣导演。突然电话铃响了，何冰离电话近，拿起就接，对方讲："任鸣在你那吗？""在，等等啊。"何冰顺手把电话要递给任鸣，任鸣没接，把牌往桌上一摔，说了声："完！"推门就出去了。电话传来的消息是"谭宗尧病逝了"。

第二天开会时要说一下这个事儿，赵崇林主持，他平时和谭宗尧死掐。可这会儿，刚说到"各位"他就讲不下去了，这是一个神圣的时刻，大家觉得谭宗尧就在台上。北京人艺这些同事，打是打，闹是闹，到了此刻，心情是非常难过的。"原来我们打架是假的，所以活的时候别打架。"听到何冰说到这，我眼泪一个劲儿在眼眶里打转。

何冰接着回忆。一次《茶馆》巡演，从成都转到昆明。山路难行，运景时间长，人员先到了，空闲时间放了假。第二天该演出了，李光复母亲去世了。李光复年幼失去父亲，兄妹二人由母亲一手拉大，感情不是一般的深。后台主任四处打电话怎么也找不着这人。这戏还演不演呀？一开场大傻杨话一完，第一句词可就是李光复的啊。大伙儿看着后台主任，主任坚定地说："演，正常演，到台上再说。"7点半开幕，6点45分，李光复到了，眼睛和烂桃似的。他一句话没有，"啪"往那一坐，一笔一笔地勾着脸儿赶紧化装。这时没有一个人说话，每人走过光复身边时，轻轻拍拍他的肩膀或攥攥胳膊，给以无言的慰问。何冰说，我们就是这样的，这一刻坚信他会来，我们了解他！演出之后我们了解到，为了不误晚上的演出，李光复没有给母亲停三、五、七日再下葬，而是在母亲过世的当天，处理好后事，赶飞机到了昆明。

这使我想起了杨立新母亲去世的情景。立新的父亲早逝，母亲含辛茹苦把他带大，母子连心。母亲去世的当晚有演出，他谁也没告诉，把眼泪一擦照样去了后台。是他太太放心不下，悄悄给同事打了个电话，大家才知道。见到立新走进后台，没有一个人问他，只是拍拍肩膀，握握手。立新从人们的眼神中看到了关爱与温暖。如果说父母是天，这不正是戏比天大吗？何冰说，这就是一代一代的人艺人用实际行动告诉世人：我们是这样的，演戏是这样的。

是啊，北京人艺是这样的，演戏是这样的，可现如今社会的风气却不是这样的。谈到社会热议的一个话题——"小鲜肉"，何冰却有自己独到的见解，没有一点抱怨。

他说，我们都年轻过，虽然不是小鲜肉，但演技也好不到哪儿去。现在有小鲜肉现象是时代的恩宠，说明国家进步了。在"文化大革命"期间，老一辈艺术家整整停滞了十年，那是正值年富力强，生气蓬勃的黄金十年呀！他们到哪儿去哭，到哪儿去告状！大家把小鲜肉片酬的问题歪曲了，其实这不是片酬高的问题，因为片酬的数字太惊人了，把大家的视线带走了。关键点是要有与高酬薪相匹配的职业素养和道德品质。新中国刚成立时马连良两次降薪整1200元，那时普通老百姓工资十几块，可人家有本事，配呀，大伙谁也不说他挣得多，都没意见。只要有相应的手艺，就应有高待遇。现在演艺界的一些人没手艺谁都知道，他们还没学呢就被扔进了市场，他们不是演员，只是充当了为老板赚钱的工具，这不赖他。审美审美，美是审出来的，大家审美的标准变了。演戏这事不是强制性的工作，必然离不开观众，投资方、制片人、导演都知道，为什么这么干，一定有原因。一个孩子没礼貌，你说这是孩子的原因还是家长的责任呢？我看其中70%的问题在家长。对于这些年轻的艺人，不用为他们多担心，生活会教育他们。日子慢慢地过，艺术这碗饭能养小也能养老，自己能否吃好老天爷给的这碗饭，全在自己的悟性。

是啊，全在自己的悟性。师父领进门，修行在个人。看来光做到认真演戏，清白做人还不够，还得不断地攀登。预祝心有大志的何冰兄弟早日达到顶峰！

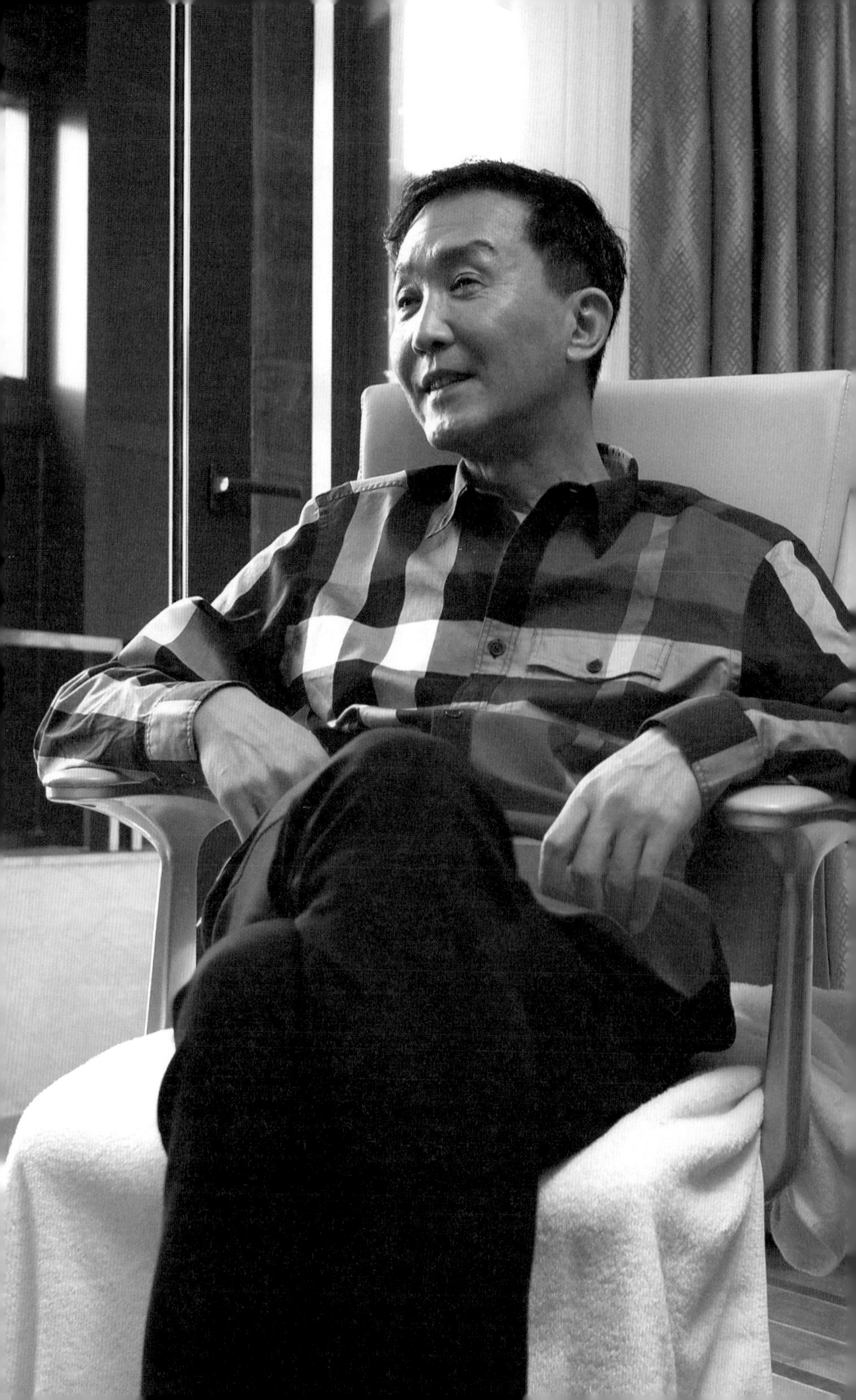

吴刚 与星空对话的人

(1962—)

一棵菜——我眼中的北京人艺 BEIJING People's Art Theatre

演艺行业其实是很难的,用心做往往都达不到预想的高度,更别说不用心了。吴刚在塑造人物时,也想留下不一样的形象。人都有若干面,外部的形象只是一种表象,内心隐藏着各种不同的活动。在舞台或荧屏上展现一个人物时,演员一定要藏在人物的后面。

我和吴刚并不真正认识，只是都在圈里，互相知道，他翻看过我写的书，我看过他演的戏。我觉得他是一个大器晚成，有扎实基本功的演员。电影《铁人》中那个甩掉拐、眼睛也不眨就跳入泥浆池的桥段让我记忆深刻，让我感受到他是个逮着戏不撒手的人。

前段时间我在苏州拍戏，听说吴刚在常州，我打算抽空去探班，聊聊这些年他那些一步一个脚印塑造出来的人物，谈谈当时大火的电视剧《人民的名义》和人们感兴趣的达康书记。通了几次电话，约好时间，立马出发。

中国的高铁真是了不起，从苏州到常州屁股还没坐定，仅仅20分钟就到了。可到是到了，却在车站等了两个多小时，原因很简单，吴刚当天有四场戏，按常理中午就该演完，可这四场是大激情要劲儿的戏，导演和演员又都是认真加要求完美的主儿，而且来了个三场合一的连拍。加上棚里没有手机信号，吴刚又热情，没给我地址一定要来车接，结果让我们在大风里灌了两个多钟头。我和先生在既现代又漂亮的火车站，坐在绿荫下的长椅上，笑着调侃道，吴刚真是给了我们多年没有过的浪漫机会。我十分理解演员拍起戏来精神需要多么集中。真的，我们耐心等待来接的车，毫无怨言，甚至希望如能早些到常州，去片场看看这场戏，一定十分精彩。反倒是吴刚，心里老大不落忍的。我们随着他派来接站的小伙子刚一上楼，就见吴刚早早迎了出来一个劲儿地赔不是。

时间不早了，我人未坐稳，吴刚还在张罗着沏茶倒水，我就单刀直入打开了话匣子。"说说吧，吴刚，聊聊你自己。"他坐下来，看看我，并不急于回答，随后把目光转向窗外，此时暮色将至，昏暗之中竟能看到最早升起的几颗星星似有似无地挂在空中。我静静地等待着吴刚开口，希望听到一个胸怀大志、大器晚成的个人奋斗史。然而，让我万万没想到的是，吴刚给我讲了一个完全不同的故事，一个让我走进他另一个侧面的故事。于是，一场更深层次了解他的对谈就这样开始了。

幼年的吴刚在北京西城奋斗小学读书。二年级进入中央电视台银河少年艺术团的电视演剧队，当年十岁的吴刚认识了八岁的许亚军，后来风华正茂的年轻人各奔前程，吴刚去了人艺，许亚军去了儿艺。许亚军因《寻找回来的世界》早已大红大紫，当年追求他的女粉丝天天堵在我们剧院门口，观众来信都用麻袋装，而那时的吴刚却在人艺的舞台上跑龙套，戳大杆儿。我问吴刚："你看到周围的人一个个都出去演戏了，红了，你心里急不急？"吴刚看着我的眼睛，一字一句地说："我真不急。看先生们演戏，我眼睛都不敢眨，生怕漏了什么。"四十多年后，在电视剧《人民的名义》中吴刚与许亚军再度合作，让人们看到他们从青涩少年成长为演技精湛的艺术家。人到中年，大浪淘沙，只有不断努力的人才能走到最后。

吴刚是北京人艺85班的学员，在班里担任班长。同学有冯远征、高冬平、王刚、丁志诚，他们和吴刚一起被戏称为"剧院五虎"，对此丁志诚曾开玩笑道："吴刚因长相老成，处事沉稳，而直接获得老师

人艺85班五虎（拍摄时间不详），（左起）冯远征、王刚、丁志诚、吴刚、高冬平

'钦点'，成为班长。"

班长吴刚有担当，首先他牢牢地记住了于是之先生的一句话："……成事之后有俩妈，第一是自己的妈，第二个母亲就是剧院。"从此吴刚就把北京人艺当成了自己的家。

毕业后，同学冯远征拍了电影，岳秀清拍了电视剧，都名声在外了。吴刚还在剧院演舞台戏，这一演就是五六年。并不急于求成的吴刚告诉我，一个人做着一件自己喜欢的事、梦寐以求想干的事是多么幸福。进了北京人艺就要庆幸，回头再看，干得不错，甚至已成事了，这是多大的福分，老天爷给饭吃要珍惜，要感恩。

今天，功成名就的吴刚并没有跟我聊自己如何如何，他从始至终都在聊他这大半辈子在各个阶段接触过的先生们。他从先生们的身上看到了什么，学到了什么。而我从三个多小时与吴刚的谈话中，听到最多的是传承，是感恩，是内心的淡定与隐忍。这也许就是他厚积薄发的原因吧。

入学两年的时间，他遇到了三位好老师，林连昆、童弟和尚梦初

（黄宗洛的夫人）。当时林连昆白天给学员上课，晚上演出《狗儿爷涅槃》。一次全班同学看演出，买了一束花献给老师，看完戏孩子们彻底服了。第二天，林先生一到课堂，席地而坐，学员们围成一圈，聊聊呗。可面对林连昆老师，"小崽儿们"（吴刚对这届学生的自称）不知说什么了。就像围棋对弈，面对九段的高手，初段无法行棋，只剩高山仰止之情。先生说什么，学员们接不住啊。随着时间的推移，向先生们学了东西以后才慢慢地体会到，如果拿演戏和做人来比较，演戏很容易，把人做好很难。先生们的以身作则和言传身教让学员们从一点一滴中知道了演戏和做人的道理。

那时学员们住在三楼排练厅的一个角落，用屏风一挡，五个秃小子排戏、上课很方便，可有人多少有些微词。一天，林先生叫来吴刚，吭吭唧唧半天，其实就想说明一件事：三楼排演厅要排戏，学员住这不方便，能不能搬到四楼400房间。一个艺术家，在舞台上得心应手，光彩夺目，让他做一点行政的事情却勉为其难。不好意思说，又不得不去做。台上的艺术大师，面对生活中小小的事情却苦于无法表述，生怕伤害到谁。吴刚马上表示："您是不是让我们搬家？没问题，老师，我们搬。"林先生如释重负，自己叨咕着："解决了，解决了……"当时林先生的表情、为难的样子让吴刚记忆深刻。

到人艺的一年之后，剧院到欧洲巡演，各位老师回国时送给所有的学生一人一份礼物。当时大家都没有钱呀，都是老师们从嘴里抠出来的，这是一份师生的情感。吴刚说，先生们拿我们这些小崽儿像自己家的孩子一样，生活上关心我们，业务上严格要求我们。记得有一次林连昆先生外出，让学员们自己出去体验生活。先生回来后让大家一一表述，先生听后说："你们这都是假的，是坐屋里瞎编排的。你们出去看什么了？菜市场、小商贩、各色人等，只要有心，每个人都是鲜活的，拿过来就是小品中的人物。"这件事被戳穿后，小崽儿们真是无地自容，下次再不敢了。后来经过慢慢地磨炼，逐渐找到戏的感觉。

所以说，手把手教的是技巧，三天五日就讲完了，要想真正用得得心应手，得靠自己观察和揣摩，先生教的是方法，是创作过程。

林连昆叔叔和童弟叔叔都住在史家胡同的人艺宿舍，我知道他们脾气都挺大，可吴刚告诉我，两位先生对这班学生却从来也没发过火。多年之后林先生已病入膏肓住在康复中心，大家相约去看他。病床上的先生说话已不太清楚，却还坚持着对自己的学生一个一个地点评。出来后，几个五尺高的汉子潸然泪下。聊到这，我们停顿了片刻，我看到吴刚红了眼睛。我怕自己的泪水掉下来，把头转向落地窗，窗外夜幕降临，繁星挂在黑幕布般的空中，不觉中我想起自己和小林叔叔的事情。

在我插队的那个年代，为了跳出农村，我四处考团，小林叔叔为了帮我准备考试的小品，叫我和凌元阿姨的儿子李恬去剧院找他，他利用排戏的空隙给我们排小品。用小林叔叔的话说："这些个插队的孩

《天下第一楼》剧照（摄于1988年），
韩善续饰罗大头（左一）、孙峻峰饰修鼎新（左二）、林连昆饰常贵（左三）、张万昆饰小生子（左四）、谭宗尧饰卢孟实（左六）、李大千饰王子西（右一）

子,不拉一把可怎么办啊!"所以小林叔叔也是我的先生,我的贵人。星星在黑色的夜空中一闪一闪,它好像明白我们回忆中的真情似的。我转过头,收回思绪听吴刚继续讲述。

他用平稳且充满感情的语调接着说:"记得85班毕业时剧院正在排《天下第一楼》,排练场里有一排长桌子,林先生独自在桌子一角默词,他一丢本儿,上台,那做派,不得不令人眼前一亮。我跟林先生同台对戏时会抽出时间仔细观摩他表演,暗自叫绝,太绝了!该我说词了,接不住呀!就和打篮球一样,他给你的台词,永远在你最舒服的一刻,他知道你的滋味在哪儿。"我听吴刚说着,仿佛又看到1988年《天下第一楼》演出中,吴刚饰演孟四爷和林连昆先生饰演的堂头常贵的那段戏。常贵为小五的差事找孟四爷,林先生给予的层次那叫一个清楚,吴刚的表演也可圈可点紧紧地抓住观众的眼球,台下连声咳嗽都没有。艺委会审查戏时,于是之特意提到吴刚的表演,说他很松弛。吴刚心里却明白,其实在舞台上,是对手林先生给得好,他塞给你,你只要接住了就掉不了。吴刚至今感慨地说:"林连昆有气场啊,能站满舞台!不但举手投足让观众看着舒服,台词也是节奏清楚,韵味十足。"

吴刚想了想,接着说:"演员前期在舞台上打基础非常重要。要想演好戏,一个成熟的演员,要有六套方案来对付,这才是硬道理。我们开始不懂,以后慢慢地懂了。演员需要一点点地积累,很多是潜移默化的结果。现在是多媒体信息时代,我们的先生们只是赶了个头,只能死守舞台。当年林连昆先生就直言:'话剧这行,挣不着钱啊!想好了,你们有半年的时间,还能回去。'学员们义无反顾,死磕舞台。"

由于北京人艺是团带班,比起戏剧学院科班的教育有区别。住在后台,吃在剧院,天天守着这么多的艺术家,在生活中磨戏,在日常里熏陶。大师们来上课,不用备课就是说戏,讲各种戏,聊各种人物的塑造。楼上楼下,排练场自由进出,只要有心,就能进步。和前辈们在一起的时候,尤其是和他们聊天,学到了很多意想不到的东西。

比如吴刚和任宝贤住过一屋,有幸和他喝着小酒聊过天,聊剧院的事儿和戏,现在很难听到,这是艺术家真实的一个侧面。

每逢外出巡演的时候,年轻演员都要负责老先生们的生活琐事和安全,同行中自然多有交流。吴刚负责夏淳老师,给他提行李整三年,也聊了三年,学了三年。先生们从坐上火车就开聊,小崽儿们坐在边上支着耳朵听,好玩儿。开始当玩儿,后来慢慢听进去了,老人们谈的都是戏,舞台和戏都融在了一起。现在他们哥几个一起吃饭,也是聊戏。聊出想法,第二天上台一试,可能就碰出了彩儿。

夏淳老师领了吴刚三个戏:《雷雨》《日出》《北京人》。他觉得"这小崽子还行",剧院也有意培养对接的年轻演员。夏淳排戏,说话很少。动动道具,搬搬椅子,大家不理解导演在干什么呢。当时排戏的时间长,一遍遍地来,夏导也不睁眼,闭着眼听就能知道你不对,突然一天,老师抬起眼了,这表明演员找到了人物合适的感觉了。遇到说戏时,夏淳老师总是小声地提醒,非常注意保护演员。

夏淳导演本姓查,是名门望族,家在北京,天津还有大别墅,一辈子什么没吃过,什么没见过。他在排戏的过程中会用亲历的家事启发演员的创作灵感,大户人家的规矩是什么样的,当年的丫鬟是什么样的,说话走路都是什么路数,等等。戏要演好,必须离生活近,看得见、摸得着、有借鉴,才能创作出鲜活的人物形象。记得那时排戏时间长,一次夏淳导演给吴刚排一小段戏,吴刚走了二十多遍还是过不了关,他心里有些急躁。可夏导不急不恼,依然用不大的声音慢吞吞地说"再来""再来""再来一遍",此时吴刚真是烦透了,甚至有些恨夏导,从此对夏导说的话有了抵触情绪。其实夏淳导演一眼就能看出吴刚的心里在想什么,却好像什么也没看出来似的,还是不紧不慢一遍遍地排。他这是在磨演员的性子,就是让你知道什么是演戏。结果真正上台演出的那天,观众掌声响起时,吴刚才知道这其中的道理和真正的差距。从此夏淳先生与小字辈的吴刚结下了深厚的情谊,每

《哗变》剧照（摄于2006年），（左起）吴刚饰格林渥，邹健饰伯德

年春节，先生总会给吴刚寄来明信片。

夏淳老师就要走到人生的尽头了，他住院期间吴刚白天排戏，只能抽中午时间去医院看望先生，先生见到小崽子高兴啊。吴刚为先生带来了鲜花，又怕先生闻不了花香，先生却让他放在床前的小饭桌上，仔细欣赏着。之后也不让拿远，而是让吴刚摆在旁边的桌上，因为这是爱徒送来的。先生高兴学生来看他，想着他。人啊，得意之时身边总是簇拥着许多人，而退下来了，尤其是躺在病榻之中不久于人世了，才知何为真情。

演戏是个群活儿，往往旁观者清，身在戏中悟不出个理儿。人艺有个说头叫"一戏一格"，吴刚在追求"一人一格"。演员塑造的人物不可千篇一律，而要风格多样，生动鲜活。

北京人艺是个有人艺风格的剧院，老北京的戏有《茶馆》《龙须沟》《雷雨》《小井胡同》等等，外国戏有《智者千虑，必有一失》《请君入瓮》《洋麻将》等等。话剧的灵魂是台词，有魅力的台词不用看戏，闭着眼睛能听进去，这戏就一定不错。

《哗变》是吴刚最喜欢的戏之一。《哗变》是文戏，全靠台词的魅力，台词不好，观众非起堂不可。1988年上演《哗变》，导演查尔顿·赫斯顿从美国来，所有演员已准备充分，剧本一扔，上来就排戏。当时吴刚趴在窗户外看排戏，排练场真安静啊，他看到了真正的艺术家是如何工作的。先生们没有告诉你应该怎么做，用实际行动教育新人。"戏比天大"不是嘴上说的，而是在他们这些可以死在舞台上的艺术家骨子里。

任宝贤老师饰演格林渥，突遇失声，吴刚一直候场，随时准备顶替。这也让他爱上了这个人物。然而最后吴刚在戏中并没有饰演格林渥一角，因另一演员的空缺，吴刚最终饰演了玛瑞克。

2006年复排《哗变》时，剧院请朱旭老师做顾问。至今吴刚依然不忘朱旭老师在台上的举手投足，还有对节奏的把握。朱旭老师有自己的语言风格，吐字归音有自己的韵味，有意无意中台词给得远，藏拙精妙。朱旭老师知道这帮年轻人的水平，用吴刚的话说，我们和先生们的差距太远了。这次吴刚终于出演了原由任宝贤老师饰演的格林渥。这个人物在戏中是把控整部戏节奏的灵魂人物，对演员的锻炼极大。只有这个人物在舞台上是走动的，其他人都是坐着把全剧演完。

一天下午，朱旭老师站在舞台上给全体演员说戏，然后又单独给冯远征讲魁格的表演。他想把自己的这些东西倾囊相授，让下一代接过来。老师们拿年轻演员当自己的孩子来对待，说戏时都用商量的口吻："这个你试试，这样演是不是好些。"那时大家还有个愿望，想和朱旭老师同台演上几场，其实那时朱旭老师身体还行，他本人也挺想过过戏瘾，可老伴宋雪茹老师怕出意外拦了下来，使这次可能发生的同台献艺成了永远的遗憾。回想当年的师生情谊，是那种去老师家好像到自己家吃酸菜白肉一样随便，聊戏、喝酒、说人生。说到这，吴刚对老先生近期的身体不适万分惦念。

时间不早了，我们已谈了近两个小时，吴刚只字没提自己，可我还是想听听他聊聊自己的创作，聊聊传承与发展的关系，谈一谈他对现今艺术领域的一些看法。比如观众看《雷雨》时的笑场。

吴刚回答我，现在年轻人的审美和判断不像以前求主题要思想。在多媒体的时代，信息以爆炸式的方式传播。以电视剧《人民的名义》为例，全民追看，引发不可想象的热潮，甚至00后的小孩也喜欢，说明年轻人观影的角度和兴趣在变化。拿一个反腐的正戏，用娱乐的切入点进去参与，体现了时代的进步。面对这种局面，急需对文艺作品进行提升和更新。

就拿杨立新复排的《小井胡同》来说吧，吴刚评价杨立新是个执着的、想把事情办好的人。他能演能导，传帮带，体验生活都很投入。果然演出时场场爆满，一票难求。这说明传承很重要，观众还是需要艺术的。现在剧院招的新人也很用功，一定会有一批人前赴后继。虽然大部分是学院招来的，和人艺的血缘关系较远，没见过老一辈艺术家，不知奋斗的方向，但是只要他们喜欢，踏踏实实在舞台上锻炼摔打，就会有收获和继承。一个人从事一个职业时，尤其是自己喜爱的职业，走过后回头看，这辈子要能结交到好的老师，就太幸运了。当吴刚拿到金鸡奖时，他由衷地感激供职的北京人民艺术剧院，感谢老一辈艺术家的培养。

听到这，我再一次把话题引到《人民的名义》身上。提到《人民的名义》，吴刚还是不谈李达康，也没有谈自己的表演，马上转到老师林连昆的表演风格上，那是一人一格的典型。他谈了林连昆老师《茶馆》中的灰大褂，《狗儿爷涅槃》中的狗儿爷，《天下第一楼》中的堂头，这几个人物不同的身形动作，就连下台阶时脚都有戏，可以看出先生是用心在演戏。看来这些都对吴刚有深入骨髓的影响。演艺行业其实是很难的，用心做往往都达不到预想的高度，更别说不用心了。

吴刚在塑造人物时，也想留下不一样的形象。人都有若干面，外部的形象只是一种表象，内心隐藏着各种不同的活动。在舞台或荧屏上展现一个人物时，演员一定要藏在人物的后面。演员的工具就是自己的身体，用形体展示出人物的不同侧面，以此将内心的活动充分地表达给观众，把人物演活。编剧提供的是纸上的文字，给演员极大的想象空间，每人的理解都有差异，切入点不同，怎么演，需要个人长期的积淀。

吴刚告诉我，苏民老师曾把演员的肚子说成"杂货铺"，指的是里面什么都得有。今天吴刚才理解这话的内涵。吴刚在电影《梅兰芳》中饰演费二爷，戏份虽少，但他认真地解析角色。几乎每周都要去三次人艺的图书馆，看书翻画报，研究京剧的历史，了解戏中的时代背景，看旧时的衣着打扮和举手投足。同时多次去京剧院找老师闲聊，其实他也不知听什么，只是把有用的搁在心中，不经意间就会有启发。所以吴刚演的费二爷眼神丰富，台词句句精彩，演活了一个一片忠心的小人物，成为电影《梅兰芳》的亮点人物之一，让观众印象深刻。吴刚有一个习惯，每次接到一个角色，他都会在内心先想想，如果是先生们遇到会怎么演，怎么做，会用什么方式表现？如何处理？前辈的一人一格，吴刚做到了。

同时吴刚也做到了在舞台上光彩夺目，在生活中平平凡凡。第一次见到吴刚本人，根本想不到他是个演员，他就像随处可见的普通人。人艺这样的演员很多，没有星味儿，只有扎扎实实的演技。这些年家人对吴刚也是很宽容和支持的，虽然家里没有人干演戏这一行，从不说什么大道理，也没有高深的文化，但父母告诉他，和朋友相交要坦诚，这边心肝，那边肺。家庭的教育和剧院先生们的教诲教会了吴刚怎么端演戏这个饭碗。保有传承之责，感恩之心，才会有收获。

时间不早了，我们还要赶回苏州，吴刚请我们下楼吃饭。席间我们依然不停地聊。剧院 2004 年排《合同婚姻》时吴刚饰演苏秦，排练时他只一个要求：排演厅要绝对安静，打电话请去外面。大家干戏就好好干，不干就回家睡觉去。这样的要求，是对演员的尊重。

他说，文艺界是个如"金字塔"一般的行业，大家都在往上爬，但真正到塔尖的是少数。《人民的名义》戏中，李建义、翟万臣、李光复都是话剧舞台上的好演员，只要给他们一点儿阳光，立马就灿烂。

他又说，他拍的第一部电视剧是1973年的《大轮船来了》，游本昌老师演他的父亲，他从游老师身上学到不少东西。他说的最多的还是剧院里的先生们，张瞳老师为他织的围脖，他第一次在传达室前见到董行佶老师的情景，他叫了老师一声，老师虽不认识他却马上跳下车回应，他还说到朱琳先生在舞台上的气场，韩善续老师生活中的谦和，童弟老师一辈子的酒瘾……这一切吴刚都如数家珍。我们在聊的过程中，吴刚的电话不时响起，他总是回答："我姐来了，我不能去。""不行，我们聊正事，不去。""不了，我姐和你们说不到一块儿，不是一回事……"我知道，各种人在约他，有大老板，也有出资人。但吴刚依然是过去的样子，那么沉稳淡定。他认为和我聊的是正事，聊演戏、聊做人、聊先生们。

在皎洁的月光下，我们与送出来的吴刚挥手告别。鲜花盛开的常州开发区一片宁静，只有我们的车急驰在宽阔的街道上，一直通向远方。道路的尽头天与地相连着，分不清哪些是路灯，哪些是星星。车上的人没有交谈，我心里满满的，脑子里不停闪现着一个画面：吴刚站在落地窗前，抬头看着星空，那黑夜衬托下的繁星显得格外明亮，一闪一闪的好像是去了天堂的先生们在守护着学生。吴刚凝望着星空问："先生，近来可好？"先生对吴刚眨眨眼睛。学生又问："先生，我要这样演戏，您看行吗？"

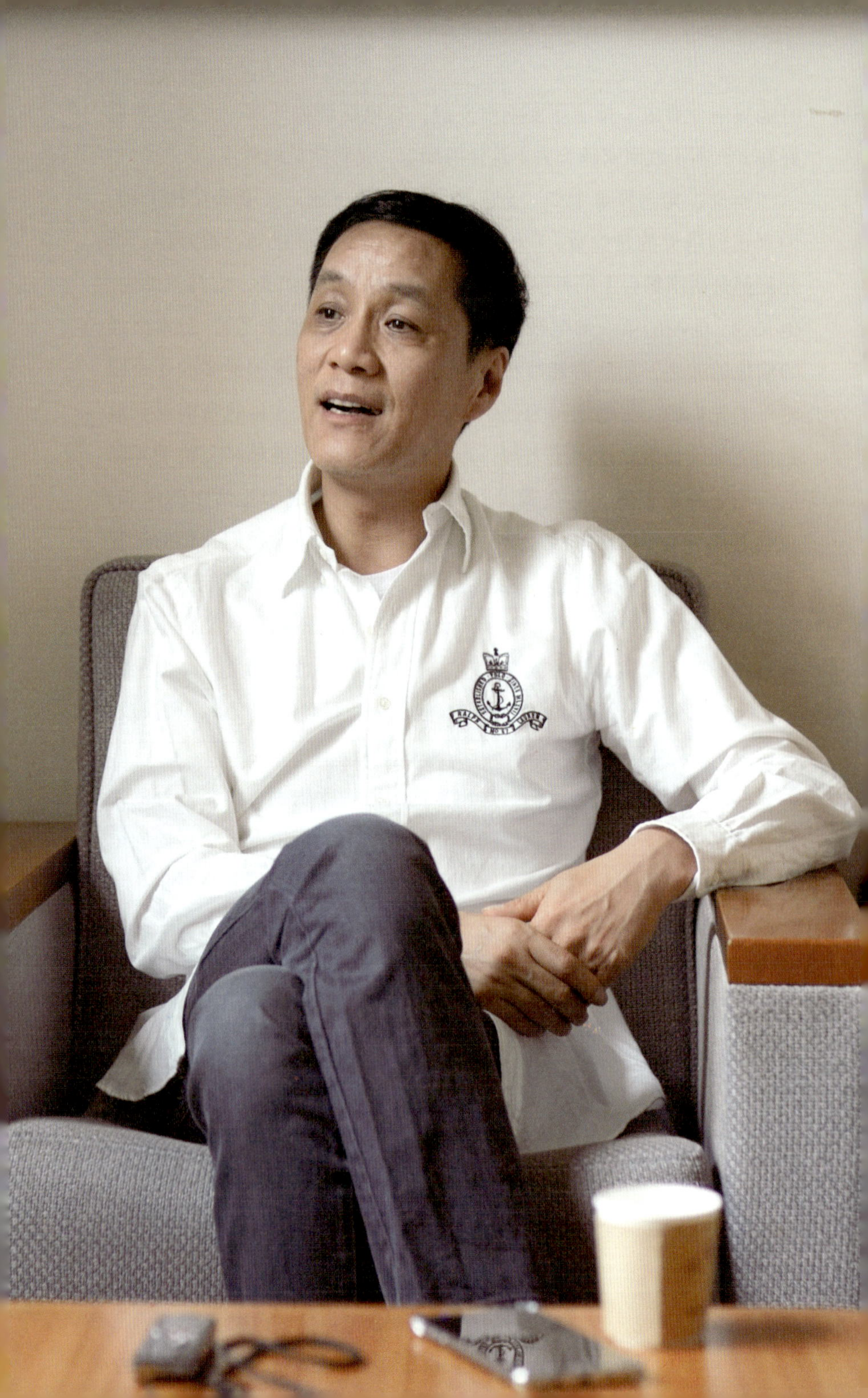

冯远征

(1962—)

演员的品格

一棵菜——我眼中的北京人艺 BEIJING People's Art Theatre

演员在名利场中，没有心态平和的，但是一定要勇于接受现实。再说了，怨有什么用，这是单位的工作，这就是"一棵菜精神"，无论是菜心、菜叶、菜帮子，都要在这棵菜上。后来我们演了这么多年，得到广大观众的认可，说明这也是继承了人艺的传统，并将其延续发展了。这就是传承的精髓，传承北京人艺的精神。

冯远征，好人，一个有社会责任心、不是光想演戏挣钱的人。远征干上话剧这行，纯属误打误撞，结果没想到走进了艺术的殿堂。

话说1977年，远征在北京108中学上高中，那年正赶上百废待兴恢复高考。一天，学校里来了一帮招跳伞的人，冯远征本来一心想参加高考，却因是班干部，只好凑数去报名，没想到他被选上了。选上就去呗，去了就跳呗，一跳，少年冯远征就喜欢上跳伞了。小小少年感觉这多刺激好玩呀，他立志要进专业队。四年后高中毕业，远征放弃了报考大学，去参加了全国跳伞比赛。可往往事不随心，结果是跳伞专业没干成，高考也错过了，经过几番周折，去拉链厂当了工人。

在拉链厂这段时间，天生不安分的冯远征又喜欢上了文艺。那时工资不高，一般人每月也就挣个30块，他和母亲要了5毛钱，被在拉链厂的"文艺青年"拉着报了一个朗诵声乐班。朗诵老师是煤矿文工团的瞿弦和和中戏的张筠英夫妻俩，声乐老师是中戏的宋世珍。在那里，他发现了工作之外的另一片天地。尽管别人谈到的莎士比亚、老舍、曹禺，冯远征当时还不太了解，但跟这些专业老师和班上的文艺青年在一起待久了，他开始对文艺产生了浓厚的兴趣。

宋世珍老师很爱才，当时家就住离首都剧场不远的灯市口空政话剧团。冯远征学习认真，按时到老师家中去回课，赶上饭点，学生们还经常在老师家里蹭饭吃，听老师讲有关话剧的知识，大家其乐融融。而冯远征进人艺的念头是因看过人艺小剧场的话剧《绝对信号》、电视里播出的《王昭君》等剧目而产生的。那时他舍得用3块钱买张票，要坐10排2号、4号全剧场最好的位置看话剧。一次看《小巷深深》，这个戏是梁冠华、王姬他们毕业班正式参加剧院演出的剧目。当时远征就想："王姬和自己同岁，她能站在人艺舞台上，总有一天我也要做到。"于是，在他二十岁那年，他辞掉了拉链厂的工作，下定决心在演艺的道路上谋求发展。

可是见过冯远征的许多人都对他说："你长成这样，既不帅，像人家唐国强那样。又不丑，演不过陈佩斯这样的，还是回厂里做拉链吧。"正巧，1984年张暖忻导演筹拍电影《青春祭》，需要找一个掉人堆里看不出是演员的男一号，在北京电影学院的考场外发现了冯远征。冯远征也就懵懵懂懂地在那个戏少人多的年代当了回电影的男一号。

然而，冯远征拍了电影，又是北京电影学院北京考区的第三名，在三试都通过的情况下最终还是被刷下来了，理由是"形象一般"。这给他带来了又一次打击。可老天有眼，好在年底有一位武汉的导演来到家中找冯远征拍三集电视剧《无处不飞花》。那时的远征到底年轻，一到剧组心情很快就好了。电视剧拍摄到一个月时，远征的哥哥从北京拍来电报。电报只有一行字：北京人艺招生，4月19日最后一天报名结束。远征一看，拿上电报就去找导演，导演决定用最快的速度抢拍远征的戏，保证他18日回到北京，第二天早晨能赶到人艺报名。

北京人艺的初试老师是李滨老师和顾威老师，李老师看了看冯远征填的报名表，哦，拍过电影。当时李滨老师骨折了，精瘦的李老师扎着骨折的双手问道："准备什么了？""没准备什么。"远征回答。"哼，电影都拍了还什么都没准备。"（远征说到这儿，我能想象出李滨阿姨说话时那小损的样子）于是，远征朗诵了一首诗。老师又问："小品准备了吗？""老师，我也没准备。"远征有些胆怯地回答。"装吧……你跳过伞，把跳伞的动作来一遍。"李滨老师又说。冯远征按要求做了一遍无实物的跳伞动作小品。而顾威老师在整个考试的过程中，自始至终没说一句话。走出考场本来心里就没底的冯远征更不抱什么希望了，没想到，初试顺利通过了。从这一刻起，远征就觉得自己应该是属于北京人艺的，因为他发现，这里的人长得不是都好看，放人堆里也不一定就能找得到。一天，接到一封信，里面有一张小条写着：冯远征 X 号到剧院参加复试。

复试在一楼排练厅，主考老师是林连昆，当时考的什么，远征现在都忘了。他只记得，一进考场，人就晕了。那阵势，北京人艺所有的大腕老师全在场，前排是刁光覃、朱琳、于是之、蓝天野、郑榕、英若诚、朱旭，许多像任宝贤这么大牌的老师都坐在后排。愿望归愿望，理想是理想。之后的考试，朗诵、唱歌、小品、形体做的什么，一点儿都不知道了，人懵着就下来了。

回到家没几天，又接到个信封，通知去剧院参加自出题的文化考试。在收到人艺录取通知书的当天晚上，冯远征和老同学高冬平坐在人艺门口对面的马路牙子上，望着眼前的首都剧场，纠结着一件事。在考人艺学员班的同时，两人同时考了中央戏剧学院，也都拿到了录取通知书。但是中戏还要通过全国文化统考，小哥俩到底上人艺还是上中戏呢？最后一合计，中央戏剧学院毕业后还不一定能分配到人艺，既然人艺已经要咱们了，7月报到，9月开学，干吗不直接进人艺呢？于是他们将回执返回了北京人民艺术剧院。就这样，形象不出众的冯远征和老同学高东平双双走进了北京人艺85班。从此登上话剧的圣殿。

冯远征小时候练过跳伞，走起路来晃晃悠悠。他记得很清楚，刚

85班的虎哥们（摄于2016年），（左起）王刚、冯远征、吴刚、丁志诚、高冬平

入人艺时几乎每一位老师都十分爱护他们，时时提醒着他们的言行。一次去办公室，推门见到刘涛老师，老师的第一句话是："你站直了，能站直吗？你当演员啦，不能离拉歪斜的。"远征说到这儿，我笑了，他提到的刘涛老师就是我那不苟言笑，走路笔直，挺胸抬头的婆婆。

远征感慨地说，85班是人艺第六届演员表演训练班，大多数同学不是应届毕业生，在社会上有过工作经历，所以格外珍惜学习机会，非常努力。到了今天，只要给予机会，每个同学都会大火。远征说，老同学吴刚在电视剧《人民的名义》中出色的表现就是一例。吴刚进人艺三十年，前十年在舞台上演出、磨炼，2009年因电影《铁人》获得金鸡奖最佳男演员荣誉，火了一把，然后又是十年默默耕耘，才有了今天的结果。

85班是个非常团结的班集体，男生王刚、冯远征、吴刚、丁志诚、高冬平有"人艺五虎"之称。五虎心连心，遇到事儿的时候大家都伸手。谁家老人去世了，大家像自己长辈走了一样去送行，相互关心，

露特·梅尔辛教授和冯远征（摄于1986年）

像亲人一样，早已超出了简单的同学、同事的情感。

　　冯远征所在的85班，恰逢改革开放初期，是中西方文化交流特别多的时候。中国对西方艺术正处于从茫然不知所措到逐渐了解的阶段。但导演林兆华思想意识是超前的，希望探索，而不限于从外国照搬、复制表演的方法，所以在剧院排出了《绝对信号》和《野人》这样的现代派先锋剧目。

　　林兆华导演又去德国做访问学者，结识了西柏林高等艺术学院的露特·梅尔辛教授，接触到了斯坦尼斯拉夫斯基、布莱希特之外的格洛托夫斯基表演流派。于是在1986年，剧院把梅尔辛教授请到北京人艺，聘为学员班的老师。梅尔辛教授来北京时将近六十岁，一头金发，精神矍铄。人艺师生对梅尔辛教授十分友好，但对于格洛托夫斯基学派，当时在人艺的老师中也有争议。在训练中，梅尔辛教授大量使用身体技术来激发演员的潜能，三四个小时的课程包括翻滚、跳跃等运动技巧,很辛苦。一些同学有了抵触,比如吴刚就不喜欢她的教学方法,逃避上课,跟梅尔辛教授说自己脚不舒服,有脚气。结果翻译把脚气翻成"脚有毛病",梅尔辛教授一听,以为他骨折了,马上准假。

远征喜欢这样的训练方法,上课一直特认真,不惜力,领悟也快,经常得到梅尔辛教授的表扬。格洛托夫斯基的很多方法是从印度的瑜伽和中国的气功得来的,动作是瑜伽的,理念是气功的,整体是东方神秘的内涵,信则有,不信则无。有一次,冯远征不觉中徒手爬上了排练厅墙上的撑柱,一直上到房顶,他下不来了。大家慌忙找来换灯泡的长木梯,七手八脚才帮他安全下来。

每天训练完,梅尔辛教授会盘腿坐在排练厅角落,一个一个地把学员叫过去悄声交流。说缺点时,别人听不见,保护你的自尊心。鼓励时则大声,使你有沾沾自喜的小得意,这就是当老师的艺术。有一天,梅尔辛教授在角落里和冯远征说:"如果你明年去德国,考我的班,我会第一个录取你。"翻译以为自己听错了,请她再说一遍。她又说了一遍。"你愿意吗?"她问冯远征。远征回答:"不愿意。"培训班结束后,梅尔辛教授让翻译把冯远征叫到她的住处,正式邀请他第二年考她的学校。远征又拒绝了,远征的理由很简单,人艺是中国最好的剧院,进来不容易,他不想离开。

1986年下半年,剧院第二次请梅尔辛教授给学员们上课,这次人艺仅负责教授到北京的路费住宿和每天的早午餐,晚上她还要自己掏钱吃饭。一个咱们当时以为是最看重金钱的资本主义国家的人,不远万里来到中国,不要任何报酬,是挺令人感动的事。梅尔辛教授再一次郑重地跟冯远征谈,希望他去德国深造。当时冯远征从学员上调到《北京人》剧组演曾文清,夏淳导演有意培养接班的年轻演员。远征想,我还没毕业就当了主演,前途这么光明,为什么要去德国?他再一次回绝了教授。

1987年暑假,梅尔辛教授第三次来到北京,这次剧院没有邀请她,

柏林墙前的冯远征（摄于1990年）

她是以个人旅游的名义，坐了整整8天火车来到这里。后来，冯远征去德国也是坐火车去的，他才体会到路途的煎熬。这次教授来京，冯远征才知道教授给自己发过好几次邀请函，寄到人艺都被扣下来了。远征陪教授在北京玩了近20天，临走前，梅尔辛感觉邀请是无望了，便对远征说："如果你实在不愿意去德国上学，就去三个月吧，完整地看一看格洛托夫斯基流派的教学。"当时冯远征在恋爱，她还邀请远征和女朋友一起去，说："我在德国给你们举办婚礼。"

一年后，冯远征从人艺学员班毕业了。已经谈婚论嫁的女友突然吹了，他大受打击，一心想离开中国，便给梅尔辛写了封信，告诉她打算去德国，教授得知他要来德国特别高兴，立刻重新给他发了邀请函——这次寄到了远征家里。就这样，1989年，冯远征应邀前往德国西柏林高等艺术学院戏剧系进修戏剧表演，两年后回到北京人民艺术剧院继续演员生活。

远征告诉我，出国是件好事，千万不要走马观花，不要和中国人住在一起,这样可以接触到当地人真实的生活。远征在德国的两年大开眼界,改变了他的人生观和生存观。就拿现在中国的艺术学院中一直使用的斯坦尼斯拉夫斯基理论来说吧,它是20世纪50年代,由斯坦尼斯拉夫斯基的学生引进的,一代代传接,到现在还能保留多少真正的精髓?应该是负数了吧。再比如,斯坦尼斯拉夫斯基要求模仿动物练习,模仿动物练习对演员的一生没有多大作用,中国有几个演员演过动物?除了儿艺,还有《西游记》。可中戏现在还安排一整个学期都做这样的练习。

远征又指出,无实物动作练习也是脱离实际的,舞台剧和影视剧哪有没布景和道具的表演环境?没酒可以,但要有酒杯。拿斯坦尼比作电话中的大哥大,现在的表演应该是智能手机了,孰优孰劣?

远征在德国学习时发现人家表演没体系,斯坦尼斯拉夫斯基只是一个阶段的学习方法。全世界有各种方法和派别,不能把一种方法捧为《圣经》。中国的表演教学已无人探讨,一所院校的毕业大戏可以几年不变,教学方法已经僵化到机械表演了。

冯远征经过在国外的学习,对剧本和角色的认识有了与以往不同的视角。在挑选电视剧《不要和陌生人说话》演员时,只有远征和导演讲,安嘉和不是个坏人。他始终按照安嘉和是一个"人"在表演。至于被观众恨,也是人物的行为,他的所作所为让人们恨他,但是他的社会角色并不是一个坏人。有了这个基调,人物就非常成功。

冯远征说,北京人艺是他永远的家,无论走到哪里他都会自豪地说:"我是北京人艺的演员。"他也从没因为外面演戏而耽误剧院的工作。他还告诉我,每年剧院都会在9月做好来年的演出计划,在不冲突的前提下,他再安排自己在外教学和拍摄的工作。在外拍摄影视,一定要和人艺订合同,这是对家的责任,也应当为家效力。这种责任感他在十年前是没有的,因为那时,上有老艺术家和高班学长,下面有小一拨演员,自己得以清闲自在。七八年前他突然有种感觉,瞧年轻演员什么都不对，不顺眼了，希望跟他们讲些表演的事了，希望他们进步。就好似当年进剧院时，老一辈艺术家看自己一样，总想"这孩子怎么办呢"。远征自问，这种变化是不是表示自己老了？自答，不是，是有责任感了，有责任将人艺的精神传、帮、带给下一代，是要对剧院负责任了。这几年，随着濮存昕、杨立新这代演员的退休，冯远征意识到自己该是顶梁的时候了。

远征回想，前些年北京人艺没有做新人培养的事情，2008年以后再也没有与戏剧学院合办班了。共同办学和学院式的教学方式是有差异的，合办教学培养出的演员更合槽，能更快地适应北京人艺的环境，对剧院的感情更贴近，只靠从戏剧学院招收新人是不够的。2017年9月，冯远征担任了演员队队长的职务，首先想到的就是如何培养剧院的年轻演员，让他们了解人艺，知道北京，尽快地接班。

这让他想起自己初进人艺，那些老先生对自己的教导和发生的趣

《哗变》剧照（摄于2006年），冯远征饰魁格（左二），吴刚饰格林渥（右二），王刚饰查理（右一）

事。北京人艺是讲规矩的剧院。1987年排练《秦皇父子》，濮存昕演扶苏，尚丽娟演孟姜。他们在前面排戏，冯远征一帮学员演大兵，在后边看着激动了，窸窣有声，只听郑榕老师一声："谁在后面讲话，滚！滚出去！"舞台监督立马将这帮孩子从排练场轰了出去，在楼道里罚站。

夏淳导演让冯远征在《北京人》剧组中演曾文清时，建议他去请教原扮演者蓝天野老师。远征当时还是个小学员怎么找大师呀，不敢当面直接问。一天在剧院澡堂子碰见了天野老师，没别人，于是他边洗澡边想怎么开口。一看天野老师洗完出去了，自己就赶紧洗吧洗吧，忙着出来跟老师说："天野老师，跟您说个事。""什么事儿？""我是学员班的冯远征，剧院让我演曾文清，您能跟我谈谈创作经验吗？"天野老师边擦着答道："没什么可谈的。"事后一想，在澡堂里俩人光不出溜的，老师怎么和你谈呀！

复排《哗变》时，请教朱旭老师，老师也是说，你们先排。就怕和新人谈后，将演员框住了。每个演员对角色的理解有不同，角色是自己创造的，表达的方式方法千差万别，不能用先前的经验禁锢住后人的想法。后来在排练场点评时，朱旭老师也从不说自己当时怎么演的，而是说导演赫斯顿当时说这段台词要紧着说，不能停。朱旭老师这样做是让冯远征知道，你在演魁格，而不是朱旭演的魁格。老艺术家的言传身教不在于培养多少个小于是之、小蓝天野，而要培养人艺的接班人。

想到先生们是如何传帮带的，新上任的冯远征队长行动起来了，他开办大师课，请蓝天野、濮存昕、杨立新等人给年轻演员讲课。并请来外面的老师讲公共关系课，让大家了解自媒体时代，不光是演戏，还要开阔眼界，注重形象的宣传，遇到问题时有解决方法。大家听课以后非常受启发。

比如，过去年轻演员和濮存昕同台演出，既熟悉又陌生，濮哥心中的想法，他的艺术追求大家未必知道。通过讲课交流，濮哥会把刚进人艺排《秦皇父子》的困惑和苦闷，演出《李白》台上抢戏的故事讲出来，使年轻演员看到老师成长的故事。

他还带演员们去虹桥市场体验生活。虽只有一天时间收获却很大。大家了解到北京的市井文化和三十年来的发展过程。虹桥市场从练摊儿起家，卖水产，卖珍珠，发展成现在先进的商业中心，响应着市场经济的需求，下一步将转换职能成为珠宝设计中心，这一步步的发展，见证了北京的发展和时代的变迁。

冯远征通过这些活动，使年轻演员热爱北京，了解北京人艺，知道前辈是如何演戏，如何坚守舞台的，他希望大家珍惜这份来之不易的工作。演舞台戏挣钱少，大家面临改善生活的现实问题，这就更要传承人艺的精神，要建立正确的人生观和价值观。

远征说，人艺每年都会安排国内的巡回演出。《茶馆》驻场演出，只要开票，一定卖得出去。走出去是要让更多的人可以看到经典的话剧，同时对年轻演员也是一种锻炼。现在年轻演员是否可以组成一台《茶馆》的演出？再不培养新人可就完蛋了。所以在人艺舞台上演出的老演员都有责任传帮带。要重视再教育的工作，不能只讲院史，不讲表演，不讲人艺的传统。他认为，人才的断层是人艺发展的最大危机。

所以巡回演出，到大学开展讲座，都是在培养戏剧观众。远征说，我们的观众是要培养的。戏剧观众首先要学会看戏，中国的观众一部分是从附庸风雅开始变为喜欢，也有一部分观众总是带着思想来看戏。看戏是要用心的，思想是看完戏之后的事。带思想看戏，当看到的戏剧与心中的模式不同时，就不会看了。比如演《哈姆雷特》，王子穿着西服或大褂上了台，观众就要琢磨了："他怎么能穿这身衣服呢？"就开始从头到尾地批判。来看戏就是要用心去感受，听演员说的台词，看他的动作，看完了再去想为什么穿西服或大褂。

我真没想到冯远征心里这么多大事，他还说："人艺这个舞台，多少人想站在这，但这是花钱买不来的。你想花1000万进《茶馆》来演戏，这些角儿谁陪你玩儿呀，那是不可能的。我可以和这些好演员同台演戏，是多么幸福的事儿。宁可放弃拍摄影视剧的钱，也要回剧院演戏。人艺是我们的家，家再破，也是温暖的，要回家。何况人艺这个家是一座殿堂呢。"

近几年冯远征一直用剧院工作之外的时间在北京电影学院和上海戏剧学院教课，但从不过问报酬。他说，把自己的知识和表演经验传给年轻人是莫大的幸福。

远征在上海戏剧学院教课，同时也留意是否有合适人艺的学生，几年中哪怕只有四五个人，对人艺也是很好的事情，这要比出去挣多少钱都划算。再有，能将在德国学习的格洛托夫斯基教学法实践到教学中，能够对上戏的表演教学有所帮助，也是件好事。他给上戏一年级的同学上《发声和台词的工作法》课，十天的课全程录像，上完后，观摩老师评价说："他们比大四学生的台词都好。"现在已经有老师用这种方法教课了，学生很喜欢，新方法会促进表演教学的改进。

冯远征在北京电影学院摄影系代课，每年面对的都是新生，他们从没有一点表演基础到完成一台大戏，仅用了30天时间。当我问到远征，为什么选择在摄影系教表演时，他这样回答："选择摄影系的初心是为电影界做些贡献，可以培养出一批懂表演的摄影师。现如今很多摄影师不懂表演，只在意保证画面的美，但往往演员到不了所要求的画面，要不就是到了位置表演不好，这就需要摄影师学习和了解表演的内涵，可以和演员有良好的沟通。"

冯远征曾在北京电影学院带过表演系的在职研究生班。首先教了10天的《表演基础开发》课，因为有一半学生是唱歌跳舞的，为拿文凭考进表演系研究生，一点表演基础都没有。在教课的过程中，发现他们没读过戏剧名著。搞表演没读过名著怎么可以？于是在一个半月中带学生反复读了中外13部有名的剧本。读完后，学生的傲气全没了，开始敬畏名著。后面他为全班排了两部戏《足球俱乐部》和《等待戈多》。《等待戈多》还被推荐到第34届莫斯科大学生国际电影节戏剧单元展演,获得最佳女主角奖。这是历史上第一次由亚裔女演员获得这项荣誉。

远征认为,表演不是教出来的,要有天赋,所有人都有表演的天赋,只是后期没有开发。每个婴儿,每个人都有当总统的潜能,每人也有做乞丐的可能。这都取决于后来的环境、成长、教育和性格。冯远征能利用10天、30天教课,他不是教表演,而是注重开发个人的潜能。

我真心为冯远征在艺术传帮带上做出的贡献而感动。他告诉我:"艺术家不是随便说出口的,必须真的做到那儿,况且自己年龄还不到艺术家那么大。明星是炒作制造的,自己做个演员就挺好。"多么朴实的语言,可做到这点谈何容易。正是有这样的做人准则,当社会的民办学校找冯远征去讲课时,无论开价多高,他都不去,因为这不能用金钱去衡量。他觉得自己只是为了传授这些年的经验,他希望中国艺术院校培养的学生和演员是名副其实的。

我们又将话题转到传承与发展上来,这是一个不得不谈的问题。如何看待名著演出的状况,如何让观众了解那个年代,让他们接受那时人们的生活方式及思维方法。

远征想了想,说:"《茶馆》和《雷雨》需要保持,现在的《茶馆》和老艺术家们演的已经不一样了,节奏快了,为什么?现在观众需要节奏稍微快一点儿。我们这拨演员拍过大量的电影和电视剧,知道现在的表演节奏和原先是不一样的,如果还固守陈规,悠着演,观众就接受不了。国外在上演经典喜剧时也不是照搬原版的,随着认知的改变,一切都发生了变化,这就是传承与发展的关系。"

比如《茶馆》,现在这些演员开始时也是刻模子出来的,到了今天,梁冠华演的王掌柜,杨立新演的秦二爷,濮存昕演的常四爷,冯远征演的松二爷,已经不完全照搬老一辈艺术家的方法表现了,每个人物都融入了演员个人的理解。我插了一句："好些观众评论你们没有老艺术家演得好。"远征说："没错，老一辈是丰碑，已经立在那了，我们够不着，无法逾越。"比如1999年《茶馆》建组，宣布冯远征演松二爷，他差点儿疯了，凭什么让我演？演不了，我还想演更好的呢！黄宗洛老师把松二爷都演绝了，别人怎么演？于是远征找各位领导谈话，理由是：如果承认焦菊隐是大师，为什么当初不让别的艺术家去演松二爷，而选了黄宗洛老师？现在剧院有合适人选演松二爷，为什么让我演？一周后，院长找到冯远征说："两条路，一是演松二爷，二是写辞职报告。"当时只能演了，要演就要演好。冯远征没有工夫想怨气的事情，怨气的产生往往是因为一个人想做没做到。演员在名利场中，没有心态平和的，但是一定要勇于接受现实。再说了，怨有什么用，这是单位的工作，这就是"一棵菜精神"，无论是菜心、菜叶、菜帮子，都要在这棵菜上。"后来我们演了这么多年，得到广大观众的认可，说明这也是继承了人艺的传统，并将其延续发展了。"冯远征说。这就是传承的精髓，传承北京人艺的精神。

  为什么人艺还能成为中国戏剧的一个标杆，并不是有多少经典剧目和大腕撑票房，而是有一种精神在，也就是"一棵菜精神"。演什么戏都是完整的，小角色是有光彩。像李光复、米铁增、王大年、李士龙、兰法庆、张福元等一批任劳任怨演着小角色的大演员都是人艺的宝，没有这样的演员，《茶馆》成不了一台戏。

  我们又谈到了如何评价林兆华版的《茶馆》。远征说，《茶馆》是一部很生活化的剧目，生活化的景，生活化的道具，生活化的表演。林版的《茶馆》只是没再向前迈一步。如果再迈一大步，试想弄一空台或一现代化的景，让演员不梳辫子，穿着西服上台，那人艺将会有两个版本的《茶馆》。

  他畅想，十年后，北京人艺再排的《茶馆》和今天又会不同，只要能够继承人艺的精神，它就是原汁原味的。再比如《蔡文姬》，该剧表现的不是当时的真实生活，焦菊隐先生学习了西方的戏剧理念，同时融入了本土京剧等民族元素，舞台上朱琳老师走的是锣鼓点台步，观众一样接受。

远征继续说道："《雷雨》观众的笑场其实是爱情观不一样。周冲还'四凤，四凤'地在台上表现近百年前的示爱，观众是要笑。1987年演《北京人》观众也笑，为什么笑？观众理解不了那个时代谈恋爱是那样的。愫芳说：'我只要每天能看见他就行。'观众说：'有病啊！曾文清有病啊！'这是观念的问题。所以对名著我们要尊重，也要研究如何适应当前的审美观，同时培养观众的欣赏水平。"

在北京人艺多年，冯远征对如何做人，如何演戏，深有体会。他特别对李光复在《哗变》中饰演的厄本，《小井胡同》中饰演的卖咸带鱼的表演印象深刻。他说："不要老以为都要往舞台中央站，一辈子演这些小角色也是光彩的，是伟大的演员。以前这样的演员在北京人艺数不胜数，没有他们哪有一台好戏呀。这就是'一棵菜精神'，一切为了艺术。"

他又举了青年演员王雷的例子。他说："王雷为什么火，因为他有心。"2005年演《全家福》时，王雷刚进剧院。每天演出时冯远征老觉得侧幕边有个人，留神一瞧是王雷。"他抓紧一切时间观摩学习。而现在的年轻人在后台干什么？看手机，发微博。"

记得2009年排《知己》，冯远征跪在地上一段流着泪的独白，04班学员就在边上看画报，吃东西，聊天。远征急了，"啪"地抬起头，他不说了，看着他们，这些孩子一会儿没声了，远征狠着说："你们不说话会死呀！"从那以后这些孩子见了冯远征就躲。其实远征就是要让孩子们知道排练场的规矩（现在想想话说得有点狠了）。

排练场的导演铃，过去只有导演才能按响，年轻演员不知道这个，上来就按。这些规矩需要有人告诉他们呀！于是现在远征队长来了个老演员一对一的传教。一个戏建组后，每天给老师沏茶倒水，有什么不懂的问老师，而学生学坏了由老师负责。

现在有的演员在后台用手机发朋友圈，亲友说"你们在后台真欢乐"，同行会说"北京人艺完蛋了"。一次，手机微博刚有，冯远征化好装照个相，发了句话："还有20分钟就演出了。"一位观众当时就回了一句："演出了你还玩儿手机！"远征马上就删了，有了这位好观众的提醒，他从此进剧院再也不玩儿手机了，所以他要求大家都要做到。

听到此时，我想起小时候后台的管理员姚汉钰伯伯，大家都称他为老姚。他演戏前早早就到后台，把住通往化妆间的过道门，闲杂人等一律不能进入。孩子来找爸爸妈妈，就跟不认识你一样揪出去。

远征感叹地说："北京人艺是有规矩的，这规矩是口传心授的，不希望把规矩变成规定。一旦变成了规定，剧院就倒退了。现在排练厅和后台明确了不许用手机的规定，什么时候将规定拿下来，北京人艺就又进步了。"

听远征从进剧院谈到当队长，从院里谈到院外。我不住地点头。几天对大家的采访让我看到人艺人对自己剧院的热爱，对"一棵菜精神"的传承。他们都谈到下生活、传帮带、人艺是我家，内容虽然不一样，可观点相同。北京人艺有这样一个特点，人人都称人艺为"我们剧院"。还有直到这两年人们才有官称，过去都叫"大叔""哥""导""老师"，好似朋友又像亲人。林连昆老师刚当副院长时，有人称他"林副院长"，林老师严肃地说："告诉你，再说这个我跟你急。"

北京人艺从前就是一个大家庭，现在也是。我愿这个大家庭好似一棵大树，根深叶茂，四季常青。

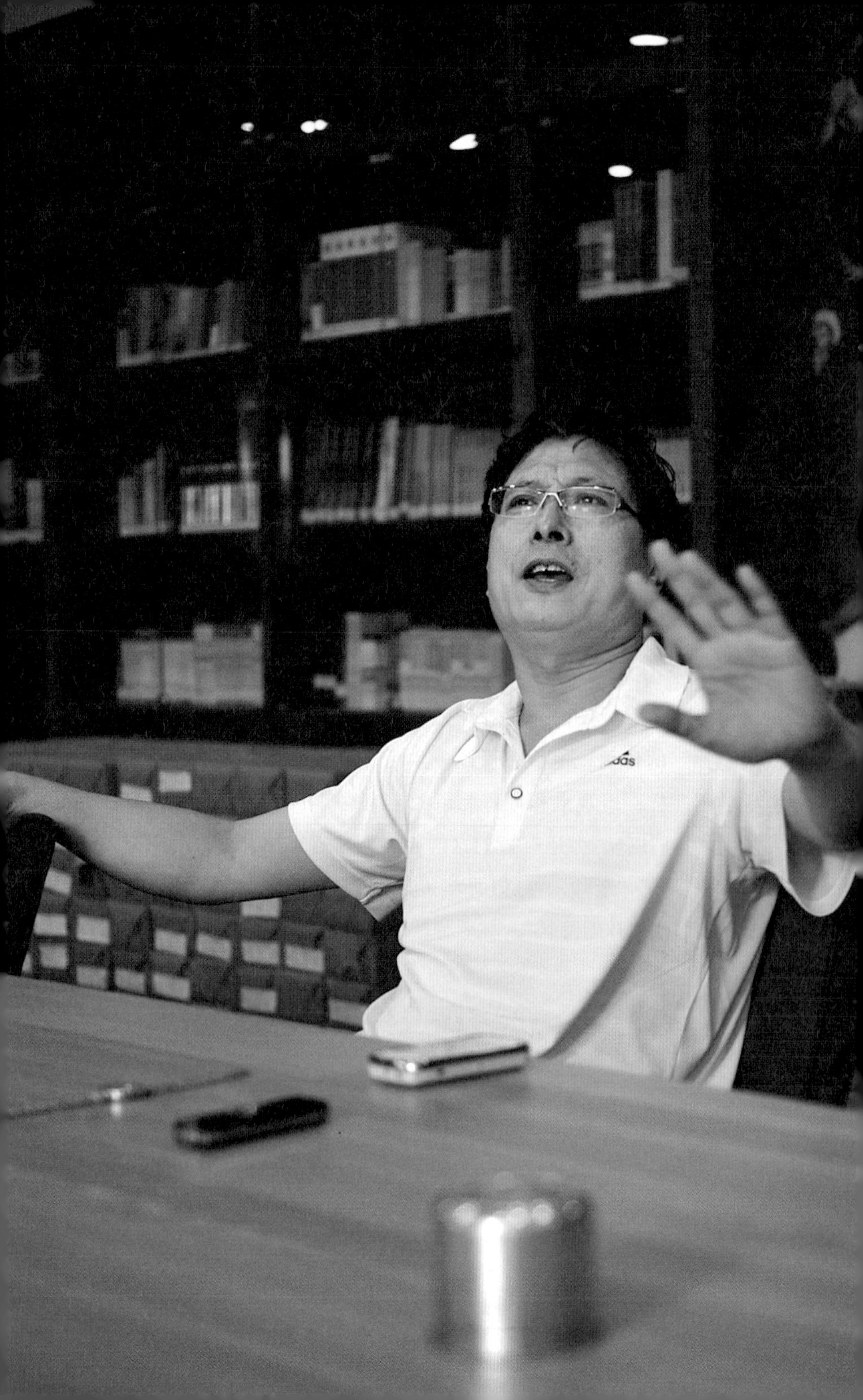

刘章春（1956—）
从演员到馆长

一棵菜——我眼中的北京人艺 BEIJING People's Art Theatre

从20世纪80年代开始，在北京人艺大量的戏剧档案资料盒里，差不多随处可见刘章春的文章，从花絮到评论，从介绍演员到编导，林林总总。文章中倾注了他对北京人艺的感情，人艺就是他安身立命的家，他最终找到了实现自我价值的位置。

我第一次注意到刘章春是2009年5月的一天，我应邀参加张定华阿姨女儿辛夷楣大姐的新书《记忆深处的老人艺》新书发布会。一个看不出年龄的帅气男子跑前跑后帮忙招呼众人，直到他上台发言，我才知道他就是北京人艺的博物馆馆长——刘章春。

人艺六十周年之时我再次走进刘章春的办公室，他竟忙得不能和我说一句完整的话。院庆过后，我又一次与他相约，才有了这次并不算短的谈话。

下雨了，雨水顺着玻璃窗一道道往下淌，玻璃上一层雾气让我看不清窗外那棵在风雨中摇摆的老椿树。透过风雨声，窗外传来的还有对面三楼排练场熟悉的声音，是什么戏听不清楚。此刻博物馆里很宁静，我转过身与刘章春漫步在整洁庄重的走廊上，我看了看演员出身的刘章春，问他为什么改行时，他没有正面回答，而是把目光投向长廊上满墙熠熠生辉的艺术家的肖像，对我说：

"曹禺先生曾言，北京人艺是一藏龙卧虎之地。我以为在许许多多的演员身上都具备了一种以创作为天性的精神气质，痴迷于对人物的创作，不仅造就了精湛的表演艺术，也因精彩的表演艺术成就了自己。

"我由衷敬佩剧院的那些演员对表演的钟情与投入，可以说正是由于长期的文化修养，他们具备了高起点的精神气质，与角色相通，与心灵相会。"谈到精神气质，很自然会想到剧院中的几位老前辈，想到有关他们的一些话题。

"先说说于是之。在于是之送我的一幅字的落款处，落有两方钤印。印上篆文分别是'于是之台下走笔'及'不信天命'。若干年前的一个秋天，就这两方印，我曾经向他讨教过。闲章不闲，传达心声也。读这两方印，可从中体悟到于先生的品性和旨趣。

"'于是之台下走笔'，印面一寸见方，恰可称'方寸之地'。平素先生对这枚章偏爱有加，每每遇有求字者，他总喜欢在宣纸上留下这方朱红印记。这大抵可说明他身临老境、笔墨清风的心态。

"于是之习练书法，自然想到李骆公的一方印。这件心事由学者柯文辉先生转达给了李骆公，骆公老欣然应允。没想，仅过一月，老先生竟因病况加重而神志变得糊涂起来，以致连女婿都认不得了。为了却这桩心事，柯文辉又请李骆公的弟子、当年在《桂林日报》做美编的雷动春治印，印文及边款均由柯文辉所命。这件事发生在辛未年（1991年）的夏末。

"于是之自卸下官位后，居家简出，伏案作文虽是颇费心神之事，然面临西窗，独坐书斋，全无'丝竹乱耳，案牍劳形'的烦恼，却也尽显于是之'台下走笔'走得是何等自在逍遥。

"第二枚的印文恐怕更能折射出于是之在艺术上历经磨难，不断超越自我的心态。'不信天命'，语出《三国志》中的《曹操列传》（应为《武帝纪》——编者）。说起此印由来，那是1988年在沪上演出话剧《茶馆》期间，于是之走在上海街头，见有治印篆刻的铺子，展示出的印谱并非俗手，立来雅兴。拣一方最普通的石料，篆刻师傅问字，他嘱刻'不信天命'四字。刻字师傅非斫轮老手，印文却清新有力，足以醒世。

"在于是之的创作生涯中，他总是在与各种角色做着不同级别的较量，不畏困难、不信天命的精神贯注其一生。20世纪50年代初，当他因在《龙须沟》中扮演程疯子而成为中国最走红的话剧演员之后，也曾在相当长的年月里经历了无穷的困惑。因难以突破角色，他曾有过动摇，甚至对自己究竟能否再吃演戏这碗饭产生怀疑，想改行。如果是一味地感喟天命使然而另起炉灶的话，那也就不是于是之的性格了。恐怕正是这种不信天命的精神使他直面困境，这以后才有了舞台上大放异彩的人物：捷尔任斯基、左宝奎、老马、王利发，才有了后来《丹心谱》中的老中医丁文中，《洋麻将》中的魏勒……"

闲章不闲，可寄志，可寓情。有的可言传，有的便只可意会了……

"谈谈老师林连昆。最初认识林连昆是在1975年的春天，当时他担任剧院表演学员班的班主任。给我留下的第一印象是，林老师性格开朗，不大修边幅，整天穿着件四个兜的蓝上衣，上下班总是骑辆旧自行车。在两年多的教学中，他和我们这班学员一起下乡下厂下部队，不管是练台词上形体课，还是做片段表演，他恨不得使出浑身解数将所有的知识都传授给学生。林老师的脾气大（好像北京人艺的演员脾气都不小），有时遇上哪位同学的表演总是做不到位、冥顽不灵，他一怒之下会将手里的烟斗狠狠地摔在地上，火气极盛，所以，大家平时都挺怕这位严师的。

"演员出身的林老师性格并非总是这样一本正经。生活中，他可以和诸位同学做朋友，一道小酌，逢有醉意，他会得意地说些剧院的逸闻掌故。在我印象中，剧院中的许多演员在演戏方面都有精彩的故事，都有着台前幕后的几段佳话。随着与林老师同在一个剧院的年头久了，随着对他表演方面的研究，我发现，林连昆本人其实极具传奇色彩。

"林连昆的成长与成名过程很有些与众不同。他与于是之、蓝天野、黄宗洛等均为同龄人。在20世纪五六十年代，剧院的一大批演员脱颖而出，纷纷挑梁主演，此时，林连昆却默默无闻，在许多戏里跑着串着各类小角色，最大的角儿便是《茶馆》中的灰大褂。谁料，相隔数载春秋，林连昆却是独领风骚，成了北京人艺舞台上绝对有第一号召力的一面大旗。

"1980年，林连昆因主演《左邻右舍》中的洪人杰在京引起轰动，成为众人热议的主调，从此他创作的闸门如泄洪一般一发不可收。由他主演的《绝对信号》《小井胡同》《红白喜事》《狗儿爷涅槃》《天下第一楼》《鸟人》《北京大爷》等，接连突破百场演出的记录，几乎囊括了各种级别的奖项。创作人物的成功率如此之高，这不能不说是一种奇迹。

"我以为，林连昆在创造人物上，有着一个最为鲜明的特点：不管是普通观众还是内行专家，都惊叹于林连昆的语言。他太擅长用语言塑造人物了，语言鲜活，充满了幽默。这是属于林连昆式的幽默，旁人是学不来的。

"多少年以前，我曾经问到过他所取得的舞台艺术成就，林连昆说：'我不是个好演员，外形条件不好，文化程度不高。之所以我还能得到这么多观众的欢迎，那是由于我的机遇好，加上演戏认真，平时比较勤奋。如此而已。'

"北京人艺的许多老一辈演员都有着自己独特的爱好，再比如说朱旭老爷子。坐在朱旭家的客厅中能听得到冬虫清脆悦耳的鸣叫，寻着声音走进书房，原来在书桌上放着个小玻璃盒儿，里面养着金蛉子，声音是从那里传出来的。金蛉子是朱旭老爷子养的，一种能过冬、外形像蛐蛐的'尤物'，看上去挺可爱。数九寒天的季节里，能在他家欣赏到一段不同寻常的'乐章'，也是我的福分。

"朱旭演了六十多年的戏，在演戏、生活的质量上，他是很投入很认真的。如何去评价老爷子出众的表演才华？有戏为证，光彩人物显耀于北京人艺的舞台上；更有一部部的电影为证：《阙里人家》《变脸》《洗澡》和《刮痧》。朱旭一生乐观向上，顺其自然，练书法、放风筝、下围棋、养蛐蛐，在生活上别有品位。

"朱旭拉得一手好京胡。当年，'文化大革命'时，文艺界连锅端，都要下干校劳动，朱旭躲不过去。梅兰芳的琴师姜凤山也落难在此，晚上闲来无事，朱旭便向姜凤山学拉京胡。本来这拉京胡纯属是玩儿，没想到在后来的演出中却派上了大用场，在田汉《名优之死》的演出中，面对场子里的千余名观众，朱旭扮演的琴师操琴上阵，弓法娴熟，丝弦起声惊四座。

"朱旭平生有两大爱好，一是与酒为友，老爷子和酒之间这辈子谁都没亏待谁；再有就是与棋为友，棋盘云子耗尽无数光阴，由壮至老，终生不悔。"

刘章春讲述完了三个在北京人艺举足轻重的人，我们已坐在博物馆宽敞的学术厅里了。刘章春吸了口气，接着说了一句："做一个真正的好演员，应具有优秀的演技、高尚的情操以及高雅的情趣，这是我钦佩的三位智者。"

我没想到刘章春口才如此之好，开篇之始就点到了他最钦佩的三个人。通过对他们的描述让我领悟到其中的含意。

我知道刘章春从小是在部队大院里长大的，1975年4月7日进北京人艺的第四期表演学员班。毕业后，刘章春做了三年群众演员。由于一次连排合成时，上一期的部分学员在彩排《蔡文姬》时发生了一次违反演出纪律的"摔杆子事件"，院党委讨论了这两班学员的去留问题。两班的几十个演员中绝大部分转行，他们班只留了杨立新、丛林、张华、肖鹏和张万昆五个人继续做演员，其他人就地消化，进入了北京人艺的艺术管理部门。

人说：知己知彼，百战百胜。刘章春给自己在北京人艺找到一个什么位置呢？他喜爱文学，愿意摆弄文字，时不时还能在《北京晚报》

待整理的资料（摄于2012年）

上登载个文章，他就找到当时的副院长苏民，说出自己的意愿，改行搞艺术宣传。没想到，在这个岗位上他一干就是三十二年。

改行后，刘章春搞剧评，介绍剧院。随着笔力和敏感度的提高，渐渐成了剧院的笔杆子。当有人问道："你的同学有的成名了，你从演员转行做文字宣传，再到博物馆，亏不亏？"刘章春笑着回答："除了台前辉煌的演员，还有许许多多幕后的工作需要专业人士来完成。"

从20世纪80年代开始，在北京人艺大量的戏剧档案资料盒里，差不多随处可见刘章春的文章，从花絮到评论，从介绍演员到编导，林林总总。文章中倾注了他对北京人艺的感情，人艺就是他安身立命的家，他最终找到了实现自我价值的位置。

他说："在我做演员时，除了焦菊隐、白山等几个人之外，所有人艺的老人都健在，犹如我们的师长，培养教育我们长大成人，我很满足。在北京人艺做演员，谁也不能保证自己准就能大红大紫，现在很多演员在表演上出不来有各种各样的因素。因此做自己喜爱的事情，找到合适的位置，心里就特别踏实。因为有过做演员的感受，有对剧院的热爱，做文字宣传工作以及后来做博物馆馆长，就比较得心应手。

"我研究和撰写的内容离不开导演、演员和舞美设计者，离不开人艺舞台的时空。随着时间的沉淀，对各种素材的积累，许多他人不感兴趣的东西跃然纸上。院外的评论家需要一些资料，得打报告走程序，没有我这样得天独厚的条件。我写起北京人艺就非常充实，心得志满，找到了精神的寄托和归宿。"

刘章春的这段话很真诚，他对做北京人艺戏剧博物馆的馆长特别满足。虽然每天很忙，既当家又做"丫鬟"，人吃马喂什么都管。当剧院里所有的艺术档案和影像资料都归入博物馆保管时，他不失本职，将这些有血肉有生命的艺术档案资料守护在身边，欣慰无比。

博物馆作为北京人艺历史的载体，是一个巨大的戏剧文化宝库，刘章春觉得有责任，希望在他卸任时带出德才兼备的接班人。让他们做到热爱北京人艺，熟悉历史资料，谈起剧院的人和事来能够出口成章、心有乾坤。

随着阅历的增长，他对人艺的研究更加深入，想出版些理论研究的书籍。这些年他主持编写出版了二十几本书，仅2007年中国话剧百年，便一口气出了六本书：《焦菊隐》《于是之》《戏剧档案：北京人民艺术剧院舞台美术设计作品（1952—2007）（上下册）》《〈茶馆〉的舞台艺术》《〈蔡文姬〉的舞台艺术》《〈雷雨〉的舞台艺术》。期间付出了很大的心血，每本书都需要约稿、阅读、校对、修改文字，考证年代及史实，字里行间都倾注了努力和感情。

刘章春告诉我："真正要写长篇的文字就知道，大量的资料需要访谈考证是否真正准确。写《欧阳山尊》这本书时，就遇到了山尊当年在延安时期的具体时间和具体内容的准确性问题，在曾经出版过的诸多文章里，有的作者说他在延安的时间是1942年，有的说是在1941年；一会儿说他和毛泽东坐得特近，一会儿又说距离特别远；有的说他在延安文艺座谈会上发言了，有的文章却说没发言，只写了封信……凡此种种都需要认真考证，不能失实。一切终被落实，毛主席当年在延安确实给山尊回过信，'文化大革命'抄家时，欧阳山尊举着这封信站在了大核桃树底下的家门口。"

刘章春的心里在追求做一个真正意义上的学者。北京人艺的老演员，不像其他剧院的演员，业内流传着这样一句话："儿艺的蹦蹦跳跳，花里胡哨；青艺的注重穿着，靓车名包；说到人艺好有一比，远看是要饭的，近看是北京人艺的。"这固然是调侃，但在相当长的时间里，人艺的演员人人穿着四个兜的灰褂子，骑辆破自行车，几十年如一日，在首都剧场和史家胡同之间不知疲倦地往返，一点不假。他们就是为了舞台，为了塑造别具一格的艺术形象，心里暗暗使劲比着演。所以在舞台上才有了这么多令人津津乐道难以忘怀的形象。

那日，刘章春透过窗子指着人艺食堂门口那棵在风雨中摇摆不定的老椿树对我说："兴建首都剧场时它就生长在此，它见证了剧院的历史沧桑，很多文人名流由此经过。"我顺着刘章春的手指看着枝繁叶茂的老椿树，接着问："我一来你就给我讲了三个你钦佩的人，剧院里除了你钦佩的人之外，还有哪些叫你敬重的人吗？"

刘章春不假思索地回答："我所敬重的人之一，是顾威。今天他是很有成就的导演和演员。在'文化大革命'后期，他在剧院受到过不公正的批评，被贬为锅炉工。虽然他每天在同事的眼皮子底下挥动着铁锹铲煤搓灰，备受身心煎熬，但仍锲而不舍咬牙使劲，用业余时

《哗变》剧照(摄于1988年),
(左起)任宝贤饰格林渥,朱旭饰魁格

间写出了话剧《巴黎人》，十年后登上了首都剧场的舞台。他在逆境中有追求，这种锲而不舍的精神状态对我后来的成长有很大的影响。"说完顾威，他停顿片刻，看着我，用很轻的声音说出了另一个影响他的人——任宝贤。听到这个名字，我心里不禁震了一下，太熟悉了。

北京人艺有三大才子死于非命，他们虽在不同时间，选择了不同的方式结束生命，但他们有太多共同的特点。他们同样才华横溢，同样清瘦优雅，同样拥有充满磁性、十分迷人的音色，同样表面上是那么风趣健谈，而内心又那么忧郁孤独，他们是邱扬、董行佶和任宝贤。

有一段时间，任宝贤生活、学习、演出都在剧院，同事们给他在艺术处开了个空间。起初刘章春对任宝贤并不熟悉，后来有幸和他坐对桌，天天在一起。任宝贤喜欢写东西，他所有的艺术创作、生活的状态、对舞台排戏的细微情感，刘章春都看得很清楚。任宝贤是才子，别人谈到人艺的演员如何用功和勤奋，可能是人云亦云，属于口传，但是通过和任宝贤的朝夕相处，可以看到人艺演员的创作细节。比如说演《哗变》，扮演律师格林渥，其中有句台词："经过上述的种种表现，最终判定为魁格舰长患有类偏狂型人格。"

为了给这句台词找到依据，任宝贤便深入了解"类偏狂型人格"是怎么回事，查看医学书，查医学字典，上医院问精神病科的大夫。为什么台词中描述的五种特征性格是：性格僵硬；常常感到受迫害，无根据地怀疑他人；不能面对现实；为追求完美无缺而终日焦虑；以及脱离实际的基本心态。作为一般的演员，在台上说什么，观众在首都剧场第 22 排（最后一排）听得清就可以了，但是任宝贤不浮于表面，说任何台词都一定要找到依据，找到生活中的原型。

任宝贤在生活中与命运抗争的隐忍精神是超越常人的。在剧院，他是一个很聪明的人，悟性高，肯动脑筋。拿到剧本之后，经过排练和调整就可登台演出，一般都可打 85 分以上。在北京人艺，他是第一个通过自己的努力挣到外快的人。20 世纪 80 年代初，他为中国儿童出版社编写了几十本连环画小人书。由他编写文字，美工吴以达则画画配图，分工明确，各司其职。那些年，任宝贤先后出版了《蔡文姬》《自己人好算账》《贵妇还乡》《笑面人》《狗儿爷涅槃》《四世同堂》等三十几本连环画。他还喜欢写剧评、人物花絮、剧组里有趣好玩儿的故事，经常是夜深人静时他还在办公室里熬夜。

任宝贤勤奋练功，每天早晨5点起床，到故宫筒子河边练剑，一直坚持到去新加坡讲学。演员的形体锻炼是舞台表演中必不可少的功夫。任宝贤喜欢下象棋，在东城区拿了个冠军，奖品是一个电子钟，他把它挂在了办公室和大家一起享用。去新加坡讲学时他也没有摘走，留在了艺术处。刘章春一直带着它，二十年来从这屋带到那屋一直在用。刘章春要离开宣传处调到博物馆工作时，想到大伙早已经是看习惯了，就没摘走。前几天任宝贤的女儿任虹来了，因父亲去新加坡讲学时她在美国留学，家中除了宝贤练功的宝剑和运动服之外没留下什么。刘章春到宣传处把钟拿了过来说："我手里有你父亲的东西，这个挂钟就是你父亲当年留下的，你愿意的话，你带回家去。这个挂钟二十年来一直像生命一样准确地走着，一圈圈地转，一分一秒都不差。"说到这儿，任虹的眼泪不停地往下流。

"任宝贤去新加坡时有一些东西没带走。有关剧院的一些剪贴文章，一些简报等资料，留在我这儿了。"刘章春从书柜里拿出了一样东西继续对任虹说："我手里还有这个。任宝贤经常写稿，文章登载后会有微薄的稿费，他就做了一枚章，上面刻有任宝贤的名字以及地址、电话。看这儿，清清楚楚地写着任宝贤三个字。"睹物思情，如见亲人。任虹此时又是一番唏嘘。刘章春拿起印章在纸上印上字迹，庄重地写下"此印章多年来由刘章春保存至今"之后，正式把他保存多年的任宝贤的遗物转交给了他的女儿任虹。

说到这里，我的眼泪也已不停地流。有段时间我几乎每天晚饭后都和一群孩子到任宝贤叔叔家聊天唱歌，好多场景至今不忘。刘章春

电子钟二十年来一圈圈地转,一分一秒都不差(摄于2012年)

递给我一张纸巾,待我把泪水擦干继续说道:"我谈这些只想说明,我与宝贤有过多年的接触,虽然他过早地不在了,但我热爱文字,可以写点东西,为北京人艺做一些事情,这和任宝贤对我的影响是分不开的。他一个人整天吭吭哧哧地钻呀写呀,不断钻研的精神对我影响太大了。"

其实影响刘章春的人何止一两个,只要你是有心人,你会发现人艺的精神无处不在,人艺老先生们的言传身教无处不在。他记得1982年《蔡文姬》在长沙演出,他在其中跑群众。第四幕,曹操的戏要开始了,大幕迟迟不开,他从侧幕向台上一看,见刁光覃扶着几案,紧紧抓着水袖,在那弯着腰上气不接下气地好一阵咳嗽、运气。他的哮喘很厉害,每次在大幕开启之前总要咳嗽一分钟,咳嗽够了,把哮喘的劲儿过去了才行。这让在场的演员既心疼又敬佩。待刁光覃把气息调理平稳后,只见他手一招,开幕,活曹操的神态又出现在舞台上——"雁高飞兮邈难寻,空断肠兮思愔愔"。刁光覃老师那神形兼备的活曹操形象至今无人能比拟。

"我又想起刁光覃老师的高度近视,他摘下眼镜后就如同睁眼瞎一般,可他专门练就了炯炯有神的眼神。《蔡文姬》中,周进形容曹操眼睛是:'目光炯炯有神,你如果立在他的面前,就好像自己的心肝五脏都被他看透了一样呵。'为此演员一定要达到神形兼备,双眼聚焦有神。尤其是曹操一转身:'周近,你知罪吗?'刁光覃目光如剑,让人不觉战栗……"刘章春边说边模仿。

这么多年了他居然把曹操的台词、舞台调度背得如此之熟。我突然想到刘章春如果一直在舞台上干到今天,也许并不比他那些出名的同班同学差,因为他有激情,有演员的基本素质,还有一颗善于观察、细腻的心。就拿曹操这段戏说吧,刘章春一定关起门来,不知对着镜子演了多少遍,这里有对老艺术家的钦佩,也有对自己永远无法实现的舞台梦的憧憬。这叫戏瘾。在这个圈里,不是每个适合做演员的人都能站在舞台中间,因为那块地方到底小啊!

刘章春在北京人艺及时找到了自己的位置。他们是在老演员的艺术成长过程中长大的,他认为潜移默化的影响太重要了。就像有人讲,一生中印象最深的是父亲,可以讲出很多有关父亲的故事,他的一个眼神,一个背影,对自己一生都有影响。这种意识,现在的演员和艺术管理干部都淡薄了,新来的演员看不到人艺的精神和传统。有人会想:有什么可传的,不就是演戏挣钱吗?

所以刘章春说:"我们也有责任往下传承,不能说教,以自己做人的准则,用对北京人艺的热爱,对艺术管理方面的知识影响下一代。"

告别刘章春时已雨过天晴。我又来到院子里的大椿树下。当我抬头从树根自下而上地看它时,雨后的阳光穿过滴滴雨珠把湿漉漉的叶子照得那么绿,那么透,那么干净。不知哪片叶儿背后的夏蝉开始不停声地鸣叫着。我与刘章春的谈话依然在我的思绪中萦绕。

有人说，不知北京人艺这面现实主义的大旗能扛多久。看看博物馆里的展览，听听刘章春讲的故事，我深深地感受到人艺人对剧院的热爱，我想，人艺这面大旗在举旗人和护旗手的簇拥下，一时还不会倒。这些把人艺精神融于血液的人中，也有像刘章春一样在台前幕后忙碌的身影，他们甘当绿叶，为共同的家园默默无闻地贡献着自己的力量。

我感到无比欣慰，呼吸着雨后清新的空气，穿过雨后斑驳的院落，信步走出这话剧的圣殿。阳光正好。

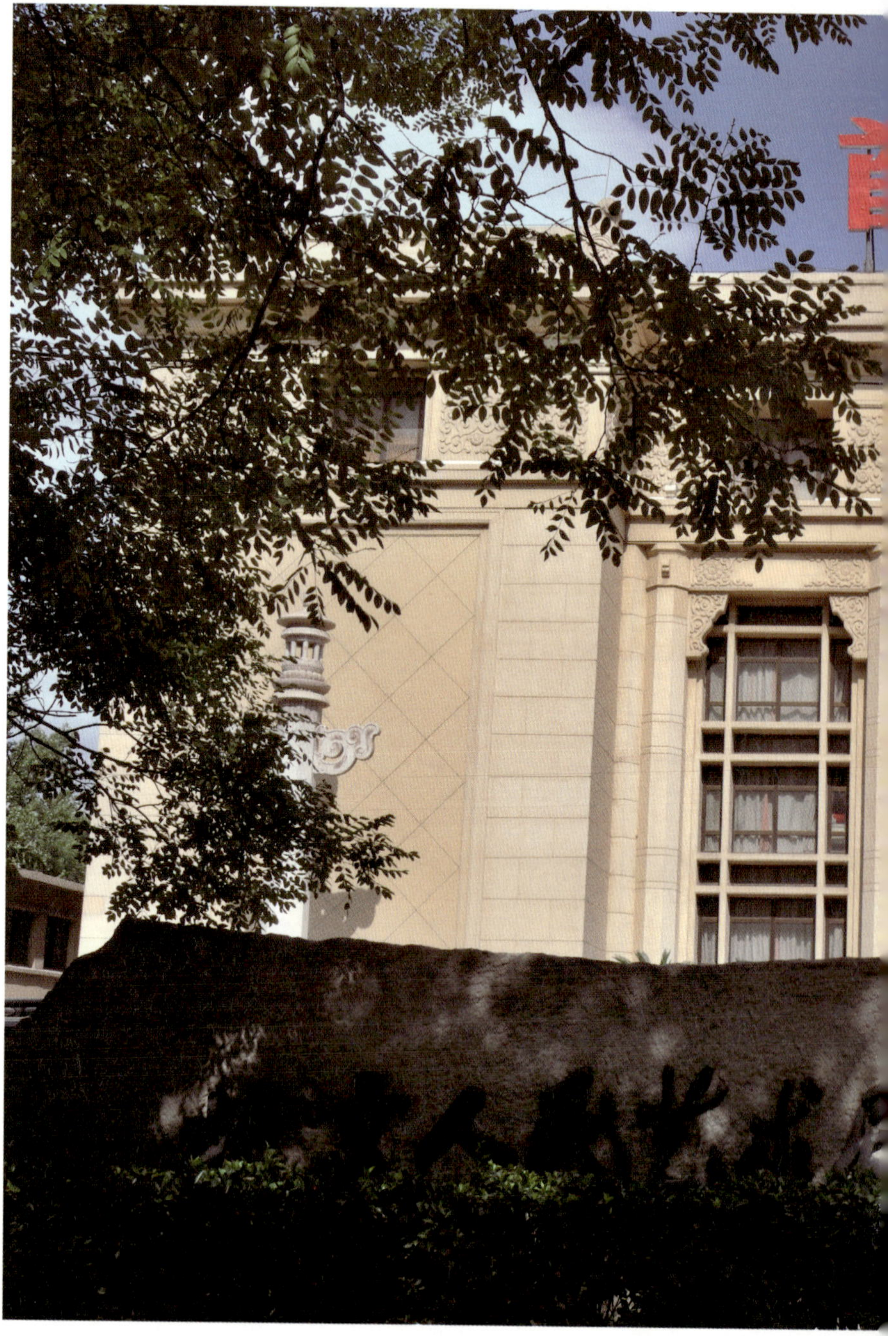

都剧场

一棵菜 —— 我眼中的北京人艺 BEIJING People's Art Theatre

首都剧场
我心中永远的圣殿

  首都剧场，是一座位于北京东城区王府井大街 22 号的建筑，也是北京人民艺术剧院的办公所在地。那里曾是我父母、公婆上班的地方。几十年来，除了首都剧场外的院墙有所改变——从封闭式改成开放式，剧场本身的外部变化并不大。现如今，这座已被淹没在京城钢筋水泥丛林中、看上去不起眼儿的建筑，在我心中却是永远的圣殿。

  我出生于 1953 年，剧场建成于 1956 年，从我记事起便知道有首都剧场。那里是"我们的剧场"，是除了学校、体校以外，我去得最多的公共文化场所。我们的父母曾在那儿工作，我们在那儿看戏看电影，我们会时不时地走进剧场后半部的办公区，那里有图书馆和饭堂，还有个吸引我的、白色的、用玻璃建成的花房。

  人艺有严格的排练制度，小孩、外人以及无关人士，是不能在工作时间随便走进那个严肃而神圣的排练厅的。所以在那些年，我经常在排练厅的楼道里等父亲，从那高大的门里传出排戏的声音，那时我觉得能在这里排戏是件多么高不可攀的事情。

我母亲后来调到中国儿艺工作，有时也会把我放在儿艺排练厅的角落，看着叔叔阿姨们又唱又跳。虽然我不会觉得闷，但从来没有产生过像对人艺排练厅一样的那种敬畏感。也许这也是儿童戏与成人戏的一种区别吧。

在史家胡同的宿舍大院里，没人注意我这样一个小孩。我偶尔去趟首都剧场，特想碰到个叔叔阿姨，他们大多会微笑着摸摸我的头，拉拉我的小辫子亲热地说上几句话，话语中无非是："哟，这不是小春姑嘛，干吗来了？""这丫头漂亮点儿了。""长成大姑娘啦！"……

这些不经意的赞美，让年幼的我能连续臭美好几天。每逢剧院里星期六的舞会，孩子比大人还兴奋，当我们提起剧场，嘴里也学着大人的口吻："上剧场了，去剧院了。"好像首都剧场是咱院开的。看戏看电影我没买过票，没票时就施展"全能"功夫，冲、赖、连蒙带唬，最后一招是跟在男孩后面从工作人员进出的侧门溜进剧场，那时的心情既紧张又兴奋，无法言表。

首都剧场的前厅是我喜欢逗留的地方。每场演出开场前，小卖部就开始营业，有冰棍，有玻璃瓶装的酸奶，还有我最爱吃的首都剧场自产的冰糖葫芦。这冰糖葫芦那叫一个好吃，山楂又红又大，一个虫眼儿没有，冰糖又脆又甜，蘸得恰到好处，在我成长的年代，这是最好吃的东西了。

每当新戏上演都会有家属场或招待场，这是孩子们去剧场的好机会。我们一般不和家长去，几个小朋友相约着从史家胡同的人艺宿舍出发，一路欢笑地走个20分钟就来到剧场了。我们会去买冰糖葫芦或冰棍，也会领当天演出的说明书。领了说明书先不看，而是抓紧时间看前厅橱窗里的剧照，努力从上了装的剧照中找出平日熟悉的面孔。当开演前的第一遍钟声轻柔地响起时，我们快速吃完最后一颗糖葫芦，把竹签丢进垃圾箱，走进剧场。

首都剧场是一个没有人敢大声喧哗的地方，孩子们也不例外。人艺的孩子有规矩，到了剧场里没人四处乱跑大声说笑，熄灯前我们会坐在座位上认真研究说明书，当二遍钟声一响，"噔——噔——噔——"灯光便渐渐地、渐渐地暗下来，只留一丝光影时，全场的人都不觉地屏住呼吸，所有的目光紧盯渐渐提亮的舞台，一千多位观众鸦雀无声，演出开始了。此时，如果有谁咳嗽一下，椅子"吱扭"一声，我们都会立刻扭过头去用怒视来制止。出声？这是哪儿？这是首都剧场！连周总理迟到了也会悄悄坐在后排，生怕打扰其他人看戏！懂规矩不懂？在人艺孩子们的心里，这儿，首都剧场，就是一座完美的、神圣的艺术殿堂。

我喜欢剧场中央顶上的大灯，它不像其他剧场是那种垂下来的水晶灯，我们都叫它"大白菜"，几片大大的大叶子从中央向四周伸展开来。我不知这样是为了让顶棚显得高些，是为不挡二楼观众看戏的视线，还是为了体现焦菊隐先生提出来的"一棵菜精神"。总之，我喜欢大白菜的顶灯，也喜欢剧场四周那花骨朵似的壁灯，喜欢看它们随着轻柔的钟声，一点儿一点儿在不觉中渐暗，当台上的光亮起，壁灯中那最后的一小点儿亮芯才彻底熄灭。这时我往往人不动，眼珠却忙着转，看台上，怕一不留神开幕了，看两边的壁灯，怕没盯住灯芯灭了，再抬头看看，生怕头顶那不再发光的大白菜掉下来。不知儿时的我怎么会有这么奇怪的想法。

当灯光再渐亮时，不用通知观众就知道中场休息了，我们会赶在观众起身前飞跑出去，买汽水或上厕所，有时还会从旁门溜进后台转转，兴奋地摸摸这，动动那，幸福无比。

然而，"文化大革命"开始了，一切全乱了。曾经站在这话剧圣殿般舞台上的人被赶下了台，包括我的父亲。他们被叫作"反动学术权威"、"三名三高"（名编剧、名导演、名演员；高工资、高待遇、高社会地位），他们被说成是崇洋媚外，演的是才子佳人，替资产阶级当吹鼓手……

剧场内的舞台以前是剧院演员们每日演出的地点，剧场外的台阶上现在用木板临时搭起了一个台，以曹禺为首的艺术家们被赶上了这个批斗台。记得那一次我没有去首都剧场，哥哥去了，他看着父亲在台上弯着高大的身躯，呐喊的、围观的群众把东四至王府井的大街堵得水泄不通。何时见过这么多名角儿齐亮相啊？人们蜂拥而至，我不敢去，这是我唯一一次不敢去首都剧场，害怕那个曾经让我自豪、让我迷恋的地方。

"文化大革命"后期，首都剧场开始放一些参考片，所谓参考片也就是不能公演但很值得看的片子。有许多片子我都是在那段时间看的，如《翠笛春晓》《魂断蓝桥》《巴顿将军》《傲慢与偏见》等等，但这时的首都剧场似乎失去了往昔的魅力。我听不见戏剧开演前那柔和的钟声，取而代之的是干脆生硬的铃声。我看不到头顶那美丽的能渐暗渐亮的大白菜，取而代之的是一个大大的红五星。剧场的墙壁不再是吸光的深色，说那太沉重了，换了浅色，说亮的好，明快。呵，剧场是看演出的地方，四周那么亮不怕散神儿吗？此时我去剧场只看演出，不再欣赏它了，过去的一切成了记忆。

改革开放后，首都剧场有了很大的变化。首先拆除了几十年的院墙，包括临街的展示窗，剧场前厅中央摆放了郭沫若、老舍、曹禺先生的半身塑像。小卖部早已不见我们儿时的冰糖葫芦，取而代之的是咖啡厅和书店，厕所也换了方向。说到厕所，我不得不说一句，首都剧场的厕所几十年来都是女在北男在南。几年前我去看戏，厕所来了个大反转，北男南女了。很多老观众和我一样有点犯迷糊，两个厕所间来回跑，还真有进错的。剧场也改回了大白菜的顶灯和柔美的开场钟声。

这里还增建了北京人艺博物馆。许多以往的岁月，逝去的老艺术家都静静地守在这里，看着他们用毕生心血创建发展的剧院是在如何前进的。

老舍在北京人艺观看《茶馆》后与演员谈意见（摄于1958年），于是之（前排左一），老舍（前排右二），焦菊隐（前排右一）

我是人艺的叔叔阿姨培养起来的孩子，人艺大院是我的艺术摇篮。首都剧场的椅子是最适合看戏的椅子。我永远记得首都剧场14排2号、4号、6号的位子，那是对着横走道的一排的中间位子，是导演的专座，我有时要看戏就直接和这个戏的导演要票，一般准是这几个位子。啊，不知人艺里的多少演出我是在这几个位子上看的，至今我都忘不了坐在那椅子上的感觉。

在首都剧场，导演会留有两类位置，一个在14排中，一个在前厅到剧场之间的门框旁边，和门框一样宽的小房子里，这儿真的很小，开门后要上三个台阶，之后是一个能并排放下三四把椅子的地方。椅子的前方是个黄色的窄条几，条几外是个大大的玻璃窗。透过玻璃窗能看到外边，外边却看不到里面。记得陪父亲去新戏合成或彩排时都坐在这儿，这儿有对讲机直通舞台，这样，演职员可以根据导演的意见进行及时调整。我小时候最爱去导演间，觉得那里是最好玩的地方。

我没有调入北京人民艺术剧院，两次与北京人艺擦肩而过，成为我终生的遗憾。作为中国儿童艺术剧院的演员，我偶尔也会到首都剧场演出，内心就有一种回家的感觉。我喜欢首都剧场，喜欢站在那陌生又熟悉的舞台上，那种面对观众的感觉；也喜欢后台那经久不散的化装品混合的特殊香味。我始终认为自己该是北京人艺的人，该站在北京人艺的舞台上。

每当我面对空空的剧场、空空的舞台，静静地望着这个有艺术才有生命力的地方，突然想到了老舍先生的名剧《茶馆》，在这个戏中，一座茶馆随着时代的变迁走向衰落。而首都剧场也随着时代的变迁在不同程度地变化着，但它并不会衰落，为艺术服务的宗旨始终不变！在我心中的地位不变！

首都剧场是话剧的艺术殿堂，是我心里永远的圣殿！

一棵菜——我眼中的北京人艺

BEIJING People's Art Theatre

附录一
抽刀断水水更流
——忆菊隐（节选）

文·秦瑾

引子

坐落在美国西海岸的洛杉矶。

从我住房的窗口向东望去，是浩瀚无际的太平洋。阳光下，金色的沙滩点缀着远处天水合一的湛蓝，那点点金光跳跃着，涌动着，忽而与天相接，忽而跃入水底——我常常坐在阳台上，牢牢地盯住大海中的一个点，希望能找到属于自己的一点金光，可是我做不到。每当我刚刚捕捉到它的身影时，转瞬之间，那耀眼的光芒就又消失了。那波峰上最亮的一束光或许就是我刚刚失去的目标？我坚信它会重新跃出海面的。我就这样坚守着，任时光流逝，就像坚守着自己的生命。

其实我的生命已无须坚守。一个年逾八十的老人，已经行将走完一生的旅程。本以为人生的痛苦与欢乐，坎坷和精彩，都已被岁月冲淡。可是，每当太平洋上金色的波涛渐渐隐入夜色时，过去的一切便从黑暗中一点点泛出来，咬着我的心。也只有在这个时候，我才如此强烈地感受到，原来逝去的一切依然令人难忘。

我不知道，为什么当生命的终点离自己越来越近时，我想到的却是与死亡同样残酷和永恒的爱情。

焦菊隐——那个曾经令我爱恨交加的人，在冥冥的黑暗中来到我的面前。他站在我的面前，一句话也不说。我问他："你来这里做什么？这里可不是你的家。"他笑了，笑得那么热烈，那么灿烂，就像七十年前我刚刚见到他时的样子，带着年轻的狂妄和逼人的傲气。我说："你居然没有变，还是那样年轻，睥睨一切，可我已经老了。"他的眼睛蒙上了一层雾水，眼神在黑暗中清澈而温柔。此刻，我们终于可以没有任何阻碍地相互对视了。穿越了人世间的风风雨雨，所有的爱恨情仇在这一瞬间荡涤干净。我在这一刻明白，他从来不属于他所生活过的那个时代。因为那个时代，包括同样生活在那个时代的我，都没有包容他的力量。他是一个先行者，远远走在了时代的前面。他之所以在逝后三十年才来与我相见，恐怕是他以为，只有在这样的时候，在经历了岁月的无情冲刷之后，我才能真正理解他，以宽容的心胸接纳他的造访，以平静的心态正视我们之间曾发生过的一切——那些我永生难忘的温暖，那些刻骨铭心的伤害。

多少年来，我从没想过要写焦菊隐。要论及他的成就和贡献，相对于专业研究者，我只是一个门外汉；我也不愿意写我与他共同生活的经历，那已经是一段逝去的历史，我不想拿一段死去的历史说三道四。但我愿意让别人写他，宣传他。命运对他不公，他为了戏剧付出得太多太多，而生前得到的回报又实在太少太少。所以，只要有人想了解他，我总是热情招待，毫不保留。

可是，当我们在黑暗中对视那一刻，我改变了想法。那一刻，我似乎读懂了他——一个视艺术为生命的人，一个为艺术而疯狂的人。我与他曾相伴走过了他生命中重要的二十年，既经历过他一生中最璀璨的岁月，也见证了他最困顿的光阴。我希望客观地再现他，一个鲜

焦菊隐和秦瑾在上海结婚（摄于1949年）

活的焦菊隐，一个复杂的焦菊隐，一个真实的焦菊隐。

于是，耄耋之年，任回忆带着时光流转，我一页页掀开那些尘封在心底最隐秘之处的往事，眼前重新浮现出与焦菊隐共同生活过的日日夜夜。

东厂胡同卖破烂

人们常说，人老后，记忆就会衰退的。可是，那些血和泪绘成的记忆却是时间磨不掉的。尽管不愿回想，尽管选择忘却，依然会鲜明地、残酷地时时闪回在你的眼前。

1966年的夏天出奇的炎热。不光是异常的气候，更可怕的是大地上一片红海洋在熊熊地燃烧，烧得人头昏脑涨、心惊肉跳。从那个夏天起,这片红色的海洋烧了整整十年,烧掉了千百年积累下的精粹文化,烧掉了一批批人才精英,也烧掉了中国人的良知。

"文化大革命"一开始,焦菊隐就被第一批关起来了。有关他的带着漫画的大字报,从王府井南口一直贴到西长安街。我那时也被发派到王府井新华书店托儿所洗尿布、做煤坯,改造思想。上天保佑,在当时这是一个多么好的改造场所啊,不用随大溜去干校,可以留在北京守护两个孩子。两个孩子都没学上了,白天我把他们寄存在东厂胡同蔡家,方便接送,上班时还可以找机会溜出去看看他们。

东厂胡同4号是个独立的小院,原是翻译家蔡芳信的家。因为正好在人艺所在的首都剧场对面,所以焦菊隐常常会踱到那里坐一会儿。考古学家陈梦家也是那里的常客,几个人在那里清茶一杯,天南地北,说古道今,无拘无束,也从不必客套,随兴而来,尽兴而去。

如今,这一带已经成了火山口。每天都有一批批的"大黑帮"被押着游街,高音喇叭声嘶力竭地吼叫着,口号声、锣鼓声、革命歌曲声此起彼伏,震耳欲聋。整条街像沸腾的锅炉,每个人都绷紧着神经,守在锅炉旁"干革命",不是歇斯底里地斗别人,就是被歇斯底里的人斗。我已经什么都不想了,只剩下了一个母亲保护孩子的本能。

下班后直奔东厂胡同接孩子,正逢隔壁被抄家。一个普普通通的女工,因为帮同院的资本家邻居收藏了一点首饰,被红卫兵残忍地用开水浇烫,惨叫声令人毛骨悚然。

正在这时,忽然有人敲大门,每个人都惊得跳了起来。敲门声断断续续,一遍又一遍,一声又一声,却礼貌、轻微。

"不会是红卫兵。他们才不会敲门。他们是破门而入的。"芳信的遗孀陈方镇静地说。敲门声又轻轻地响了几下,芳信的儿子芳沛跑去开门了。

不一会儿,芳沛铁青着脸跑回来:"快给五块钱!门口是焦伯伯,提着四个空酒瓶、一叠旧报纸卖破烂来了,要卖五块钱。"

芳沛拿了五块钱跑出去了，我和陈方相视无言。焦菊隐一定是走投无路了，才到老朋友家来告贷。即便到了这个地步，高傲的他仍说不出口"借钱"二字。我忍住了出门见他的冲动。他并不知道我和孩子都在这里，我也不想让孩子看到他落魄的样子。

几天之后传来消息，东厂胡同的老朋友之一陈梦家，在饱受折磨后不堪其辱，上吊自尽。

"我要饭来了"

还是在那个夏季。一天晚上，我下班接完孩子刚刚到家，一个老人佝偻着身子溜边走近门口。惊吓之后定睛一看，竟是焦菊隐。他蹒跚走进屋里，劈头一句："我要饭来了。"

我问他："你怎么不站直了？"

他说批斗田汉他陪斗，因为个子高，"喷气式"老不够标准，押他的造反派就不停地按他的腰，踢他的腿。半天斗下来，腰就直不起来了。

我扶他坐在椅子上，让他慢慢伸直腰和腿。孩子给他端来包子和稀饭，他吃得狼吞虎咽。我看着他，眼前浮现的却是昔日他在排演场的样子：坐在沙发上，抽着烟，指挥若定。这分明就是不久前的场景，却恍如隔世。

吃饱了肚子，他告诉我，他每月只有26斤粮食定量，18元生活费。天天体力劳动吃得多，每个月的钱和粮票怎么也不够吃。"我这个'头号反动学术权威'，人家躲都来不及，我连借都没处去借。"

我赶紧把我积攒了多年的200多斤粮票和100多块钱全都给了他。我告诉他："今后两个孩子的生活费你都留着用吧，我们在外面总还可以周转。"

他颤抖着手用手帕层层包住钱和粮票，又要来针线，像个农村老大爷一样把小手帕包缝在裤腰上，就匆匆离去，消失在漫漫夜色中。

那一夜，田汉却没能回去，此后也再没能回去，连骨灰都没能留下。

那一夜，老舍回到了家里，又离开了，把自己投进了太平湖。

事实上，从那以后，直到他去世，两个孩子每月18元的生活费他再没给过。那些年，我拼尽了全力去支撑这个家，两个孩子一个在插队，一个十五岁就进街道工厂当了童工，上海还有一个老妈。我把一切暂时用不着的东西都当光卖尽，甚至去医院卖过血，但我没有逼过他。他是不是对得起我，那是他的事，落井下石的事我做不出来。

"老舍啊老舍，带我走吧"

老舍走了！老舍的死无疑对焦菊隐触动极大。《龙须沟》和《茶馆》的两次合作，让他们互相欣赏，建立了某种艺术观上的心有灵犀和默契。他说过，老舍这样的人，50年、100年也不见得能培养得出一个。记得在排《茶馆》时，老舍奉命改剧本，改来改去都通不过。老舍悄悄对焦菊隐发牢骚："这让我怎么改！我写的是'杨柳树'，他们要的是'黄花鱼'。"尽管当时大家都顶着压力，焦菊隐还是想起这句话就大笑不止，跟我们说，只有老舍才有这么精辟传神的语言。这句妙语直到今天我们家人还常常用，有时候还真是觉得其他的形容都无法代替。

1964年梅兰芳追悼会上瞻仰遗体时，焦菊隐紧跟在老舍的后面。老舍转过头对他说："焦先生，在死神面前我们也正在排队呢。"这句话一直留在焦菊隐心里，不想竟就一语成谶，老舍真的走在了他前面，而且是这样的结局。

老舍死后，焦菊隐找机会跑到我家大哭了一场，哭老舍，也是哭他自己。

"告诉你吧，我多少次想走老舍这条路，为了可怜这两个孩子，从护城河边又回来了。她们小小年纪，读不了书，又成了狗崽子，任人欺凌。我什么也没留给她们，要是再给她们留下个自绝于党，自绝于人民的政治包袱，让她们怎么活下去？就为了她们，我才一直忍受着这些不堪忍受的凌辱，硬挺到现在。"

他摘下眼镜拿在手中，反复地擦来擦去。这个从不向命运低头的人，此时泪流满面。

"你还记得吗？你我过去多年来有个习惯，每晚上床脱鞋时，都会默念一遍明天要做的事情。可现在我每晚上床脱鞋时，心里老默念着老舍。我在心里对他说，老舍啊老舍，我是紧排在你后面的一个，带我走吧！明天别再让我穿上这双鞋了！"

无家可归的游魂

炎热的夏天终于过去了。人艺的"黑帮"们终于被允许回家。尽管已经家徒四壁，可是有妻有儿有亲人的那个屋檐下，仍然是每个人最后的避风港。

一个周末，焦菊隐忽然来我家。这次他穿得干净整齐，大大方方地进了门。原来是造反派放他们一天假，让他们回家洗澡、换衣、整理内务。

可是他已经无家可归。

新夫人已经和他离了婚，走出牛棚后，人艺分给他一间靠近公厕的小平房。小屋又暗又潮，放下一张床一张书桌后，几乎就没有什么回转的余地。靠着他的巧思，他把所有的生活用品都安排得井井有条，可是这不是家，只是个孤独凄凉的栖身之所，他仿佛又回到了20多年前重庆小客栈的时代。

他对我苦笑了一下："我没处可去，就来看看两个孩子。"

他对我唠叨了一通他的家务事，最后说他冷。因为是大夏天被揪出来的，他只有单衣。等到从牛棚放出来，家给抄光了，人家又拒绝他进门，他现在什么都没有。小安心疼爸爸，马上跑出去买了绒衣绒

焦菊隐和他的两个女儿（拍摄时间不详）

裤，又从家里找了一床厚棉被，让他带回去。

此后，他就经常会来"看看孩子"，吃顿饭，聊聊天。离婚多年后，我这个前妻的家，倒成了他常来的地方。

说心里话，其实我也害怕。那年头，这种来往会被人看成"串联"，为了孩子，我应该保全自己。但他是太孤独、太寂寞了，没有家，没有朋友，找不到一个可以说话的人。"文化大革命"搞到这个阶段，他已经成了一只"死老虎"。拍戏是早就无望了，除了劳动改造，倒也没有怎么集中地整他。他这个人是只要不沾戏，脾气就没那么坏，反倒可以心平气和地相处。

有时候他会给我讲一些一起改造的"黑帮"们的笑话，尖酸刻薄一点没改："你没看那蠢相，扫地都不会拿扫帚，只在屋子中间划拉，边边角角都不知道扫；擦桌子不知道先洗干净抹布，越擦越糊涂；一看就知道一辈子没干过活。连一点基本的生活常识都不懂的人，能导好戏吗？不是我吹牛，我排戏是一流的，劳动也一流。"

这倒是真的。焦菊隐可不仅仅是"学术权威"，他是个观察能力和动手能力都极强的人。不管什么事，只要做，就一定花心思，用力气做到最好。就算是劳动改造，他也一样认真。他打扫的厕所会比别人的干净，擦楼梯会比别人的亮。跟他一起下乡的人说，割麦子时，他割的那几行是最利落的，麦茬割得又低又平，麦把扎得又紧又齐，一看就跟别人的不一样。每晚睡觉前，他依然会按从前的习惯把衣服一件件叠好，先穿的在上，后穿的在下，鞋尖朝外。这样即便有突发状况，摸着黑也不会拿错。1972年夏天的大地震，很多人衣服都没穿就跑了出来，狼狈不堪，他出门时仍然从从容容，和平时一样服装齐整，头发都不乱。曹禺就说过，焦菊隐洗的衣服连布丝里都透着亮，别人做不到。

一次日本前进座歌舞团访华，当时的团领导通知焦菊隐不许他出门，因为他曾经访问日本，怕他出去碰到日本人。后来他来我家时告诉我："我差点成了白毛女。"原来他平时是在外面吃中饭，再带点菜回来晚上吃，家里有米有面却没盐没酱油。"那日子可真难过，比饿肚子还难受。幸亏有鸡蛋，白煮鸡蛋还可以下咽。"

还有一次，他来我家，说剧院都去参观地铁了，但是因为他是"黑帮"，不许他去，所以有了一天清闲。"真是可笑！我几十年前就坐过英国最古老的地铁，法国塞纳河下的地铁，莫斯科那全世界最美的地铁。剥夺我参观这一小段地铁的权利！请我我还不想去呢。剥夺了更好，省得请假。"

那一段时间，他时常会带他与新夫人的儿子小宁一起来，有时还会把孩子留在我这里过夜，我就这样认识了焦世宁。小宁生在一个不幸的时代，营养跟不上，书又没得读。我可怜这孩子，每次来都尽量给他做点好吃的，有时带他去新华书店吃午饭，看小人书。孩子叫我干妈，跟我感情不错，后来去了日本，每次回国都会来看我。当时，很多人笑我是"东郭先生"，在焦菊隐最辉煌时那么决绝地离了婚，结果到他倒霉了，不但照顾他，还管他和后妻的儿子。可我觉得不管大人们有什么恩怨，孩子是最大的受害者，孩子是无辜的。

尽管生活凄苦，劳动强度大，时时遭到批斗，比起"文化大革命"初期的残酷和惨烈，这段日子算是相对平静了。他安慰自己，反正大家都是一样黑，在一大群"黑帮"中他不过是个小黑点。连党的元老、共和国的功臣都一样下场，他还有什么话可说！可是，就算是被打入另类，饱受摧残凌辱，他仍然放不下对他如此热爱的这个民族的担忧，这大概就是中国知识分子的"虽九死其犹未悔"吧！他不止一次对我说过，这是一场没有文化的人搞的"文化大革命"，是摧毁文化的"文化大革命"。"几千年的传统文化都毁掉了，取而代之的是打、砸、抢的文化，这个损失比自然灾害要大得多，也许是永远永远无法恢复的。""老舍这样的人才是50年、100年也不一定有的，就这样活活给逼死了！有一天，他们要为此付出代价！"

在我这里发完这些"大逆不道"、招灾惹祸的议论后，有时他会拿出语录对我摇摇，说句"毛主席万岁！""文化大革命万岁！"代替再见，然后笑笑，走出门去。

致命一击

这种相对轻松平静的日子并没有维持多久。一天，他正在走廊擦地，剧院的一个造反派头目喊他："焦菊隐，进屋来！"他不敢不去，谁知进去后就劈头盖脸打了他一顿。打得虽然并不重，但震坏了他的视网膜。他本来就是高度近视，现在加上黄斑裂孔，视力出现严重退化。他住的那间小黑屋大白天不开灯都是伸手不见五指，从此他只好在桌上放块吸铁石，把放在抽屉里看不清，不好找的小刀、小锉子、小钉子都吸在上面，靠触觉来找东西。

他平白受了一顿侮辱，憋了一口窝囊气却无处讲理，加上视力的不断恶化，从此情绪低落，心情跌到了谷底。他给周总理和邓大姐写了申诉信，但同他无数次的申诉一样，石沉大海，没有下文，他甚至不知道他的所有申诉有没有一次被送达过。他到我家来时说："我憋不住时，就到城墙根去痛哭一场。"

厄运并没有就此结束。所有的"黑帮"们都被送去团河农场劳动改造，而且还要参加军训拉练。聪明世故一点的都想方设法开来种种医生证明，能躲则躲，执拗的焦菊隐却赌气死扛到底。白天高强度的劳动，夜间还要行军拉练。就是眼睛好的人夜间在田间快速行走也难免跌跌撞撞，何况他的视力在夜晚基本是半盲。他硬是摸索出了一套规律，并且回来教我们如何夜间在土路上行走："记住黑的是泥，白的是路，亮的是水。"他实际上已经是在硬撑。他给小安写信说："我觉得身体顶不住了。我星期天回来看你，你给我炖锅鸡汤，要两只鸡一块儿炖。"星期天他过来喝鸡汤，像个烧锅炉的工人一样，脖子上系着一条蓝白条的毛巾。看得出来他的心情坏透了，再没有了从前的谈笑风生。

最后的日子

到了1975年，他的身体彻底垮了，咳嗽得很厉害，左肩痛得不能入睡，全身浮肿。他一直在吃中药，不肯去合同单位协和医院，因为他的问题没有定案，看病受气。直到后来高烧不退，没有力气做饭，也没力气出门买饭吃，才勉强去了医院，结果已是肺癌晚期。医生并未告诉他实话，只说是肺炎，要他住院。但床头的病历牌上明明白白用英文写着"Lung Cancer"，他一看就明白了。

焦菊隐住的是八人一间的大病房，全是心肺病患，有工人、有农民、有老红军，也有美术家，还有一个哑巴，我们新华书店的老杨也在同一间病室。他在那里和每个人都相处得很好，雕塑家张润恺夫妇更是成了焦菊隐和女儿两代人的忘年交。在焦菊隐去世的那个狂风呼啸的早上，已经出院的张润恺一大早赶到医院，陪同两个女儿护送焦菊隐的遗体到太平间，并且至今和孩子们保持着联系。

病友们并不在乎他是什么身份，每天和他说说笑笑，他也和他们一起说笑，但是心里很凄苦。他小心翼翼地保持着距离，不想让别人知道他还带着"黑帮"的帽子。夏淳的夫人梁菁那时和他住在同一个病区，人艺的人经常去看望她，却没有人顺便来和焦菊隐打个招呼。世态炎凉、人情冷暖他是见惯了的，但他仍然很在意。

焦菊隐并不甘心就此撒手人寰，他还有那么多想做的事情。两个女儿也是千方百计找寻各种偏方，只求能维持父亲的生命。听说社会科学院有一个研究员用自己的配方治好了妻子的癌症，就想方设法请他到医院来看父亲。后来又听说东单有一个专治癌症的老中医，只是求诊的人太多，要彻夜排队挂号，小安就和同事轮班去拿号。夜里排队，白天上班，下班买药煎药，再送到医院照顾父亲，小安累得骑着自行车就睡着了，撞到树上才醒。

焦菊隐初入院时，一直认为自己还有两年的时间，还来得及口述给宏宏，记录下一些东西。他不知道，当宏宏从插队的陕西赶回来时，医生已经告诉她，焦菊隐的肿瘤是未分化细胞癌，是所有肺癌中最凶险的一种，存活时间一般只有半年。加上他的癌肿长在大动脉旁边，完全没有手术机会。最初的化疗是很有效，肿瘤很快缩小，但是一个疗程结束后，癌细胞却开始快速蔓延，很快就变得无法控制。

春节，我在家里做了几个菜，让孩子们去医院陪爸爸过年。孩子知道爸爸很敏感，没敢提出和爸爸一起拍最后一次合影。他心情恶劣，因为唯一的儿子小宁要在家放鞭炮没有来，他也一定知道，这是自己最后一个春节了。

与死神赛跑

我知道焦菊隐已经来日无多,我必须和死神赛跑,想法子在他去世前把宏宏从插队的陕西山沟里调回来。离婚时,宏宏是判给焦菊隐抚养的,一旦焦菊隐去世,她将无亲可依。在那贫穷落后的山区,背着狗崽子的原罪,没有关系,没有门路,孩子是没有任何出路的。

我疯了一样地到处找人帮忙,善心的朋友们也都替我着急。人艺方琯德的前妻吴艺刚刚动完脚部手术,就一瘸一拐地跟着我四处奔走。托了人,送了礼,总算是见到了知青安置办公室的负责人,他答应只要人艺肯出一个证明,证明焦菊隐是敌我矛盾作为人民内部矛盾处理,他们就可以办理。

我于是开始跑人艺。找了工宣队,队长拒绝见我;又去找赵起扬,他当时已被"结合"进领导班子,可是家里没人;去找一位当时的领导,她爱搭不理地走了,把我晾在那里;找办公室主任,她给我一句:"在哪里不是干革命,为什么非要回北京?"我没了办法,只好打听到当时革委会主任家的地址,跑到他家去见他。他正在家里喝酒,我站在他的酒桌旁,求他开一个证明。我说焦菊隐的政治问题根本够不上敌我矛盾,就算他真的加入过国民党,那也是国共合作时期。革委会主任一口打断,直截了当地说:"焦菊隐不可能敌转内,这是铁板钉钉的事。"我的心凉了。

回到新华书店,我忍不住哭了。我想宏宏是注定要在陕北乡下待一辈子了。刚刚被"解放"的书店副经理程炳玉同情我,偷偷帮我写了一封信给市委人民来访办公室的一位同志,告诉我,那人过去是新华书店的职工,去找他,求他帮忙。我第二天一大早去人民来访办公室,排队的人多极了,只进去了几个人,时间就到了。第三天,我更早去,发现很多人根本是睡在大门口的,一开门就拥进去了。我一看又没有希望了,干脆直接就把程炳玉的信递了进去。接待处的人看完信让我等着,我一直等到所有的来访者谈完,关了大门才被放进去。他把我叫到屋里,详细问了情况。我告诉他,知青安置办所有的事都安排好了,只等人艺一个证明,我已经在人艺跑了两个月,没人肯给我办,求他无论如何帮帮我。他答应帮我在市委批个条子交下去。就这样,我们终于拿到了知青安置办公室的批准文件,宏宏要马上动身去西安,办理小队大队公社县里的层层批件,小安只能到工厂请假,代替姐姐在医院照顾爸爸。

这时焦菊隐的癌症已经转移到肝脏,进入了肝昏迷。医院下了病危通知,要求家属24小时陪同。小安一个人日日夜夜陪着,脚肿得鞋都穿不上。

医院也将焦菊隐病危的情况通知了人艺,人艺的工宣队却到他的病床边做最后审讯:"焦菊隐!你还有最后的交代机会,不要把你的问题带到棺材里去!"

他已经昏迷几天了,是不是听到了工宣队的讯问谁也不知道。但人在那个时候为什么会变得那么残忍呢?即使是给人艺看过十几年家的一只狗,也不该在他临死前再给他一棒子吧!

是在等大女儿回来才肯咽下这口气吧!是他心里最后的牵挂吧!不到两个星期,宏宏从陕西赶回来,报上户口立即去医院看爸爸,这时已经是下午5点多钟了。她抱着爸爸说,爸爸我回来了。已经昏迷数日的焦菊隐忽然睁开眼,开口问:"户口报在哪儿?"宏宏说,只能跟随父亲,报在史家胡同人艺宿舍。焦菊隐斩钉截铁地回答:"搬回去和妈妈住,绝对不要住在那里!"这是他留下的最后一句话。

凌晨,安安刚从医院回来,我们还没睡下,传呼电话就来了。宏宏在电话里哭着说,爸爸走了。医院说当天要接待外宾,连擦洗身体的时间都不给,就草草地送去了太平间。停尸床上没有枕头,焦菊隐的头奇怪地向后仰着,宏宏脱下自己身上的毛衣垫在爸爸头下,才让他有了一个正常的睡姿。等安安坐头班车赶到医院,爸爸已经在冰柜里了,身体还是热的。老天也为他不平吧,那天早晨,狂风大作,带着尖锐的哨音,呼啸着,把一生坎坷的他永远卷走了。

8年后,老舍终于带走了排在他身后的焦菊隐。他的苦难历程结束了,他解脱了!

中午时分,人艺工宣队传呼给我一个电话,凶巴巴地给了我四条命令:一、焦菊隐的遗体应立即火化,不得延误;二、骨灰盒只能买7块钱最便宜的,骨灰不许保留;三、火葬应该革命化,厉行节约,不需穿衣服,用床单包好就行了;四、等你的电话,剧院可以派人协助处理。

这个电话激怒了我。杀人不过头点地,焦菊隐辛辛苦苦给人艺干了十几年,生前受尽磨难,难道死后还要被你们继续作践?

我一句话也没说就挂上了电话。到家后,我马上找来了小安的小伙伴们帮助,各家分工,全家出动,连夜给焦菊隐赶做了全套的新棉衣、新单衣、新棉被,我一定要让他暖暖和和地上路。

火化之后,焦菊隐的老通讯员王广原带着孩子们,把那个简陋的骨灰盒用塑料布层层包好,埋在万安公墓他儿子毛毛的墓旁。20世纪80年代,当焦菊隐平反昭雪时,在那新的、昂贵的骨灰盒里,放的是他自己完整的骨灰,而不是像田汉,只有眼镜和书稿。这要感谢人艺革委会和工宣队的先生们,他们欺人太甚!

后记

《抽刀断水水更流》的原稿是在妈妈的遗物中发现的,原稿有十几万字,记录了爸爸妈妈之间一生中的往事。这份稿子在妈妈生前从未发表,甚至没有给我们看过。

妈妈曾经非常排斥用焦菊隐夫人的名义接受采访,一旦挡不住,她就把我推出去，理由就是已经离婚了，她不再和焦菊隐有任何关系。

可我不是她。我没有那么了解爸爸，我不知道那么多往事，我有我的工作，我不可能成为她的替身。为了这个，我和妈妈发生过不少次冲突。

十几年前，她悄悄地留下了这份东西，没有让任何人知道。她记下了和爸爸之间几十年的点点滴滴，有爱有恨，恩怨纠结。她恨过这个人，但是她仍然愿意为他付出，仍然会为他做所有她可以做的事情。他们之间的感情从未真正割舍。

也许，有过那么深的爱，才会有那么多的恨。也许，恨，不过是爱的继续。

子春跟我说，想选一篇秦瑾阿姨的回忆文章收在她的书里，作为对焦伯伯的怀念。我知道，多年来她对我父亲一直怀着一份感念之情，把这份稿件中的一部分交给子春，妈妈应该会同意的。

谨以这段不堪回首的回忆纪念我的父亲，也纪念我远行的母亲。

焦世宏

附录二
口才奇好方琯德

张定华·口述　辛夷楣·文

方琯德出身安徽桐城方家。桐城曾因清代最著名的散文流派——桐城派而闻名海内，文化圈中有谁不知桐城派开山鼻祖方苞、姚鼐的大名呢？方家是当地的名门望族，人称"鲁褀方"或"小方"、"猎户方"。祖上方东树是姚鼐之大弟子，在文学方面有很大造诣。方琯德不仅读了很多书，有家学渊源，而且颇有才气，特别爱说话，口才又分外的好。女作家方令孺是他的姑姑。1938年，方令孺在重庆国立剧专教文学。她是留学生，思想开放，兴趣广泛。她给剧专的学生讲屠格涅夫、陀思妥耶夫斯基的小说，也讲普希金、拜伦、雪莱的诗，听得学生们如醉如痴。她还经常叫正在剧专读书的赵韫如去她家玩，给她读诗、读文章。

后来，剧专搬到重庆上游的小镇江安时，她没有去，她去了在北碚的复旦大学教书。方令孺的文章很雅，我很喜欢。

方家是个大家族。方家的好多子弟都很有才，其中一些先后参加了革命。方琯德的亲哥哥早早就化名杨永直加入地下党。"文化大革命"之前，杨永直任《解放日报》负责人、上海市委宣传部长。我的孩子们在"文化大革命"中去上海"串联"，看见外滩的市委大楼前，挂着打倒杨永直的大标语。他们回来告诉我，我就想，杨永直一定要受大罪了，而且一定会殃及方琯德的。

方琯德和我的堂弟是重庆九中的同学。在中学，他就参加过戏剧活动，十几岁考入国立剧专，和吕恩同届。他在剧专参加了地下党，毕业后就在重庆演戏，相当活跃，在左翼戏剧人中有些名气。到人艺时，他已经很胖了。1956年，人艺排高尔基的剧本《布雷乔夫》时，他在戏里扮演一个角色。艺术指导、苏联专家库里涅夫欣喜地赞扬说："他的肚子化装得特别好！"总导演焦菊隐说："他的肚子是真的！"库里涅夫听后，露出惊异的神色，然后哈哈大笑起来："太好了，太好了，他有这么大的肚子，动作还这么灵活！我们有的演员化装还要填枕头呢。"

因为他的体形这么胖，就常常演资本家一类的角色，当然资本家并不都是脑满肠肥的，但他演资本家确实相当称职。1953年，我还没到人艺，他在老舍的剧本《春华秋实》里演工厂经理丁翼平。连周总理都夸他演得好，说："你创造了一个典型。"1956年，他又在曹禺的《日出》里演银行经理潘月亭。我认为他这个戏演得非常成功，看着过瘾，和陈白露（杨薇饰）的对手戏，和李石清（于是之饰）的对手戏，都相当精彩。他演戏非常放松，非常注意突出人物行动的合理性，让人觉得他不是在做戏，而只是在按人物的思维逻辑行动。他也运用夸张手法，但是观众一点都不觉得他虚假或是过头。这是很不容易的，是要在台上磨多少年才能达到的一种境界。

当然，他也不是尽演坏蛋。1957年，他在表现十月革命的苏联名剧《带枪的人》里，演水兵狄莫夫，形象憨厚可爱。1959年，人艺排演巴西作家的剧本《伊索》。这个剧本人物不多，却个个形象鲜明，台词精练，富于哲理。方琯德把奴隶主格桑演得棱角鲜明、活灵活现。

1962年，人艺排演奥斯特罗夫斯基的名剧《智者千虑，必有一

《带枪的人》剧照（摄于1957年）
胡宗温饰卡佳（左二），黄宗洛饰叶费姆（左四），方琯德饰狄莫夫（右二）

失》，方琯德演马玛耶夫，也是相当成功的。他还导演了《难忘的岁月》等好几部戏。

我之所以和方琯德特别熟，不仅因为我们是安徽老乡，还因为我在西南联大的老同学陈庆文是他的表妹。陈庆文当时的丈夫李之楠也是联大的，是我们地下党组织中的老上级。李之楠经历丰富，他参加过地下党争取北平和平解放的斗争，知道许多精彩的细节。后来，他就决定和方琯德合作，写一个剧本。

大概有一两年时间，李之楠常常到史家胡同56号的人艺大院里来，和方琯德研究这个剧本。他来了，也经常到我家坐一坐。后来，他们终于完稿了，并定名为《1949》。本来，方琯德都准备着手排练了，1960年末，因为处于困难时期，人艺又决定缩短战线，《1949》暂时下马，再后来就没有音信了。我觉得，那是一个很有意思的戏，搞好了会很成功的,这样不了了之,十分可惜。"文化大革命"之后,我和李之楠等联大老同学又恢复了来往。但劫后余生的方琯德和李之楠都没有精力再重拾他们的剧本《1949》了。

方琯德的前妻吴艺是中国儿童艺术剧院的演员。我和孩子们都看过她演的戏。抗战时期,舞蹈家戴爱莲在重庆陶行知办的育才学校开设舞蹈班,招收了几位衣食无着的贫困学生。冯亦代和唐瑜就分别收了几个学生做干女儿,负责她们的生活学习费用,其中就有吴艺。大概20世纪60年代初期,吴艺得了慢性病,就经常去上海杨永直家养病。后来,她与方琯德感情破裂,离了婚。方琯德就和人艺的女演员孟健结婚了。

"文化大革命"开始后,方琯德被打成叛徒,受了不少罪。20世纪60年代末,他的儿子方子哥临去东北兵团的前一天,看见父亲和朱琳、刁光覃在首都剧场门口撅着挨斗,孩子心里的滋味可想而知。"文化大革命"之后,方琯德的身体垮掉了。

那一段时间我常在灯市口的大街上碰见方琯德。那时,他已不能行走,坐在轮椅上,妻子孟健推着他。有一次,他谈起:"现在,说话机会不多,在写东西。"我不由感叹:"你经历丰富,太值得写了!"他跟我开玩笑:"没有你的文笔!"我忙说:"哪里,我哪有你的才华!你谈话有一分可以说成十分。当初,你在艺委会总是带头发言,而且引经据典,相当精彩。我肚里即使有十分也不见得谈得出一分,而且也不见得精彩。"他和孟健都笑了。我说的是实话。那时,我担任总导演办公室秘书,艺委会开会由我做记录,因此印象特别深刻。

方琯德是很坚强也很乐观的。其实,那时他的身体已经很坏,不仅行动困难,饮食受限,而且视力模糊,执笔无力。一页300字的稿纸,他只能大大地写五六十个字,字迹只有妻子孟健认得出。于是,他写一页,孟健誊一页。50万字的自传体小说《胭脂巷的子孙们》就这样艰难地完成了。又经过四年的奔波劳碌,1992年,这本书终于由北京燕山出版社出版。

这本书通过写自己家族的变迁,写出身封建大家庭的青年们的不同命运,来描写一个时代的变迁;他也写了自己的艺术道路,因为他50多年的话剧生涯与中国话剧的发展史紧密相连,这就从一个侧面反映了中国话剧发展的道路。这部书被誉为从城市角度写抗日救亡的优秀之作。

方琯德在谈到这本书时说:"我写这部小说很顺手。因为书中的人物除了我自己之外,都是我的亲人,我的母亲,我的同胞兄弟,我的堂姐妹、表姐妹,和与我共同战斗过的战友,我所敬爱的老师和话剧前辈。同时还因为我对这部小说,在思想上已酝酿构思了近20年之久,只是因为离休前,我全身心地投入在话剧事业上,无暇动笔。一旦可以提笔,文思就滔滔而来,不可抑止了。现在,《胭脂巷的子孙们》已经出版了,但我总感到好像还没有写完。主要是,我没能把那些在抗日战争与解放战争时期,我的那些兄弟姐妹们在革命斗争中,磨炼成长的过程写出来,以鼓励后代。当我到达解放区时,给我印象最深刻的是我的一个堂妹。她竟从一个腼腆软弱的名门闺秀,变成了一个飒爽英姿的女战士,在敌后尖锐的武装斗争的环境中,领导着一个区的工作。革命的大熔炉是怎样地改变了一个人啊。我准备在我身体好些时,争取写出《胭脂巷的子孙们》的续集。"

大概是1993年,我又碰见坐着轮椅的方琯德。他说,他要送我一本《胭脂巷的子孙们》。他还说:"正在思索续集的故事和提纲,近来身体不好,等好一些再提笔。"我忙说:"不急,不急,你先把身体养好再说嘛!"我觉得,他并不老,来日方长。没想到,他的病势却越来越沉重,大约一年以后,他去世了。

方琯德和吴艺生的三个孩子方子秋、方子哥、方子春长得都很好,五官特别像爸爸,大女儿子秋尤其秀气。当年,不满十岁的子秋、子哥曾在捷克神话剧《仙笛》中扮演角色。我的孩子们不禁深深佩服他们的

方子秋、方子春和方子哥在故宫东北角楼（摄于1988年）

勇气。我的二女儿和子秋，还有导演金犁的女儿金九毛、舞美设计陈永祥的两个女儿年岁相当，常常一起玩。小妹子春想和她们一起玩，她们嫌人家小，不愿带她玩。子哥、子春从小受父母熏陶，喜欢表演，后来终于继承父母事业，搞文艺了。子哥上小学时，考上了北京市少年宫戏剧组。大约十岁时，他向母亲郑重宣布："妈妈，我要当演员。"他求父亲教他，父亲不教；让父亲说戏，父亲也不愿说。口才极好的方琯德嫌儿子性格内向，不善言谈，觉得他干不了演戏这一行。其实，他是主观了，演员也有内向型的，也不都像他那样口若悬河，出口成章呀！

现在，我老了，住的离城里又远，很久没去剧场看戏了，每天晚上看电视连续剧，就成了我生活中的一项重要内容。所以，我就成了子哥、子春的观众。听说，子哥不仅演戏，还像他爸爸一样，有时当导演。想到这些，我心中涌动着欣慰之情。

附录三
母亲吕恩若干事

文·胡其鸣

张大千仕女图

其实,从我记事起,母亲总是不在家。那时但凡演什么戏都要去体验生活。有时去纺织厂,有时去煤矿,一去就是几个月。我最经常见的就是家里的保姆范婆婆。

后来在我九岁那年"文化大革命"开始了,家里被红卫兵抄了几次家。等到退还抄家物资时,才开始对母亲的过去有了一些好奇和了解。最折腾的就是两幅名人的画:张大千的仕女白描和徐悲鸿的猫。其实徐悲鸿送给过母亲两幅猫,一幅《猫玩毛线球》在抄家时"失踪了"。抄家后国家要以每幅50元人民币收购,被母亲拒绝了。后来提高到每幅200元的"巨额收购价",仍旧被母亲冒着生命危险给拒绝了。她说,这些画是他们送给我个人的礼物,有给我的落款,很有纪念意义,给多少钱都不卖!后来两幅画在"文化大革命"结束后,经叶浅予、黄苗子等政协委员的多年提案后于1978年还给了我们。我和母亲在一个大雪后的早晨，去故宫博物院取回了这两幅画。据保管画的工作人员说，这两幅画后来被林彪"收藏"了，直到林彪事件后，这两幅画才送来故宫博物院保管。

后来我问了母亲那幅张大千绘的仕女图的来历。那是1949年夏天，新中国即将成立。新中国成立后，要召开第一届"全国文艺工作者代表大会"。周恩来认为这第一届文代会必须办的有气势，必须名流云集。于是就找了夏衍等文艺界名人去劝各界名流回国参加文代会。

当时母亲二十八岁，正在香港拍电影，是个颇有名气的演员。抗战期间她在重庆时，因为成功饰演了话剧《雷雨》中繁漪的角色，成为话剧界公认的"第一繁漪"，因此颇受周恩来的赏识。周恩来传话说，"吕恩一定要回来"。母亲其实对共产党并不了解，后来她跟我说，在重庆时认识的周恩来、夏衍等人都是好人，而当时的国民党政府确实腐败，于是她就认为，如果这些好人是共产党的话，那新中国就有希望了。于是，她和在香港与她接头的地下党说，她宁愿放弃香港丰厚的酬金和房地产，也要回中国参加文代会。但是地下党说，你先别着急回大陆，我们还有一项任务交给你。原来，党知道我母亲认识张大千，希望把他也劝说回国。

我母亲虽然从来没有加入过共产党的地下活动，但是因为性格外向，大大咧咧，因此夏衍等真正的地下党有时要送口信和秘信给敌占区的同志，也找我母亲帮忙。夏衍后说，"吕恩大大咧咧的，不会引起怀疑"。

1949年6月，张大千正在澳门。于是母亲携同黄苗子郁风夫妇一起去澳门找到了张大千。有关事情在不同的回忆文章中虽有提及，但是直到母亲快去世时才跟我说了张大千为什么决定不回大陆。

据说母亲他们见到张大千后，说明来意。但张大千半天不语。过了一会儿，张大千仰天叹了口气，说："毛泽东容不下我这样的人！"他说他读过他的诗，诗里杀气很浓，我们这些人他是不会用的！母亲

（左起）黄苗子、郁风、张大千和吕恩（摄于1949年）

和黄苗子及郁风都极力劝张大千回国，并历数了国民党政府的腐败。但是张大千还是执意不同意回国。张大千强烈要求母亲等三人在澳门多住几天。他说，这一别，不知何时才能再见面了，你给我两天时间，我送给你们每人一份礼物。

母亲和郁风及黄苗子在澳门借了三辆自行车，在澳门好好玩了两天，然后去和张大千告别。张大千拿出两幅按照母亲和郁风脸型画的仕女白描送给他们，说，"你们还年轻，也许新政府会用你们，你们回去吧，我就不奉陪了。"母亲当时还天真地说，我们先回去看看，如果新政府确实好，我们会再跟你联络的。

可是这一别，就再也没有重聚的一天了。

母亲后来跟我说，我们当初都是年轻人，不懂事。但是张大千真厉害，他要是回来了，说不定等不到"文化大革命"就会被整死的！而送给郁风的另一幅白描就没这么幸运"失而复得"了。它印证了张大千的预言。郁风的家在"文化大革命"中多次被抄，张大千的白描也被当场撕毁了。江青一纸"手谕""郁风不得在外"，让郁风和黄苗子在秦城监狱关了七年。郁风阿姨被从监狱释放的当天，我和母亲去看望她，她因为多年在单独的牢房里被关押，说话都大舌头不利落了。我相信，那一刻，两人的心里都在庆幸他们的老朋友张大千当初没有被他们劝回国。

母亲把父亲劝回国

父亲胡业祥是著名影星胡蝶的堂弟，也是抗日英雄。他在抗战期间入伍，加入了著名的"中美空军混合大队"，也就是后人所说的"飞虎队"。他在美国亚利桑那州完成飞行训练后回国参战。在战斗中九死一生，战功卓著。他和母亲是在上海认识的。抗战胜利后，父亲回到上海，和我爷爷及他的兄弟姐妹团聚。他和母亲都喜欢跳舞，而且跳得非常好。虽然抗战胜利了，但当时在上海仍执行宵禁，晚上12点后不得有娱乐活动。一次有当时的影后王人美、影帝金焰参加的舞会被上海的警察给查禁了。母亲偷跑出来给父亲报信，于是父亲带着一帮空军哥们儿持枪砸了警察的场子，把这些演艺名人救了出来。

后来父亲去了香港，他说，我只打日本人，不参加内战。母亲在香港时，劝说父亲先回上海，因为上海马上就要解放了，她随后就安排回到大陆。结果父亲回上海后被特务以"通匪"名义抓捕，后被押送台湾，差点就丢了性命。幸亏家里有钱，亲姐姐胡珊送了100根"小黄鱼"金条把父亲从台湾捞回了上海。然后没几天，解放军就占领了

胡业祥和吕恩（摄于1954年）

上海。父亲的前战友其实是共产党的地下党，知道父亲回到上海后，就劝说他加入了新成立的中国空军，成为新中国成立后的第一批九个战斗机飞行员之一。

听老艺术家于洋说，当年父亲的外号叫"皮夹克"，因为穿着空军的皮夹克，非常"拉风"，用现在的语言形容就是"帅爆了"。1950年的一天，母亲当时正在北影拍戏，突然皮夹克来了，说组织上让他马上和母亲结婚，于是集体宿舍的演员们赶紧腾出"新房"让他们俩完了婚。父亲结婚后立即就去了沈阳，参加开辟沈阳航校的工作。我在美国留学时，父母来美国探望我。他们不时地受到父亲当年飞虎队战友的邀请，去家里聚会。看到这些前战友们的优厚待遇和比弗利山庄的风光生活，母亲老是满含歉意地说，是她让父亲和她一起受苦了。

父亲在1950年阅兵时曾经在编队飞行后第一个单机飞越天安门。后来朝鲜战争爆发，父亲去沈阳建立了航校，培养了新中国第一批飞行员。但是朝鲜战争结束后，部队以"旧军人需要改造思想"为名，把父亲送到了张家口农村，成为一个没有工资的农民。这一改造就是三年！一次，周恩来等人来北京人艺跳舞，看到母亲后问："小胡怎么很长时间没见到了？"母亲告诉周恩来，父亲被送去张家口改造了三年，并天真地问周恩来："三年差不多该改造好了吧？"没想到周恩来闻之大怒，立即把来参加舞会的李达总参谋长叫到身边，怒斥他："你们怎么能这么对待一个解放军的功臣！"于是，第二天，父亲被从张家口调回了城里。父亲说，他坚决不回空军了。李达说，那你帮我去成立军事体育项目，航空俱乐部吧。于是父亲就去了良乡机场参加了航空俱乐部的建设。

"文化大革命"开始后，航空俱乐部并入国家体委，父亲也就带着美国特务的嫌疑跟着国家体委去了山西屯留"五七干校"。这一去就是五年。记得小时候家里的抽屉里有很多勋章，有些还有国民党的"青天白日"徽标，那些是父亲在抗战中获得的勋章。所以我从小就有抗战的主战场是爸爸和美军联合打赢的概念。"文化大革命"中，这些勋章无疑都会成为罪证，足以致父亲于死地。于是母亲就带着这些大把的勋章去了中山公园的公共厕所，趁人不注意时都给扔了。

"文化大革命"后期，体委"五七干校"的人撤回北京，父亲被分配到八大处的射击场当仓库保管员。每天上下班乘公共汽车要三个多小时。每天都是6点出发，晚上7、8点回到家里。由于父亲从小就读教会学校，又在美国空军受训，他的英语特长被发现了。但是我从小并不知道他会英文，因为他怕我走漏了风声被当成美国特务抓起来，于是一直对我隐瞒他能编写英语字典的英文能力。他的英语特长被发现后就让他去"绝密档案室"翻译在那里封存多年的航空资料。一日，父亲对领导说，他不想翻译这些资料了。因为这些资料都是美国公开销售的航空杂志，这么多年过去，早过时了！

父亲在部队时，工资虽低，但待遇相对丰厚，在三年困难时期还有大量鸡蛋、牛肉供应。但是"文化大革命"结束后，仓库保管员几十元人民币的月薪让他的生活非常拮据。母亲得了红斑狼疮后，父亲第一担心的是，没了母亲那几百元的工资，他这几十元的工资怎么养活我？那是我第一次看到他流眼泪。一个战功卓著的抗日英雄，昔日风光无限的皮夹克小生，日子过得如此捉襟见肘，真是莫大的讽刺。

从小的独立生活

"文化大革命"一开始，母亲就被"打倒了"。她和著名演员舒绣文同时被关在灯市口人艺排练场的牛棚。一大早就要起来扫大街。她跟我说，在大街上见到我时不要跟我打招呼，我不想你被同学看不起。母子见面不能打招呼，这绝对是历史上演的悲剧。一次，她让我把棉被送到她被关的牛棚，结果九岁的我送去的是我幼儿园时的棉被，她只能用来裹脚。

父母被限制自由时，我刚好九岁。保姆范婆婆在"文化大革命"开始前正好回南京探亲，于是也就不让回来了。那时家里用保姆也是属于"资产阶级生活方式"，是要被批斗的。于是我只好自己烧饭和料理家务。生活费由母亲单位每月给8元，父亲单位每月给4元，共12元。第一次领到生活费后十分兴奋，立即和比我大的小朋友"小皮球"——赵述叔叔的儿子赵荣焕，去东单的"三洋委托行"花9元钱买了一双旧的花样滑冰鞋。结果剩下的一个月就只好靠3元人民币蹭吃蹭喝过下来了。幸亏母亲的弟弟，我的舅舅从天津来看我，走时在抽屉里留了200元人民币，那时真可谓是"巨款"了！

"文化大革命"开始没多久，母亲就被送去了北京郊区团河的

"五七干校"，接受劳动改造，那里最出名的就是"团河劳改农场"，确实是关押劳改犯人的。一次，我突发奇想，顺着母亲来信上的地址，问清了去团河农场的公共交通（那时只有公共交通），就自己乘长途汽车去了母亲所在的农场。可想而知，母亲和在农场的人艺演员们看到突然出现在他们面前的一个10岁大的孩子时是多么惊讶！我在农场的日子无比快乐，天天去采摘水果，在草丛里捉蚂蚱，去屋檐下掏鸟窝……

在团河农场劳动改造期间，母亲得了红斑狼疮，身体非常虚弱，连上三层楼都要休息好几次。回到城里后，皮肤科专家马海德告诉母亲，西医只能是激素疗法，基本没有很好的疗效，你去找中医试试吧。幸亏有朋友介绍了四川的王渭川老中医，用中药根治了母亲的病。母亲经常说，她命大，否则以她的性格，早就被整死了。1957年"反右"时，她正怀孕，生我时正在和朱旭大大打桥牌，是朱旭大大送她去的医院。正因为没有去参加政治表态，躲过一劫。"文化大革命"中的红斑狼疮又让她远离了很多政治运动。话是这么说，但是人总是随时被各种政治运动漩涡所伤害，也是对中国近代史的一种讽刺。

北京的"四大家族"

"文化大革命"后期，母亲的一帮朋友整天无所事事，于是朋友聚会就开始研究烹饪。整天不是这家就是那家，尤以王人美、唐瑜、张家姆妈（张光宇先生的遗孀）和我们家最为频繁。后来被夏衍伯伯称为北京"四大家族"。

唐瑜是母亲的朋友，他是东南亚的华侨，性格非常爽朗。抗战期间在重庆时，他出钱盖了一个房子，母亲等一帮文艺界的朋友就住在那里。当时重庆把无所事事者称为"二流子"。一次，郭沫若来做客，开玩笑说："你们这帮'二流子'天天聚在这里，这里就叫'二流堂'吧。"一句玩笑话，造成了"文化大革命"期间著名的"二流堂反党集团"的冤案，很多人因此致残致死。

张家姆妈是著名画家张光宇的夫人，张光宇是动画《大闹天宫》的创作者。母亲和张家姆妈的关系非常亲密。当年母亲从香港"逃回"大陆的时候，就是让张家姆妈把火车票事先买好，开车前在火车站附近喝咖啡。到了快开车的时候，母亲突然起身拿了火车票就进站上车回来了。她的很多衣物就是让张家姆妈整理后带回国的。王人美是著名的演员，最为大家了解的角色是她主演的《渔光曲》。她和叶浅予结婚后，一直住在大佛寺的一个独立四合院内。

把"四大家族"紧密连在一起的是一种叫"蓝牌"的游戏。玩法有点像桥牌和百分的结合，用的是两副牌。据说这玩法是从章士钊家里传出来的，是意大利的一种流行玩法。王人美、唐瑜和我父母都是蓝牌高手。张家姆妈虽然牌技不灵，但是做得一手好菜，所以我们也经常去她家玩牌，晚饭自然就在她家蹭了。她家对门住着著名的明代文物鉴定家王世襄。王世襄家在"文化大革命"中被抄家多次，几乎什么都没有了。他自己只能睡在一个明朝的大衣柜里，同院子里的黄苗子开玩笑说他"饿死的骆驼比马大"。王世襄不打牌，但是经常贡献几个拿手菜肴，他的"烤大葱"是最让人难以忘怀的。他每天穿着一身洗得发白的中山装，足蹬一双"解放球鞋"，骑着自行车到朝阳菜场买菜。据说，必须亲自买菜才能保证烧出菜肴的质量。成天聚会，打牌，聚餐也是无奈的举动。因为那时文艺市场除了八个样板戏没有任何其他演出。这些老演员、老编剧就更没有用武之地了。现在好多人都以为北京人艺是专演北京地方方言的话剧团，如《龙须沟》《茶馆》等。其实，北京人艺成立之初是以演"洋戏"著称的。当时的台柱子，舒绣文、朱琳、我母亲等都不属于能演《茶馆》这类戏的。我从小看的就是《雷雨》《伊索》《带枪的人》这类话剧。在四大家族聚会时，我除了偶尔上台打牌，大部分时间就是在一边看书或听音乐。在王人美、叶浅予家时，我曾帮他们整理抄家还回来的唱片。其中一张唱片现在想想真是无价之宝。那是百代公司录制的,王人美演唱的《义勇军进行曲》,那是电影《风云儿女》的插曲,也是后来的中华人民共和国国歌。可惜当初没有收藏的概念,这张唱片不知现在在哪里了。说是四大家族,但其实是以这四家为主的各种聚会。那时聚会没有预约的概念,骑个自行车,到门口喊一下,人在就进门做客。母亲有好多好朋友,也是聚会的常客。比如画家黄永玉,经常来家里,有时手里拿着一个木头疙瘩,说是什么什么好树根,接着就给父亲做了一个烟斗。

吕恩个人照(拍摄时间不详)

他自己家四口人住一间无窗户的8平方米斗室，所以大部分时间就在外面逛。经常来聚会的还有冯亦代叔叔，他是著名的翻译家，很多海明威的作品就是他翻译的。因为我只学过俄语，我考大学前他帮我补习过英文。他的太太郑安娜阿姨也是著名的翻译家，曾经当过宋庆龄的秘书。有几次我去找冯亦代叔叔补习英文，他还没回家，安娜阿姨就给我讲英国文学和著名诗人的诗。当时觉得没用，但是现在回忆以来，对我提高文学修养很有帮助。那时和母亲聚会的朋友们都是在中国近代史上响当当的人物，日子过得虽然窘迫，但是生活态度非常乐观。我也可能是受到了他们的影响，不管遇到什么样的困难，始终以正面的心态去积极面对，这在我后来的创业过程中确实受益匪浅。

母亲于2012年8月15日去世，享年94岁（恰巧是天主教的圣母升天节）。

后记

在方家，我实在不算出色。七岁就整天跟在那个带我长大的小脚用人杨嫂子的身后学习干家务，买菜，做饭。十二岁时"文化大革命"开始，在我家做了几十年，伺候了我家三代人的杨嫂子走了，我就成了名副其实的小管家。十五岁插队，从此我走上社会。从社会的最底层开始做起，用了多年的努力，不断向上爬，我终于在众人的帮助下，回到了北京。

在我苦苦挣扎的岁月里，有很多人向我伸出了无私的援助之手，他们都是我人生不同阶段的贵人，有了他们的扶助我才能一步步走到今天。我一直想报恩，想写写他们，于是用了六年的时间，在拍戏之余写了两本书，这次出书是第三本，了了心愿。

我这本书的创作过程如前两本一样，既是写作的过程，也是走进他们的内心世界让我重新认识他们，向他们学习的过程。我一次又一次地被他们的热情与认真所感动。

他们曾是我家的左邻右舍，更是我家的挚爱亲朋。他们曾与父亲、公婆同为北京人艺，为祖国建设贡献出毕生的心血。在千万观众心里，用自己对艺术的执着建立起一个又一个丰碑！我不是在这里说肉麻的话，而是他们用最朴实的语言，用他们的人生经历和一个个小故事，以及他们对我出书这件事的认真态度，给我上了一堂又一堂的课！

课堂上，前辈们给我讲人生、谈艺术、说做人、述情怀。在做这些事情的过程中我用了一个词：探访。为什么我不说"采访"呢？因为我和他们太亲近了，亲近到我走进每位长辈的家中，他们不用更衣，不用客套，我们的探访只是他们眼中的"小子春来了"而已。他们是放松的，想说就说，想唱就唱，讲了许多外人听不到的有趣故事，说了许多别人不知道的往事传说，让我从中受益多多，感触多多。

然而，有些人我永远探访不到了，可写北京人艺我又不得不提，比如，焦菊隐、于是之、林连昆，甚至我亲爱的爸爸。于是我特别请焦菊隐先生的女儿焦世宏授权，转载了秦瑾阿姨生前写焦菊隐先生的一篇文章；张定华之子张桐授权转载了张定华阿姨回忆我父亲方琯德的文章；以及胡其鸣写他母亲吕恩的文章。好在林连昆叔叔的学生们在文章中多次提到他，展现了他各方面的风采，也不算遗憾。

有人说，我为话剧事业干了件伟大的事情，无意中拯救了一批宝贵的资料。其实，我本来想法简单，就是想报恩，想告诉人们我身边有这么个可敬可爱的群体。然而，通过探访，我却深受教育，如获至宝。感谢我的被访人，感谢你们宝贵的时间，大力支持和无私帮助。

在这里我还要感谢北京楚尘文化的朋友们。特别是总经理楚尘先生、责任编辑季也卜及设计师山川。他们出谋划策，不厌其烦地编辑修改。如果此书能让读者喜欢，他们真是功不可没！我感激不尽！

在此，我还要向多日以来帮助过我，受到打扰的朋友们深鞠一躬。没有大家的支持，此书无影。我对看书、买书的读者深鞠一躬，感谢诸位能花钱买书，静心看书！感谢支持！感谢！再感谢！我们写书、爱书，更爱书中的每一位人，一切尽在不言中。